新编21世纪会计系列教材

房地产开发企业会计

王玉红 编著

Accounting of Real Estate Development Enterprises

中国人民大学出版社
·北京·

前言

房地产业作为我国国民经济的重要支柱产业之一，直接关系到民生福祉、经济发展、金融体系的安全以及相关联产业的发展。其影响力之大，影响面之广，超乎想象。2024年1月17日，国家统计局发布了《2023年全国房地产市场基本情况》。数据显示，2023年，全国房地产开发投资110 913亿元，比上年下降9.6%（按可比口径计算），其中住宅投资83 820亿元，下降9.3%；商品房销售面积111 735万平方米，比上年下降8.5%，其中住宅销售面积下降8.2%；商品房销售额116 622亿元，下降6.5%，其中住宅销售额下降6.0%。2023年年末，商品房待售面积67 295万平方米，比上年增长19.0%，其中住宅待售面积增长22.2%。2023年12月份，房地产开发景气指数为93.36。① 总体来看，2023年中国房地产市场在开发投资及销售等方面整体呈下降态势。然而，长远来看，中国的房地产市场发展将会越来越理性、健康，并实现可持续的良性发展。

工业化、城镇化发展到一定阶段以后，人口发展形势会发生新的变化，但截至2023年年末，我国全国人口为140 967万人，这一数字显示出我国具有人口规模优势和超大规模市场优势。受经济回升向好、人口迁移流动更加活跃等因素影响，城镇人口继续增加。2023年年末，我国城镇常住人口达到93 267万人，比2022年增加了1 196万人；乡村常住人口为47 700万人，比2022年减少了1 404万人。常住人口城镇化率为66.16%，比2022年上升了0.94个百分点。随着新型城镇化各项工作的推进，我国城镇化空间布局持续优化，新型城镇化质量稳步提高。② 可见，随着城镇化进程的不断深入，房地产市场仍有较大的发展空间。

近年来，我国的会计改革与发展推陈出新、成果丰硕。截至2023年年末，我国已构

① 具体内容可参见网址：https://www.stats.gov.cn/sj/zxfb/202401/t20240116_1946623.html。

② 具体内容可参见网址：https://www.stats.gov.cn/sj/sjjd/202401/t20240118_1946701.html。

建起一套完整的企业会计准则体系，该体系由 1 项基本会计准则、41 项具体会计准则和 38 项企业会计准则应用指南、17 项准则解释、9 项会计监管风险提示以及 1 个附录（包括会计科目和主要账务处理）组成，为我国的会计准则建设带来了新的跨越和突破。此外，自 2016 年起税法进行了重大调整，全面以增值税替代营业税，并且增值税税率也经历了数次变化。这些变革无疑对房地产开发企业的会计核算提出了更高的要求，给房地产开发企业的财务人员带来了巨大的挑战。《房地产开发企业会计》的出版顺应了我国房地产行业的发展和我国会计体制、税收体制的改革，有助于配合会计准则、营改增政策的全面有效实施。

本书在写作过程中，严格遵循现行会计准则和税法对房地产开发企业会计核算的最新要求，并突出了房地产行业会计核算的特点。本书共包括 15 章内容，具有以下特色：

第一，注重前沿性，反映最新研究成果。本书深入诠释了现行会计准则的内涵和要求，尤其是《企业会计准则第 14 号——收入》《企业会计准则第 22 号——金融工具确认和计量》《企业会计准则第 23 号——金融资产转移》《企业会计准则第 24 号——套期会计》，这些准则几乎贯穿了本书的所有章节，将会计准则的精髓融入房地产开发企业会计核算之中。

第二，注重实用性，实现理论与实践的结合。本书针对能够体现房地产行业特征的存货、固定资产、成本费用等章节内容进行了深入研究，紧密结合房地产开发企业的实际情况，突出了房地产开发企业会计核算的实务特色。

第三，注重可读性，可理解性强。本书由浅入深，从房地产开发企业的性质和特点入手，内容循序渐进。针对房地产开发企业会计核算中的重点和难点，以流程图的形式进行展示，以便于读者理解。

第四，注重新颖性，内容丰富且实用。本书各章内容由学习目标、引导案例、主体部分、本章小结、习题等组成，便于教师和学生使用。

总体而言，本书集规范性、理论性、前沿性、可读性、新颖性和实用性等于一体，这是本书的创新之处。

本书可作为房地产开发企业财会人员的业务学习用书、财经院校相关专业房地产开发企业会计课程的教材，也可作为投资、金融、经济管理、工程管理等领域的相关人员培训或自学的参考书，同时亦可为个人进行房地产投资和面向社会普及房地产开发企业会计知识提供帮助。

本书在出版过程中，得到了房地产行业实务界专家的鼎力相助，中审众环会计师事务所（特殊普通合伙）的高级经理曲波等对书稿提供了很大的技术支持。同时，研究生马晓桐、丛冉、丛坤、牛思南等参与了各章节的校对等工作。此外，本书的出版还得到了中国人民大学出版社的大力支持，出版社的编辑们为此付出了辛勤的努力。在此，谨向所有对本书做出贡献的人士表示诚挚的谢意。

由于作者水平所限，书中难免存在错误和疏漏之处，恳请各位专家学者及广大读者不吝赐教。

王玉红

目录

第五章
金融资产

第六章
长期股权投资

第七章
投资性房地产

第八章
固定资产

第九章
无形资产和其他非流动资产

第十章
负　债

第十一章
所有者权益

第十二章
成本与费用

第十三章
收 入

第十四章
利 润

第十五章
财务报告

第一章
总 论

学习目标

1. 掌握房地产开发企业会计的性质、会计科目设置原则及其内容。

2. 理解房地产开发企业产品的特点，会计信息质量要求，会计假设、会计基础的内涵和内容。

3. 了解房地产的含义、房地产开发企业的业务范围。

引导案例

碧桂园控股有限公司（简称碧桂园，股票代码02007.HK）于2007年4月20日在联交所主板上市，是中国最大的城镇化住宅开发商之一。集团采用集中及标准化的运营模式，业务涵盖物业开发、建安、装修、物业投资、酒店开发和管理等。碧桂园提供多元化的产品以满足不同的市场需求，包括住宅及洋房等住宅区项目以及车位、商铺。除此之外，集团也同时经营机器人及现代产业等业务。2022年1月，胡润研究院发布《胡润中国民营企业可持续发展百强榜》，碧桂园荣登第3位。同年5月，碧桂园入选《福布斯》全球企业2 000强榜单，列第254位。2022年8月3日，《财富》杂志发布最新一期500强年度榜单，碧桂园列第138位，连续六年跻身《财富》世界500强，同时也是房地产行业中排名靠前的民营企业。

碧桂园2021年度财务报表以持续经营为基础编制，以人民币为记账本位币。对于因销售商品、提供劳务等日常经营活动形成的应收票据、应收账款和合同资产，无论是否存在重大融资成分，均按照整个存续期的预期信用损失计量损失准备。存货按房地产开发产品及非房地产开发产品分类，其中房地产开发产品包括已完工开发产品和在建开发产品，非房地产开发产品包括酒店用周转材料和低值易耗品。存货按成本与可变现净值孰低列示等。截至2022年7月，我国完整的企业会计准则体系由1项基本会计准则、42项具体会计准则和38项企业会计准则应用指南 、15项准则解释、8项会计监管风险提示以及1个附录（包括会计科目和主要账务处理）组成。这一体系对于碧桂园等房地产开发企业来说意义重大，它要求企业财务人员具备更高的会计核算技术水平、职业判断能力以及职业素养，更加明确自身的职责和工作目标。从碧桂园年报中披露的会计政策也可以看出，房地产开发企业的会计核算方法不同于其他企业，如在存货的分类等方面具有较大的特殊性，涉及的税种也更为复杂，这对企业财务人员提出了更高的要求。

资料来源：根据碧桂园控股有限公司 2021 年年度报告整理。

何为房地产？何为房地产开发企业会计？房地产开发企业的产品特点是什么？房地产开发企业的会计核算有何特点？房地产开发企业会计科目设置有何特殊性？理解这些问题的答案是后续学习的基础。

第一节　房地产开发企业概述

房地产开发企业会计是为适应房地产开发企业经营管理需要发展起来的一门专业会计。房地产业是国民经济的基础性产业，房地产是社会各部门不可缺少的物质条件，也是城市经济建设与发展的重要物质基础；房地产业是支柱性产业，其规模大、行业链条长、带动性强、涉及面广，能够直接或间接地引导和影响相关产业的发展，尤其是对建筑、金融、建材、冶金、化工、电子等产业具有较强的带动和促进作用。房地产业在国民经济、全社会固定资产投资、地方财政收入、金融机构贷款总额中都占有相当高的份额，对于经济金融稳定和风险防范具有重要的系统性影响。可以说，房地产业的发展能够推动国民经济的发展，促进城市经济的繁荣，推动消费市场的拓展，并扩大区域性就业。而房地产业的持续健康发展和预期经济目标的实现，离不开房地产开发企业会计的支持。房地产开发企业会计核算的内容主要围绕房地产开发、经营活动而展开。因此，首先应明确房地产的含义。

一、房地产的含义

房地产是房产与地产的合称。作为基本生产要素和稀缺资源，房地产是人类赖以生存的重要基础。同时，在市场经济条件下，它还是一种商品，是人类极其重要的财产形式。从经济学角度来看，房地产是指土地，或由土地及定着于土地之上或土地之中的各种建筑物及基础设施共同形成的位置固定的财产实体，以及附着于这种财产客体的一组产权及其相互关系的总称。因此，房地产通常以建筑物与土地合一的形态存在。

（一）土地

土地是房地产的基础，具有有用性、稀缺性等特点。土地是一个空间，但该空间不是平面的，而是三维立体的，具体是指地球的陆地表面及其上下一定范围内的空间。土地在房地产的形成和使用中具有决定性的地位。

（二）建筑物

建筑物必须建造在土地上，在实物形态上与土地连为一体，但建筑物有很大的独立性，在许多情况下可以把它单独作为一项资产来看待。通常，建筑物是由人工建筑而成，由建筑材料、建筑构配件和设备（如给排水、卫生、燃气、照明、空调、电梯、通信、防灾等设备）等组成的整体物，包括房屋和构筑物两大类。其中，房屋是指能够遮风挡雨并供人们生产、居住、工作、储藏物品或进行其他活动的空间场所；构筑物是指房屋以外的建筑物，人们一般不直接在其中进行生产活动和生活，如烟囱、水塔、水井、道路、隧道、桥梁和水坝等。

建筑物和土地在物质形态上总是联结在一起，不论是单独存在的土地，还是建筑物和土地合一的房产，都属于房地产。房地产是房地产开发企业的主要产品，也是房地产开发企业会计核算的核心。

此外，因房地产不可移动，同一房地产实物上往往同时设立了多种权利，原本是房地产外在因素的区位也成了房地产的重要组成部分。因此，为了强调房地产既不同于机器、设备等动产，也不同于专利权、著作权等无形资产，有观点认为房地产是实物、权益和区位三者的结合体。

二、房地产开发企业的业务范围

房地产业是以土地、建筑物为对象，从事房地产投资、开发、经营、管理和维修、装饰和服务等经济实体所组成的综合性产业部门。房地产开发是指以房屋、土地为对象的生产经营活动。

本书所指的房地产开发企业是房地产业的一部分，是指从事房地产开发、销售、租赁等业务，具有独立法人资格，实行自主经营、独立核算、自负盈亏的经济组织。在我国，法律明确规定城市土地为国家所有，地产经营只是一种以土地使用权为对象的有偿过渡经营活动，因此，房地产开发企业在投资、开发、经营与转让等方面严格体现着所有权界限及价值规律的要求。目前，我国房地产开发企业的业务范围主要有以下几个方面：

（1）土地开发（土地一级整理）；

（2）房屋、建筑物建设；

（3）城市基础设施和配套设施的建设；

（4）房屋的销售、出租①和经营等。

三、房地产开发企业产品的特点

房地产开发企业从事的开发经营活动贯穿征地拆迁、规划设计、工程施工、竣工验

---

① 这里的房屋出租与投资性房地产不同，其开发目的是销售，而非收取租金。但因一些特殊原因，如暂未销售或待价惜售等，开发商可能会选择临时（一般不超过1年）出租以赚取收益。如果预计出租时间或实际出租时间超过1年，则这部分房屋出租业务应按照投资性房地产进行会计核算。

收、产品销售等开发经营的全过程，并在这一过程中形成房地产开发企业产品。房地产开发企业的开发经营活动不同于一般的建设单位或施工企业，也不同于一般的工商企业，原因在于房地产开发企业产品具有以下特点：

（一）产品位置的固定性

房地产开发企业产品位置的固定性又称不可移动性。一般来说，即使土地表面的泥土、砂石可以搬走移动，但作为立体空间的完整意义的土地是不可移动的，这一特性决定了任何一项房地产只能就地开发、利用或消费。房地产开发企业产品位置的固定性，说明房地产本身是不能移动的。若移动，其性质、形状就会发生变化，物质状态或功能也可能会遭受全部或部分损失。

（二）产品的各异性

房地产开发企业产品位置的固定性，决定了其独特的自然、经济条件，从而造成了其在质量上的差异性。在实际中，一般不可能找到两宗完全相同的房地产实体，即使在建筑、结构及室内外装饰上完全相同，也会在周围环境上有所差异。也就是说，房地产开发企业产品存在物质状态的各异性。这就决定了房地产开发企业必须按照设计图纸，精心地组织每一个开发项目的建设，并单独核算各开发项目的成本。

（三）产品生产周期长

土地和房屋等建筑产品的开发建设，与一般工业企业产品的生产不同。房地产开发企业产品开发生产的周期相对较长，一般要经过可行性研究、勘察设计、工程施工、竣工验收等若干步骤，且通常需要跨年度施工。目前在实务中，房地产项目普遍采用分期逐步开发的方式，因此整体项目开发完成所需的时间周期长。

（四）产品的寿命耐久性

房地产开发企业产品的寿命耐久性又称效用长期性。土地具有不可毁灭性，在使用上具有永续性；房地产项目虽然不像土地那样具有不可毁灭性，但只要建造完成、产品质量验收合格并进行正常的使用和维修，就可以在很长的时间内发挥固定资产的作用。因此，房地产项目的寿命可达几十年、上百年，甚至更长。

（五）产品价值高、经营风险大

房地产业作为资金密集行业，产品开发过程中投资规模大，形成的产品单位价值高。房地产开发企业面临成本高、建设周期长、资金需求大、不确定因素多等多重挑战。一旦决策失误，或遭遇外部经营环境的变化，企业很容易面临较大的经营风险。

四、房地产开发企业会计的性质

房地产开发企业会计是按照企业会计准则及房地产开发企业会计核算办法的要求，

以基本会计准则为核心，以具体会计准则为依据，结合房地产开发企业生产经营的特点，以房地产开发企业作为会计主体的一门专业会计。它以货币为主要计量单位，运用专门的方法对企业的经济活动进行全面、持续的核算和监督，对企业的资金运动进行反映和控制，并获取系统的会计信息，以取得最大的经济效益和管理效益。我国社会主义市场经济属于商品经济的范畴，一切商品的价值都需要通过货币来表现，这是经济规律，也是市场规律。在社会主义市场经济体制下，房地产开发企业会计对于反映和监督房地产开发企业各项经济活动业务情况，加强经济核算，提高经济效益，完善企业财产物资管理，保证企业财产的安全完整、保值增值，以及企业进行经济预测和决策均具有重要意义。

与其他行业相比，房地产开发企业会计具有以下特点：

（一）开发成本的复杂性

房地产开发企业开发产品的特殊性，决定了其开发成本的复杂性。所谓开发成本，是指开发项目现场发生的各项耗费。根据《财政部关于印发〈企业产品成本核算制度（试行）〉的通知》（财会〔2013〕17 号），房地产开发企业一般设置土地征用及拆迁补偿费、前期工程费、建筑安装工程费、基础设施建设费、公共配套设施费、开发间接费、借款费用等成本项目。在核算开发成本的过程中，不仅成本数额巨大，而且计算环节繁多复杂，这是会计核算的重点和难点。

（二）营业收入实现方式的差异性

房地产开发企业营业收入除应遵循《企业会计准则第 14 号——收入》中收入确认的一般标准，还应针对房地产销售收入实现的具体情况加以确认。不同的销售方式、不同的收款方式都可能导致会计核算上的差异。

（三）应交税费的特殊性

房地产开发企业应交税费种类较多，其中较为特殊的是营改增之后征收的增值税以及土地增值税。这两种税无论是在会计处理上还是在税务处理上，都有特殊的要求，计算过程也相对复杂。

知识链接：会计基本假设和会计基础

知识链接：会计信息质量要求

知识链接：会计要素及确认与计量原则

第二节 房地产开发企业会计科目的设置

根据企业会计准则附录“会计科目和主要账务处理”，会计科目可分为资产类、负债类、共同类（本书未涉及）、所有者权益类、成本类和损益类六大类。房地产开发企业会计作为一种具有针对性的行业会计，在设置具体会计科目时，除了应设置通用的会计科目，还应该根据企业开发经营活动的特点，设置一些专用的会计科目，以满足房地产开发企业的管理需要。

一、会计科目的设置原则

会计科目依据企业会计准则中关于确认和计量的规定设置，涵盖企业的各类交易或者事项。会计科目的设置原则包括以下方面：

（一）会计科目必须统一编号

会计科目应被赋予统一的编号，以便于企业编制会计凭证、登记账簿、查阅会计账目以及作为采用会计软件系统的参考。企业可结合实际情况自行确定会计科目编号；某些会计科目之间需留有空号，供增设会计科目之用，不应随意打乱重编。

（二）企业在遵循会计准则的基础上设置和使用会计科目

房地产开发企业应按会计准则的规定，设置和使用会计科目。在不影响会计核算要求和会计报表汇总，以及对外提供统一的财务报告的前提下，房地产开发企业可以根据本企业的实际具体情况，自行增设、分拆、合并会计科目。除企业会计准则已有规定外，在不违反会计准则中关于确认、计量和报告规定的前提下，企业可以根据需要自行确定明细科目的设置。

二、房地产开发企业会计科目的设置

房地产开发企业专用的会计科目以及相关特殊规定主要包括以下方面：

（1）存货类会计科目。根据房地产开发的经营特点，房地产开发企业可以设置“1405 开发产品”会计科目。

（2）成本类会计科目。为了核算房地产开发企业的生产成本，可以设置“5001 开发成本”会计科目。

根据企业会计准则和对会计核算的一般要求，结合房地产开发企业生产经营活动所涉及的一般会计核算内容，企业应设置统一的会计科目，主要是为了解决和满足企业一般核算的需要。至于企业内部二级核算或三级核算所需的会计科目以及特殊业务所需会计账户，则由企业自行补充设置。另外，对于某些属于阶段性或过渡性财税政策引起的经济业务，其核算所用的会计账户应采取特殊处理办法，即通过补充规定的办法进行规范，而不将其作为相对固定统一的会计账户。

房地产开发企业的会计科目设置，主要参考企业会计准则附录“会计科目和主要账务处理”，其具体的会计科目及编号如表 1－1 所示。

表 1－1 房地产开发企业会计科目表

序号	级次	科目编码	科目名称
一、资产类			
1	1	1001	库存现金
2	1	1002	银行存款
3	1	1012	其他货币资金
4	1	1101	交易性金融资产
5	1	1121	应收票据
6	1	1122	应收账款
7	1	1123	预付账款
8	1	1124	合同资产
9	1	1125	合同资产减值准备
10	1	1131	应收股利
11	1	1132	应收利息
12	1	1233	其他应收款
13	1	1241	坏账准备
14	1	1303	委托贷款
15	1	1401	材料采购
16	1	1402	在途物资
17	1	1403	原材料
18	1	1404	材料成本差异
19	1	1405	**开发产品**
20	1	1406	库存设备
21	1	1407	周转材料
22	1	1408	委托加工物资
23	1	1461	经营租赁资产
24	1	1462	使用权资产
25	1	1471	存货跌价准备
26	1	1481	持有待售资产
27	1	1482	持有待售资产减值准备
28	1	1501	债权投资
29	1	1502	债权投资减值准备
30	1	1503	其他债权投资

续表

序号	级次	科目编码	科目名称
31	1	1504	其他权益工具投资
32	1	1511	长期股权投资
33	1	1512	长期股权投资减值准备
34	1	1521	投资性房地产
35	1	1522	投资性房地产 累计折旧（摊销）
36	1	1523	投资性房地产减值准备
37	1	1531	长期应收款
38	1	1541	未实现融资收益
39	1	1601	固定资产
40	1	1602	累计折旧
41	1	1603	固定资产减值准备
42	1	1604	在建工程
43	1	1605	在建工程减值准备
44	1	1606	工程物资
45	1	1607	固定资产清理
46	1	1701	无形资产
47	1	1702	累计摊销
48	1	1703	无形资产减值准备
49	1	1711	商誉
50	1	1712	商誉减值准备
51	1	1801	长期待摊费用
52	1	1811	递延所得税资产
53	1	1901	待处理财产损溢
二、负债类			
54	1	2001	短期借款
55	1	2101	交易性金融负债
56	1	2201	应付票据
57	1	2202	应付账款
58	1	2203	预收账款
59	1	2204	合同负债
60	1	2211	应付职工薪酬
61	1	2221	应交税费

续表

序号	级次	科目编码	科目名称
62	1	2231	应付利息
63	1	2232	应付股利
64	1	2241	其他应付款
65	1	2242	持有待售负债
66	1	2243	预计负债
67	1	2401	递延收益
68	1	2501	长期借款
69	1	2502	应付债券
70	1	2701	长期应付款
71	1	2702	未确认融资费用
72	1	2703	租赁负债
73	1	2711	专项应付款
74	1	2801	预计负债
75	1	2901	递延所得税负债
三、共同类			
76	1	3101	衍生工具
77	1	3201	套期工具
78	1	7201	被套期项目
四、所有者权益类			
79	1	4001	实收资本
80	1	4002	资本公积
81	1	4003	其他综合收益
82	1	4004	其他权益工具
83	1	4101	盈余公积
84	1	4103	本年利润
85	1	4104	利润分配
86	1	4201	库存股
五、成本类			
87	1	5001	**开发成本**
88	1	5111	合同取得成本
89	1	5112	合同取得成本减值准备
90	1	5201	劳务成本

续表

序号	级次	科目编码	科目名称
91	1	5301	研发支出
92	1	5401	应收退货成本
六、损益类			
93	1	6001	主营业务收入
94	1	6051	其他业务收入
95	1	6061	汇兑损益
96	1	6101	公允价值变动损益
97	1	6111	投资收益
98	1	6117	其他收益
99	1	6118	资产处置收益
100	1	6301	营业外收入
101	1	6401	主营业务成本
102	1	6402	其他业务成本
103	1	6405	税金及附加
104	1	6601	销售费用
105	1	6602	管理费用
106	1	6603	财务费用
107	1	6701	资产减值损失
108	1	6702	信用减值损失
109	1	6711	营业外支出
110	1	6801	所得税费用
111	1	6901	以前年度损益调整

本章小结

即测即评

思考题

1. 什么是房地产？房地产开发企业的业务范围和产品特点有哪些？
2. 房地产开发企业会计的性质有哪些？
3. 会计科目的设置原则包括哪些方面？

案例分析题

诚信会计师事务所在对某房地产开发企业本年度所发生的经济业务进行审计时，发现了如下几项引起审计师关注的经济业务：

（1）2月5日，企业的实际负责人从出纳处支取了6 000元用于购买自用手机，会计人员认为企业负责人作为企业的所有者，理应享有企业资产，因此将这6 000元计入企业的办公费支出。

（2）5月14日，企业收到了星星公司的预付购房款45 000元，会计人员在进行会计处理时将其计入了5月份的收入。

（3）6月19日，企业预付了下个季度的报刊费180元，会计人员在进行会计处理时将其计入了6月份的管理费用。

（4）2月1日，企业与甲公司签订商品房销售合同。合同约定，企业应于6月30日前将合同标的商品房交付甲公司，在商品房交付前灭失、毁损、价值变动等风险由房地产开发企业承担。2月10日，企业根据合同向甲公司开具了增值税专用发票并于当日确认了商品房销售收入，但此时商品房尚未交付甲公司。

要求：请说明该企业的会计处理有哪些不妥之处并阐述理由。

第二章

货币资金

学习目标

1. 掌握现金、银行存款的核算内容及会计处理，现金清查的核算内容。

2. 理解货币资金的内涵及内容，银行存款余额调节表的编制方法，其他货币资金的核算内容及会计处理。

3. 了解现金日常收支的管理与内部控制，银行存款账户的开立与使用，各种银行结算方式的特点及会计处理。

引导案例

绿地控股集团股份有限公司（简称绿地控股，股票代码600606）是一家总部位于上海的跨国经营企业，同时也是跻身《财富》世界500强的大型综合性企业集团。多年来，公司坚持产业经营与资本运作双轮驱动，坚持“走出去”与“引进来”同步发展，已在全球范围内形成了以房地产、基建为主业，金融、消费等综合产业并举发展的企业格局。经过多年的发展，绿地控股形成了自身独特的综合竞争优势，为企业持续成长提供了坚强的支撑和保障。绿地控股的核心主业是房地产，尤其是在住宅、超高层、大型城市综合体、高铁新城、特色小镇、会展中心、现代产业园等领域具有较强的竞争力，开发规模、产品类型、品质品牌均处于全国行业领先地位。截至2021年12月31日，公司总资产达到14 691亿元。绿地控股连续十年入围《财富》世界500强，2021年列第142位。

绿地控股2021年年报显示，公司货币资金项目由年初的103 470 840 304.73元减少到82 695 705 051.99元，降幅为20.08%。其中，库存现金为19 041 596.37元，较年初的18 992 260.56元增加49 335.81元，增幅为0.26%；银行存款为73 668 943 311.97元，较年初的94 849 564 033.80元减少21 180 620 721.83元，降幅为22.33%；其他货币资金为9 007 720 143.65元，较年初的8 602 284 010.37元增加405 436 133.28元，增

幅为4.71%。虽然货币资金各项目有增有降，但整体上呈下降趋势。此外，公司2021年度不派发现金股利。

资料来源：根据绿地控股集团股份有限公司2021年年度报告整理。

何谓货币资金？在房地产开发企业中，货币资金包括哪些内容？各部分内容在会计核算上具有哪些特点？货币资金在管理过程中应遵循哪些相关规定？通过本章的学习，相信你可以找到答案。

第一节 现金的核算

在房地产开发企业的日常生产经营过程中，会发生大量的、重复性的货币资金收支业务。因此，为了保证企业开发经营活动的正常进行，必须保持一定数额的货币资金。货币资金是指企业在开发经营过程中处于货币形态的那部分资金，它属于流动资产的重要组成部分。按其形态和用途不同，货币资金可分为库存现金、银行存款和其他货币资金。本节主要介绍现金的核算内容。

一、现金的管理

（一）现金的定义及特征

现金是通用的交换媒介，也是对其他资产计量的一般尺度。会计上的现金有狭义和广义之分。狭义的现金仅指库存现金，包括企业库存的人民币和外币。广义的现金则包括库存现金、银行存款以及其他可以普遍接受的流通手段。

现金作为货币资金的重要组成部分，具有货币性、通用性和流通性的特征。房地产开发企业的现金收入范围主要限于从银行提取的现金，收取的商品房销售款、物业出租款，客户交付的投标保证金以及员工交回的差旅费剩余款等。

（二）现金的使用范围与库存现金的限额

现金作为一般等价物，具有极强的流动性、普遍的可接受性、收支频繁、最容易发生意外和损失等特点。为了严格控制现金使用，保证开发项目的实际需要，防止现金丢失、被盗以及舞弊行为的发生，房地产开发企业必须严格遵守现金的使用范围规定，不积压多余的现金，加强现金收支的日常管理与核算。

按照国务院颁发的《现金管理暂行条例》的规定，房地产开发企业可以在下列范围内使用现金：

（1）职工工资、津贴；（2）个人劳务报酬；（3）根据国家规定颁发给个人的科学技术、文化艺术、体育等各种奖金；（4）各种劳保、福利费用以及国家规定的对个人的其他支出；（5）向个人收购农副产品和其他物资支付的价款；（6）出差人员必须随身携带的差旅费；（7）结算起点以下的零星支出（结算起点为1 000元）；（8）中国人民银行确定需要支付现金的其他支出。

企业在开发经营过程中与其他单位的经济往来，除在上述规定的范围内可以使用现金以外，其他款项的收支均应通过开户银行办理转账结算。

对于房地产开发企业日常零星开支所需的现金，开户银行会根据企业的实际情况核定最高限额，一般为3～5天的日常零星开支所需的数量。边远地区和交通不便地区的库存现金限额可以多于5天，但不得超过15天的日常零星开支需要量。企业每日的现金结存数不得超过核定的限额，超过部分应及时送存银行，以保证现金管理的安全。企业如需增加或减少库存现金限额的，应当向开户银行提出申请，由开户银行核定。

（三）现金日常收支的管理

按照《现金管理暂行条例》的规定，房地产开发企业现金收支应当依照下列规定办理：

（1）企业现金收入应于当日送存开户银行。当日送存确有困难的，由开户银行确定送存时间。

（2）企业支付现金，可从本企业库存现金限额中支付或者从开户银行提取，不得从本企业的现金收入中直接支付（即坐支）。因特殊情况需要坐支现金的，应当事先报开户银行审查批准，由开户银行核定坐支范围和限额，企业应定期向银行报送坐支金额和使用情况。

（3）企业按规定从开户银行提取现金时，应当写明用途，由本企业财会部门负责人签字盖章，经开户银行审核后予以支付。

（4）因采购地点不固定、交通不便、生产或市场急需、抢险救灾以及其他特殊情况必须使用现金的，企业应当向开户银行提出申请，由本企业财会部门负责人签字盖章，经开户银行审核后，予以支付现金。

（四）现金的内部控制

现金的流动性决定了现金内部控制的必要性。除了建立个人的道德观念和法制观念之外，企业必须强调现金内部控制，严格实施现金内部控制的措施与手段，建立健全现金的内部控制制度，这样才能防止现金的丢失、被盗以及违法乱纪行为的发生，保持现金流动的合理性、安全性，提高现金的使用效果与获利能力。房地产开发企业现金的内部控制包括以下几个方面内容：

（1）实行职能分开原则。要求库存现金实物的管理与账务的记录分开进行，不能由一个人兼任。秉承不相容职务相分离原则，企业库存现金的收支与保管应由出纳人员负责。经管现金的出纳人员不得兼管收入、费用、债权、债务等的账簿登记工作以及会计稽核和会计档案保管工作；用于银行结算的有关印鉴不能集中由出纳人员保管，应实行印鉴分管制度。这样做的目的是便于分清责任，形成一种互相牵制的控制机制，防止挪用现金以及隐藏流入的现金。

（2）现金收付的交易必须有合法的原始凭证。企业收到现金时，要有现金收入的原始凭证，以保证现金收入的来源合法；企业支付现金时，要按规定的授权程序进行，同时要有确凿的原始凭证，以保证支付的有效性。对于涉及现金收付交易的经济业务，必须根据原始凭证编制记账凭证，并在原始凭证与记账凭证上加盖“现金收讫”与“现金付讫”印章。

（3）加强监督和检查。出纳人员应根据每日现金收入情况逐笔登记现金日记账，必须每日清点库存现金，并核对现金日记账，做到账证相符、账实相符。月末，出纳人员应当编制现金盘点表，与会计相互核对，并盖章确认现金与账面余额的一致性。财务主管人员应对现金实施经常性不定期检查，如发现长短款，除了设法查明原因、确认相关责任人，还应当及时进行相应的账务处理。

（4）房地产开发企业不准利用银行账户代其他单位和个人存入或支取现金，也不准将企业的现金以个人名义进行储蓄。

（5）企业的出纳人员应定期进行调换，不得由一人长期从事出纳工作。一个人长期从事一项工作会产生惰性，不利于提高工作效率，同时可能会隐藏工作中的一些问题和不足。出纳工作每日都与资金打交道，时间长了容易产生麻痹和侥幸的心理，增加犯罪的机会和可能。通过人员的及时轮换，不仅可以避免上述情况的出现，而且对工作人员本身也是一种保护。

二、现金核算应设置的账户及其会计处理

为了总括地核算和监督库存现金的收入、支出和结存情况，房地产开发企业应设置“库存现金”账户。其借方登记现金的增加数，贷方登记现金的减少数。月末借方余额，反映库存现金的数额。

“库存现金”总账可以根据现金收付款凭证和银行存款凭证直接登记。如果企业日常现金收支业务量比较大，为了简化核算工作，也可以根据实际情况采用汇总记账凭证、科目汇总表等核算形式，定期或于月份终了时根据汇总的收付款凭证或科目汇总表等登记“库存现金”总账账户。

为了加强对现金的管理，随时掌握库存现金收付动态和每日库存现金余额，保证现金的安全，企业必须设置现金日记账，并按照现金业务的发生顺序逐日逐笔登记。每日终了，应计算当日的现金收入合计数、现金支出合计数和结余数，现金的账面余额必须与库存数相符；月份终了，现金日记账的余额必须与“库存现金”总账账户的余额相符。

【例 2－1】 现金增加的核算

企业从开户银行提取现金 26 000 元。企业应做如下会计分录：

借：库存现金	26 000	
贷：银行存款		26 000

【例 2－2】 现金减少的核算

企业用现金 830 元购买管理部门办公用品。企业应做如下会计分录：

借：管理费用	830	
贷：库存现金		830

【例 2-3】 现金减少的核算

企业将超出库存限额的现金 1 500 元存入银行。企业应做如下会计分录：

借：银行存款　　1 500

　贷：库存现金　　1 500

三、现金的清查

房地产开发企业应根据现金管理的规定，对库存现金进行定期和不定期的清查，以保证账款相符和现金的安全完整。清查现金的基本方法是实地盘点。清查中发现有待查明原因的现金短缺或溢余，先通过“待处理财产损溢——待处理流动资产损溢”账户进行核算，待查明原因后再分情况进行处理。如为现金短缺，属于应由责任人赔偿的部分，通过“其他应收款——应收现金短缺（××个人）”账户核算（如已收到应由责任人员赔偿的现金，直接通过“库存现金”等账户核算）；属于应由保险公司赔偿的部分，通过“其他应收款——应收保险赔款”账户核算；属于无法查明原因的现金短缺，根据企业内部管理权限，经批准后记入“管理费用”账户。如为现金溢余，属于应支付有关人员或单位的部分，应从“待处理财产损溢——待处理流动资产损溢”账户转入“其他应付款——应付现金溢余（××个人或单位）”账户核算；属于无法查明原因的现金溢余，根据企业内部管理权限，经批准后，借记“待处理财产损溢——待处理流动资产损溢”账户，贷记“营业外收入——现金溢余”账户。

第二节　银行存款的核算

一、银行存款账户的开立和使用

银行存款是指房地产开发企业存放在银行或其他金融机构的货币资金。根据国家现金管理和结算制度的规定，房地产开发企业除在规定限额内可以留存少量现金以外，其余货币资金必须全部存入银行；企业的一切货币收支，除在规定范围内使用现金以外，都必须通过银行办理结算。

凡是独立核算的房地产开发企业必须按照银行开户办法的规定，向当地银行申请开立存款账户，经银行审查同意后办理开户手续。开户企业在通过银行账户办理资金收付时，必须遵守以下规定：

第一，认真贯彻执行国家的政策、法令，遵守银行信贷、结算和现金管理等有关规定。在银行检查时，企业必须提供账户使用情况的有关资料。

第二，企业在银行开立的账户，只供本企业业务经营范围内的资金收付使用，不准出租、出借或转让给其他单位或个人使用。

第三，各种收付款凭证必须如实填明款项的来源或用途，不得巧立名目、弄虚作假、套取现金、套购物资，严禁利用账户搞非法活动。

第四，企业在银行开设的账户必须有足够的资金保证支付，不准签发空头支票和远期支票，签发银行支票应指定专人负责。

第五，及时、准确地记载与银行的往来账务，重视对账工作，认真及时地与银行寄送的对账单进行核对，如发现不符，应及时与银行联系，尽快查对清楚。

第六，企业应当加强对银行存款的管理，并定期对银行存款进行检查，如有确凿证据表明存在银行或其他金融机构的款项已经部分或者全部不能收回的，应当作为当期损失，冲减银行存款，并转入当期营业外支出。

二、银行存款核算应设置的账户及其会计处理

为了总括地核算和监督银行存款的收入、支出和结存情况，房地产开发企业应设置“银行存款”账户，核算以摊余成本①计量的、企业存入银行或其他金融机构的各种款项。其借方登记存入银行的各种款项，贷方登记从银行提取或支出的各种款项。期末借方余额，反映企业银行存款的结余数额。

银行存款总账应由不从事出纳工作的会计人员按照各种存款的实际收入和支出数进行登记。它可以根据银行存款收付款凭证和现金付款凭证直接登记，也可以根据汇总记账凭证或科目汇总表进行定期汇总登记。

为了加强对银行存款的管理，随时掌握银行存款的收付动态和结存余额，企业应按开户银行、其他金融机构的名称和存款种类等，分别设置“银行存款日记账”，按照业务的发生顺序逐日逐笔登记，每日终了应结出余额。银行存款日记账应定期与银行对账单核对，至少每月核对一次。月份终了，企业银行存款日记账余额与银行对账单余额之间如有差额，可能是因为存在未达账项。下列四种情况可能导致未达账项的产生：

(1) 银行已经收款入账，而企业尚未收到银行的收款通知因而未登记收款入账的款项（银行已收企业未收）。

(2) 银行已付款入账，而企业尚未收到银行的付款通知因而未登记付款入账的款项（银行已付企业未付）。

(3) 企业已收款入账，而银行尚未办理完转账手续因而未登记收款入账的款项（企业已收银行未收）。

(4) 企业已付款入账，而银行尚未办理完转账手续因而未登记付款入账的款项（企业已付银行未付）。

在上述四种情况中，出现（1）和（4）时，会使企业银行存款日记账的账面余额比银行对账单的存款余额要小；而出现（2）和（3）时，会使企业银行存款日记账的账面余额比银行对账单的存款余额要大。

无论出现哪种未达账项的情况，都会使企业银行存款日记账的余额和银行对账单的余额不一致。企业应通过逐笔查对的办法找出未达账项，并由会计负责按月编制银行存款余额调节表进行调节。需要注意的是，银行存款余额调节表并不属于原始凭证，不得

① 金融资产或金融负债的摊余成本，是指该金融资产或金融负债的初始确认金额经过调整后的结果。

用于调整银行存款账面余额，它只起到核对账目的作用。银行存款余额调节表常用的编制方法是在双方账面余额的基础上，分别补记未达账项的金额，然后验证调节后的双方账目是否相符。计算公式如下：

$$\begin{array}{c}\text{银行对账单}\\\text{存款余额}\end{array}+\begin{array}{c}\text{企业已收}\\\text{而银行未收账项}\end{array}-\begin{array}{c}\text{企业已付}\\\text{而银行未付账项}\end{array}$$

$$=\begin{array}{c}\text{企业银行存款}\\\text{日记账余额}\end{array}+\begin{array}{c}\text{银行已收}\\\text{而企业未收账项}\end{array}-\begin{array}{c}\text{银行已付}\\\text{而企业未付账项}\end{array}$$

如果企业对所有的未达账项进行调整之后，企业的银行存款日记账余额与银行的实有存款余额仍不一致，则表明企业或银行中至少有一方存在差错，应该重新查找原因并及时进行相应的处理。

月份终了，银行存款日记账的余额必须与“银行存款”总账账户的余额核对相符。

【例 2－4】 银行存款增加的核算

企业在银行开立贷款账户，并申请借入1年期借款5 000 000元，款项已拨入银行账户。企业应做如下会计分录：

借：银行存款	5 000 000	
贷：短期借款——××银行		5 000 000

【例 2－5】 银行存款减少的核算

企业从银行提取现金35 000元，预计用于日常零星支出。企业应做如下会计分录：

借：库存现金	35 000	
贷：银行存款		35 000

【例 2－6】 银行存款减少的核算

企业支付桩基础工程款，价款2 500 000元，已由银行转账支付。企业应做如下会计分录：

借：开发成本——建筑安装工程款——桩基础工程	2 500 000	
贷：银行存款		2 500 000

知识链接：
银行结算方式

第三节 其他货币资金的核算

一、其他货币资金的内容

其他货币资金是指企业除现金和银行存款以外的其他各种货币资金，包括银行汇票存款、银行本票存款、信用卡存款、信用证保证金存款以及存出投资款等。房地产开发企业应加强对其他货币资金的管理，及时办理各项收支结算业务。

（一）银行汇票存款

银行汇票存款是指企业为取得银行汇票而按照规定存入银行的款项。这种款项一经存入银行即具有专门的用途，企业不可以再将其用于其他方面。

（二）银行本票存款

银行本票存款是指企业为取得银行本票而按照规定存入银行的款项。这种款项一经存入银行就有了专门的用途，企业不可以再将其用于其他方面。

（三）信用卡存款

信用卡存款是指企业为取得信用卡而按照规定存入银行的款项。

（四）信用证保证金存款

信用证保证金存款是指企业为取得信用证而按照规定存入银行的保证金。

（五）存出投资款

存出投资款是指企业已存入证券公司但尚未进行短期投资的现金。

此外，随着新型收款方式的不断涌现，以及考虑到房地产开发企业的特点，保函保证金、履约保证金、银行承兑汇票保证金、按揭保证金、银行贷款保证金、其他受限资金，以及通过 POS 机刷卡、微信、支付宝等方式收取的资金等，也属于房地产开发企业的其他货币资金核算范围。

二、其他货币资金核算应设置的账户

由于其他货币资金的存放地点和用途与企业的库存现金和银行存款不同，因此，企业必须对其单独进行核算。

为了总括地反映企业其他货币资金的增减变动和结余情况，企业应设置“其他货币资金”账户，核算以摊余成本计量的企业其他货币资金。其借方登记企业其他货币资金的增加数，贷方登记企业其他货币资金的减少数；期末借方余额，反映企业实际持有的其他货币资金。本账户应按“银行汇票”“银行本票”“信用卡”“信用证保证金”“存出投资款”等类别设置明细账进行核算。

三、其他货币资金核算的会计处理

（一）银行汇票存款核算的会计处理

（1）企业在填送银行汇票申请书并将款项交存银行，取得银行汇票后，应根据银行盖章退回的申请书存根联，借记“其他货币资金——银行汇票”账户，贷记“银行存款”账户。

（2）企业使用银行汇票后，应根据发票和开发项目工程确认单等有关凭证，经核对无误后，借记有关账户，贷记“其他货币资金——银行汇票”账户。

（3）银行汇票如有多余款或因银行汇票超过付款期等原因而退回款项时，借记“银行存款”账户，贷记“其他货币资金——银行汇票”账户。

（二）银行本票存款的核算

（1）企业向银行提交银行本票申请书，并将款项交存银行，取得银行本票后，应根据银行盖章退回的申请书存根联，借记“其他货币资金——银行本票”账户，贷记“银行存款”等账户。

（2）企业使用银行本票后，应根据发票和开发项目工程确认单等有关凭证，借记有关账户，贷记“其他货币资金——银行本票”账户。

（3）企业因本票超过付款期等原因而要求退款时，应填制进账单一式两联，连同本票一起送交银行。再根据银行盖章退回的第一联进账单，借记“银行存款”账户，贷记“其他货币资金——银行本票”账户。

（三）信用卡存款的核算

（1）企业申领信用卡时，要按规定填制申请表，连同支票和有关资料一并送交发卡银行。再根据银行盖章退回的进账单第一联，借记“其他货币资金——信用卡”账户，贷记“银行存款”账户。

（2）企业使用信用卡时，借记“管理费用”“应交税费”等账户，贷记“其他货币资金——信用卡”账户。

（3）企业在使用信用卡过程中，如需向其账户续存资金，应根据银行的进账单，借记“其他货币资金——信用卡”账户，贷记“银行存款”账户。

（4）企业持卡人如需销户，应到发卡银行办理相关手续。销户时，单位卡账户余额应转入基本存款账户，借记“银行存款”账户，贷记“其他货币资金——信用卡”账户。

（四）信用证保证金存款的核算

（1）企业向银行交纳保证金以开立信用证时，应根据银行退回的进账单第一联，借记“其他货币资金——信用证保证金”账户，贷记“银行存款”账户。

（2）企业根据开证行交来的信用证来单通知书及有关单据列明的金额，借记“固定资产”等账户，贷记“其他货币资金——信用证保证金”账户。

（3）企业接到银行收账通知，将未用完的信用证余额转回银行结算户时，借记“银行存款”账户，贷记“其他货币资金——信用证保证金”账户。

（五）存出投资款的核算

（1）企业向证券公司划出资金以进行投资时，应按实际划出的金额，借记“其他货币资金——存出投资款”账户，贷记“银行存款”账户。

（2）企业根据持有金融资产的目的，按实际发生的金额，借记“交易性金融资产”或“其他权益工具”等账户，贷记“其他货币资金——存出投资款”账户。

【例 2-7】 其他货币资金减少的核算

企业使用银行汇票支付以前所欠工程款 365 000 元。企业应做如下会计分录：

借：应付账款　　365 000

　　贷：其他货币资金——银行汇票　　365 000

【例 2-8】 其他货币资金增加的核算

企业将 855 000 元交存证券公司，准备进行金融资产投资。企业应做如下会计分录：

借：其他货币资金——存出投资款　　855 000

　　贷：银行存款　　855 000

本章小结

即测即评

思考题

1. 房地产开发企业的货币资金包括哪些基本内容？
2. 简述现金的使用范围及现金的内部控制。
3. 现金清查的方法有哪些？如果现金发生短缺或盈余应如何进行会计处理？
4. 简述企业银行存款日记账的余额和银行对账单的余额不一致的原因。
5. 简述银行存款余额调节表的编制方法。

案例分析题

1. 李晓是某房地产开发企业新聘请的会计人员。由于他是应届毕业生，从业经验较少，对企业货币资金业务管理和核算的相关规定并不是十分了解。在其任职期间，企业 7 月份发生了如下业务：

（1）5 日，出纳员开出现金支票一张，金额为 1 200 元，用于补充库存现金。

（2）8 日，行政部门购买办公用品，支付现金 490 元。

（3）10 日，采购员出差预借差旅费 5 000 元，以现金支付。

（4）14 日，为职工发放困难补助 700 元，以现金支付。

（5）18 日，发放职工工资 37 500 元，以银行存款支付。

(6) 21日，收到银行的通知，应收北海公司的售房款4 000 000元已到账，并存入结算账户。

与此同时，李晓在对以上业务进行会计处理时还发现了如下情况：

在7月10日和14日对现金业务结束后进行的例行现金清查中，分别发现了现金盈余50元和现金短缺40元。由于李晓未能查清盈余和短缺的具体原因，并考虑到涉及的金额较小，他采取了将50元的现金盈余暂时收起并将40元的现金短缺自行补齐的做法。

要求：

(1) 根据7月该企业的业务(1)～(6)，李晓应做怎样的会计处理？

(2) 对于7月10日和14日现金清查结果的处理，李晓的做法有哪些不妥之处？正确的处理方式应是怎样的？

2. 某企业12月31日的银行存款日记账余额为216万元，而银行转来的对账单余额为332万元。经逐笔核对，发现以下未达账项：

(1) 12月29日，企业将收到的A公司赔款240万元的转账支票交存银行并登记入账，但银行尚未对此进行记账。

(2) 企业12月29日开出转账支票支付B公司咨询费180万元，并于当日交给B公司。然而，B公司尚未将收到的支票送存银行。

(3) 企业委托银行代收C公司的购房款192万元，银行已于12月30日收妥并登记入账，但企业尚未收到银行的收款通知。

(4) 12月份企业发生借款利息16万元，银行已相应减少其存款，但企业尚未收到银行的付款通知。

要求：根据上述资料编制该企业银行存款余额调节表。

银行存款余额调节表

金额单位：万元

项目	金额	项目	金额
银行存款日记账余额		银行对账单余额	
加：银行已收企业未收的款项合计		加：企业已收银行未收的款项合计	
减：银行已付企业未付的款项合计		减：企业已付银行未付的款项合计	
调节后余额		调节后余额	

第三章

应收及预付款项

学习目标

1. 掌握应收账款、坏账损失、预付账款、合同资产、合同资产减值准备、其他应收款的核算内容及其会计处理。

2. 理解应收票据、应收利息、应收股利的核算内容及其会计处理，以及合同资产与应收款项的关系。

3. 了解采用备抵法核算坏账损失的步骤。

引导案例

珠海华发实业股份有限公司（简称华发股份，股票代码 600325）是承接华发集团房产开发板块的平台公司，组建于 1992 年，前身始创于 1980 年。公司具有房地产开发一级资质，并于 2004 年在上交所成功挂牌上市。华发股份积极响应国家产业政策，加快转型升级步伐，致力于推动产业多元化，打造上下游产业链，已经形成以住宅为主业，商业运营与上下游产业链同步发展的“一核两翼”业务新格局。华发股份已连续六年跻身《财富》中国 500 强榜单，列 2022 年《财富》中国 500 强排行榜第 251 位。

截至 2021 年 12 月 31 日，华发股份应收账款期末账面价值为 328 415 681.80 元，较上年的 95 220 632.72 元增加 244.90%，主要系期末应收托管服务、房屋销售等收入增加所致；预付款项期末账面价值为 3 719 811 883.09 元，较上年的 5 516 614 667.91 元减少 32.57%，主要系预付地价款转入开发成本所致；其他应收款期末账面价值为 1 472 737 448.03 元，同比增加 42.69%，主要系履约保证金增加所致。

截至 2021 年年末，华发股份对应收账款计提的坏账准备金额为 11 228 894.69 元，其中按单项计提的坏账准备账面余额为 250 000 元，该部分为全额计提，企业预计无法收回；按账龄组合计提的坏账准备账面余额为 10 978 894.69 元。对其他应收款计提的坏账准备期末账面余额为 209 855 320.59 元。

资料来源：根据珠海华发实业股份有限公司 2021 年年度报告整理。

华发股份在应收账款计提坏账准备方面的做法是否符合会计政策的相关规定？房地产开发企业所涉及的应收及预付款项包括哪些内容？在核算上有什么特殊之处？如何进行会计处理？应收及预付款项计提坏账准备有哪些方法？企业应该如何选择？何为合同资产？其与应收款项之间有什么关系？通过本章的学习，相信你会找到答案。

第一节　应收账款及应收票据的核算

应收款项属于《企业会计准则第 22 号——金融工具确认和计量》的核算范围，是企业无条件收取合同对价的权利。只有在合同对价到期支付之前仅仅随着时间的流逝即可收款的权利，才是无条件的收款权。应收及预付款项主要包括与销售开发产品等开发经营活动有关的应收账款、应收票据、应收款项融资、预付账款，以及与开发经营活动没有直接关系的其他应收款、应收利息、应收股利等。这些款项是房地产开发企业的短期债权，属于企业的流动资产，企业应对其进行核算和监督。本节主要介绍应收账款及应收票据的核算内容。

一、应收账款核算的内容

（一）应收账款的内涵和会计确认

应收账款是指房地产开发企业因履行了合同中的单项履约义务，在开发经营过程中因对外转让、销售、结算开发产品，临时出租房地产等业务，应向客户无条件收取合同对价的权利。该权利仅取决于时间流逝因素，以及因销售材料，提供劳务、作业等业务，应向购货单位或接受劳务、作业单位收取货款及劳务补偿的要求权。它是企业在销售活动中产生的债权，在正常情况下，应该在短期内（1 年或超过 1 年的一个营业周期内）收回。与企业经营业务无关的应收款项不包括在应收账款范围之内，而应在“其他应收款”账户中核算。

应收账款通常在开发产品的所有权或控制权转移时或提供劳务时予以确认，即应收账款的确认应与开发产品销售收入的确认同时进行，当销售收入满足《企业会计准则第 14 号——收入》规定的条件并予以确认时，应收账款即可同时确认。

（二）应收账款的计价

应收及预付款项应当按实际发生额记账，即应收账款通常按交易双方在成交时的实际发生额计价，不考虑现值因素。但是，在确认应收账款的入账价格时，需要考虑商业折扣、现金折扣等因素。

（1）商业折扣，是指企业从出售开发产品的价目单上规定的价格中按一定比例直接扣减的数额，是企业为了扩大开发产品的销路、增加销售量以提高盈利水平而对购买方实施的一种价格优惠政策。由于商业折扣是从销售产品的价格中扣算的，因此，企业应收账款入账金额应按扣除商业折扣以后的实际售价加以确认。商业折扣在购销双方的账面上均不做任何反映。

(2) 现金折扣，是指企业为了鼓励客户在一定期限内早日偿还销售款而给予的一种折扣优惠。这种折扣的条件，通常用一定形式的"术语"来表示，如"2/10，1/20，N/30"，即信用期限为 30 天，10 天内付款给予 2%的现金折扣优惠；20 天内付款给予 1%的现金折扣优惠；30 天内付款全额支付。在现金折扣方式下，应收账款入账金额的确认有两种会计处理方法，即总价法和净价法。不同的会计处理方法对应收账款的计价会产生不同的影响。采用总价法时，应收账款应以全部销售额计价入账，客户只有在折扣期内支付价款，才予以确认现金折扣。这种方法将现金折扣视为企业为了鼓励客户提早付款而采取的激励措施，因此销售方把给予客户的现金折扣视为融资的理财费用，会计上应当作为财务费用处理。采用净价法时，应收账款应以全部销售额扣除最大现金折扣后的净额计价入账。如客户未享受折扣，超过折扣期限而多付的金额，销售方将其视为提供信贷而获得的收入，并于收到账款时，作为财务费用的减项。我国目前的会计实务中，对于现金折扣的会计处理采用总价法进行核算。

（三）合同资产的界定

根据《企业会计准则第 14 号——收入》的规定，合同资产，是指企业已向客户转让商品而有权收取对价的权利，且该权利取决于时间流逝之外的其他因素。如房地产开发企业向客户销售两项可明确区分的商品房，企业因已交付其中一项商品房而有权收取款项，但收取该款项还取决于企业交付的另一项商品房的，企业应当将该收款权利作为合同资产。

企业应当按照《企业会计准则第 22 号——金融工具确认和计量》评估合同资产的减值，该减值的计量、列报和披露应当按照《企业会计准则第 22 号——金融工具确认和计量》和《企业会计准则第 37 号——金融工具列报》的规定进行会计处理。

（四）合同资产和应收款项的关系

合同资产和应收款项都是企业拥有的有权收取对价的合同权利。二者的区别在于，应收款项代表的是无条件收取合同对价的权利，即企业仅仅随着时间的流逝即可收款；而合同资产并不是一项无条件收款权，该权利除了时间流逝之外，还取决于其他条件（例如，履行合同中的其他履约义务）才能收取相应的合同对价。应收款项仅承担信用风险，而合同资产除信用风险之外，还可能承担其他风险，如履约风险等。

合同资产符合金融资产的本质，合同资产与应收账款相比仅差一个时间以外的因素，即已经提供了商品或服务除了时间因素以外的应收债权。因此，将合同资产核算的内容放在应收账款部分进行介绍。

二、应收账款核算应设置的账户及其会计处理

（一）应收账款核算应设置的账户

为了核算和监督企业以摊余成本计量的、因销售商品或提供劳务等日常活动应收取的款项，以及企业已向客户转让商品而拥有的收取对价的合同权利及该权利发生的减值情况，房地产开发企业应设置下列会计账户。

（1）“应收账款”账户。“应收账款”账户核算房地产开发企业以摊余成本计量的、因销售开发产品等应向客户收取对价的权利。其借方登记企业发生的应收账款，贷方登记已收回的应收账款、改用商业汇票结算的应收账款、已结转坏账损失的应收账款和以债务重组方式收回的债权等。期末借方余额反映尚未收回的各种应收账款的实有数。本账户应分别按客户单位设置明细账进行核算。

（2）“合同资产”账户。“合同资产”账户核算房地产开发企业已向客户转让商品而有权收取对价的权利。其借方登记企业在客户实际支付合同对价或在该对价到期之前，已经向客户转让了商品的，应当按因已转让商品而有权收取对价的金额；贷方登记企业取得的无条件收款权利。期末借方余额反映企业已经向客户转让了商品的，应当按因已转让商品而有权收取对价的金额，且尚未取得无条件收款的权利。本账户应按合同进行明细核算。

（3）“合同资产减值准备”账户。“合同资产减值准备”账户核算合同资产的减值准备。其贷方登记合同资产发生减值的金额，借方登记转回已计提的资产减值准备金额。期末贷方余额反映企业已计提但尚未转销的合同资产减值金额。本账户应按合同进行明细核算。

（二）应收账款和合同资产核算的会计处理

（1）带息的应收账款，应于期末按照本金（或票面价值）与确定的利率计算的金额，增加其账面余额，并确认为利息收入，计入当期损益。

（2）房地产开发企业发生应收账款时，按应收金额，借记“应收账款”账户，贷记“主营业务收入”“应交税费——应交增值税（销项税额①）”等账户；收回应收账款时，借记“银行存款”等账户，贷记“应收账款”账户。

（3）房地产开发企业代垫费用时，借记“应收账款”账户，贷记“银行存款”等账户；收回代垫费用时，借记“银行存款”账户，贷记“应收账款”账户。

（4）房地产开发企业应收账款改用商业汇票结算，在收到承兑的商业承兑汇票时，

---

① 根据《房地产开发企业销售自行开发的房地产项目增值税征收管理暂行办法》以及《财政部 国家税务总局关于全面推开营业税改征增值税试点的通知》（财税〔2016〕36 号），一般纳税人销售自行开发的，《建筑工程施工许可证》注明的合同开工日期在 2016 年 4 月 30 日前的房地产项目，或者《建筑工程施工许可证》未注明合同开工日期或者未取得《建筑工程施工许可证》但建筑工程承包合同注明的开工日期在 2016 年 4 月 30 日前的建筑工程项目，可以选择适用简易计税方法按照 5%的征收率计税。一经选择简易计税方法计税的，36 个月内不得变更为一般计税方法计税。

按票面价值，借记“应收票据”账户，贷记“应收账款”账户。

【例3-1】 应收账款的核算

企业向乙公司销售商品房，开具的增值税专用发票上注明的金额为8 120 000元、增值税税额为730 800元（增值税税率为9%①）。该商品房的控制权在交付时转移给乙公司，此时企业取得无条件的收款权。企业应做如下会计分录：

价款尚未收到：

借：应收账款——乙公司	8 850 800	
贷：主营业务收入		8 120 000
应交税费——应交增值税（销项税额）		730 800

收到价款时：

借：银行存款	8 850 800	
贷：应收账款——乙公司		8 850 800

【例3-2】 发生带现金折扣的应收账款核算

企业向乙公司销售商品房，规定的现金折扣条件是“2/10，N/30”，房款价值共计8 120 000元，已办理托收手续。采用总价法时，企业应做如下会计分录：

借：应收账款——乙公司	8 120 000	
贷：主营业务收入		8 120 000

假设货款10天内收到：

借：银行存款	7 957 600	
财务费用	162 400	
贷：应收账款——乙公司		8 120 000

如果超过了现金折扣最后期限：

借：银行存款	8 120 000	
贷：应收账款——乙公司		8 120 000

【例3-3】 部分应收账款的核算

企业向乙公司销售商品房一套，商品房已移交，开具的增值税专用发票上注明的金额为2 000 000元、增值税税额为180 000元（增值税税率为9%）。其中的436 000元企业已经获取无条件收取合同对价的权利，剩余房款1 744 000元尚未收到。企业应做如下会计分录：

借：合同负债②	400 000	
应交税费——应交增值税（待转销项税额）	36 000	
应收账款——乙公司	1 744 000	
贷：主营业务收入		2 000 000

---

① 本书所有例题中涉及的房地产开发企业，如无特殊说明，均指合同开工日期在2019年4月1日后进行开发经营的房地产开发企业，且均属于增值税一般纳税人（简称纳税人），适用一般计税方法计税。所取得的增值税专用发票全部已得到认证。房地产开发企业作为纳税人发生增值税应税销售行为或者进口货物，适用的税率为13%；企业提供不动产租赁服务、销售不动产、转让土地使用权，适用的税率为9%。

② 关于“合同负债”的相关内容，详见第十章“负债”第二节“流动负债的核算”。

应交税费——应交增值税（销项税额） 180 000

【例 3-4】 合同资产和应收账款的核算

企业与客户签订合同，向其销售商品房两栋，开具的增值税发票上注明的金额为 11 100 000 元、增值税税额为 999 000 元（增值税税率为 9%）。合同约定，第一栋商品房于合同开始日交付，第二栋商品房在两个月之后交付，只有当两栋商品房全部交付之后，房地产开发企业才有权收取 11 100 000 元的合同对价。假定两栋商品房构成两项履约义务，其控制权在交付时移交给客户，分摊至两栋商品房的交易价格分别为 9 000 000 元和 2 100 000 元，两栋商品房的开发成本分别为 7 000 000 元和 1 800 000 元。企业应做如下会计分录：

（1）交付第一栋商品房时：

借：合同资产 9 810 000
　贷：主营业务收入 9 000 000
　　应交税费——应交增值税（销项税额） 810 000
借：主营业务成本 7 000 000
　贷：开发产品 7 000 000

（2）交付第二栋商品房时：

借：应收账款 12 099 000
　贷：合同资产 9 810 000
　　主营业务收入 2 100 000
　　应交税费——应交增值税（销项税额） 189 000
借：主营业务成本 1 800 000
　贷：开发产品 1 800 000

三、应收票据核算的内容

（一）应收票据内涵及其分类

应收票据是指房地产开发企业在发生对外转让、销售企业开发产品等业务时，因收到未到期票据所形成的债权。企业持有的尚未到期兑现的票据包括支票、本票、银行汇票和商业汇票等。在我国会计实务中，大部分票据都是即期票据，不需要作为应收票据核算，而这里的应收票据主要是指商业汇票。

应收票据按照不同的标准可以分为以下几类：

（1）应收票据按承兑人不同可以分为商业承兑汇票和银行承兑汇票。商业承兑汇票是由收款人签发，经付款人承兑，或由付款人签发并承兑的商业汇票。银行承兑汇票是由收款人或承兑申请人签发，并由承兑申请人向开户银行申请，经银行审查同意承兑的商业汇票。

（2）应收票据按其是否计息可以分为带息票据和不带息票据。带息票据是指票面上注明利率及付息日期的应收票据。在应收票据到期时，承兑人向收款人或被背书人支付票面金额及按票面金额和规定的利率计算的到期利息。不带息票据是指在应收票据到期时，承兑人只按票面金额向收款人或被背书人支付款项的应收票据。

（二）应收票据到期日的计算

按照国际惯例，应收票据到期日的计算有按日计算和按月计算两种方法。具体应用时，应根据应收票据签发的期限是天数还是月份加以选择。

如果商业汇票签发的期限是天数，到期日一般按日计算，即应从出票日起，按实际经历的天数计算。通常出票日和到期日只可计算一天，采用"算头不算尾"或"算尾不算头"的办法。例如，5 月 10 日出票的一张 50 天到期的商业汇票，其到期日应为 6 月 29 日（5 月份实有 31 天，算尾不算头）。

如果商业汇票签发的期限是月份，到期日一般按月计算，即以应到期月份中与出票日相同的那一天为到期日。例如，6 月 12 日出票的一张 2 个月到期的商业汇票，其到期日应为 8 月 12 日。如果月末出票，不论月份大小，均以到期月份的最后一天为到期日。

（三）应收票据到期值的计算

企业收到的应收票据如果不带息，那么应收票据的到期值即为应收票据的票面价值；如果带息，应收票据的到期值则为应收票据的票面价值加上到期利息。由于我国商业汇票的付款期限最长不得超过 6 个月，因此，带息应收票据的到期利息一般以单利计算。其计算公式如下：

票据利息＝票据本金×利率×期限　　(3-1)

票据到期值＝票据本金＋票据利息＝票据本金×(1＋利率×期限)　　(3-2)

式中，票据本金表示应收票据的票面价值；利率表示票面规定的利率，未另外指明的，一般为年利率，如需换算成月利率或日利率，每月统一按 30 天、全年按 360 天计算。

例如，一张面值 100 000 元，利率为 4%，90 天到期的应收票据，其到期值计算步骤为：

票据到期利息＝100 000×4%/360×90＝1 000(元)

票据到期值＝100 000＋1 000＝101 000(元)

（四）应收票据的计价

（1）房地产开发企业应在收到、开出、承兑商业汇票时，按应收票据的票面价值入账。

（2）对带息应收票据，应在期末时，按应收票据的票面价值和确定的利率计算并计提利息，计提的利息增加应收票据的账面余额。

（3）到期不能收回的带息应收票据，转入"应收账款"账户核算后，期末不再计提利息，其所包含的利息，在有关备查簿中进行登记，待实际收到时再冲减收到当期的财务费用。

（4）企业持有的应收票据如有确凿证据表明其不能够收回或收回的可能性不大时，

应按规定计提相应的坏账准备。

（五）应收票据的贴现

应收票据贴现是指企业利用未到期应收票据向银行融资的做法，贴现行为实质上是银行向企业提供的一种短期贷款服务。房地产开发企业如在票据未到期前需要资金周转，可持未到期的应收票据向银行申请贴现。银行同意受理后，会从票据到期值中扣除票据自贴现日起至票据到期日止的利息，这部分利息称为银行贴现息。计算贴现息所使用的利率称为贴现率。企业从银行获得的票据到期值扣除贴现利息后的余额，称为贴现所得或贴现净值，这部分金额会由银行支付给企业。贴现时发生的各项费用，如贴现手续费、贴现利息等，一般由持票人承担。

应收票据贴现的计算步骤如下：

（1）计算应收票据的到期值。不带息票据的到期值就是其面值；带息票据的到期值是它的面值与到期利息之和。

票据到期值＝票据面值＋到期利息
＝票据面值×(1＋利率×期限)
＝票据面值×(1＋年利率×票据到期天数÷360)
＝票据面值×(1＋年利率×票据到期月数÷12)　　(3－3)

（2）计算应收票据的贴现期。贴现期是指应收票据从贴现日到到期日的时间间隔，可以按日计算或按月计算。当按日计算时，贴现日与到期日只计算其中的一天。

贴现期＝票据期限－企业已持有票据期限　　(3－4)

（3）计算应收票据的贴现息。

贴现息＝票据到期值×贴现率×贴现期　　(3－5)

（4）计算应收票据的贴现所得。

贴现所得＝票据到期值－贴现息　　(3－6)

企业贴现不带息的应收票据，其贴现所得一定低于票据面值，二者之差作为利息支出计入财务费用；企业贴现带息的应收票据，其贴现所得可能低于票据面值，也可能高于票据面值，二者之差作为利息支出或利息收入计入财务费用。

二、应收票据核算应设置的账户及其会计处理

为了核算以摊余成本计量、销售开发产品等业务而收到的商业汇票，房地产开发企业应设置“应收票据”账户。其借方登记企业因对外销售开发产品等收到开出、承兑的应收票据的面值及其应计利息；贷方登记到期收回、已背书转让、到期承兑人拒付以及未到期向银行贴现的应收票据的面值和应计利息，以及已结转坏账损失的应收票据。期末借方余额反映企业持有的商业汇票的票面金额。

企业还应设置应收票据备查簿，逐笔登记商业汇票的种类、号数，出票日，票面金

额，交易合同号，付款人、承兑人、背书人的姓名或单位名称，到期日，背书转让日，贴现日，贴现率，贴现净额，收款日，收回金额，退票情况等资料。商业汇票到期结清票款或退票后，应在备查簿中予以注销。

【例3-5】 收到商业承兑汇票抵欠款的核算

企业收到B公司签发的6个月到期的商业承兑汇票一张，票面金额为1 500 000元，票面利率为5%，用以抵项所欠购房款。企业应做如下会计分录：

（1）收到商业承兑汇票时：

借：应收票据	1 500 000	
贷：应收账款——B公司		1 500 000

（2）每月月末计提利息时：

借：应收票据	6 250	
贷：财务费用		6 250

（3）6个月后票据到期收回本息时：

票据到期利息＝1 500 000×5%÷12×6＝37 500(元)

借：银行存款	1 537 500	
贷：应收票据		1 537 500

（4）假设6个月后票据到期，B公司无款支付：

借：应收账款——B公司	1 537 500	
贷：应收票据		1 537 500

【例3-6】 收到商业承兑汇票抵售房款的核算

企业向D公司出售一套住宅，D公司开出一张30天到期的商业承兑汇票以结算房款，开具的增值税发票上注明的金额为4 500 000元、增值税税额为405 000元（增值税税率为9%）。企业应做如下会计分录：

（1）收到商业承兑汇票时：

借：应收票据	4 905 000	
贷：主营业务收入		4 500 000
应交税费——应交增值税（销项税额）		405 000

（2）30天后票据到期收款时：

借：银行存款	4 905 000	
贷：应收票据		4 905 000

（3）假设票据到期，D公司未能兑付票款：

借：应收账款——D公司	4 905 000	
贷：应收票据		4 905 000

已贴现的应收票据如果是银行承兑汇票，在票据到期时，若出现付款人的银行存款账户不足以支付的情况，则其开户银行负有向贴现银行无条件支付票款的责任，然后由其开户银行向付款人执行扣款。由于有银行信用作为保证，所以企业贴现银行承兑汇票时一般不会形成或有负债。

企业贴现的应收票据如果是商业承兑汇票，在票据到期时，若付款人的存款账户不足以支付，贴现银行将按规定将汇票退还给贴现企业，并要求贴现企业退回已贴现票据的到期价值。这样企业在以商业承兑汇票向银行贴现时，就可能承担由于背书行为而导致的连带付款责任，并需要在会计上予以反映，数额大小也需要在报表附注中加以披露。

对于应收票据贴现，房地产开发企业可以单独设置“应收票据贴现”账户，以作为“应收票据”账户的备抵账户，核算已向银行贴现的应收票据的票面金额。待贴现票据到期收回票款后，再将这两个账户对冲转销。如果房地产开发企业不设置“应收票据贴现”账户，那么在商业承兑汇票贴现或背书转让时，企业可以直接冲销已入账的应收票据，并在报表附注中说明因贴现或转让商业承兑汇票而产生的或有负债金额。待票据到期结清票款后，企业再将应收票据备查簿中的相关记录予以注销。

第二节　坏账损失的核算

一、坏账损失核算的内容

企业只要存在应收款项就有发生坏账的可能。因此，根据谨慎性原则，房地产开发企业应当定期或者至少在每年年度终了时，对应收款项进行全面检查，预计各项应收款项可能发生的坏账。对于没有把握收回的应收款项，企业应当计提坏账准备；对于不能收回的应收款项，企业应当查明原因，追究责任。

（一）坏账损失的确认

坏账是指企业无法收回或收回的可能性极小的应收及预付款项。因发生坏账而产生的损失，称为坏账损失。我国将坏账损失列为信用减值损失。房地产开发企业符合下列条件之一的，应确认坏账损失：

（1）有确凿证据表明该项应收款项不能收回，如债务单位已经撤销、破产；

（2）有确凿证据表明该项应收款项收回的可能性不大，如债务单位资不抵债、现金流量严重不足、发生严重的自然灾害等导致停产，从而在短时间内无法偿付债务等；

（3）应收款项逾期 3 年以上。

企业如果存在下列情况，一般不能全额计提坏账准备：

（1）当年发生的应收款项；

（2）计划对应收款项进行重组；

（3）与关联方发生的应收款项；

（4）其他已逾期但无确凿证据证明不能收回的应收款项。

对于不能收回的应收款项，房地产开发企业应当查明原因，追究责任，并根据企业的管理权限，经股东会、董事会或经理会议等类似机构批准作为坏账损失，冲销提取的坏账准备。即使应收账款已经确认为无法收回，也并不意味着企业放弃了对它的追索权。一旦有机会重新收回，企业应及时入账处理。

（二）坏账准备的计提政策

（1）企业自行确定计提坏账准备的方法。房地产开发企业应当列出目录，具体注明计提坏账准备的范围、提取方法、账龄的划分和提取比例，按照管理权限，经股东会、董事会或经理会议等类似机构批准后，按照法律、行政法规的规定报有关各方备案，并备置于公司所在地。

（2）坏账准备提取方法一经确定，不得随意变更。如需变更，应经批准后报送有关各方备案，并在报表附注中予以说明。

（3）企业持有的未到期应收票据，如有确凿证据表明不能收回或收回的可能性不大时，应将其账面余额转入应收账款，并计提相应的坏账准备。

（4）企业的应收及预付款项，如应收账款、应收票据、预付账款、其他应收款等，有客观证据表明发生减值的，应当计算确定减值损失，计提坏账准备。

（三）坏账损失的估计与核算方法

企业只能采用备抵法核算坏账损失。备抵法是按期预先估计坏账损失，计提坏账准备，当发生坏账损失时，根据其数额冲减坏账准备，同时注销原应收账款的记录。

《〈企业会计准则第 22 号——金融工具确认和计量〉应用指南》对应收账款计提坏账准备做了如下规定：对于单项金额重大的应收款项，应当单独进行减值测试。有客观证据表明其发生了减值的，应当根据其未来现金流量现值低于其账面价值的差额，确认减值损失，计提坏账准备。对于单项金额非重大的应收款项可以单独进行减值测试，确定减值损失，计提坏账准备；也可以与经单独测试后未减值的应收款项一起按类似信用风险特征划分为若干组合，再按这些应收款项组合在资产负债表日余额的一定比例计算确定减值损失，计提坏账准备。企业应当根据以前年度与之相同或相类似的、具有类似信用风险特征的应收款项组合的实际损失率，结合现实情况确定本期各项组合计提坏账准备的比例，如大多数企业采用账龄分析法预计应收款项的减值损失。

估计坏账损失的方法通常有余额百分比法、账龄分析法和个别认定法等。计提坏账准备的方法由企业根据具体情况，选择最适合企业实际的方法加以确定，但一经确定，不得随意变更。

（1）余额百分比法。余额百分比法是指根据会计期末应收账款的余额乘以估计的坏账比率得出当期估计的坏账损失，据此提取坏账准备金的方法。估计的坏账率可以按照以往的数据资料加以确定，也可以根据规定的百分率进行计算。会计期末，企业应提取的坏账准备大于其账面余额的，按其差额提取；应提取的坏账准备小于其账面余额的，按其差额冲回坏账准备。

（2）账龄分析法。账龄分析法是指对应收款项按账龄的长短进行分组并分别确定坏账比率，据以计算确定减值金额、计提坏账准备的方法。账龄分析法的前提是账款被拖欠的时间越长，发生坏账的可能性就越大。尽管应收款项能否收回以及能收回多少，并不完全取决于欠款时间的长短，但就一般情况而言，这一前提还是可以成立的。

采用账龄分析法的企业，在期末一般需要编制应收账款账龄分析表。根据账龄分析表中各账龄段应收账款的余额，乘以相应的坏账比率，分别计算各账龄段应收账款的减值金额，最后将各账龄段应收账款的减值金额进行加总，求得全部应收账款的减值金额。

房地产开发企业在估计坏账损失时，主要采用账龄分析法。对于期末单项金额重大的应收款项，企业会单独进行减值测试。如有客观证据表明其发生了减值的，企业会根据其未来现金流量现值低于其账面价值的差额，确认减值损失，计提坏账准备。对于期末单项金额非重大的应收款项，企业会将其与经单独测试后未减值的应收款项一起按账龄作为类似信用风险特征划分为若干组合，再按这些应收款项组合期末余额的一定比例（可以单独进行减值测试）计算确定减值损失，计提坏账准备。

（3）个别认定法。针对每项应收账款的实际情况单独估计坏账损失，即具体问题具体分析。在实际操作中，也可根据需要，将该方法与余额百分比法和账龄分析法结合使用。

【例 3－7】 余额百分比法

企业根据以往的经验和有关资料，估计每 5 000 000 元的赊销金额中有 250 000 元的坏账损失，即估计的坏账损失百分比为 5%。由于本年度实际发生的赊销金额为 400 000 000 元，因此本年度估计的坏账损失金额为 20 000 000 元（400 000 000×5%）。

【例 3－8】 账龄分析法

企业采用账龄分析法计提坏账准备。在 2×22 年 12 月 31 日，企业编制了应收账款账龄分析表，并对坏账损失进行了估计，如表 3－1 所示。

表 3－1 应收账款账龄分析及坏账损失估计表 金额单位：元

账龄	账面余额	计提比例（%）	坏账准备
1 年以内	6 500 000	1	65 000
1～2 年	4 000 000	5	200 000
2～3 年	8 500 000	10	850 000
3～5 年	3 000 000	50	150 000
5 年以上	3 500 000	100	3 500 000
合计	25 500 000		4 765 000

在 2×22 年年末提取坏账准备时，企业应做如下会计分录：

借：信用减值损失——计提的坏账准备　　4 765 000

　贷：坏账准备　　4 765 000

二、坏账损失核算应设置的账户及会计处理

（一）坏账损失核算应设置的账户

为了核算以摊余成本计量的应收账款等金融资产以预期信用损失为基础计提的损失准备，房地产开发企业应设置“坏账准备”账户。其贷方登记提取的坏账准备、收回以前已确认并转销的坏账损失以及应提取坏账准备的金额大于本账户账面余额的差

额；借方登记已发生的坏账损失和应提取坏账准备的金额小于本账户账面余额的差额。期末贷方余额反映已经提取但尚未转销的坏账准备。该账户可以按照可能发生坏账损失的各应收及预付款项名称设置明细账户。该账户是各应收及预付款项账户的备抵账户。

（二）坏账损失核算的会计处理

期末应计提的坏账准备可按下列公式计算：

$$\text{当期应提取的坏账准备}=\text{当期按应收款项计算应计提的坏账准备金额}-(\text{或}+)\text{“坏账准备”账户的贷方(或借方)余额} \quad (3-7)$$

在备抵法下，采用期末余额百分比法估计坏账损失时，主要会计处理步骤如下：

(1) 当企业首次计提坏账准备时，根据年末应收款项余额的一定比例，计算当年应计提的坏账准备金额，并借记“信用减值损失”账户①，贷记“坏账准备”账户。

(2) 当企业发生坏账时，借记“坏账准备”账户，贷记“应收账款”账户。

(3) 对于已确认并转销的应收账款以后又收回的，可以做两笔会计分录，即按实际收回的金额，借记“应收账款”等账户，贷记“坏账准备”账户；同时借记“银行存款”账户，贷记“应收账款”等账户。为了简化处理也可以只做一笔会计分录，即直接按实际收回的金额，借记“银行存款”账户，贷记“坏账准备”账户。

(4) 企业在首次计提坏账准备之后，每年年末计提坏账准备时，应视以下情况分别进行会计处理。

1) 当“坏账准备”账户的余额在贷方，并且小于当年计算的应计提的坏账准备金额时，应按其差额补提坏账准备，借记“信用减值损失”账户，贷记“坏账准备”账户。

2) 当“坏账准备”账户的余额在贷方，并且大于当年计算的应计提的坏账准备金额时，应按其差额冲回已计提的坏账准备，借记“坏账准备”账户，贷记“信用减值损失”账户。

3) 当“坏账准备”账户的余额在贷方，并且等于当年计算的应计提的坏账准备金额时，不做会计分录。

4) 当“坏账准备”账户的余额在借方时，应按当年计算的应计提的坏账准备金额与借方余额之和，借记“信用减值损失”账户，贷记“坏账准备”账户。

总之，无论在哪种情况下，按应收款项年末余额的一定比例所计算的坏账准备金额，就是当年“坏账准备”账户调整后的年末余额。

备抵法下，应收账款计提坏账准备的会计处理流程如图 3-1 所示。

【例 3-9】 坏账损失的核算

企业 2×20 年 12 月 31 日应收账款的余额为 55 000 000 元，计提坏账准备的比率为 1%。2×21 年 5 月 10 日发生坏账 70 000 元，并予以核销；2×21 年 12 月 31 日应收账款的余额为 45 000 000 元，坏账准备率仍为 1%。2×22 年 10 月 6 日上年核销的坏账被收回。2×22 年 12 月 31 日应收账款的余额为 65 000 000 元。企业应做如下会计分录：

---

① “信用减值损失”账户的具体核算内容请参见第五章“金融资产”第三节“金融资产的减值”的相关内容。

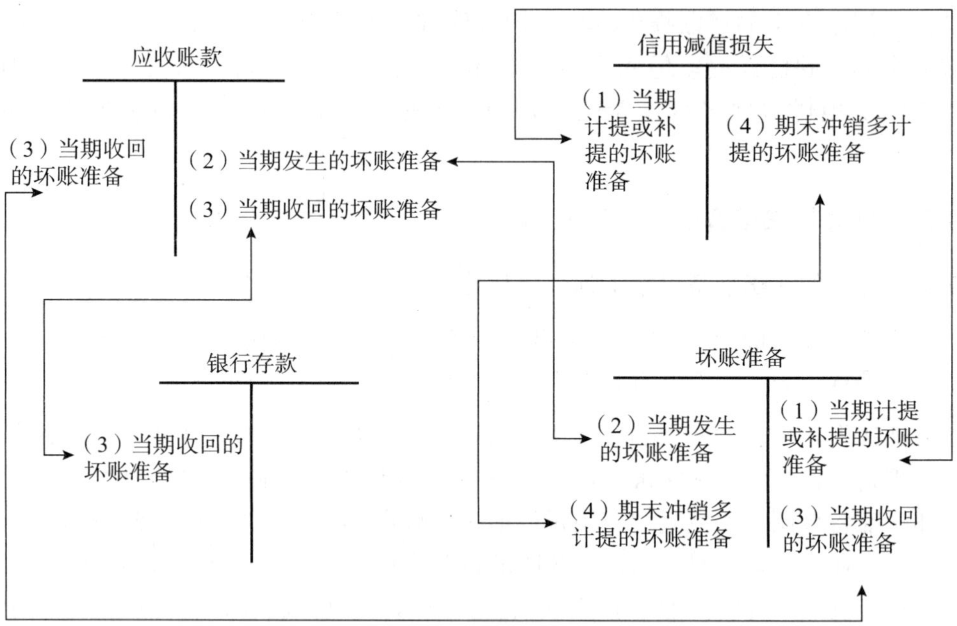

图 3-1 备抵法下应收账款计提坏账准备的会计处理流程

(1) 2×20 年 12 月 31 日：

2×20 年 12 月 31 日应计提的坏账准备＝55 000 000×1%＝550 000(元)

借：信用减值损失　　550 000

　贷：坏账准备　　550 000

(2) 2×21 年 5 月 10 日冲销坏账：

借：坏账准备　　70 000

　贷：应收账款　　70 000

(3) 2×21 年 12 月 31 日按应收账款余额计提坏账准备：

年末坏账准备余额＝45 000 000×1%＝450 000(元)

应调整的坏账准备＝450 000－(550 000－70 000)＝－30 000(元)

2×21 年年末“坏账准备”账户余额应为 450 000 元，但在期末计提坏账准备前，“坏账准备”账户尚有贷方余额 480 000 元，超出期末坏账准备账户余额，故应冲回多计提的坏账准备 30 000 元：

借：坏账准备　　30 000

　贷：信用减值损失　　30 000

(4) 2×22 年 10 月 6 日上年已冲销的坏账被收回：

借：应收账款　　70 000

　贷：坏账准备　　70 000

同时，

借：银行存款　　70 000

　贷：应收账款　　70 000

（5）2×22 年 12 月 31 日按应收账款余额计提坏账准备：

坏账准备余额＝65 000 000×1%＝650 000(元)

应调整的坏账准备＝650 000－520 000＝130 000(元)

2×22 年年末“坏账准备”账户余额应为 650 000 元，在期末调整坏账准备前，“坏账准备”账户有贷方余额 520 000 元，还需补提坏账准备 130 000 元：

借：信用减值损失　　130 000

　贷：坏账准备　　130 000

第三节　预付账款和其他应收款的核算

一、预付账款的核算

（一）预付账款核算的内容

预付账款是指房地产开发企业按照合同预付给客户的款项，包括预付工程款和预付备料款等。

预付账款应当按实际发生额记账。对于企业的预付账款，如有确凿证据表明其不符合预付账款的性质，或者因供货单位破产、撤销等原因已无望再收到所购货物的，应将原计入预付账款的金额转入其他应收款。当预付账款符合坏账损失的确认条件时，应计提坏账准备。

（二）预付账款核算应设置的账户

为了核算和监督预付账款的增减变化情况，房地产开发企业应设置“预付账款”账户。其借方登记企业预付给客户的款项；贷方登记企业与客户结算工程价款时，从应付的工程款中扣回预付的工程款和备料款的余额。期末余额如果在借方，反映企业已经预付但尚未结算的款项；如为贷方余额，反映企业尚未补付的款项。本账户应分别按客户名称设置明细账进行核算。

预付账款不多的企业，可不设置“预付账款”账户，而是将预付的款项直接记入“应付账款”账户的借方。但在期末编制资产负债表时，要将“预付账款”和“应付账款”账户的金额分别列示。

（三）预付账款核算的会计处理

房地产开发企业的预付账款在会计处理上有两种方法，企业可根据具体情况加以选择。

第一，单独设置“预付账款”账户的会计处理。

（1）企业预付承包单位工程款时：

借：预付账款——预付承包工程款

贷：银行存款

（2）企业与承包单位结算工程价款时，根据承包单位提出的工程价款结算账单结算工程款时：

借：开发成本

应交税费——应交增值税（进项税额）

贷：应付账款——应付工程款

同时，从应付工程款中扣回预付的工程款和备料款：

借：应付账款——应付工程款

贷：预付账款——预付承包工程款

房地产开发企业预付承包单位款项核算的会计处理流程，如图 3-2 所示。

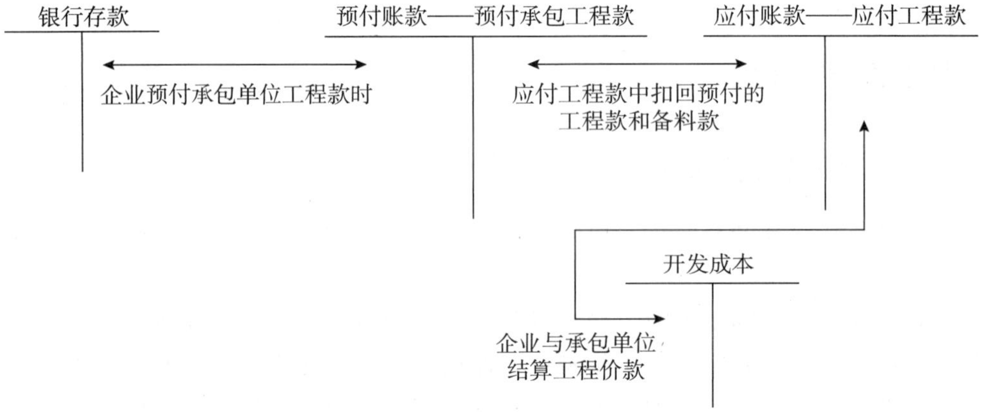

图 3-2 房地产开发企业预付承包单位款项核算的会计处理流程

第二，不单独设置"预付账款"账户的会计处理。

（1）发生预付款项时：

借：应付账款

贷：银行存款

（2）企业与工程单位结算工程款时：

借：开发成本

应交税费——应交增值税（进项税额）

贷：应付账款

【例 3-10】 预付款和结算工程款的核算

企业按合同规定，预付承包施工企业工程款 3 300 000 元，10 个月后，施工企业转来工程价款结算账单，结算已完工工程款 5 450 000 元。取得的增值税专用发票上注明的金额为 5 000 000 元、增值税税额为 450 000 元（增值税税率为 9%）。企业应做如下会计分录：

（1）预付工程款时：

借：预付账款——预付承包工程款	3 300 000	
贷：银行存款		3 300 000

（2）结算工程款时：

借：开发成本　　5 000 000

　　应交税费——应交增值税（进项税额）　　450 000

　贷：应付账款——应付工程款　　5 450 000

借：应付账款——应付工程款　　3 300 000

　贷：预付账款——预付承包工程款　　3 300 000

二、其他应收款的核算

（一）其他应收款核算的内容、应设置的账户及其会计处理

1. 其他应收款核算的内容

“其他应收款”账户核算以摊余成本计量的，除了应收票据、应收账款、预付账款等以外的其他各种应收、暂付的款项。其他应收、暂付款主要包括：

（1）应收的各种赔款、罚款；

（2）应收出租包装物租金；

（3）应向职工收取的各种垫付款项；

（4）备用金（向企业各职能科室、车间等拨出的备用金）；

（5）存出保证金，如租入包装物支付的押金；

（6）“押金”“代垫”性质的散装水泥专项资金，墙改专项基金，代施工单位缴纳的劳保统筹、农民工工资保证金，以及属于押金性质的报批报建费①；

（7）预付账款的转入；

（8）其他各种应收、暂付款项。

企业应当定期或者至少于每年年度终了时，对其他应收款进行检查，预计可能发生的坏账损失，并计提坏账准备。对于确实无法收回的款项，按照企业的管理权限报经批准后作为坏账损失，冲销已提取的坏账准备。

2. 其他应收款核算应设置的账户及其会计处理

为了核算和监督其他应收款的发生和结算情况，房地产开发企业应设置“其他应收款”账户。其借方登记企业发生的各种其他应收款项和已确认并转销坏账损失的其他应收款后又收回的金额；贷方登记收回的各种其他应收款项以及经批准作为坏账的其他应收款。期末借方余额反映企业尚未收回的其他应收款。本账户可按对方单位（或个人）进行明细核算。当企业的备用金数额较大且收支频繁时，可以单独设置“备用金”账户进行核算。

【例 3-11】 非常原因涉及的其他应收款核算

企业因自然灾害造成材料物资毁损，保险公司确认赔偿 300 000 元。企业应做如下会计分录：

---

① 属于押金性质的报批报建费，是指依合同及当地政策规定确定可返还或应从施工单位工程款中扣回的部分。

借：其他应收款——保险公司 300 000

贷：待处理财产损溢——待处理流动资产损溢 300 000

【例 3-12】 预借差旅费的核算

企业职工王某预借差旅费 10 000 元现金。企业应做如下会计分录：

借：其他应收款——王某 10 000

贷：库存现金 10 000

【例 3-13】 收到保险公司赔款的核算

收到例 3-11 中保险公司赔付的 300 000 元。企业应做如下会计分录：

借：银行存款 300 000

贷：其他应收款——保险公司 300 000

（二）应收利息的内涵、应设置的账户及会计处理

1. 应收利息的内涵

应收利息是指房地产开发企业因持有交易性金融资产、债权投资、其他债权投资、买入返售金融资产等而应收取的利息。应收利息属于企业的短期债权，与企业的日常开发生产经营活动没有直接关系，应按照金融服务业相关规定缴纳增值税。

2. 应收利息核算应设置的账户

为了核算企业因持有交易性金融资产、债权投资、其他债权投资等而形成的债权，房地产开发企业应设置“应收利息”账户。其借方登记企业在取得交易性金融资产时支付的价款中所包含的已到付息期但尚未领取的利息；在取得的债权投资中所包含的已到付息期但尚未领取的利息；资产负债表日，在企业持有的分期付息、到期还本的债权投资中，按照票面利率计算确定的应收未收利息。其贷方登记已收回的应收利息。期末余额一般在借方，反映企业尚未收回的利息。本账户应当按照借款人或被投资单位进行明细核算。

需要注意的是，企业购入的到期一次还本付息的债权投资，在持有期间确认的利息收入，应在“债权投资”账户中核算，不在“应收利息”账户中核算。

3. 应收利息核算的主要会计处理

（1）企业购入分期付息、到期还本的债权投资时：

借：应收利息（已到付息期按面值和票面利率计算确定的应收未收利息）

债权投资——利息调整（票面利息收入小于实际利息收入的差额）

贷：投资收益（按摊余成本与实际利率计算确定的实际利息）

债权投资——利息调整（票面利息收入大于实际利息收入的差额）

（2）企业购入分期付息、到期还本的债券并划分为其他债权投资时：

借：应收利息（已到付息期按面值和票面利率计算确定的应收未收利息）

其他债权投资——利息调整（票面利息收入小于实际利息收入的差额）

贷：投资收益（按摊余成本与实际利率计算确定的实际利息）

其他债权投资——利息调整（票面利息收入大于实际利息收入的差额）

（三）应收股利的内涵、应设置的账户及会计处理

1. 应收股利的内涵

应收股利是指房地产开发企业因金融资产投资或长期股权投资，而应收取的现金股利和应收取的其他单位分配的利润。应收股利与应收利息的性质相似，均属于企业的短期债权，且与企业的日常开发经营活动没有直接关系。

2. 应收股利核算应设置的账户

为了核算企业在持有交易性金融资产、其他债权投资和长期股权投资时，所发生的应收取的现金股利和应收取的其他单位分配的利润，房地产开发企业应设置“应收股利”账户。其借方登记企业取得交易性金融资产、其他债权投资和长期股权投资时，支付的价款中所包含的已宣告但尚未发放的现金股利；企业持有交易性金融资产、其他债权投资和长期股权投资期间，被投资单位宣告发放的现金股利或利润中，企业按照应享有份额计算的部分。其贷方登记企业实际收到的现金股利或利润。期末余额一般在借方，反映企业尚未收回的现金股利或利润。本账户应按照被投资单位设置明细账进行明细核算。

3. 应收股利核算的主要会计处理

根据《企业会计准则解释第 3 号》的规定，采用成本法核算的长期股权投资，除取得投资时实际支付的价款或对价中包含的已宣告但尚未发放的现金股利或利润外，投资企业应当按照享有被投资单位宣告发放的现金股利或利润确认投资收益，不再划分是否属于投资前或投资后被投资单位实现的净利润。

（1）被投资单位宣告发放现金股利或利润时，按应归本企业享有的金额：

借：应收股利

　　贷：投资收益

（2）收到现金股利或利润时：

借：银行存款

　　贷：应收股利

本章小结

即测即评

思考题

1. 什么是应收款项？应收款项包括哪些内容？
2. 如何对应收账款进行初始计量？
3. 什么是合同资产？合同资产与应收款项有什么联系？
4. 什么是其他应收款？其具体包括哪些内容？
5. 什么是坏账准备？备抵法下应收账款计提坏账准备的会计处理流程是什么？

案例分析题

2×22 年 5 月份某房地产开发企业发生以下经济业务：

（1）向 B 单位销售商品房，开具的增值税发票上注明的金额为 3 000 000 元、增值税税额为 270 000 元（增值税税率为 9%）。该商品房的控制权在交付时即转移给 B 单位，此时企业取得无条件的收款权。货款尚未收到。

（2）企业收到 B 单位支付的货款，并将其存入银行。

（3）企业职工刘某预借差旅费 30 000 元。

（4）按照合同规定，预付客户工程款 1 650 000 元。

（5）客户转来工程价款结算单，结算已完工工程款 3 270 000 元。施工企业开具的增值税专用发票上注明的金额为 3 000 000 元、增值税税额为 270 000 元（增值税税率为 9%）。

要求：如果你是该企业的一名会计人员，将如何对上述事项进行会计处理？

第四章
存　货

学习目标

1. 掌握房地产开发企业开发产品核算的会计处理，存货跌价准备核算的会计处理。

2. 理解房地产开发企业存货的含义、分类，存货的确认，存货核算应设置的会计账户。

3. 了解存货账实不相符的原因、存货清查的意义以及存货清查结果的会计处理。

引导案例

金地集团股份有限公司（简称金地集团，股票代码 600383）1988 年初创于中国深圳，2001 年在上交所上市。历经数十年的探索和实践，金地集团现已发展成为一家以房地产开发为主营业务、相关多元业务全面发展的综合性上市公司。其业务范围涵盖房地产开发、商用地产及产业园镇开发运营、房地产金融、智慧服务、体育产业运营、家装产业、代建产业、教育产业等。截至 2021 年 12 月 31 日，金地集团总资产约 4 628 亿元，归属于股东的净资产约 630 亿元。凭借稳健的经营和持续的发展，金地集团连续多年进入《福布斯》全球企业 2 000 强、《财富》中国 500 强榜单。

在城市深耕战略的指引下，公司所在城市的市场份额得到了进一步的稳固和提升，在全国十多个城市的市场排名中位列前十，其中在上海、金华、呼和浩特、徐州、昆山的市占率均排在第一位。2021 年，金地集团全年投资地块 111 宗，总投资额约 1 309 亿元，权益投资额约 523 亿元。通过这些投资，公司新增总土地储备约 1 636 万平方米，其中权益储备约 648 万平方米。在一二线城市的投资占比达到 65%，其中市场流动性更强、安全性更高的一线城市投资占比明显提升，达到 34%。截至报告期期末，公司的业务已覆盖全国 78 个城市，总土地储备约 6 398 万平方米，权益土地储备约 2 923 万平方米。

在存货管理方面，金地集团对期末存货按照成本与可变现净值孰低进行计量，集团存货主要包括房地产开发成本、房地产开发产品、库存商品和库存材料等。当房地产开发产品发出时，采用个别计价法确定其实际成本。截至2021年12月31日，金地集团在合并财务报表中列报的存货账面价值为1 888亿元，占期末总资产的比例为40.79%，较上期期末数1 876亿元上涨了0.64%。其中，房地产开发成本和房地产开发产品的账面余额合计为1 905.85亿元，相应的存货跌价准备为18.71亿元。

资料来源：根据金地集团股份有限公司2021年年度报告整理。

何为存货？作为房地产开发企业会计核算的重要部分，存货包括哪些内容？其在核算方面有什么特点？存货的变化对企业的资产、经营损益和所有者权益会产生哪些影响？房地产开发企业的存货分类和会计核算内容与其他行业有何不同？房地产开发企业的存货与投资性房地产、固定资产有何区别？通过本章的学习，相信你可以找到答案。

第一节 存货的核算

一、存货的确认

根据《企业会计准则第1号——存货》的规定，存货是指企业在日常活动中持有以备出售的产成品或商品、处在生产过程中的在产品、在生产过程或提供劳务过程中耗用的材料和物料等。由于房地产开发企业建造开发产品实体部分通常采用外包的方式，因此其存货主要包括在建开发产品和已完工开发产品。房地产开发企业用于出售的房屋和建筑物是企业的开发产品，属于存货范畴。企业自己使用的房屋、建筑物则属于固定资产。持有目的不同是区分房地产开发企业存货和固定资产的主要依据。

凡符合存货定义的资产项目，在资产负债表中作为存货予以确认时，必须同时满足以下两个条件。

（一）与该存货有关的经济利益很可能流入企业

资产最重要的特征是预期会给企业带来经济利益。当存货作为企业的一项资产进行确认时，关键要判断其是否很可能给企业带来经济利益或与其有关的经济利益是否很可能流入企业。通常，企业是否拥有某项存货的所有权是判断与存货有关的经济利益很可能流入企业的一个重要标志。凡是所有权已属于企业的存货，无论本企业是否收到或持有，均应作为本企业的存货处理；反之，如果没有取得所有权或者已将所有权转移给其他企业的存货，即使存放在本企业，也不能作为本企业的存货。

（二）该存货的成本能够可靠地计量

成本能够可靠地计量是资产确认的一项基本条件。存货的成本能够可靠地计量必须以取得确凿、可靠的证据为依据，并且具有可验证性。如果存货成本不能可靠地计量，则不能确认为存货。

二、存货的分类

由于房地产开发企业的产品通常采用外包方式生产建造，因此其存货主要包括在建开发产品和已完工开发产品，其中，已完工开发产品主要包括待售开发产品和临时出租开发产品等。

（一）在建开发产品

在建开发产品，是指房地产开发企业正在开发建设过程中的在产品，具体包括土地和房屋。“开发成本”账户的期末借方余额表示企业当期在建开发产品的实际成本。

（二）已完工开发产品

已完工开发产品，是指房地产开发企业已经完成全部开发过程，并已验收合格，可以按照合同规定的条件移交客户，或者可以作为商品对外销售或出租的产品。

1. 待售开发产品

待售开发产品，是指房地产开发企业已开发完成拟对外销售，但目前尚未销售，或虽已销售但尚未交付的土地和房屋等开发产品。

2. 临时出租开发产品

临时出租开发产品，是指企业已开发完成拟对外销售，在销售前临时用于出租经营的土地和房屋等。临时出租开发产品实质上是房地产开发企业以出售为目的，但在短期内出租的产品。房地产开发企业的这一类产品应特别注意与投资性房地产的区别，其最大特点是不以营利为目的。因此，临时出租开发产品作为流动资产视同存货，企业应对其进行单独的核算与管理。

（1）临时出租开发产品折旧。出租开发产品在出租过程中，其价值由于磨损会逐渐减少。企业应根据临时出租开发产品的账面原值和预计使用年限，比照第八章“固定资产”章节中有关固定资产的计价与折旧方法的规定计提折旧。企业应按月计提临时出租开发产品的折旧，并计入其他业务成本。

（2）临时出租开发产品修理。企业临时出租开发产品发生的维修费用，应与临时出租开发产品取得的租金收入相配比。如果数额不大，可直接计入临时出租开发产品的其他业务成本；如果数额较大，可先作为待摊费用，再分次摊入其他业务成本。

企业对临时出租房屋进行装饰及增补室内设施而发生的装饰工程支出，应先计入开发成本，待工程完工后结转成本，增加临时出租房屋的实际成本。

（3）临时出租开发产品销售。企业临时出租开发产品因改变用途需要对外销售的，应于销售实现后确认主营业务收入，同时按临时出租开发产品摊余价值结转主营业务成本，发生的修复费用则计入销售费用。

三、存货核算应设置的账户及其会计处理

为了核算开发产品的增加、减少和结存情况，房地产开发企业应设置“开发产品”

和“开发成本”账户。

其中，“开发产品”账户核算企业已完工开发产品的实际成本。其借方登记竣工验收开发产品的实际成本；贷方登记对外转让、销售和结算的开发产品实际成本。期末借方余额反映尚未转让、销售和结算的开发产品实际成本。为区分不同用途的开发产品成本，实现不同开发产品销售收入和发生的成本之间准确配比，在本账户下设置“完工开发产品”和“临时出租开发产品”两个二级明细账户，同时，在“完工开发产品”明细账户下按照不同项目、分期、产品类别等设置辅助核算明细账户。

另外，企业还可根据临时出租开发产品的具体情况，按临时出租开发产品的类别进行明细核算，并建立临时出租开发产品卡片，详细记录出租开发产品的坐落地点、结构、层次、面积、租金单价等信息。

“开发成本”账户核算的内容详见本书第十二章“成本与费用”第三节“开发成本的核算”。

【例 4-1】 开发产品竣工验收的核算

企业开发建设的A小区住宅已竣工验收，完工开发产品的实际总成本为241 800 000元。企业应做如下会计分录：

借：开发产品——完工开发产品——房屋　241 800 000
　贷：开发成本——房屋开发　241 800 000

【例 4-2】 结转开发产品销售成本的核算

A小区住宅已全部销售，需结转其销售成本。企业应做如下会计分录：

借：主营业务成本——商品房销售成本　241 800 000
　贷：开发产品——完工开发产品——房屋　241 800 000

【例 4-3】 临时出租开发产品的核算

企业将已开发完工的写字楼暂时出租给乙单位，其实际成本为701 400 000元。企业应做如下会计分录：

借：开发产品——临时出租开发产品　701 400 000
　贷：开发产品——完工开发产品　701 400 000

【例 4-4】 临时出租开发产品计提折旧的核算

承接例4-3，上述写字楼预计使用70年，估计净残值率为4%，按直线法计提折旧，每月计提的出租房折旧额为801 600元。企业应做如下会计分录：

借：其他业务成本　801 600
　贷：开发产品——临时出租开发产品——临时出租开发产品折旧　801 600

【例 4-5】 临时出租开发产品销售的核算

企业将原临时出租的一栋房屋出售给丁企业。该房屋原值为15 300 000元，累计折旧为300 000元，开具的增值税专用发票上注明的金额为18 000 000元、增值税税额为1 620 000元（增值税税率为9%），款项已收到并存入银行。企业应做如下会计分录：

借：银行存款　1 962 000
　贷：主营业务收入——商品房销售收入　18 000 000
　　　应交税费——应交增值税（销项税额）　1 620 000

同时，

借：主营业务成本——商品房销售成本 15 000 000

开发产品——临时出租开发产品——临时出租开发产品折旧 300 000

贷：开发产品——临时出租开发产品 15 300 000

【例 4-6】 临时出租开发产品维修

企业对使用中的临时出租房屋进行维修，共发生维修费 63 600 元，该费用以银行存款支付。企业应做如下会计分录：

借：其他业务成本——临时出租开发产品成本 63 600

贷：银行存款 63 600

第二节 存货清查、跌价准备的核算

一、存货清查的核算

（一）存货清查概述

为了保护企业流动资产的安全和完整，做到账实相符，房地产开发企业必须对存货进行定期或不定期的清查盘点。对于价值高的存货，如开发产品等，应按月清查；其他存货在年度终了前必须进行一次全面的清查盘点。企业在对存货进行清查盘点后，确定各种存货的实际库存数量，并与账面结存数量进行核对，从而查明存货盘盈、盘亏和毁损的数量以及造成存货盘盈、盘亏和毁损的原因，并明确责任。最后，根据清查结果编制存货盘点报告表，按规定程序报经有关部门批准后，进行相应的账务处理，调整存货的账面实存数，使存货账实相符。

（二）存货清查核算应设置的账户

存货的盘盈、盘亏和毁损必须在按规定程序报经有关部门批准后才能进行处理。在未批准之前，企业只能根据存货盘点报告表所列的盘盈或盘亏数调整存货账面的结存数，使账实相符；待批准后，再根据盘盈或盘亏的不同原因和处理结果，对损失和溢余做进一步的账务处理。企业清查的各种财产的损溢，应于期末前查明原因，并根据企业的管理权限，经股东会、董事会或经理（厂长）会议等类似机构批准后，在期末结账前处理完毕。如清查的各种财产损溢在期末结账前尚未经批准的，在对外提供财务报告时应先进行处理，并在报表附注中做出说明；如果其后批准处理的金额与已处理的金额不一致，应按其差额调整会计报表相关项目的年初数。

为了核算企业在清查财产过程中查明的各种财产物资的盘盈、盘亏和毁损情况，房地产开发企业应设置“待处理财产损溢”账户，并在本账户下设置“待处理流动资产损溢”明细账户，用来核算存货的盘盈、盘亏和毁损。其借方登记盘亏和毁损的存货以及经批准后转销的存货盘盈数；贷方登记盘盈的存货以及经批准后转销的存货盘亏及毁损数。本账户处理前的借方余额，反映企业尚未处理的各种财产的净损失；处理前的贷方余额，反映尚未处理的各种财产的净溢余。期末，处理后本账户应无余额。

（三）存货清查结果的会计处理

房地产开发企业不存在盘盈的存货。

对于企业发生的存货毁损，应当将处置收入扣除账面价值和相关税费后的金额计入当期损益。存货的账面价值是存货成本扣减累计跌价准备后的金额。根据造成盘亏或毁损的原因，经批准以后，企业还应分以下不同情况进行会计处理。

（1）属于定额内自然损耗造成的短缺，经批准后，可转作管理费用；

（2）属于自然灾害或非正常原因造成的损失，应将扣除残料价值、过失人和保险公司赔款后的净损失，计入营业外支出。

二、存货跌价准备的核算

房地产开发企业在资产负债表日，其存货应当按照账面成本与可变现净值孰低的原则进行后续计量。对于存货成本高于可变现净值的部分，企业应计提存货跌价准备，并将其计入当期损益。如果存货的账面成本小于可变现净值，一般不做任何会计处理。

（一）可变现净值的确定

可变现净值，是指企业在正常生产经营过程中，以存货的估计售价减去至完工时估计将要发生的成本、估计的销售费用以及相关税费后的金额。根据《企业会计准则第1号——存货》的规定，企业确定存货的可变现净值，应当以取得的确凿证据为基础，并且考虑持有存货的目的、资产负债表日后事项的影响等因素。在具体操作时，应注意以下几个方面：

（1）企业应当以处于正常生产经营过程作为确定存货可变现净值的前提；

（2）对于开发产品等直接用于出售的存货，其可变现净值是指在正常生产经营过程中，以存货的估计售价减去估计的销售费用和相关税费后的金额；

（3）对于在建开发产品等需要经过加工的存货，其可变现净值是指在正常生产经营过程中，以存货的估计售价减去至完工估计将要发生的成本、估计的销售费用以及相关税费后的金额；

（4）存货如果属于按定单生产，则应按协议价而不是估计售价确定可变现净值。

对于为执行销售合同或者劳务合同而持有的存货，其可变现净值应当以合同价格为基础计算。企业持有存货的数量多于销售合同订购数量的，超出部分的存货的可变现净值应当以一般销售价格为基础计算。

企业在确定存货的可变现净值时，还需要考虑企业持有存货的目的，通常可以分为以下几种情况：

（1）持有以备出售的存货，如开发产品，其中又分为有合同约定的存货和没有合同约定的存货；

(2) 用于出售以及为出售而仍处于开发生产过程中的在产品；

(3) 用于债务担保的存货等。

企业在确定存货的可变现净值时，还应考虑资产负债表日后事项等的影响。资产负债表日后事项包括两类：一类是资产负债表日后调整事项，是指对资产负债表日存在的情况提供进一步证据的事项；另一类是资产负债表日后非调整事项，是指表明资产负债表日后发生的情况的事项。在确定资产负债表日存货的可变现净值时，企业不仅要考虑资产负债表日与该存货相关的价格与成本波动，还应考虑未来的相关事项。也就是说，企业的考虑不仅限于财务报告批准报出日之前发生的相关价格与成本波动，还应考虑以后期间发生的相关事项。

（二）存货跌价准备的计提范围

在实际工作中，房地产开发企业在预计可变现净值时，应以当期取得的最可靠的证据为基础。如果存在下列情况之一，房地产开发企业应当计提存货跌价准备：

(1) 该存货的市场价格持续下跌，并且在可预见的未来无回升的希望；

(2) 因企业所提供的商品或劳务过时或消费者偏好改变而使市场的需求发生变化，导致市场价格逐渐下跌；

(3) 其他足以证明该项存货实质上已经发生减值的情形。

（三）存货跌价准备的计提方法

根据企业会计准则的规定，存货跌价准备的计提应区别不同情况，分别采用不同的方法：

(1) 企业通常应当按照单个存货项目计提存货跌价准备。具体做法是将每个存货项目的成本与可变现净值逐一进行比较，取其低者计量存货，并且按成本高于可变现净值的差额，计提存货跌价准备。企业应当根据管理要求及存货的特点，具体规定存货项目的确定标准。

(2) 企业应当以合并存货为基础计提存货跌价准备。对于与在同一地区生产和销售的产品系列相关、具有相同或类似最终用途或目的，且难以将其与其他项目分开计量的存货，可以合并计提存货跌价准备。

(3) 企业应当以存货类别为基础计提存货跌价准备。对于数量繁多、单价较低的存货，可以按存货类别计提存货跌价准备。如果某一类存货的数量繁多并且单价较低，企业可以按存货类别计量成本与可变现净值，即将每一类存货的成本总额与其可变现净值总额进行比较，每个存货类别均取较低者确定存货的期末价值。

（四）存货跌价准备的转回

(1) 资产负债表日，房地产开发企业应当确定存货的可变现净值。企业确定存货的可变现净值时，应当以资产负债表日的状况为基础，既不能提前确定存货，也不能延后确定，并且在每一个资产负债表日都应当重新确定存货的可变现净值。在对外提供财务会计报告时，企业必须重新确定存货的可变现净值。

（2）如果以前减记存货价值的影响因素已经消失，则减记的金额应当予以恢复，并在原已计提的存货跌价准备的金额内转回，转回的金额计入当期损益。转回的存货跌价准备金额应以将存货跌价准备余额冲减至零为限。

三、存货跌价准备核算应设置的账户

为了核算企业提取的存货跌价准备和资产减值损失，房地产开发企业应设置下列会计账户：

1.“存货跌价准备”账户

“存货跌价准备”账户核算企业提取的存货跌价准备，它属于各项存货资产账户的备抵调整账户。其贷方登记期末存货可变现净值低于存货账面成本的差额；借方登记已计提跌价准备的存货价值以后又得以恢复的增加数以及存货减少时的冲销数。期末贷方余额反映企业已计提的存货跌价准备。本账户可以按照存货项目或者类别进行明细核算。

2.“资产减值损失”账户

“资产减值损失”账户核算企业计提的各项资产减值准备所形成的损失，包括企业计提的除金融工具以外的其他各项资产减值准备所形成的损失，如存货，对子公司、联营企业和合营企业的长期股权投资，固定资产，工程物资，在建工程，以成本模式计量的投资性房地产，无形资产及商誉等。其借方登记企业计提的各项资产减值准备所形成的损失；贷方登记期末转入“本年利润”账户的数额，结转后应无余额。本账户按资产类别设置明细账进行核算。

【例 4-7】 存货计提跌价准备的核算

企业于 2×22 年 12 月 31 日进行存货评估，发现存货的账面成本为 6 300 000 元，可变现净值为 5 700 000 元。企业应做如下会计分录：

借：资产减值损失——存货减值损失　　600 000

　　贷：存货跌价准备　　600 000

【例 4-8】 转回已计提的存货跌价准备的核算

假设在上例的基础上，截至 2×23 年 12 月 31 日，导致存货减值的影响因素已经消失，存货的可变现净值为 5 760 000 元。企业应做如下会计分录：

借：存货跌价准备　　60 000

　　贷：资产减值损失——存货减值损失　　60 000

本章小结

即测即评

思考题

1. 存货的确认应满足什么条件？
2. 房地产开发企业的存货，按其用途如何分类？
3. 什么是已完工开发产品？其包括哪些内容？
4. 什么是临时出租开发产品？如何对其进行会计核算？
5. 开发产品核算应设置什么账户？如何对其进行会计处理？
6. 如何结转发出存货已计提的存货跌价准备？

案例分析题

2×22 年 7 月，小张应聘到一家房地产开发企业，企业的财务部部长为了让他尽快熟悉会计工作，把相关资料拿给她熟悉，小张针对下列业务做了会计处理。

(1) 企业于 2×22 年 5 月 20 日与甲公司签订销售合同，向甲公司销售一栋楼房，销售价格为 56 000 000 元（增值税税率为 9%），房屋的账面成本为 50 000 000 元，款项尚未收到。企业应做如下会计分录：

借：应收账款　　56 000 000
　贷：主营业务收入　　56 000 000
借：主营业务成本　　50 000 000
　贷：开发成本　　50 000 000

(2) 2×22 年年末，企业对价值为 660 000 元的临时出租房进行核查，发现有减值迹象，经测算其可变现净值为 548 000 元，于是对其计提了 112 000 元的存货跌价准备。2×23 年 6 月末，临时出租房的可变现净值为 630 000 元，于是企业冲回了 82 000 元的存货跌价准备。具体账务处理如下：

2×22 年年末：
借：资产减值损失　　112 000
　贷：存货跌价准备　　112 000
2×23 年 6 月：
借：存货跌价准备　　82 000
　贷：资产减值损失　　82 000

(3) 企业有未售商品房，账面余额为 9 000 000 元，无跌价准备。目前该商品房供销两旺，未发现减值情况。但企业出于谨慎性考虑，按 5%计提跌价准备 450 000 元。

借：资产减值损失　　450 000
　贷：存货跌价准备　　450 000

要求： 请问小张做的会计分录正确吗？如有不当之处请予以纠正。

第五章

金融资产

学习目标

1. 掌握金融资产的内涵及分类，以摊余成本计量的金融资产、以公允价值计量且其变动计入其他综合收益的金融资产和以公允价值计量且其变动计入当期损益的金融资产的初始计量、后续计量以及处置或终止确认、减值的核算内容和相关会计处理。

2. 理解企业管理金融资产的业务模式和金融资产的合同现金流量特征，金融工具减值模型和预期信用损失的减值确认方法。

3. 了解金融资产的分类依据和金融资产分类的特殊规定。

引导案例

荣盛房地产发展股份有限公司（简称荣盛发展，股票代码 002146）成立于 1996 年，并于 2007 年 8 月 8 日成功在深交所上市，成为河北省首家通过 IPO 上市的房地产开发企业。公司的主营业务为房地产开发与销售，具有房地产开发一级资质。公司在地产、金融、酒店、设计等领域全面发展，获得了 2021 沪深上市房地产公司综合实力 TOP10 的第 5 位、财富创造能力 TOP10 的第 5 位、财务稳健性 TOP10 的第 7 位、投资价值 TOP10 的第 8 位，稳居 2021 中国房地产百强企业第 16 位。

2021 年年报列示，公司截至 2021 年 12 月 31 日，以公允价值计量且其变动计入当期损益的金融资产期末账面价值为 326 227 230.59 元，全部为权益工具投资；债权投资、其他债权投资、其他权益工具投资期末账面价值为 0。企业金融资产相关计量原则如下：

（1）公司根据所管理金融资产的业务模式和金融资产的合同现金流量特征，将金融资产划分为以下三类：以摊余成本计量的金融资产、以公允价值计量且其变动计入其他综合收益的金融资产、以公允价值计量且其变动计入当期损益的金融资产。

（2）对于以公允价值计量且其变动计入当期损益的金融资产，相关交易费用直接计入当期损益；其他类别的金融资产相关交易费用计入其初始确认金额。

(3) 金融资产的后续计量取决于其分类，当且仅当公司改变管理金融资产的业务模式时，才对所有受影响的相关金融资产进行重分类。

资料来源：根据荣盛房地产发展股份有限公司2021年年度报告整理。

荣盛发展对金融资产的分类符合现行企业会计准则的规定吗？按照2017年修订的《企业会计准则第22号——金融工具确认和计量》，金融资产如何进行分类和核算？各类金融资产核算应设置哪些会计账户？如何进行初始计量和后续计量？金融资产的减值应如何进行会计处理？通过本章的学习，相信你会找到答案。

第一节　金融资产的分类

金融工具是指形成一方的金融资产并形成其他方的金融负债或权益工具的合同。合同的形式多种多样，既可以采用书面形式，也可以不采用书面形式。实务中的金融工具合同通常采用书面形式。非合同的资产和负债不属于金融工具。一般来说，金融工具包括金融资产、金融负债和权益工具，也可能包括一些尚未确认的项目。

金融资产，是指企业持有的现金、其他方的权益工具以及符合下列条件之一的资产：(1) 从其他方收取现金或其他金融资产的合同权利。例如，企业的银行存款、应收账款和应收票据等均属于金融资产。而预付账款不是金融资产，因其产生的未来经济利益是商品或服务，而不是收取现金或其他金融资产的权利。(2) 在潜在有利条件下，与其他方交换金融资产或金融负债的合同权利。(3) 将来须用或可用企业自身权益工具进行结算的非衍生工具合同，且企业根据该合同将收到可变数量的自身权益工具。(4) 将来须用或可用企业自身权益工具进行结算的衍生工具合同，但以固定数量的自身权益工具交换固定金额的现金或其他金融资产的衍生工具合同除外。其中，企业自身权益工具不包括应当按照《企业会计准则第37号——金融工具列报》分类为权益工具的可回售工具或发行方仅在清算时才有义务向另一方按比例交付其净资产的金融工具，也不包括本身就要求在未来收取或交付企业自身权益工具的合同。

金融资产属于企业资产的重要组成部分，房地产开发企业涉及的金融资产主要包括货币资金、应收款项、权益工具投资、债务工具投资、衍生工具投资等。本章仅对金融工具中的金融资产部分的权益工具投资、债务工具投资、衍生工具投资进行介绍。

一、关于企业管理金融资产的业务模式

（一）业务模式评估

企业管理金融资产的业务模式，是指企业如何管理其金融资产以产生现金流量的方

式。业务模式决定企业所管理金融资产现金流量的来源是收取合同现金流量、出售金融资产还是两者兼有。

企业管理金融资产的业务模式，应当以企业关键管理人员决定的对金融资产进行管理的特定业务目标为基础确定，并应当以客观事实为依据，不得以按照合理预期不会发生的情形为基础确定。

（二）以收取合同现金流量为目标的业务模式

在以收取合同现金流量为目标的业务模式下，企业管理金融资产旨在通过在金融资产存续期内收取合同付款实现现金流量，而不是通过持有并出售金融资产产生整体回报。

（三）以收取合同现金流量和出售金融资产为目标的业务模式

在以收取合同现金流量和出售金融资产为目标的业务模式下，企业的关键管理人员认为收取合同现金流量和出售金融资产对于实现其管理目标而言不可或缺。例如，企业的目标是管理日常流动性需求，同时维持特定的收益率。

（四）其他业务模式

如果企业管理金融资产的业务模式，既不是以收取合同现金流量为目标，也不是以收取合同现金流量和出售金融资产实现其目标，则该金融资产应当分类为以公允价值计量且其变动计入当期损益的金融资产。例如，企业管理金融资产的目标是通过出售金融资产以实现现金流量。

二、关于金融资产的合同现金流量特征

金融资产的合同现金流量特征，是指金融工具合同约定的、反映相关金融资产经济特征的现金流量属性。对于企业分类为以摊余成本计量的金融资产和以公允价值计量且其变动计入其他综合收益的金融资产，其合同现金流量特征应当与基本借贷安排相一致，即相关金融资产在特定日期产生的合同现金流量仅为对本金和以未偿付本金金额为基础的利息支付。

三、金融资产的具体分类

房地产开发企业应当根据其管理金融资产的业务模式和金融资产的合同现金流量特征，对金融资产进行合理的分类。对金融资产的分类一经确定，不得随意变更。金融资产一般划分为以下三类：

（一）以摊余成本计量的金融资产

金融资产同时符合下列条件的，应当分类为以摊余成本计量的金融资产：

(1) 企业管理该金融资产的业务模式是以收取合同现金流量为目标；

(2) 该金融资产的合同条款规定，在特定日期产生的现金流量，仅为对本金和以未偿付本金金额为基础的利息支付。

企业一般应当设置“银行存款”“应收账款”“债权投资”等账户核算以摊余成本计量的金融资产。

(二) 以公允价值计量且其变动计入其他综合收益的金融资产

金融资产同时符合下列条件的，应当分类为以公允价值计量且其变动计入其他综合收益的金融资产：

(1) 企业管理该金融资产的业务模式既以收取合同现金流量为目标又以出售该金融资产为目标；

(2) 该金融资产的合同条款规定，在特定日期产生的现金流量，仅为对本金和以未偿付本金金额为基础的利息支付。

企业应当设置“其他债权投资”账户核算债务工具中分类为以公允价值计量且其变动计入其他综合收益的金融资产；设置“其他权益工具投资”账户核算权益工具中指定为以公允价值计量且其变动计入其他综合收益的非交易性权益工具投资。

(三) 以公允价值计量且其变动计入当期损益的金融资产

除上述分类为以摊余成本计量的金融资产和以公允价值计量且其变动计入其他综合收益的金融资产之外的金融资产，企业应当将其分类为以公允价值计量且其变动计入当期损益的金融资产。

房地产开发企业应当设置“交易性金融资产”账户核算以公允价值计量且其变动计入当期损益的金融资产。企业持有的直接指定为以公允价值计量且其变动计入当期损益的金融资产，也在本账户中核算。

四、金融资产分类的特殊规定

权益工具投资的合同现金流量特征一般不符合基本借贷安排，所以只能分类为以公允价值计量且其变动计入当期损益的金融资产。但在初始确认时，企业可基于单项非交易性权益工具投资，将其指定为以公允价值计量且其变动计入其他综合收益的金融资产，其公允价值的后续变动计入其他综合收益，并按规定确认股利收入，不需计提减值准备。该指定一经做出，不得撤销。企业在非同一控制下的企业合并中确认的或有对价构成金融资产的，该金融资产应当分类为以公允价值计量且其变动计入当期损益的金融资产，而不应当指定为以公允价值计量且其变动计入其他综合收益的金融资产。

金融资产的分类如图 5-1 所示。

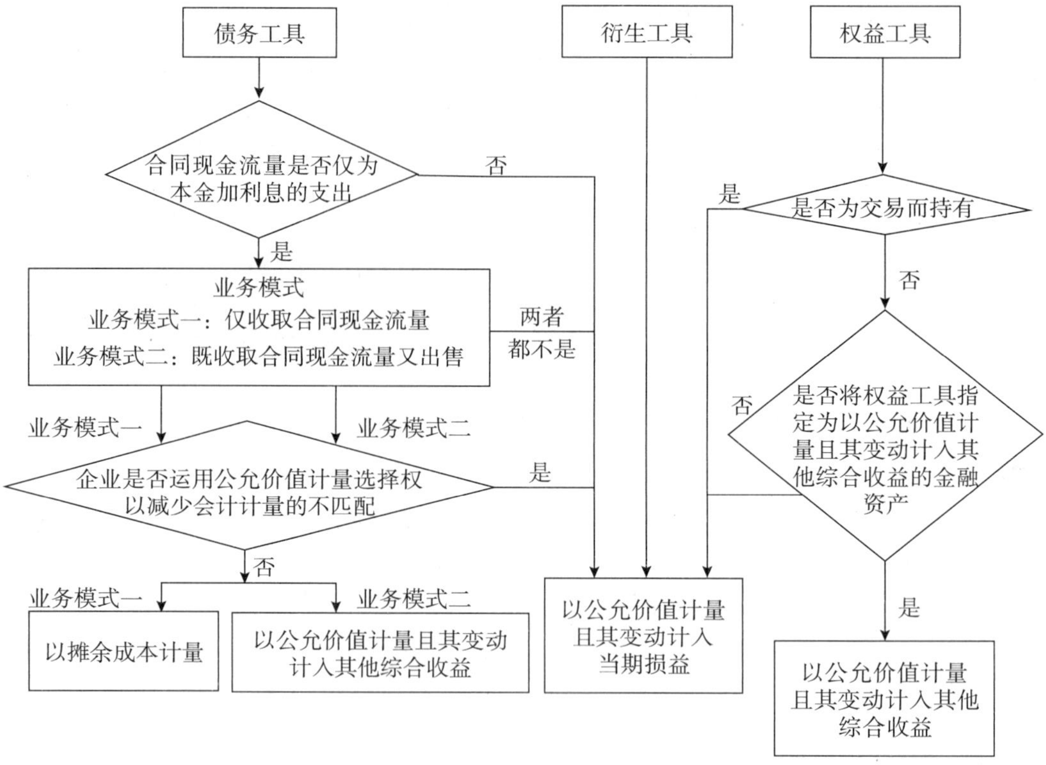

图 5－1　金融资产的分类

第二节　金融资产的核算

企业根据其管理金融资产的业务模式和金融资产的合同现金流量特征，将金融资产划分为三类。本节将介绍这三类金融资产的会计核算。

一、以摊余成本计量的金融资产

（一）以摊余成本计量的金融资产的初始计量

以摊余成本计量的金融资产，应当按照取得时的公允价值和相关交易费用之和作为初始入账金额。实际支付的价款中包括的已到付息期但尚未领取的债券利息，应单独确认为应收项目。

（二）以摊余成本计量的金融资产的后续计量

企业应当采用实际利率法对以摊余成本计量的金融资产进行后续计量。实际利率法，是指计算金融资产的摊余成本以及将利息收入或利息费用分摊计入各会计期间的方法。

1. 实际利率

实际利率，是指将金融资产在预计存续期的估计未来现金流量，折现为该金融资产账面余额所使用的利率。在确定实际利率时，应当在考虑金融资产所有合同条款（如提前还款、展期、看涨期权等）的基础上估计预期现金流量，但不应当考虑预期信用损失。

经信用调整的实际利率，是指将购入或源生的已发生信用减值的金融资产在预计存续期的估计未来现金流量，折现为该金融资产摊余成本的利率。在确定经信用调整的实际利率时，应当在考虑金融资产的所有合同条款（同上）以及初始预期信用损失的基础上估计预期现金流量。

2. 摊余成本

金融资产的摊余成本，应当以该金融资产的初始确认金额经下列调整后的结果确定：

（1）扣除已偿还的本金；

（2）加上或减去采用实际利率法将该初始确认金额与到期日金额之间的差额进行摊销形成的累计摊销额；

（3）扣除累计计提的损失准备。

3. 利息收入

企业应当按照实际利率法确认利息收入。利息收入应当根据金融资产账面余额乘以实际利率计算确定，其中，金融资产的账面余额为摊余成本加上损失准备的金额。但下列情况除外：

（1）对于购入或源生的已发生信用减值的金融资产，企业应当自初始确认起，按照该金融资产的摊余成本和经信用调整的实际利率计算确定其利息收入。即

利息收入＝摊余成本×经信用调整的实际利率

（2）对于购入或源生的未发生信用减值但在后续期间成为已发生信用减值的金融资产，企业应当在后续期间，按照该金融资产的摊余成本和实际利率计算确定其利息收入。即

利息收入＝摊余成本×实际利率

若该金融工具在后续期间因其信用风险有所改善不再存在信用减值，并且这一改善在客观上可与应用上述规定之后发生的某一事件相联系（如债务人的信用评级被上调），则应当转按实际利率乘以该金融资产账面余额计算确定利息收入。即

利息收入＝账面余额×实际利率

账面余额＝摊余成本＋损失准备

（三）以摊余成本计量的金融资产核算应设置的账户

为了核算企业以摊余成本计量的金融资产的增减变化及其损益情况，房地产开发企业应设置下列会计账户。

1. “债权投资”账户

“债权投资”账户核算企业以摊余成本计量的金融资产的账面余额。其借方登记企业取得以摊余成本计量的金融资产时的债券面值和债券溢价；金融资产在持有期间按实际利率法计算确定的折价摊销额；作为一次还本付息的债券投资，在资产负债表日按票面

利率计算确定的应收未收利息。其贷方登记取得以摊余成本计量的金融资产时的债券折价，以及金融资产在持有期间按实际利率法确定的溢价摊销额。期末余额在借方，反映企业以摊余成本计量的金融资产的账面余额。本账户应按以摊余成本计量的金融资产的类别和品种，分别设置“成本”“利息调整”“应计利息”等明细账户进行核算。

2. “投资收益”账户

“投资收益”账户核算企业各项投资发生的收益或损失。仅就以摊余成本计量的金融资产而言，该账户登记企业以摊余成本计量的金融资产在持有期间取得的投资收益和处置损益。其贷方登记以摊余成本计量的金融资产在持有期间内按账面余额和实际利率计算确定的利息收入和处置时的利得；借方登记以摊余成本计量的金融资产处置时的损失。期末应将本账户余额转入“本年利润”账户，结转后应无余额。

（四）以摊余成本计量的金融资产核算的会计处理

1. 债权投资的初始计量

（1）企业取得投资时：

借：债权投资——成本（面值）

——利息调整（差额，也可能在贷方）

应收利息（实际支付价款中包含已到付息期但尚未领取的利息）

贷：银行存款等

（2）企业实际收到支付价款中包含已到付息期但尚未领取的利息时：

借：银行存款

贷：应收利息

2. 债权投资的后续计量

（1）分期付息、一次还本的债权投资：

借：应收利息（按面值和票面利率计算的利息）

贷：投资收益（按摊余成本和实际利率计算的利息）

债权投资——利息调整（差额，也可能在借方）

（2）到期一次还本付息的债权投资：

借：债权投资——应计利息（按面值和票面利率计算的利息）

贷：投资收益（按摊余成本和实际利率计算的利息）

债权投资——利息调整（差额，也可能在借方）

（3）债权投资到期时：

借：银行存款等

贷：债权投资——成本

——应计利息

应收利息

例题：以摊余成本计量的金融资产的核算

房地产开发企业以摊余成本计量的金融资产会计处理流程如图 5－2 所示。

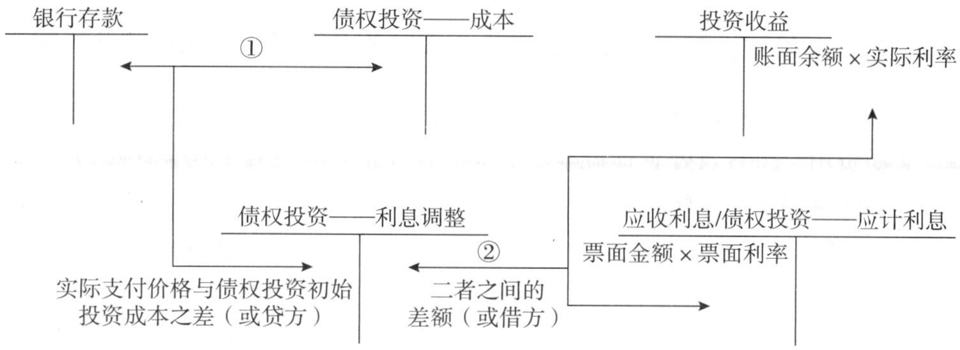

图 5-2　以摊余成本计量的金融资产核算的会计处理流程

注：①在债权投资初始计量中，如果债权投资的初始投资成本小于实际支付的价款，应将两者之差记入“债权投资——利息调整”明细账户的借方；反之，记入“债权投资——利息调整”明细账户的贷方。

②在债权投资后续计量中，资产负债表日，如果当期计入投资收益的实际利息收入大于当期应收票面利息，则应将两者的差额记入“债权投资——利息调整”明细账户的借方；反之，记入“债权投资——利息调整”明细账户的贷方。按面值和票面利率计算的利息，分期付息、一次还本的债权投资记入“应收利息”账户；到期一次还本付息的债权投资记入“债权投资——应计利息”账户。

二、以公允价值计量且其变动计入当期损益的金融资产

（一）以公允价值计量且其变动计入当期损益的金融资产的初始计量

以公允价值计量且其变动计入当期损益的金融资产应按公允价值确定初始入账金额，相关交易费用应当直接计入当期损益。

交易费用是指可直接归属于购买、发行或处置金融工具的增量费用。所谓增量费用，是指企业不购买、发行或处置金融工具就不会发生的费用。交易费用包括支付给代理机构、咨询公司、券商、证券交易所、政府有关部门等的手续费、佣金、相关税费及其他必要支出，不包括债券溢价、折价、融资费用、内部管理成本和持有成本等与交易不直接相关的费用。企业为发行金融工具所发生的差旅费等，不属于本部分所述的交易费用。

企业取得金融资产所支付的价款中，包含的已宣告但尚未发放的现金股利或已到付息期但尚未领取的债券利息，应当单独确认为应收项目。在持有期间取得的利息或现金股利，应当确认为投资收益。

（二）以公允价值计量且其变动计入当期损益的金融资产的后续计量

资产负债表日，企业应将以公允价值计量且其变动计入当期损益的金融资产的利得或损失计入当期损益。企业在取得金融资产后，在持有期间会产生一定的收益（如投资股票的股利收入），应将其确认为当期的投资收益。

处置该金融资产时，其公允价值与初始入账金额之间的差额应确认为投资收益，同时将原记入“公允价值变动损益”账户的金额按比例转入“投资收益”账户。

（三）以公允价值计量且其变动计入当期损益的金融资产核算应设置的账户

为了核算和监督企业拥有的以公允价值计量且其变动计入当期损益的金融资产的变动损益、交易费用、持有及处置损益等，房地产开发企业应设置下列会计账户。

1. “交易性金融资产”账户

“交易性金融资产”账户核算企业分类为以公允价值计量且其变动计入当期损益的金融资产。其借方登记企业取得交易性金融资产时的公允价值，以及资产负债表日交易性金融资产公允价值高于其账面余额的差额；贷方登记处置交易性金融资产的账面余额，以及在资产负债表日交易性金融资产的公允价值低于其账面余额的差额。期末余额在借方，反映企业持有的交易性金融资产的公允价值。本账户可按交易性金融资产的类别和品种，分别设置“成本”“公允价值变动”等进行明细核算。

2. “公允价值变动损益”账户

“公允价值变动损益”账户核算房地产开发企业以公允价值计量且其变动计入当期损益的金融资产公允价值变动形成的应计入当期损益的利得或损失。仅就以公允价值计量且其变动计入当期损益的金融资产而言，其借方登记在资产负债表日以公允价值计量且其变动计入当期损益的金融资产公允价值低于其账面余额的差额、出售以公允价值计量且其变动计入当期损益的金融资产时转出原记入该账户的公允价值变动实现的利得；贷方登记在资产负债表日，以公允价值计量且其变动计入当期损益的金融资产公允价值高于其账面余额的差额、出售以公允价值计量且其变动计入当期损益的金融资产时转出原记入该账户的公允价值变动发生的损失。期末应将该账户的余额结转至“本年利润”账户，结转后本账户没有余额。

3. “投资收益”账户

“投资收益”账户核算企业各项投资发生的收益或损失。仅就以公允价值计量且其变动计入当期损益的金融资产而言，其借方登记取得以公允价值计量且其变动计入当期损益的金融资产时发生的交易费用、出售以公允价值计量且其变动计入当期损益的金融资产时实际收到金额小于其账面余额的差额以及同时转销该项金融资产投资公允价值变动的损失；贷方登记以公允价值计量且其变动计入当期损益的金融资产持有期间获得的被投资企业宣告发放的现金股利，或在资产负债表日按分期付息、一次还本债券投资的票面利率计算的利息，出售以公允价值计量且其变动计入当期损益的金融资产时实际收到金额大于其账面余额的差额，以及同时转销该项金融资产公允价值变动的利得。期末应将该账户的余额结转至“本年利润”账户，结转后该账户没有余额。本账户应该按照投资的项目进行明细核算。

（四）以公允价值计量且其变动计入当期损益的金融资产的会计处理

1. 企业取得以公允价值计量且其变动计入当期损益的金融资产时

借：交易性金融资产——成本（公允价值）

　　投资收益（发生的交易费用）

　　应收股利（已宣告但尚未发放的现金股利）
　　应收利息（已到付息期但尚未领取的利息）
　贷：银行存款等（实际支付的金额）

2. 资产负债表日公允价值发生变动时

借：交易性金融资产——公允价值变动（公允价值高于其账面余额）
　贷：公允价值变动损益

或者，

借：公允价值变动损益
　贷：交易性金融资产——公允价值变动（公允价值低于其账面余额）

3. 持有期间获得现金股利或债券利息时

借：应收股利（被投资单位宣告发放的现金股利×投资持股比例）
　　应收利息（资产负债表日计算的应收利息）
　贷：投资收益

4. 持有期间收到现金股利或债券利息时

借：银行存款
　贷：应收股利
　　　应收利息

5. 处置以公允价值计量且其变动计入当期损益的金融资产时

借：银行存款
　贷：交易性金融资产——成本（公允价值）
　　　　　　　　　　——公允价值变动（或借方）
　　　投资收益

同时，将持有期间确认的公允价值变动损益转入投资收益：

借：公允价值变动损益（持有期间该金融资产累计确认的公允价值变动）
　贷：投资收益

或者，

借：投资收益
　贷：公允价值变动损益（持有期间该金融资产累计确认的公允价值变动）

例题：以公允价值计量且其变动计入当期损益的金融资产的核算

三、以公允价值计量且其变动计入其他综合收益的金融资产

（一）以公允价值计量且其变动计入其他综合收益的金融资产的初始计量

以公允价值计量且其变动计入其他综合收益的金融资产，应当按照公允价值和相关交易费用之和作为初始入账金额。

实际支付的价款中包含的已到付息期但尚未领取的债券利息或已宣告但尚未发放的现金股利，应单独确认为应收项目。

（二）以公允价值计量且其变动计入其他综合收益的金融资产的后续计量

分类为以公允价值计量且其变动计入其他综合收益的金融资产（债务工具）公允价值变动产生的利得或损失应当计入其他综合收益；减值损失、汇兑损益和采用实际利率法计算的该金融资产的利息应当计入当期损益。该金融资产利息计入各期损益的金额应当与视同其一直按摊余成本计量而计入各期损益的金额相等。该金融资产终止确认时，之前计入其他综合收益的累计利得或损失应当从其他综合收益中转出，并计入当期损益。

指定为以公允价值计量且其变动计入其他综合收益的非交易性权益工具投资，除了获得的股利（明确代表投资成本部分收回的股利除外）计入当期损益外，其他相关的利得和损失（包括汇兑损益）均应当计入其他综合收益，且后续不得转入当期损益。当其终止确认时，之前计入其他综合收益的累计利得或损失应当从其他综合收益中转出，并计入留存收益。

（三）以公允价值计量且其变动计入其他综合收益的金融资产核算应设置的账户

为了核算企业以公允价值计量且其变动计入其他综合收益的金融资产的增减变化及其损益情况，区分债务工具和权益工具，房地产开发企业应设置下列会计账户。

1. “其他债权投资”账户

“其他债权投资”账户核算债务工具中分类为以公允价值计量且其变动计入其他综合收益的金融资产。其借方登记企业取得其他债权投资时的债券面值和债券溢价、在资产负债表日其他债权投资公允价值高于其账面余额的差额、在持有期间按实际利率法计算确定的折价摊销额以及作为一次还本付息债券投资的在资产负债表日按票面利率计算确定的应收未收的利息；贷方登记取得其他债权投资时的债券折价、在资产负债表日其他债权投资公允价值低于其账面余额的差额、在持有期间按实际利率法确定的溢价摊销额以及处置其他债权投资的账面余额。期末余额在借方，反映企业其他债权投资的公允价值。本账户按其他债权投资的类别和品种，分别设置“成本”“利息调整”“应计利息”“公允价值变动”等明细账户进行核算。

2. “其他权益工具投资”账户

“其他权益工具投资”账户核算权益工具中指定为以公允价值计量且其变动计入其他综合收益的非交易性权益工具投资。其借方登记企业取得的其他权益工具投资的公允价值、在资产负债表日其他权益工具投资公允价值高于其账面余额的差额；贷方登记在资产负债表日其他权益工具投资公允价值低于其账面余额的差额以及处置其他权益工具投资的账面余额。期末余额在借方，反映企业其他权益工具投资的公允价值。本账户按其他权益工具投资的类别和品种，分别设置“成本”和“公允价值变动”明细账户进行核算。

3. “投资收益”账户

“投资收益”账户核算企业各项投资发生的收益或损失。仅就以公允价值计量且其变动计入其他综合收益的金融资产而言，其贷方登记金融资产的处置利得、持有期间取得的现金股利或债券利息等投资收益、其他债权投资持有期间由于公允价值累积变动而计入所有者权益的贷方余额对应处置部分的金额转出；借方登记金融资产的处置损失以及其他债权投资持有期间由于公允价值累积变动而计入所有者权益的借方余额对应处置部分的金额转出。期末，应将本账户余额转入“本年利润”账户，结转后应无余额。

4. “其他综合收益”账户

“其他综合收益”账户核算以公允价值计量且其变动计入其他综合收益的金融资产的公允价值变动情况、按照权益法核算的在被投资单位的其他综合收益变动中所享有的份额。仅就以公允价值计量且其变动计入其他综合收益的金融资产而言，其贷方登记以公允价值计量且其变动计入其他综合收益的金融资产在资产负债表日公允价值高于其账面价值的金额；借方登记以公允价值计量且其变动计入其他综合收益的金融资产公允价值低于其账面价值的金额。期末贷方余额，反映企业以公允价值计量的金融资产产生的其他综合收益。

（四）以公允价值计量且其变动计入其他综合收益的金融资产的会计处理

1. 以公允价值计量且其变动计入其他综合收益的金融资产（债务工具）的会计处理

（1）企业取得金融资产时：

借：其他债权投资——成本（面值）

——利息调整（差额，也可能在贷方）

应收利息（已到付息期但尚未领取的利息）

贷：银行存款等

需要注意的是，若购买的债券为到期一次还本付息债券，则购买价款中包含的利息，记入“其他债权投资——应计利息”账户。

（2）资产负债表日计算利息时：

借：应收利息（分期付息债券按票面利率计算的利息）

其他债权投资——应计利息（到期时一次还本付息债券按票面利率计算的利息）

贷：投资收益（其他债权投资的期初账面余额乘以实际利率计算确定的利息收入）

其他债权投资——利息调整（差额，也可能在借方）

（3）实际收到债券利息时：

借：银行存款

贷：应收利息

（4）资产负债表日公允价值正常变动时：

借：其他债权投资——公允价值变动（公允价值高于其账面余额）

贷：其他综合收益

或者，

借：其他综合收益

贷：其他债权投资——公允价值变动（公允价值低于其账面余额）

（5）出售其他债权投资时：

借：银行存款等

贷：其他债权投资（账面价值）

投资收益（差额，也可能在借方）

同时，将原计入其他综合收益的累计利得或损失转入当期损益：

借：其他综合收益

贷：投资收益

或者做相反的会计分录。

2. 指定为以公允价值计量且其变动计入其他综合收益的金融资产（权益工具）的会计处理

（1）企业取得金融资产时：

借：其他权益工具投资——成本（公允价值与交易费用之和）

应收股利（已宣告但尚未发放的现金股利）

贷：银行存款等

（2）资产负债表日公允价值正常变动时：

借：其他权益工具投资——公允价值变动（公允价值高于其账面余额）

贷：其他综合收益

或者当公允价值低于其账面余额时，做相反的会计分录。

（3）持有期间被投资单位宣告发放现金股利时：

借：应收股利

贷：投资收益

（4）出售其他权益工具投资时：

借：银行存款等

贷：其他权益工具投资（账面价值）

盈余公积（差额，也可能在借方）

利润分配——未分配利润（差额计入留存收益，也可能在借方）

同时，将原计入其他综合收益的累计利得或损失转入留存收益：

借：其他综合收益

贷：盈余公积

利润分配——未分配利润

或者做相反的会计分录。

例题：指定为以公允价值计量且其变动计入其他综合收益的非交易性权益工具投资的核算

第三节 金融资产的减值

一、预期信用损失的定义

企业应当以预期信用损失为基础（通常称为“预期信用损失法”），对分类为以摊余成本计量的金融资产和以公允价值计量且其变动计入其他综合收益的金融资产（债权投资）进行减值会计处理并确认损失准备。在预期信用损失法下，减值准备的计提不以减值的实际发生为前提，而是以未来可能的违约事件造成的损失的期望值来计量当前（资产负债表日）应当确认的减值准备。

预期信用损失，是指以发生违约的风险为权重的金融工具信用损失的加权平均值。这里的发生违约的风险，可以理解为发生违约的概率。这里的信用损失，是指企业根据合同应收的现金流量与预期能收到的现金流量之间的差额（以下称现金流缺口）的现值。根据现值的定义，即使企业能够全额收回合同约定的金额，但如果收款时间晚于合同规定的时间，也会产生信用损失。

二、预期信用损失的减值确认方法

按照企业会计准则的相关规定，可以将金融资产发生信用减值的过程分为三个阶段，对于不同阶段预期信用损失的减值确认方法，如表 5-1 所示。

表 5-1　预期信用损失确认表

项目	第一阶段	第二阶段	第三阶段
阶段特征	信用风险自初始确认后未显著增加的金融工具	信用风险自初始确认后已显著增加但未发生信用减值	初始确认后发生信用减值
损失准备的确认	未来 12 个月的预期信用损失	整个存续期内预期信用损失	整个存续期内预期信用损失
利息收入的计算	按账面余额（即未扣除减值准备）和实际利率计算利息收入（若该工具为金融资产，下同）	按账面余额和实际利率计算利息收入	按其摊余成本（账面余额减已计提减值准备，也即账面价值）和实际利率计算利息收入

上述三阶段的划分，适用于购买或源生时未发生信用减值的金融工具。对于购买或源生时已发生信用减值的金融资产，企业应当仅将初始确认后整个存续期内预期信用损失的变动确认为损失准备，并按其摊余成本和经信用调整的实际利率计算利息收入。

三、金融工具减值核算应设置的账户及会计处理

（一）金融工具减值核算应设置的账户

为了核算各项金融工具的减值情况，房地产开发企业应设置下列会计账户。

1. “信用减值损失”账户

“信用减值损失”账户核算计提的各项金融工具减值准备所形成的预期信用损失。其

借方登记资产负债表日计提的预期信用损失大于该工具当前减值准备的账面金额；贷方登记资产负债表日计提的预期信用损失小于该工具当前减值准备的账面金额。期末借方余额，反映企业已提取的信用减值损失。

2. “债权投资减值准备”账户

“债权投资减值准备”账户核算企业以摊余成本计量的债权投资以预期信用损失为基础计提的减值准备。其贷方登记资产负债表日债权投资预期信用损失金额高于其当前减值准备的账面价值的差额；借方登记资产负债表日债权投资预期信用损失金额低于其当前减值准备的账面价值的差额，以及债权投资已发生信用损失并经批准的核销金额。期末贷方余额，反映企业已提取的债权投资减值准备。

3. “其他综合收益——信用减值准备”明细账户

“其他综合收益”账户应按其他综合收益形成的类别进行明细核算，其中应设置“其他综合收益——信用减值准备”明细账户，核算以公允价值计量且其变动计入其他综合收益的金融资产以预期信用损失为基础计提的损失准备。其贷方登记资产负债表日其他债权投资预期信用损失金额高于其当前减值准备的账面价值的差额；借方登记资产负债表日其他债权投资预期信用损失金额低于其当前减值准备的账面价值的差额，以及其他债权投资已发生信用损失并经批准的核销金额。期末贷方余额，反映企业已提取的其他债权投资减值准备。

（二）金融工具减值核算的会计处理

1. 减值准备的计提和转回

企业应当在资产负债表日计算金融工具的预期信用损失。对于以摊余成本计量的金融资产，如果该预期信用损失金额高于该工具当前减值准备的账面金额，企业应当将其差额确认为减值损失，并做如下会计分录：

借：信用减值损失

　　贷：债权投资减值准备（根据金融工具的种类）

如果资产负债表日计算的预期信用损失金额低于该工具当前减值准备的账面金额，则应当将差额确认为减值利得，并做相反的会计分录。

对于债务工具中分类为以公允价值计量且其变动计入其他综合收益的金融资产，企业应当在其他综合收益中确认其损失准备，并将减值损失或利得计入当期损益，且不应减少该金融资产在资产负债表中列示的账面价值。相关会计分录如下：

借：信用减值损失

　　贷：其他综合收益——信用减值准备

2. 已发生信用损失金融资产的核销

企业实际发生信用损失，并认定相关金融资产无法收回，经批准予以核销的，应当根据批准的核销金额进行会计处理。相关会计分录如下：

借：债权投资减值准备（或其他综合收益——信用减值准备）

　　贷：债权投资（或其他债权投资）

例题：以公允价值计量且其
变动计入其他综合收益的
金融资产（债务工具）的核算

本章小结

即测即评

思考题

1. 企业有哪些管理金融资产的业务模式？

2. 企业应该如何根据其管理金融资产的业务模式和金融资产的合同现金流量特征，对金融资产进行分类？

3. 以摊余成本计量的金融资产的摊余成本应如何确定？

4. 以公允价值计量且其变动计入其他综合收益的金融资产如何进行后续计量？

5. 企业应如何确定预期信用损失？哪类金融资产计提减值准备后可以转回？

案例分析题

2×22 年 1 月 1 日，某房地产开发企业支付价款 1 000 万元（含交易费用）从上交所购入乙公司同日发行的 5 年期公司债券 12 500 份。该债券的票面价值总额为 1 250 万元，票面年利率为 4.72%，约定于每年年末支付本年度债券利息（即每年利息为 59 万元），本金在债券到期时一次偿还。企业根据其管理该债券的业务模式和该债券的合同现金流量特征，将该债券分类为以公允价计量且其变动计入其他综合收益的金融资产。

其他资料如下：

(1) 2×22 年 12 月 31 日，乙公司债券的公允价值为 1 200 万元（不含利息）。

(2) 2×23 年 12 月 31 日，乙公司债券的公允价值为 1 300 万元（不含利息）。

(3) 2×24 年 12 月 31 日，乙公司债券的公允价值为 1 250 万元（不含利息）。

(4) 2×25 年 12 月 31 日，乙公司债券的公允价值为 1 200 万元（不含利息）。

(5) 2×26 年 1 月 20 日，通过上交所出售乙公司债券 12 500 份，取得价款 1 260 万元。

假定不考虑所得税、减值损失等因素，该债券的实际利率为 10%。

要求：如果你是该房地产开发企业的会计人员，你将如何对上述事项进行会计处理？

第六章

长期股权投资

学习目标

1. 掌握长期股权投资的确认、初始计量、后续计量以及处置的相关会计处理，长期股权投资减值的会计处理，成本法的适用条件、核算内容及其会计处理。

2. 理解长期股权投资的概念和核算内容，同一控制下控股合并与非同一控制下控股合并的核算方法，权益法的适用条件和相应的核算内容及其会计处理。

3. 了解控制、共同控制和重大影响的概念，长期股权投资成本法与权益法转换的会计处理，长期股权投资减值的确认条件及确认方式。

引导案例

光明房地产集团股份有限公司（简称光明地产，股票代码600708），由原上海海博股份有限公司于2015年7月与农工商房地产（集团）股份有限公司通过重大资产重组组建而成，其控股股东为光明食品（集团）有限公司。作为具有上海国资背景的上市房企，光明地产不仅是上海上市公司协会理事单位，还获得了上海市五星级诚信创建企业和上海市著名商标等荣誉，累计开发各类住宅、商业办公面积6 000多万平方米。光明地产的下属全资子公司农工商房地产（集团）有限公司，具有房地产开发一级资质，同时是中国房地产业协会理事单位、上海市房地产行业协会副会长单位，并同样获得了上海市五星级诚信创建企业的荣誉。公司开发的房地产项目曾获得中国土木工程最高奖项——詹天佑土木工程奖、中国建筑工程最高奖——鲁班奖、上海市建筑工程最高奖——白玉兰奖。

2021年年报列示，截至2021年12月31日，光明地产长期股权投资的期末账面价值为1 700 688 252.87元，这笔投资全部为对合营、联营企业的投资，对子公司的投资为

0。企业对长期股权投资按照如下原则进行确认和计量：

（1）对于同一控制下的企业合并形成的对子公司的长期股权投资，在合并日按照取得被合并方所有者权益在最终控制方合并财务报表中的账面价值的份额作为长期股权投资的初始投资成本。对于非同一控制下的企业合并形成的对子公司的长期股权投资，按照购买日确定的合并成本作为长期股权投资的初始投资成本。

（2）公司对子公司的长期股权投资，采用成本法核算；对联营企业和合营企业的长期股权投资，采用权益法核算。

（3）长期股权投资于资产负债表日存在减值迹象的，需进行减值测试。减值测试结果表明资产的可收回金额低于其账面价值的，按其差额计提减值准备并计入减值损失。

资料来源：根据光明房地产集团股份有限公司 2021 年年度报告整理。

光明地产对长期股权投资的确认和计量原则是否符合企业会计准则的相关规定？当企业在进行长期股权投资核算时，选择成本法和权益法的依据是什么？不同的核算方法对长期股权投资的账面价值会产生怎样的影响？当长期股权投资发生减值时，企业应如何确认并进行会计核算？通过本章的学习，相信你会找到答案。

第一节　长期股权投资核算的范围

权益性投资，又称股权投资，是指通过付出现金或非现金资产等取得被投资单位的股份或股权，享有一定比例的权益份额代表的资产。长期股权投资，是指投资方对被投资单位实施控制、重大影响的权益性投资，以及对其合营企业的权益性投资。对被投资单位不具有控制、共同控制或重大影响的权益性投资按照《企业会计准则第 22 号——金融工具确认和计量》的规定进行确认与计量。依据长期股权投资对被投资单位产生的影响，可将其分为以下三种类型。

一、控制

控制是指有权决定一个企业的财务和经营政策，并能据以从该企业的经营活动中享有可变回报，即对子公司的投资。达到控制的条件包括：

（1）投资企业直接拥有被投资单位 50%以上的表决权资本。

（2）投资企业虽然拥有被投资单位 50%以下的表决权资本，但对被投资单位具有实质控制权。具体可通过以下一项或若干项情况断定：通过与其他投资者的协议，投资企业拥有被投资单位 50%以上表决权资本的控制权；根据章程或协议，投资企业有权控制被投资单位的财务和经营政策；有权任免被投资单位董事会等类似权力机构的多数成员；在董事会或类似的权力机构会议上有半数以上的投票权。

二、共同控制

共同控制是指按照相关约定对某项安排所共有的控制，并且该安排的相关活动必须经过分享控制权的参与方一致同意后才能决策，即对合营企业的投资。共同控制仅指共同控制实体，不包括共同控制经营、共同控制财产等。共同控制实体，是指由两个或多个企业共同投资建立的实体，该被投资单位的财务和经营政策必须由投资双方或若干方共同决定。

三、重大影响

重大影响是指投资方对被投资方单位的财务和经营政策有参与决策的权力，但并不能控制或者与其他方一起共同控制这些政策的制定，即对联营企业的投资。当投资企业直接拥有被投资单位 20%至 50%的表决权资本时，一般认为对被投资单位具有重大影响。

此外，虽然投资企业直接拥有被投资单位 20%以下的表决权资本，但符合下列情况之一的，也应确认为对被投资单位具有重大影响：

（1）在被投资单位的董事会或类似机构的权力机构中派有代表。

（2）参与被投资单位的政策制定过程。

（3）与被投资单位之间发生重要交易。

（4）向被投资单位派出管理人员。

（5）依赖投资企业的技术资料。

（6）其他足以证明投资企业对被投资单位具有重大影响的情形。

第二节 长期股权投资核算的计量

一、长期股权投资的初始计量

房地产开发企业在取得长期股权投资时，应按初始投资成本进行入账处理。长期股权投资的初始计量是指对长期股权投资初始投资成本的计量，应区分两种情况，即企业合并形成的长期股权投资初始成本的计量和其他方式取得的长期股权投资初始成本的计量。

（一）企业合并形成的长期股权投资

企业合并形成的长期股权投资，应按照企业合并的类型，分为同一控制下的控股合并与非同一控制下的控股合并，并分别确定其初始投资成本。

1. 同一控制下企业合并形成的长期股权投资

同一控制下的企业合并是指参与合并的企业在合并前后均受同一方或相同的多方最

终控制，且该控制并非暂时性的。对于同一控制下的企业合并，合并方应当在合并日按照取得被合并方所有者权益在最终控制方合并财务报表中的账面价值的份额作为长期股权投资的初始投资成本。长期股权投资的初始投资成本与合并方支付的现金、转让的非现金资产或承担的债务账面价值的差额，应当调整资本公积；资本公积不足冲减的，调整留存收益，依次为盈余公积、未分配利润。

【例 6-1】 同一控制下企业合并形成的长期股权投资核算

2×22 年 1 月 1 日，甲房地产开发企业支付 4 500 万元取得丙企业 80%的股权，甲企业与丙企业均属于 A 企业同一控制下的企业，合并当日丙企业所有者权益的账面价值为 6 000 万元，甲企业应做如下会计分录：

借：长期股权投资	48 000 000	
贷：银行存款		45 000 000
资本公积——股本溢价		3 000 000

2. 非同一控制下企业合并形成的长期股权投资

在非同一控制下的企业合并中，投资方应当按照确定的企业合并成本作为长期股权投资的初始投资成本。企业合并成本包括投资方付出的资产、发生或承担的负债、发行的权益性证券的公允价值以及为进行企业合并发生的各项直接相关费用之和。通过多次交换交易、分步取得股权最终形成企业合并的，企业合并成本为每一单项交换交易的成本之和。

【例 6-2】 非同一控制下企业合并形成的长期股权投资核算

甲房地产开发企业和丁企业为不属于同一控制下的两家企业。2×22 年 1 月 10 日，甲企业和丁企业达成合并协议，约定甲企业以固定资产和银行存款作为合并对价，取得丁企业 100%的股权。甲企业支付的银行存款金额为 360 万元，其固定资产的账面原价为 1 950 万元，已计提折旧 210 万元，未计提固定资产减值准备，经评估，固定资产的公允价值为 1 800 万元。在此合并中，甲企业还以银行存款支付了审计费用、评估费用、法律服务费用等共计 30 万元。甲企业应做如下会计分录：

长期股权投资的初始投资成本＝360＋1 800＝2 160(万元)

借：固定资产清理（19 500 000－2 100 000）	17 400 000	
累计折旧	2 100 000	
贷：固定资产		19 500 000
借：长期股权投资	21 600 000	
贷：固定资产清理		17 400 000
银行存款		3 600 000
资产处置损益（18 000 000－17 400 000）		600 000
借：管理费用	300 000	
贷：银行存款		300 000

（二）企业除合并以外其他方式形成的长期股权投资

企业除合并形成长期股权投资，还可以通过以下方式取得长期股权投资，并按照要求确定初始投资成本。

1. 以支付现金方式取得的长期股权投资

企业以支付现金方式取得的长期股权投资，应当按照实际支付的全部价款（包括支付的税费、手续费等相关费用）作为初始投资成本，但所支付价款中包含的被投资单位已宣告但尚未发放的现金股利或利润应作为应收项目核算，不构成取得长期股权投资的成本。

2. 以发行权益性证券方式取得的长期股权投资

企业以发行权益性证券方式取得的长期股权投资，应当按照所发行权益性证券的公允价值作为初始投资成本，但不包括应自被投资单位收取的已宣告但尚未发放的现金股利或利润。

3. 投资者投入的长期股权投资

企业投资者投入的长期股权投资，应当按照投资合同或协议约定的价值作为初始投资成本，但合同或协议约定的价值不公允的除外。投资者投入的长期股权投资，是指投资者以其持有的对第三方的投资作为出资投入企业形成的长期股权投资。

此外，房地产开发企业还可能以债务重组方式和非货币性资产交换方式取得长期股权投资。

【例 6-3】 企业除合并以外其他方式形成的长期股权投资核算

甲房地产开发企业和乙企业为两个互不关联的独立企业，合并前不存在任何关联方关系。甲企业与乙企业达成合并协议，约定甲企业以增发的证券作为合并对价，取得乙企业30%的股权。增发的权益性证券为每股面值1元的普通股，共发行4 500万股，每股公允价值为2元。在该项企业合并中，甲企业还以银行存款支付了审计费用、评估费用、法律服务费用等直接合并费用共计150万元。甲企业得到该部分股权后，能够对乙企业的生产经营决策施加重大影响，因此将其划分为长期股权投资。甲企业应做如下会计分录：

初始投资成本＝2×4 500＝9 000(万元)

借：长期股权投资	90 000 000	
贷：股本		45 000 000
资本公积——股本溢价		45 000 000
借：资本公积——股本溢价	1 500 000	
贷：银行存款		1 500 000

二、长期股权投资的后续计量

长期股权投资在持有期间，根据投资企业对被投资单位的影响程度，分别采用成本法及权益法进行核算。

（一）成本法的核算内容

1. 成本法的适用范围

成本法是指房地产开发企业持有的长期股权投资按取得成本计价的方法。该方法适用于企业持有的能够对被投资单位实施控制的长期股权投资，即投资方持有的对子公司投资应当采用成本法核算。

2. 成本法的核算程序

房地产开发企业长期股权投资采用成本法核算的一般程序如下：

（1）初始投资或追加投资时，应按照初始投资或追加投资时的成本增加长期股权投资的账面价值。除此之外，长期股权投资的账面价值一般保持不变。

（2）被投资单位宣告分派的利润或现金股利中，投资企业按应享有的部分，确认为当期投资收益。

（二）权益法核算的内容

1. 权益法的适用范围

权益法是指投资以初始投资成本计量后，在投资持有期间，根据被投资单位所有者权益的变动，投资企业按应享有（或应分担）被投资企业所有者权益的份额调整其投资账面价值的方法。当企业对被投资单位具有共同控制或重大影响时，长期股权投资应采用权益法核算，即对合营企业的投资及对联营企业的投资，应当采用权益法核算。

当投资企业对被投资单位追加投资，导致原持有的对合营企业投资或对联营企业投资转变为对子公司投资时，应终止采用权益法，改按成本法核算。

2. 权益法核算的一般程序

（1）初始投资或追加投资时，按照初始投资或追加投资时的投资成本增加长期股权投资的账面价值。

（2）比较初始投资成本与投资时应享有被投资单位可辨认净资产公允价值的份额，对于取得投资时初始投资成本与应享有被投资单位可辨认净资产公允价值份额之间的差额，应区别情况处理：

第一种情况，初始投资成本大于取得投资时应享有被投资单位可辨认净资产公允价值份额的，该部分差额是投资企业在取得投资过程中通过作价体现出的与所取得股权份额相对应的商誉及不符合确认条件的资产价值，这种情况下不要求对长期股权投资的成本进行调整。

第二种情况，初始投资成本小于取得投资时应享有被投资单位可辨认净资产公允价值份额的，两者之间的差额体现为双方在交易作价过程中转让方的让步，该部分经济利益流入应作为收益处理，计入取得投资当期的营业外收入，同时调整增加长期股权投资的账面价值。

（3）持有投资期间，随着被投资单位所有者权益的变动相应调整增加或减少长期股权投资的账面价值，并分别情况处理：

第一种情况，被投资单位当年实现净利润而影响所有者权益变动时，投资企业应按所持表决权资本比例计算应享有的份额，增加长期股权投资的账面价值，并确认为当期投资收益。

第二种情况，被投资单位当年发生净亏损而影响所有者权益变动时，投资企业应确认承担被投资单位发生的净亏损，以长期股权投资的账面价值以及其他实质上构成对被投资单位净投资的长期权益减记至零为限。按照投资合同或协议约定负有承担额外损失义务的，还应按照应承担的损失义务进一步确认损失。这里所讲的“其他实质上构成对被投资单位净投资的长期权益”通常是指长期应收项目，如企业对被投资单位的长期债权，该债权没有明确的清收计划且在可预见的未来期间不准备收回，其实质上构成了对被投资单位的净投资。应予以说明的是，该类长期权益不包括投资企业与被投资单位之间因销售商品、提供劳务等日常活动所产生的长期债权。

投资企业在确认应分担被投资单位发生的亏损时，应首先减记长期股权投资的账面价值；其次，在长期股权投资的账面价值减记至零的情况下，考虑是否有其他实质上构成对被投资单位净投资的长期权益项目，如果有，则以其他长期权益的账面价值为限，继续确认投资损失，冲减长期应收项目等的账面价值；最后，按照投资合同或协议约定，投资企业仍需要承担额外损失弥补等义务的，应按预计将承担的义务金额确认预计负债，计入当期投资损失。

被投资单位在以后期间实现盈利的，投资企业应按以上相反顺序分别减记已确认的预计负债、恢复其他长期权益及长期股权投资的账面价值，同时确认投资收益。需要强调的是，投资企业按被投资单位实现的净利润或发生的净亏损计算应享有或应分担的份额时，应以取得被投资单位股权后发生的净损益为基础，投资前被投资单位实现的净损益不包括在内。

第三种情况，被投资单位确认的其他综合收益及其变动，也会影响被投资单位所有者权益总额，进而影响投资企业应享有被投资单位所有者权益的份额。因此，当被投资单位其他综合收益发生变动时，投资企业应当按照归属于本企业的部分，相应调整长期股权投资的账面价值，同时增加或减少其他综合收益。

第四种情况，如果投资企业对于被投资单位除净损益以外所有者权益的其他变动，在持股比例不变的情况下，应按照持股比例与被投资单位除净损益以外所有者权益的其他变动中归属于本企业的部分，相应调整长期股权投资的账面价值，同时增加或减少资本公积。

（4）被投资单位宣告分派利润或现金股利时，投资企业按持股比例计算应分得的部分，一般应冲减长期股权投资的账面价值。

3. 权益法下投资损益的确认

需要注意的是，采用权益法核算的长期股权投资，在确认应享有或应分担被投资单位的净利润或净亏损时，在被投资单位账面净利润的基础上，应考虑以下因素的影响并进行适当调整：

第一，被投资单位采用的会计政策及会计期间与投资企业不一致的，应按投资企业的会计政策及会计期间对被投资单位的财务报表进行调整，在此基础上确定被投资单位应分享的收益或应承担的损失；

第二，考虑以取得投资时被投资单位固定资产、无形资产的公允价值为基础计提的折旧额或摊销额，以及以投资企业取得投资时有关资产的公允价值为基础计算确定的资产减值准备金额等对被投资单位净利润的影响。

如果无法合理确定取得投资时被投资单位各项可辨认资产等的公允价值；或投资时

被投资单位可辨认资产的公允价值与其账面价值两者之间的差额较小，不具有重要性；或其他原因导致无法取得被投资单位的有关资料，不能对被投资单位的净损益进行调整，那么投资企业可以被投资单位的账面净利润为基础，计算确认投资损益，同时应在附注中说明不能按照准则规定进行核算的原因。

（三）长期股权投资成本法与权益法的转换

长期股权投资在持有期间，因各方面情况的变化，可能需要进行核算方法的转换。

1. 成本法转为权益法

因处置投资导致对被投资单位的影响能力下降，由控制转为具有重大影响，或者与其他投资方一起实施共同控制的情况下，首先应按处置或收回投资的比例结转应终止确认的长期股权投资成本。

在此基础上，应当比较剩余的长期股权投资成本与按照剩余持股比例计算原投资时应享有被投资单位可辨认净资产公允价值的份额。对于属于投资作价中体现的商誉部分，不调整长期股权投资的账面价值；对于属于投资成本小于原投资时应享有被投资单位可辨认净资产公允价值份额的部分，在调整长期股权投资成本的同时，应调整留存收益。

对于原取得投资时至转为权益法核算之间被投资单位实现净损益中应享有的份额，应当调整长期股权投资的账面价值，同时对于原取得投资时至处置投资当期期初被投资单位实现的净损益（扣除已发放及已宣告发放的现金股利和利润）中应享有的份额，调整留存收益；对于处置投资当期期初至处置投资之日被投资单位实现的净损益中应享有的份额，调整当期损益。因其他原因导致被投资单位所有者权益变动中应享有的份额，在调整长期股权投资账面价值的同时，应当计入其他综合收益或资本公积（其他资本公积）。

2. 公允价值计量或权益法转换为成本法

因追加投资原因导致原持有的分类为以公允价值计量且其变动计入当期损益的金融资产，或非交易性权益工具投资分类为以公允价值计量且其变动计入其他综合收益的金融资产，以及对联营企业或合营企业的投资转变为对子公司投资的，在购买日应对长期股权投资账面价值进行调整。原投资采用权益法核算的，追加日长期股权投资初始投资成本等于转换日原投资账面价值加上新投资的成本；原投资按公允价值计量的，追加日长期股权投资初始投资成本等于转换日原投资公允价值加上新增投资成本。

（四）长期股权投资的处置

企业基于各方面的考虑，决定将所持有的对被投资单位的股权全部或部分对外出售时，应相应结转与所售股权相对应的长期股权投资的账面价值。出售所得价款与处置长期股权投资账面价值之间的差额，应确认为处置损益。

对于采用权益法核算的长期股权投资，原记入“资本公积”或“其他综合收益”账户中的金额，在处置时亦应进行结转，将与所出售股权相对应的部分在处置时自资本公积或其他综合收益转入当期损益。

三、长期股权投资核算应设置的账户

为了核算企业长期股权投资的增减变化情况，房地产开发企业应设置下列有关的会计账户。

（一）“长期股权投资”账户

“长期股权投资”账户核算企业长期股权投资的增减变化情况。其借方登记取得股权时的初始投资成本；权益法下，长期股权投资的初始投资成本小于投资时应享有被投资单位可辨认净资产公允价值份额的差额；权益法下，资产负债表日，企业根据被投资单位实现的净利润或经调整的净利润计算享有的份额，以及根据被投资单位实现的净利润和净损益以外的其他所有者权益变动，按持股比例调增的长期股权投资账面价值的金额。贷方登记股权投资处置时转销的账面余额；权益法下，企业根据被投资单位发生的亏损计算分担的份额，以及根据被投资单位发生的净亏损及净损益以外的其他所有者权益变动，按持股比例调减的长期股权投资账面价值的金额。期末借方余额，反映企业持有的长期股权投资的价值。本账户应按被投资单位设置明细账进行核算，采用权益法核算的企业，应分别设置“成本”“损益调整”“其他综合收益”“其他权益变动”明细账户进行核算。

（二）“投资收益”账户

“投资收益”账户核算企业投资发生的收益或损失。仅就长期股权投资而言，本账户核算企业持有以及处置长期股权投资的投资损益。其贷方登记长期股权投资的投资收益；长期股权投资采用成本法核算时，企业应当按照享有被投资单位宣告发放的现金股利或利润确认的投资收益，以及处置长期股权投资时实际收到的价款大于长期股权投资账面价值的差额；长期股权投资采用权益法核算时，资产负债表日根据被投资单位实现的净利润或经调整的净利润计算应享有的份额。其借方登记长期股权投资的投资损失；长期股权投资采用权益法核算，被投资单位发生净亏损时，企业应分担的损失；处置长期股权投资时实际收到的价款小于长期股权投资账面价值的差额。

（三）“其他综合收益”账户

处置采用权益法核算的长期股权投资时，企业应当采用与被投资单位直接处置相关资产或负债相同的基础，对相关的其他综合收益进行会计处理，同时增加或减少其他综合收益。

在权益法下，被投资单位确认的其他综合收益及其变动，也会影响被投资单位所有者权益总额，进而影响投资企业应享有被投资单位所有者权益的份额。因此，当被投资单位其他综合收益发生变动时，投资企业应当按照归属于本企业的部分，相应地调整长期股权投资的账面价值，同时增加或减少其他综合收益。处置采用权益法核算的长期股权投资时，应当采用与被投资单位直接处置相关资产或负债相同的基础，对相关的其他综合收益进行会计处理，同时增加或减少其他综合收益。关于“其他综合收益”账户的具体核算内容，请参见第十二章“所有者权益”第三节“资本公积和其他综合收益的核算”。

此外，房地产开发企业在长期股权投资核算中还可能涉及“长期股权投资减值准备”账户，其核算的主要内容，请参见本章第三节“长期股权投资的减值”。

四、长期股权投资核算的会计处理

（一）成本法下长期股权投资的核算

（1）企业取得投资时：

1）同一控制下的企业合并形成长期股权投资时：

借：长期股权投资（享有被合并方所有者权益在最终控制方合并财务报表中的账面价值的份额）

应收股利（实际支付的款项中包含已经宣告但尚未领取的现金股利）

负债类账户（抵减负债的账面价值）

贷：资产类账户（支付资产的账面价值）

资本公积——股本溢价（差额）

2）非同一控制下的企业合并形成长期股权投资时：

①以银行存款、固定资产等作为对价的长期股权投资：

借：长期股权投资（合并成本）

应收股利（实际支付的款项中包含已经宣告但尚未领取的现金股利）

贷：资产类账户（账面价值）

资产处置损益（资产的公允价值与账面价值的差额）

银行存款（发生的直接相关费用）

②以发行权益性证券取得的长期股权投资：

借：长期股权投资（合并成本）

贷：股本（股票面值）

资本公积——股本溢价

银行存款（发生的直接相关费用）

（2）被投资单位宣告发放现金股利或利润分配时：

借：应收股利

贷：投资收益（或长期股权投资）

（3）实际领取现金股利或利润时：

借：银行存款

贷：应收股利

（4）如果被投资单位无力支付股利，企业不做任何会计处理。

（5）企业处置股权投资时：

借：银行存款等（实际取得的价款）

长期股权投资减值准备（已计提的减值准备）

投资收益（发生的处置净损失）

贷：长期股权投资（股权投资的账面余额）

应收股利（尚未领取的现金股利或利润）

投资收益（实现的处置净收益）

例题：成本法下长期股权投资的核算

房地产开发企业长期股权投资成本法核算的会计处理流程如图6－1所示。

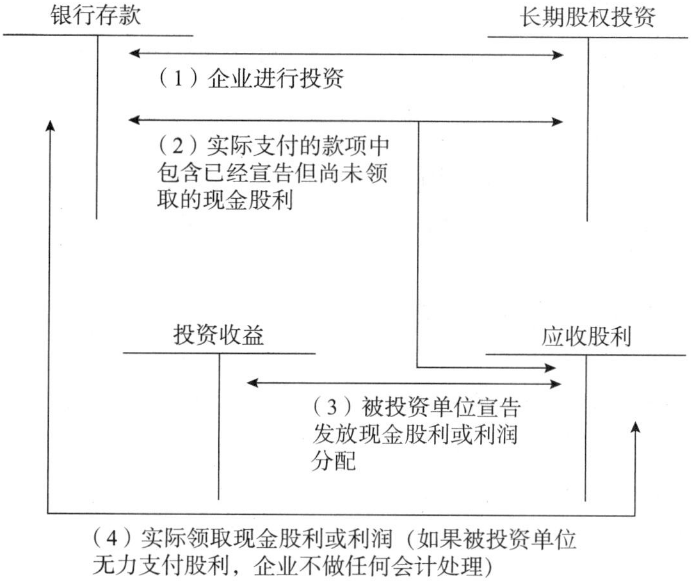

图6－1　长期股权投资成本法核算的会计处理流程

房地产开发企业处置成本法核算的长期股权投资的会计处理流程如图6－2所示。

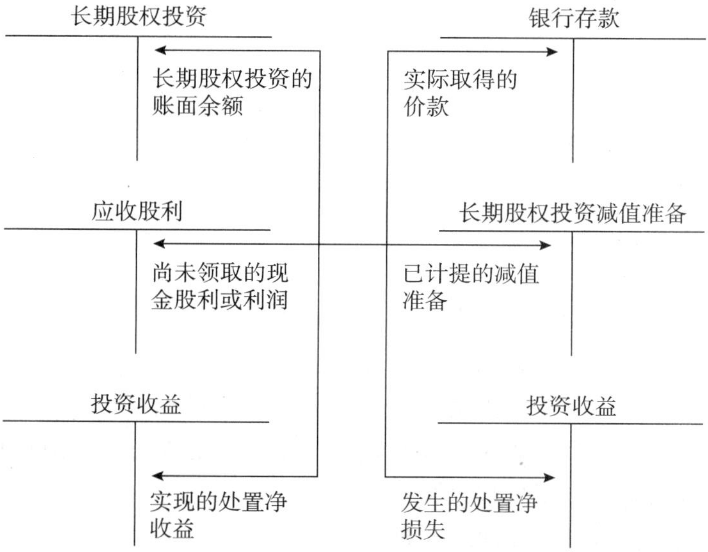

图6－2　处置成本法核算的长期股权投资的会计处理流程

（二）权益法下长期股权投资的核算

（1）房地产开发企业取得投资时：

借：长期股权投资——成本

贷：银行存款

（2）如果取得投资时，初始投资成本大于企业应享有被投资单位可辨认净资产公允价值的份额，不调整长期股权投资的初始投资成本。

（3）如果取得投资时，初始投资成本小于企业应享有的被投资单位可辨认净资产公允价值的份额，其差额应计入当期损益，同时调整长期股权投资的成本：

借：长期股权投资——成本

贷：营业外收入

（4）在会计期末，被投资单位实现净利润时，投资企业应当以取得投资时被投资单位各项可辨认资产等的公允价值为基础，对被投资单位的净利润进行调整后，再按照持股比例确认应享有的份额：

借：长期股权投资——损益调整

贷：投资收益

（5）在会计期末，被投资单位发生净亏损时，投资企业应当按调整后的净亏损金额与企业的持股比例确认企业应分担的数额，首先冲减长期股权投资的账面价值，如长期股权投资的账面价值不足冲减，应以其他实质上构成对被投资单位净投资的长期权益账面价值为限继续确认投资损失：

借：投资收益

贷：长期股权投资——损益调整

借：投资收益

贷：长期应收款

（6）被投资单位宣告分派现金股利或利润时，企业按持股比例计算应享有的份额：

借：应收股利

贷：长期股权投资——损益调整

（7）实际收到被投资单位分来的现金股利或利润时：

借：银行存款

贷：应收股利

（8）对于被投资单位分派的股票股利，投资企业不进行会计处理，但应于除权日注明所增加的股数，以反映股份的变化情况。

（9）被投资单位确认的其他综合收益及其变动，也会影响被投资单位所有者权益总额，进而影响投资企业应享有被投资单位所有者权益的份额。因此，当被投资单位其他综合收益发生变动时，投资企业应当按照归属于本企业的部分，相应地调整长期股权投资的账面价值，同时增加或减少其他综合收益：

借：长期股权投资——其他综合收益

贷：其他综合收益

或做相反的会计分录。

（10）在持股比例不变的情况下，被投资单位发生除净损益、其他综合收益和利润分配以外所有者权益的其他变动：

借：长期股权投资——其他权益变动

　贷：资本公积——其他资本公积

或做相反的会计分录。

（11）企业处置股权投资时：

借：银行存款等（实际取得的价款）

　　长期股权投资减值准备（已计提的减值准备）

　　投资收益（发生的处置净损失）

　贷：长期股权投资（股权投资的账面余额）

　　　应收股利（尚未领取的现金股利或利润）

　　　投资收益（实现的处置净收益）

例题：权益法下长期股权投资的核算

权益法下，企业处置股权投资时原计入其他综合收益、资本公积的金额也要进行结转，将与所售股权相对应的部分自其他综合收益和资本公积转入当期损益：

借：其他综合收益

　　资本公积——其他资本公积

　贷：投资收益

或做相反的会计分录。

房地产开发企业长期股权投资权益法核算的会计处理流程如图 6－3 所示。

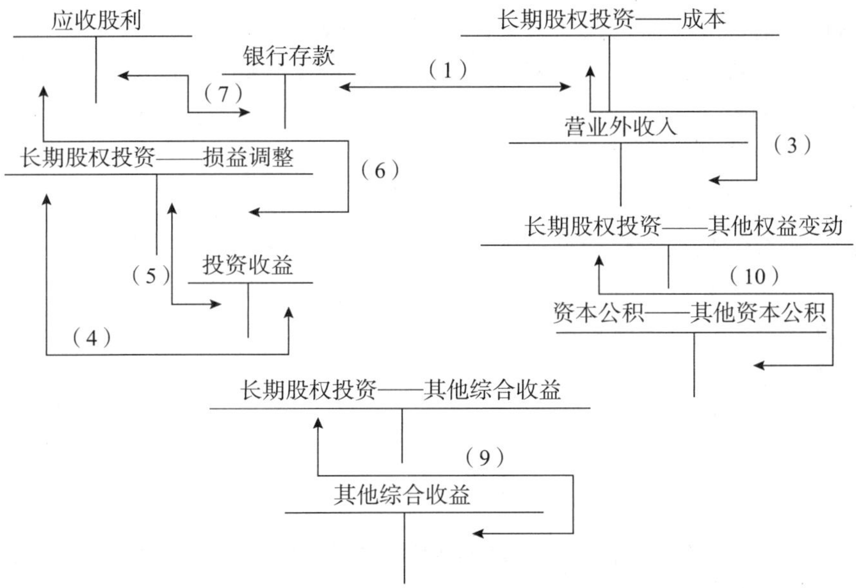

图 6－3　长期股权投资权益法核算的会计处理流程

房地产开发企业处置权益法核算的长期股权投资的会计处理流程如图 6－4 所示。

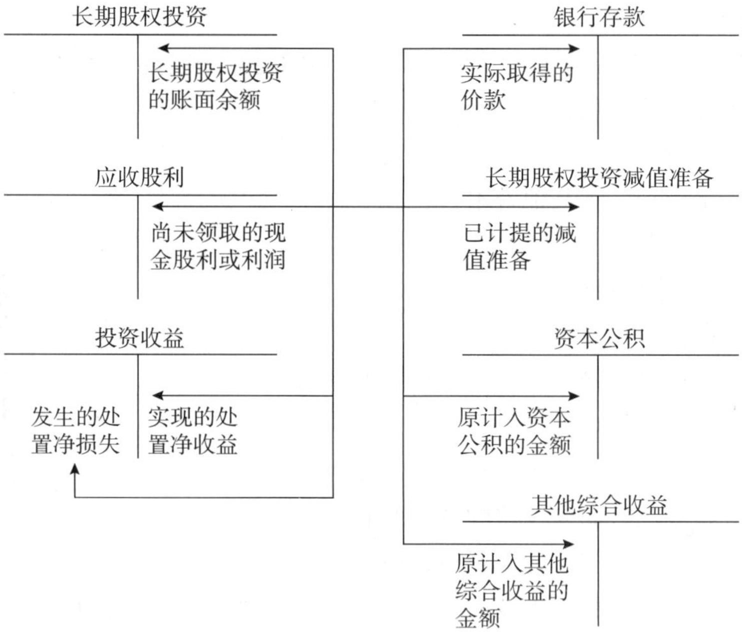

图 6-4 处置权益法核算的长期股权投资的会计处理流程

（三）长期股权投资成本法与权益法转换的核算

1. 成本法转为权益法

房地产开发企业因减持股份，能够对被投资单位实施共同控制或重大影响但不构成控制的，应该将长期股权投资的核算方法由成本法改成权益法，即应以成本法下长期股权投资的账面价值作为按照权益法核算的初始投资成本，并在此基础上比较该初始投资成本与应享有被投资单位可辨认净资产公允价值的份额，确定是否需要对长期股权投资的账面价值进行调整。

因处置投资，使长期股权投资的核算由成本法转为权益法时，首先应按处置或收回投资的比例结转应终止确认的长期股权投资成本。

（1）比较剩余的长期股权投资成本与按照剩余持股比例计算原投资时应享有被投资单位可辨认净资产公允价值的份额。对于属于投资作价中体现的商誉部分，不调整长期股权投资的账面价值；对于属于投资成本小于原投资时应享有被投资单位可辨认净资产公允价值份额的部分，应做如下会计分录：

借：长期股权投资
　贷：盈余公积
　　利润分配——未分配利润

（2）对于原取得投资时至转为权益法核算之间被投资单位实现净损益中应享有的份额：

借：长期股权投资
　贷：盈余公积
　　利润分配——未分配利润
　　投资收益

其他原因导致被投资单位所有者权益变动中应享有的份额：

借：长期股权投资

　贷：资本公积——其他资本公积

　　　其他综合收益

2. 权益法转换为成本法

因追加投资导致长期股权投资的核算由权益法转换为成本法时：

（1）结转权益法下长期股权投资的账面价值：

借：长期股权投资

　贷：长期股权投资——成本

　　　　　　　　　——损益调整

　　　　　　　　　——其他权益变动

　　　　　　　　　——其他综合收益

例题：长期股权投资由成本法转换为权益法的核算

（2）对追加投资的成本进行确认：

借：长期股权投资

　贷：银行存款

转换日原始投资的账面价值，加上购买日新支付对价的公允价值，作为追加投资日长期股权投资的初始投资成本。

第三节　长期股权投资的减值

房地产开发企业应当在资产负债表日判断长期股权投资的账面价值是否存在可能发生减值的迹象。如果有客观证据表明长期股权投资存在减值迹象，应当进行减值测试。长期股权投资发生减值的，应当确认减值损失，计提减值准备。

一、长期股权投资减值的确认条件

（一）有市价的长期股权投资

对于房地产开发企业有市价的长期股权投资是否应当计提减值准备，可以根据下列迹象判断：

（1）市价持续 2 年低于账面价值；

（2）该项投资暂停交易 1 年或 1 年以上；

（3）被投资单位当年发生严重亏损；

（4）被投资单位持续 2 年发生亏损；

（5）被投资单位进行清理整顿、清算或出现其他不能持续经营的迹象。

（二）无市价的长期股权投资

对于房地产开发企业无市价的长期股权投资是否应当计提减值准备，可以根据下列迹象判断：

（1）影响被投资单位经营的政治或法律环境的变化，如税收、贸易等法规的颁布或修订，可能导致被投资单位出现巨额亏损；

（2）被投资单位所提供的商品或提供的劳务因产品过时或消费者偏好改变而使市场的需求发生变化，从而导致被投资单位财务状况发生严重恶化；

（3）被投资单位所在行业的生产技术等发生重大变化，被投资单位已失去竞争能力，从而导致财务状况发生严重恶化，如进行清理整顿或清算等；

（4）有证据表明该项投资实质上已经不能再给企业带来经济利益的其他情形。

二、长期股权投资减值损失的计量

长期股权投资在按照规定进行核算确定其账面价值的基础上，如果存在减值迹象，应当按照相关准则的规定计提减值准备。其中，对子公司、联营企业及合营企业的投资，应当按照《企业会计准则第 8 号——资产减值》的规定确定其可收回金额及应予计提的减值准备；企业持有的对被投资单位不具有共同控制或重大影响、在活跃市场中没有报价、公允价值不能可靠计量的长期股权投资，应当按照《企业会计准则第 22 号——金融工具确认和计量》的规定确定其可收回金额及应予计提的减值准备。上述有关长期股权投资的减值准备在提取以后，均不允许转回。

长期股权投资中对子公司、联营企业以及合营企业的投资，应当估计其可收回金额，然后将所估计的资产可收回金额与账面价值相比较，以确定资产发生的减值损失。资产可收回金额的估计，应当根据其公允价值减去处置费用后的净额与资产预计未来现金流量的现值两者之间的较高者确定；企业持有的对被投资单位不具有共同控制或重大影响、在活跃市场中没有报价、公允价值不能可靠计量的长期股权投资，应当将该权益工具投资的账面价值，与按照类似金融资产当时市场收益率对未来现金流量折现确定的现值之间的差额，确认为减值损失，计入当期损益。

三、长期股权投资减值核算应设置的账户及会计处理

为了核算企业投资减值的变化情况，房地产开发企业应设置下列有关的会计账户。

（一）“长期股权投资减值准备”账户

为了核算企业提取的长期股权投资减值准备，房地产开发企业应设置“长期股权投资减值准备”账户。其贷方登记期末长期股权投资预计可收回金额低于其账面价值的差额；借方登记处置长期股权投资时，应同时结转的已计提的长期股权投资减值准备。期末贷方余额，反映企业已提取的长期股权投资减值准备。本账户应当按照被投资单位进行明细核算。

（二）长期股权投资减值的会计处理

当发生长期股权投资减值时，应进行如下会计处理：

借：资产减值损失——长期股权投资减值损失
　贷：长期股权投资减值准备

四、长期股权投资的处置

对联营企业或合营企业的权益性投资全部或部分分类为持有待售资产的，应当停止采用权益法核算；对于未划分为持有待售类别的剩余权益性投资，应当在划分为持有待售的那部分权益性投资出售前继续采用权益法进行会计处理。原权益法核算的相关其他综合收益等应当在持有待售资产终止确认时，按照《企业会计准则第 2 号——长期股权投资》有关处置长期股权投资的规定进行会计处理。

房地产开发企业对联营企业或合营企业的权益性投资全部或部分分类为持有待售资产的，应比照固定资产、无形资产处置部分进行核算和会计处理。房地产开发企业处置长期股权投资时，应按实际收到的金额，借记“银行存款”账户；原已计提减值准备的，借记“长期股权投资减值准备”账户；按其账面余额，贷记“长期股权投资”账户；按尚未领取的现金股利或利润，贷记“应收股利”账户；按其差额，贷记或借记“投资收益”账户。

处置采用权益法核算的长期股权投资时，应当采用与被投资单位直接处置相关资产或负债相同的基础，对相关的其他综合收益进行会计处理。按照上述原则可以转入当期损益的其他综合收益，应按结转的长期股权投资的投资成本比例结转原记入“其他综合收益”账户的金额，借记或贷记“其他综合收益”账户，贷记或借记“投资收益”账户。

处置采用权益法核算的长期股权投资时，还应按结转的长期股权投资的投资成本比例结转原记入“资本公积——其他资本公积”账户的金额，借记或贷记“资本公积——其他资本公积”账户，贷记或借记“投资收益”账户。

本章小结

即测即评

思考题

1. 长期股权投资有哪几种核算方法？应该如何区分？

2. 同一控制下与非同一控制下的企业合并在会计处理上的主要区别是什么？

3. 企业合并方式形成的长期股权投资如何计量？

4. 企业合并方式以外形成的长期股权投资如何计量？

5. 简述长期股权投资核算的成本法和权益法的适用条件，以及成本法适用的核算程序的特殊性。

6. 简述长期股权投资减值的确认条件。

案例分析题

1. 2×22 年，由于市场情况发生变化，甲房地产开发企业的主营业务出现强劲的回升势头，对资金的需求激增。为了满足主营业务的资金需要，甲企业决定收回一部分对 A 企业的投资。

2×22 年 6 月 10 日，甲企业与 A 企业达成股权转让协议。根据此协议，甲企业将持有的 A 企业的 70%股权（购买日，企业账面价值为 90 000 万元，公允价值为 120 000 万元）中的 40%转让给乙企业，共计 3 000 万股，这部分股份占 A 企业股份总额的 28%。股份转让协议规定，股票转让价格为 45 000 万元，款项需在 2×22 年 6 月 30 日前一次性支付，且协议自签订当日起生效。2×22 年 6 月 30 日，乙企业付清了购买股票的全部价款，双方也在当日办妥了股票转让手续。对于剩余的 A 企业的股份，甲企业仍具有重大影响，因此对剩余的长期股权投资采用权益法核算。

要求：如果你是甲房地产开发企业的会计人员，你将如何对上述事项进行会计处理？

2. 甲企业是一家房地产开发企业，考虑到有部分闲置资金，计划对乙企业进行投资。2×22 年 6 月 1 日，甲企业以 4 000 万元购入乙企业 80%的股权并能够对乙企业实施控制。2×22 年 12 月 31 日，乙企业宣告分派现金股利，甲企业根据持有的比例确定可分得 80 万元。

财务人员认为该项投资应纳入长期股权投资的核算范围，但在选择使用成本法还是权益法进行核算时存在困惑。

要求：如果你是甲企业的财务主管，你会如何选择？请说明理由。

第七章
投资性房地产

学习目标

1. 掌握投资性房地产的确认和计量，投资性房地产的后续计量模式，投资性房地产核算应设置的会计账户，采用成本模式计量的投资性房地产的会计处理。

2. 理解投资性房地产的概念、特征以及核算范围，采用公允价值模式计量的投资性房地产的会计处理。

3. 了解投资性房地产后续计量模式变更和转换基本要求，投资性房地产的处置要求及会计处理。

引导案例

深圳华侨城股份有限公司（简称华侨城，股票代码 000069）是由国务院国资委直接管理的大型中央企业。自 1985 年成立以来，华侨城培育了旅游及相关文化产业经营、房地产及酒店开发经营、电子及配套包装产品制造等三项国内领先的主营业务，其中康佳、锦绣中华、世界之窗、欢乐谷连锁、波托菲诺、茵特拉根小镇、华侨城大酒店、威尼斯酒店、城市客栈等著名品牌广为人知。华侨城还获得了 2021 中国物业服务百强企业（第 43 名）、2021 中国高端物业服务领先企业、2021 中国智慧城市服务领先企业、2021 中国物业服务企业品牌价值 100 强、2021 中国物业服务企业综合实力 100 强、2021 中国物业城市服务领先企业、2021 物业服务力百强企业（第 69 名）等多项荣誉。

截至 2021 年 12 月 31 日，华侨城投资性房地产的账面价值为 13 645 160 224.43 元，其投资性房地产包括已出租的土地使用权、持有并准备增值后转让的土地使用权、已出租的建筑物等。此外，对于本集团持有以备经营出租的空置建筑物，若董事会（或类似机构）做出书面决议，明确表示将其用于经营出租且持有意图短期内不再发生变化的，也作为投资性房地产列报。本集团在资产负债表日采用成本模式对投资性房地产进行后续计量，并按照本集团固定资产或无形资产的会计政策计提折旧或进行摊销。当采用成本模式计量的投资性房地产存在减值迹象时，集团会进行减值测试，减值测试结果表明资产的可收回金额低于其账面价值的，按其差额计提减值准备并计入减值损失。

资料来源：根据深圳华侨城股份有限公司 2021 年年度报告整理。

何为投资性房地产？它具备哪些特征？投资性房地产与固定资产有何不同？投资性房地产的核算范围具体涵盖哪些内容？如何对投资性房地产进行分类？如何对投资性房地产进行初始计量？投资性房地产后续计量存在哪些模式？成本模式下如何进行会计处理？通过本章的学习，相信你会找到答案。

第一节　投资性房地产的特征和范围

房地产开发企业除了将房地产用于产品生产和销售，还将房地产用于赚取租金或增值收益，这部分房地产称为投资性房地产。其在用途、状态、目的等方面与企业自用的办公楼和用于销售的存货存在不同。对投资性房地产进行单独核算，能够更清晰地反映企业所持有房地产的构成情况和盈利水平。

一、投资性房地产的特征

投资性房地产是一项特殊的资产，是指企业为赚取租金或资本增值，或者两者兼有而持有的房地产，包括已出租的土地使用权、持有并准备增值后转让的土地使用权以及已出租的建筑物。投资性房地产应当能够单独计量和出售，是企业非流动资产的重要组成部分。房地产开发企业以出售为目的、只是暂时出租的房地产，不属于投资性房地产的核算范围，应作为存货在“临时出租开发产品”账户中进行核算。

在我国，土地归国家或集体所有，企业只能取得土地使用权。因此，房地产中的土地是指土地使用权。房地产是土地和房屋及其权属的总称，它作为基本生产要素和稀缺资源是人类赖以生存的基础，包括土地、建筑物和固着在土地、建筑物上不可分离的部分及其衍生的权利与义务关系的总和。房地产中的建筑物有两类：一类是房屋；另一类是构筑物。企业将房屋和土地使用权出租以获取租金，是投资性房地产的主要形式。投资性房地产的另一种形式是持有并准备增值后转让的土地使用权，尽管其增值收益通常与市场供求、经济发展等因素有关，但企业持有它的目的是增值后转让以赚取收益。因此，企业出租房地产、转让土地使用权均被视为一种经营活动，是企业为完成其经营目标所从事的经营性活动以及与之相关的其他活动。就房地产开发企业而言，投资性房地产属于与经营性活动相关的其他经营活动，所形成的租金收入或转让增值收益构成企业的其他业务收入。

根据税法的规定，房地产开发企业从投资性房地产中取得的租金收入或土地使用权转让收益应当缴纳增值税，增值税税率为 9%。如果土地使用权的转让增值额达到法定标准，企业还需缴纳土地增值税。按照国家有关规定认定的闲置土地，不属于持有并准备增值后转让的土地使用权。在我国，由于《中华人民共和国城市房地产管理法》第三十九条①的条件限制，持有并准备增值后转让土地使用权的情况较少。

二、投资性房地产的核算范围

房地产开发企业在确认投资性房地产时，首先应当确保该资产符合投资性房地产的定义，其次应同时满足资产的确认条件。企业已出租的土地使用权、持有并准备增值后转让的土地使用权、已出租的建筑物，均属于投资性房地产的核算范围。

（一）已出租的土地使用权

已出租的土地使用权，是指企业通过出让或转让方式取得的、以经营租赁方式出租的土地使用权。企业取得的土地使用权通常不仅包括在一级市场上以缴纳土地出让金的方式取得的土地使用权，还包括在二级市场上接受其他单位转让的土地使用权。例如，某房地产开发企业与A公司签署了土地使用权租赁协议，A公司以年租金85万元租赁使用该企业拥有的460平方米土地的使用权。自租赁协议约定的租赁期开始日起，这项土地使用权就属于房地产开发企业的投资性房地产。

对于以租赁方式租入土地使用权再转租给其他单位的，不能确认为投资性房地产。企业计划用于出租但尚未出租的土地使用权，也不属于投资性房地产的核算范围。假设某房地产开发企业将其持有使用权的一块土地出租给B公司，以赚取租金，为期5年；B公司又将这块土地出租给C公司，以赚取租金差价，为期3年。假设其他条件都符合国家相关规定。该房地产开发企业自租赁期开始日起，应将该土地使用权确认为投资性房地产，而B公司则不能将该土地使用权确认为投资性房地产。需要注意的是，土地使用权转让行为在增值税暂行条例中是按照“销售无形资产”进行征收管理的，适用的税率为9%。

（二）持有并准备增值后转让的土地使用权

持有并准备增值后转让的土地使用权，是指企业取得的准备增值后转让的土地使用权，这类土地使用权很可能为企业带来资本增值收益。例如，企业地址搬迁导致土地使用权停止自用时，如果企业管理层决定继续持有该土地使用权，待其增值后转让以赚取增值收益，这块土地就属于企业持有并准备增值后转让的土地使用权。

按照国家有关规定认定的闲置土地，不属于持有并准备增值后转让的土地使用权。企业依法取得土地使用权后，应当按照国有土地有偿使用合同或建设用地批准书规定的期限动工开发建设。根据2012年国土资源部发布的《闲置土地处理办法》的规定，闲置土地是指国有建设用地使用权人超过国有建设用地使用权有偿使用合同或者划拨决定书约定、规定的动工开发日期满一年未动工开发的国有建设用地。具有下列情形之一的，也可以认定为闲置土地：(1) 国有土地有偿使用合同或者建设用地批准书未规

① 可参见中华人民共和国自然资源部官方网站：https://f.mnr.gov.cn/201909/t20190907_2464480.html。

定动工开发建设日期，自国有土地有偿使用合同生效或者土地行政主管部门建设用地批准书颁发之日起满1年未动工开发建设的；（2）已动工开发建设但开发建设的面积占应动工开发建设总面积不足三分之一或者已投资额占总投资额不足25%且未经批准中止开发建设连续满1年的；（3）法律、行政法规规定的其他情形。经法定程序批准，对闲置土地可以选择延长开发建设时间（不超过1年）、改变土地用途、办理有关手续后继续开发建设等方案。

（三）已出租的建筑物

已出租的建筑物是指企业拥有产权并以经营租赁方式出租的建筑物，包括自行开发完成后用于出租的建筑物。例如，某房地产开发企业将其拥有的办公楼整体出租给A公司，租赁期为2年。对于该房地产开发企业而言，自租赁期开始日起，该栋办公楼即属于投资性房地产。企业计划用于出租但尚未出租的建筑物，不属于投资性房地产的核算范围。企业在判断和确认已出租的建筑物时，应当把握以下要点：

（1）用于出租的建筑物是指企业拥有产权的建筑物。企业以租赁方式租入再转租的建筑物不属于投资性房地产。例如，某房地产开发企业与B公司签订了一项租赁合同，B公司将其持有产权的一栋办公楼出租给该房地产开发企业，为期5年。该房地产开发企业一开始将该办公楼改装后自用，2年后将其转租给C公司，以赚取租金差价。在此情况下，对于该房地产开发企业而言，办公楼不属于投资性房地产。

（2）已出租的建筑物是指企业已经与其他方签订租赁协议，约定以经营租赁方式出租的建筑物。一般应自租赁协议规定的租赁期开始日起，经营租出的建筑物才属于已出租的建筑物。通常情况下，对企业持有以备经营出租的空置建筑物，如董事会或类似机构做出书面决议，明确表明将其用于经营租出且持有意图短期内不再发生变化的，即使尚未签订租赁协议，也应视为投资性房地产。这里的空置建筑物，是指企业新购入、自行开发完成但尚未使用的建筑物，以及不再用于日常生产经营活动且经整理后达到可经营出租状态的建筑物。例如，某房地产开发企业有一栋闲置的办公楼，拟将其用于整体出租，但尚未找到合适的承租人，则该栋办公楼此时不属于投资性房地产。直到该企业与承租人签订经营租赁合同所规定的租赁期开始日起，或该企业董事会做出书面决议，明确将其用于经营出租且持有意图短期内不再发生变化时，该栋办公楼才能转换为投资性房地产，同时，相应的土地使用权（无形资产）也应当转换为投资性房地产。

（3）企业将建筑物出租，按租赁协议向承租人提供的相关辅助服务在整个协议中不重大的，应当将该建筑物确认为投资性房地产。例如，某房地产开发企业将其办公楼出租，同时向承租人提供维护、保安等日常辅助服务，则该企业应当将该办公楼确认为投资性房地产。

（四）不属于投资性房地产的项目

房地产开发企业自用房地产、作为存货的房地产都不属于投资性房地产的核算范围。除此之外，还存在某项房地产部分自用或者直接作为存货出售，部分用于赚取租金或资本增值的情形，这类房地产是否属于投资性房地产，还需要分情况予以判断。

1. 企业自用房地产

企业自用房地产是指为生产商品、提供劳务或者经营管理而持有的房地产。自用房地产的特征是服务于企业自身的生产经营，其价值会随着房地产的使用而逐渐转移到企业的产品或服务中，并通过销售商品或提供服务为企业带来经济利益，在产生现金流量的过程中与企业持有的其他资产密切相关。例如，企业自己使用的办公楼属于固定资产；企业出租给本企业职工居住的房屋，虽然也收取租金，但因其间接为企业自身的生产经营服务，所以属于自用房地产。

2. 作为存货的房地产

作为存货的房地产通常是指房地产开发企业在正常经营过程中销售的或为销售而正在开发的土地和商品房。这部分房地产属于房地产开发企业的存货，其生产、销售构成企业的主营业务活动，产生的现金流量也与企业的其他资产密切相关。因此，具有存货性质的房地产不属于投资性房地产。

实际中，企业可能存在某项房地产部分用于生产销售或者经营管理，或者直接作为存货出售，部分用于赚取租金或资本增值的情形。其中，对于用于赚取租金或资本增值的部分，如果能够单独计量和出售，则应当确认为投资性房地产；对于用于赚取租金或资本增值的部分，如果不能够单独计量和出售，则应当与自用部分一起确认为固定资产或无形资产。例如，某房地产开发企业开发了一栋写字楼，其中一部分出租并已签订租赁合同，而另一部分作为自己的办公场所使用。在这种情况下，如果出租部分能够单独计量和出售，则应当确认为投资性房地产，而自用部分应当确认为固定资产。

第二节 投资性房地产的计量

一、投资性房地产的初始计量

企业取得的投资性房地产，应当按照取得时的成本进行初始计量。房地产开发企业投资性房地产的取得方式主要是外购和自行开发。

（一）外购的投资性房地产

房地产开发企业首先应明确哪种类型属于企业外购的投资性房地产。企业购入的房地产，只有在购入的同时（购入日和租赁开始日相同或相近）即对外出租或用于资本增值的，才能被称为外购的投资性房地产。外购投资性房地产的成本，应当按照取得时的实际成本进行初始计量，包括购买价款、相关税费和可直接归属于该资产的其他支出。另外，按照税法规定，可以抵扣的增值税进项税额应单独核算。

如果企业购入的房地产，先自用之后再出租或用于资本增值，则应当在购入时，先将其确认为固定资产或无形资产，自租赁开始日或用于资本增值日起，再从固定资产或无形资产转为投资性房地产。如果企业购入的房地产，部分用于出租（或资本增值）、部分自用，且用于出租（或资本增值）的部分能够单独确认，则应按照不同部分的公允价值占公允价值总额的比例将成本在不同部分之间进行合理分配。

（二）自行开发的投资性房地产

企业自行开发投资性房地产的成本，由开发该项资产达到预定可使用状态前所发生的必要支出构成，包括土地费用、建造安装工程费、应予以资本化的借款费用、支付的其他费用和分摊的间接费用等。建造过程中发生的非正常性损失直接计入当期损益，不计入开发成本。企业只有在自行开发活动完成的房地产达到预定可使用状态的同时开始对外出租或用于资本增值，才能将其确认为投资性房地产。

如果企业自行开发活动完成的房地产达到预定可使用状态后，并没有立即对外出租或用于资本增值，则应将该房地产先确认为固定资产或存货。在其后对外出租或用于资本增值时，再从租赁开始日或资本增值日起，将其从固定资产或存货转换为投资性房地产。

二、投资性房地产的后续计量

投资性房地产的后续计量具有两种模式，即成本模式和公允价值模式。企业在后续计量时，通常应当采用成本模式，但在满足特定条件时也可以采用公允价值模式。但是，同一企业只能采用一种模式对所有投资性房地产进行后续计量，不得同时采用两种计量模式。

（一）采用成本模式计量的投资性房地产

采用成本模式进行后续计量的投资性房地产，适用《企业会计准则第 8 号——资产减值》，其会计处理比较简单，可比照固定资产或无形资产的有关规定，按期（月）计提折旧或摊销。投资性房地产存在减值迹象的，还应当按照资产减值的有关规定进行处理。经减值测试后确定发生减值的，应当计提减值准备。如果已经计提减值准备的投资性房地产的价值又得以恢复，其减值准备不得转回。

（二）采用公允价值模式计量的投资性房地产

企业只有存在确凿证据表明投资性房地产的公允价值能够持续可靠取得的情况下，才可以对投资性房地产采用公允价值模式进行后续计量。企业一旦选择公允价值模式，就应当对其所有投资性房地产均采用公允价值模式进行后续计量。采用公允价值模式计量的投资性房地产，应当同时满足以下条件：

（1）投资性房地产所在地有活跃的房地产交易市场。

（2）企业能够从房地产交易市场上取得同类或类似房地产的市场价格及其他相关信息，从而对投资性房地产的公允价值做出合理的估计。

企业可以参照活跃市场上同类或类似房地产的现行市场价格（市场公开报价）来确定投资性房地产的公允价值；无法取得同类或类似房地产现行市场价格的，可以参照活跃市场上同类或类似房地产的最近交易价格，并考虑交易情况、交易日期、所在区域等因素，对投资性房地产的公允价值做出合理估计；也可以基于预计未来获得的租金收益和有关现金流量的现值进行计量。

采用公允价值模式计量的投资性房地产，企业不对其计提折旧或进行摊销，应当以资产负债表日投资性房地产的公允价值为基础调整其账面价值，并将公允价值与原账面价值之间的差额计入当期损益。

企业对投资性房地产的计量模式一经确定，不得随意变更。从成本模式转换为公允价值模式，被视为会计政策变更，企业需要按照计量模式变更时公允价值与账面价值的差额调整期初留存收益。已采用公允价值模式计量的投资性房地产，不得从公允价值模式转换为成本模式。

在极少数情况下，对于采用公允价值对投资性房地产进行后续计量的企业，有证据表明在企业首次取得某项投资性房地产（或某项现有房地产在完成开发活动或改变用途后首次成为投资性房地产）时，该投资性房地产的公允价值不能持续可靠取得，那么应当对该投资性房地产采用成本模式进行计量直至处置，并且假设无残值。但是，对于采用成本模式对投资性房地产进行后续计量的企业，即使有证据表明企业在首次取得某项投资性房地产时，该投资性房地产的公允价值能够持续可靠取得，企业仍应对该投资性房地产采用成本模式进行后续计量。

三、投资性房地产的后续支出

（一）资本化的后续支出

与投资性房地产有关的后续支出，满足投资性房地产确认条件的，应当计入投资性房地产成本。例如，企业为了提高投资性房地产的使用效能，往往需要对投资性房地产进行改建、扩建以使其更加坚固耐用，或者通过装修来改善其室内装潢。这些改扩建或装修支出满足确认条件的，应当将其资本化。企业对某项投资性房地产进行改扩建等再开发活动且将来仍作为投资性房地产的，再开发期间应继续将其作为投资性房地产，且再开发期间不计提折旧或摊销。

（二）费用化的后续支出

与投资性房地产有关的后续支出，不满足投资性房地产确认条件的，应当在发生时计入当期损益，即其他业务成本。

四、投资性房地产的转换和处置

（一）投资性房地产的转换

房地产的转换，实质上是因房地产用途发生改变而对房地产进行的重新分类。企业必须有确凿证据表明房地产用途发生改变，才能将投资性房地产转换为非投资性房地产或者将非投资性房地产转换为投资性房地产。这里的确凿证据包括两个方面：一是企业管理当局应当就改变房地产用途形成正式的书面决议；二是房地产因用途改变而发生实际状态上的改变，如从自用状态改为出租状态。

房地产开发企业有确凿证据表明房地产用途发生改变，并满足下列条件之一的，应当将投资性房地产转换为其他资产或者将其他资产转换为投资性房地产：

（1）投资性房地产开始自用；

（2）作为存货的房地产，改为出租；

（3）自用土地使用权停止自用，用于赚取租金或资本增值；

（4）自用建筑物停止自用，改为出租。

在成本模式下，房地产开发企业将原本用于赚取租金或资本增值的房地产改为自用时，应于转换日，将相应的投资性房地产转换为固定资产或无形资产。例如，企业将出租的办公楼收回并自用。在此种情况下，转换日为房地产达到自用状态，企业开始将房地产用于经营管理的日期。企业将原本用于经营管理的房地产改用于出租时，应于租赁期开始日，将相应的固定资产或无形资产转换为投资性房地产，并将房地产转换前的账面价值作为转换后的入账价值。

在公允价值模式下，企业将投资性房地产转换为自用房地产时，应当以其转换当日的公允价值作为自用房地产的账面价值，公允价值与原账面价值的差额计入当期损益。企业将自用房地产转换为投资性房地产时，投资性房地产应当按照转换当日的公允价值计价，转换当日的公允价值小于原账面价值的，其差额计入当期损益；转换当日的公允价值大于原账面价值的，其差额计入所有者权益。待该项投资性房地产处置时，因转换计入其他综合收益的部分应转入当期的其他业务收入。

（二）投资性房地产的处置

当投资性房地产被处置，或者永久退出使用且预计不能从其处置中取得经济利益时，应当终止确认该项投资性房地产。

企业可以通过对外出售或转让的方式处置投资性房地产，并取得投资收益。对于由于使用而不断磨损直到最终报废，或者由于遭受自然灾害等非正常损失发生毁损的投资性房地产，也应当及时进行清理。此外，企业因其他原因，如非货币性交易等而减少的投资性房地产，也属于投资性房地产的处置。企业出售、转让、报废投资性房地产或者发生投资性房地产毁损时，应当将处置收入扣除其账面价值和相关税费后的金额计入当期损益。

第三节　投资性房地产的核算

一、投资性房地产核算应设置的账户

为了核算投资性房地产的增加、转换、处置以及减值情况，房地产开发企业应设置以下相关的会计账户。

（一）“投资性房地产”账户

“投资性房地产”账户核算企业投资性房地产的价值，包括采用成本模式计量的投资性房地产和采用公允价值模式计量的投资性房地产。

其借方登记成本模式或公允价值模式计量下，企业从不同渠道取得的投资性房地产的初始成本；将自用土地使用权或建筑物转换为采用成本模式计量的投资性房地产在转换日的原价或者采用公允价值模式计量的投资性房地产在转换日的公允价值；投资性房地产进行改良或装修时的公允价值变动；资产负债表日，投资性房地产的公允价值高于其账面余额的差额；将采用公允价值模式计量的投资性房地产转为自用时的公允价值变动损失；处置投资性房地产时的公允价值变动损失；投资性房地产改扩建支出中属于资本化的后续支出；出售投资性房地产时转出的累计公允价值变动损失等。贷方登记成本模式或公允价值模式计量下企业处置投资性房地产的账面余额；投资性房地产进行改良或装修时的成本和公允价值变动；资产负债表日，投资性房地产的公允价值低于其账面余额的差额；将采用公允价值模式计量的投资性房地产转为自用时的成本和公允价值变动收益；处置投资性房地产时的成本和公允价值变动收益；出售投资性房地产时转出的累计公允价值变动收益。期末借方余额，反映企业投资性房地产的价值。

企业应当按照投资性房地产的类别和项目分设“成本”和“公允价值变动”两个明细账户进行核算。

（二）“投资性房地产累计折旧（摊销）”账户

“投资性房地产累计折旧（摊销）”账户核算企业在成本模式计量下，作为投资性房地产的建筑物因使用而损耗掉的价值，以及土地使用权因出租使用而摊销的价值。其贷方登记企业按月计提的投资性房地产的累计折旧和因增加投资性房地产而转入的已计提累计折旧，以及按月计提的投资性房地产摊销；借方登记企业因各种原因减少投资性房地产而相应转出的账面已计提累计折旧和账面已计提累计摊销。期末贷方余额，反映企业提取的投资性房地产折旧累计数和摊销累计数。本账户应按建筑物和土地使用权项目进行明细核算，分别核算投资性房地产累计折旧和累计摊销的价值。

（三）“投资性房地产减值准备”账户

“投资性房地产减值准备”账户核算企业在成本模式计量下，提取的投资性房地产减值准备。其贷方登记期末投资性房地产可收回金额低于其账面价值的差额；借方登记转让、处置投资性房地产时转出的投资性房地产减值准备数。期末贷方余额，反映企业已提取的投资性房地产减值准备。

（四）“公允价值变动损益”账户

“公允价值变动损益”账户核算以公允价值计量且其变动计入当期损益的金融资产公允价值变动形成的应计入当期损益的利得或损失。对于投资性房地产而言，采用公允价值模式计量的投资性房地产因公允价值变动形成的应计入当期损益的利得或损失在本账户核算。该账户借方登记在资产负债表日企业外购或自行建造的投资性房地产，公允价值低于其账面余额的差额；投资性房地产转换时，转换日公允价值小于账面价值的差额；投资性房地产处置时，结转的公允价值变动损益贷方累计余额。贷方登记外购或自行建造的投资性房地产，在资产负债表日公允价值高于其账面余额的差额；投资性房地产转换时，转换日公允价值高于账面价值的差额；投资性房地产处置时，结转的公允价值变动损益借方累计余额。期末应将该明细账户的余额连同其他明细账户余额一同转至“本年利润”账户，结转后本账户无余额。

此外，投资性房地产核算还可能涉及“资产减值损失”等会计账户。

二、投资性房地产核算的会计处理

（一）采用成本模式计量的外购或自行建造的投资性房地产

在成本模式下，外购或自行建造投资性房地产的会计处理如下：

（1）企业外购取得投资性房地产时：

借：投资性房地产（实际成本）

　　应交税费——应交增值税（进项税额）

　贷：银行存款

（2）企业自行建造取得投资性房地产时：

借：投资性房地产（实际成本）

　贷：**在建工程或开发成本**

（3）按期（月）对投资性房地产计提折旧或进行摊销时：

借：**其他业务成本或主营业务成本**

　贷：投资性房地产累计折旧（摊销）

（4）取得租金收入时：

借：银行存款

　贷：其他业务收入**或主营业务收入**

　　应交税费——应交增值税（销项税额）

（5）投资性房地产存在减值迹象，经测试后发生减值时：

借：资产减值损失

　贷：投资性房地产减值准备

【例 7-1】 成本模式下投资性房地产初始确认的核算

甲房地产开发企业计划购买一栋房屋用于对外出租，2×22 年 6 月 5 日，甲企业与 A 公司签订租赁合同，约定自房屋购买日起将房屋出租给 A 公司，租期为 2 年。6 月 20 日，甲企业实际购入房屋，取得的增值税专用发票上注明的金额为 7 600 万元、增值税税额为 684 万元（增值税税率为 9%）。甲企业应做如下会计分录：

借：投资性房地产——房屋　　　　76 000 000

应交税费——应交增值税（进项税额） 6 840 000

贷：银行存款 82 840 000

（二）采用公允价值模式计量的外购或自行建造的投资性房地产

在公允价值模式下，外购或自行建造投资性房地产的会计处理如下：

（1）企业外购取得投资性房地产时，与成本模式计量会计处理相同：

借：投资性房地产（实际成本）

应交税费——应交增值税（进项税额）

贷：银行存款

（2）企业自行建造取得投资性房地产时，与成本模式计量的会计处理相同：

借：投资性房地产（实际成本）

贷：开发成本或在建工程

（3）资产负债表日，投资性房地产的公允价值高于其账面余额时：

借：投资性房地产——公允价值变动

贷：公允价值变动损益（投资性房地产的公允价值高于其账面余额的差额）

（4）资产负债表日，投资性房地产的公允价值低于其账面余额时：

借：公允价值变动损益（投资性房地产的公允价值低于其账面余额的差额）

贷：投资性房地产——公允价值变动

【例 7－2】 公允价值模式下投资性房地产初始确认的核算

2×22 年 2 月 5 日，甲房地产开发企业与 C 公司签订租赁合同，约定将其当日开发完成的一栋房屋自当日起出租给 C 公司使用，租期为 5 年。该房屋的开发成本为 16 000 万元。2×22 年 12 月 31 日，该房屋的公允价值为 16 600 万元；2×23 年 12 月 31 日，该房屋的公允价值为 16 400 万元。甲企业应做如下会计分录：

（1）2×22 年 2 月 5 日，开发完成房屋并出租时：

借：投资性房地产——成本 160 000 000

贷：在建工程 160 000 000

（2）2×22 年 12 月 31 日，确认公允价值变动损益时：

借：投资性房地产——公允价值变动 6 000 000

贷：公允价值变动损益 6 000 000

（3）2×23 年 12 月 31 日，再次确认公允价值变动损益时：

借：公允价值变动损益 2 000 000

贷：投资性房地产——公允价值变动 2 000 000

（三）成本模式下投资性房地产的转换

（1）自用房地产转换为投资性房地产时：

借：投资性房地产

累计折旧（原已计提的累计折旧）

固定资产减值准备（原已计提的减值准备）

贷：固定资产（账面余额）
投资性房地产累计折旧
投资性房地产减值准备

（2）自用土地使用权转换为投资性房地产时：

借：投资性房地产
累计摊销（原已计提的累计摊销）
无形资产减值准备（原已计提的减值准备）
贷：无形资产（账面余额）
投资性房地产累计摊销
投资性房地产减值准备

（3）投资性房地产转换为自用房地产时：

借：固定资产
投资性房地产累计折旧（原已计提的折旧）
投资性房地产减值准备（原已计提的减值准备）
贷：投资性房地产（账面余额）
累计折旧
固定资产减值准备

（4）投资性房地产转换为自用土地使用权时：

借：无形资产
投资性房地产累计摊销（原已计提的摊销）
投资性房地产减值准备（原已计提的减值准备）
贷：投资性房地产（账面余额）
累计摊销
无形资产减值准备

【例7-3】 成本模式下非投资性房地产转换为投资性房地产的核算

2×22年3月25日，甲房地产开发企业与D公司签订租赁合同，将原用于本企业办公的一栋写字楼出租给D公司，租赁期开始日为2×22年4月1日，租赁期为3年。2×22年3月31日，该写字楼的账面余额为14 000万元，已计提折旧640万元，未计提减值准备。甲企业应做如下会计分录：

借：投资性房地产——写字楼	140 000 000	
累计折旧	6 400 000	
贷：固定资产		140 000 000
投资性房地产累计折旧		6 400 000

【例7-4】 成本模式下投资性房地产转换为非投资性房地产的核算

2×22年6月30日，甲房地产开发企业与E公司的一份土地使用权租赁合同即将到期，该土地使用权按照成本模式进行后续计量。到期前该土地使用权的账面余额为9 000万元，累计已摊销金额为3 600万元，未计提减值准备。租赁协议到期后，甲企业将该土地使用权作为无形资产使用。甲企业应做如下会计分录：

借：无形资产　　90 000 000
　　投资性房地产累计摊销　　36 000 000
　贷：投资性房地产——土地使用权　　90 000 000
　　　累计摊销　　36 000 000

（四）公允价值模式下投资性房地产的转换

在公允价值模式下，投资性房地产转换的会计处理如下：

（1）自用建筑物转换为投资性房地产时：

借：投资性房地产——成本
　　累计折旧（原已计提的累计折旧）
　　固定资产减值准备（原已计提的减值准备）
　　公允价值变动损益（转换日公允价值小于账面价值的差额）
　贷：固定资产（账面余额）

（2）自用土地使用权转换为投资性房地产时：

借：投资性房地产——成本
　　累计摊销（原已计提的累计摊销）
　　无形资产减值准备（原已计提的减值准备）
　贷：无形资产（账面余额）
　　　其他综合收益（转换日公允价值大于账面价值的差额）

（3）投资性房地产转换为自用建筑物时：

借：固定资产（投资性房地产转换日的公允价值）
　　投资性房地产——公允价值变动（投资性房地产的累计公允价值变动损失）
　　公允价值变动损益（转换日公允价值小于账面价值的差额）
　贷：投资性房地产——成本
　　　　　　　　——公允价值变动（投资性房地产的累计公允价值变动收益）

（4）投资性房地产转换为自用土地使用权时：

借：无形资产（投资性房地产转换日的公允价值）
　　投资性房地产——公允价值变动（投资性房地产的累计公允价值变动损失）
　贷：投资性房地产——成本（账面余额）
　　　　　　　　——公允价值变动（投资性房地产的累计公允价值变动收益）
　　　公允价值变动损益（转换日公允价值大于账面价值的差额）

【例 7－5】 公允价值模式下非投资性房地产转换为投资性房地产的核算

2×22 年 3 月 31 日，甲房地产开发企业董事会决定将自用的办公楼整体出租给 F 公司，租赁期限为 3 年。2×22 年 4 月 1 日为租赁期开始日，当日的公允价值为 19 000 万元。该办公楼的原值为 25 200 万元，已计提折旧 7 200 万元，未计提减值准备。甲企业应做如下会计分录：

借：投资性房地产——成本　　190 000 000
　　累计折旧　　72 000 000

贷：固定资产　　252 000 000

　　其他综合收益　　10 000 000

【例 7-6】 公允价值模式下投资性房地产转换为非投资房地产的核算

2×22 年 4 月 28 日，甲房地产开发企业因租赁期满，将出租的房屋收回，准备作为本企业的办公楼。2×22 年 5 月 1 日，该办公楼正式自用，当日的公允价值为 17 400 万元。该项房屋在转换前采用公允价值模式计量，原账面价值为 16 800 万元，其中，成本为 15 800 万元，公允价值变动为增值 1 000 万元。甲企业应做如下会计分录：

借：固定资产　　174 000 000

　贷：投资性房地产——成本　　158 000 000

　　　　　　　　——公允价值变动　　10 000 000

　　公允价值变动损益　　6 000 000

（五）与投资性房地产有关的后续支出

（1）采用成本模式计量的投资性房地产进行改良或装修时：

借：投资性房地产（在建）

　　投资性房地产累计折旧（摊销）

　贷：投资性房地产

（2）采用公允价值模式计量的投资性房地产进行改良或装修时：

借：投资性房地产（在建）

　贷：投资性房地产——成本

　　　　　　　　——公允价值变动（或借方）

（3）支付工程费用时：

借：投资性房地产（在建）

　贷：银行存款等

（4）改良或装修完工时：

借：投资性房地产

　贷：投资性房地产（在建）

（5）投资性房地产进行日常维修时：

借：其他业务成本

　贷：银行存款等

【例 7-7】 投资性房地产资本化后续支出的核算

甲房地产开发企业的一份房屋租赁合同即将到期，该房屋按照成本模式进行后续计量，账面余额为 18 400 万元，已计提折旧 5 200 万元。为了提高房屋的租金收入，甲企业决定在租赁期满后对房屋进行扩建和重新装修，并与乙企业签订经营租赁合同，约定房屋完工后将其出租给乙企业。2×22 年 1 月，租赁合同到期，房屋随即进入扩建和装修工程。5 月 1 日，房屋扩建装修工程完工，共发生费用 5 400 万元，即日按照租赁合同出租给乙企业。甲企业应做如下会计分录：

（1）2×22 年 1 月，投资性房地产转入扩建装修工程时：

借：投资性房地产——房屋（在建）　132 000 000
　　投资性房地产累计折旧　52 000 000
　贷：投资性房地产——房屋　184 000 000

（2）支付工程费用时：

借：投资性房地产——房屋（在建）　54 000 000
　贷：银行存款等　54 000 000

（3）2×22 年 5 月 1 日，工程完工时：

借：投资性房地产——房屋　186 000 000
　贷：投资性房地产——房屋（在建）　186 000 000

【例 7－8】 投资性房地产费用化后续支出的核算

甲房地产开发企业对其某项投资性房地产进行日常维护，用银行存款支付维护费 90 000 元（支付维修工程款未取得增值税专用发票）。甲企业应做如下会计分录：

借：其他业务成本　90 000
　贷：银行存款　90 000

（六）投资性房地产的处置

在成本模式下，投资性房地产处置的会计处理如下：

（1）实际收到金额时：

借：银行存款
　贷：其他业务收入
　　　应交税费——应交增值税（销项税额）

（2）结转账面价值时：

借：其他业务成本（账面价值）
　　投资性房地产累计折旧（摊销）（原已计提的折旧或摊销）
　　投资性房地产减值准备（原已计提的减值准备）
　贷：投资性房地产（账面余额）

在公允价值模式下，投资性房地产处置的会计处理如下：

（1）实际收到金额时：

借：银行存款
　贷：其他业务收入
　　　应交税费——应交增值税（销项税额）

（2）结转账面价值时：

借：其他业务成本（账面余额）
　贷：投资性房地产——成本
　　　　　　　　——公允价值变动（累计公允价值变动，或借方）

（3）结转累计公允价值变动时：

借：公允价值变动损益
　贷：其他业务成本

或者做相反的会计分录。

(4) 结转原转换日计入其他综合收益的金额时：

借：其他综合收益

　贷：其他业务成本

营改增之后，投资性房地产无论是采用成本模式还是公允价值模式计量，在出售建筑物或转让土地使用权时，依据国家相关法律规定，均应缴纳增值税[①]、城市维护建设税和教育费附加、土地增值税、印花税。

【例 7-9】 投资性房地产处置的核算

甲房地产开发企业将其出租的一项土地使用权确认为投资性房地产，并采用成本模式计量。2×22 年 4 月 1 日，租赁期满后，甲企业将该项土地使用权转让给 A 公司，开具的增值税专用发票上注明的金额为 21 000 万元、增值税税额为 1 890 万元（增值税税率为 9%），A 公司已用银行存款付清。出售时，该土地使用权的成本为 19 800 万元，累计已摊销金额为 1 800 万元，未计提减值准备。甲企业应做如下会计分录：

借：银行存款	228 900 000	
贷：其他业务收入		210 000 000
应交税费——应交增值税（销项税额）		18 900 000
借：其他业务成本	180 000 000	
投资性房地产累计摊销	18 000 000	
贷：投资性房地产——土地使用权		198 000 000

本章小结

即测即评

① 根据《中华人民共和国增值税暂行条例》（2017 年修订），在中华人民共和国境内销售货物或者加工、修理修配劳务，销售服务、无形资产、不动产以及进口货物的单位和个人，为增值税的纳税人，应当依照本条例缴纳增值税。另外，《财政部 国家税务总局关于全面推开营业税改征增值税试点的通知》（财税〔2016〕36 号）所附《销售服务、无形资产、不动产注释》中明确，土地使用权归属于“无形资产”税目中的自然资源使用权。而在“销售不动产”税目中规定，在转让建筑物或者构筑物时一并转让其所占土地使用权的，按照销售不动产缴纳增值税。

思考题

1. 简述投资性房地产的概念和特征。
2. 简述投资性房地产的核算范围。
3. 投资性房地产的两种后续计量模式分别是什么？它们有哪些区别？
4. 投资性房地产的后续支出分为哪几种？如何进行会计处理？
5. 在不同的后续计量模式下，如何对投资性房地产的转换和处置进行会计处理？

案例分析题

甲房地产开发企业于2×19年12月31日购入一栋办公楼，实际取得的成本为24 000万元。该办公楼预计使用年限为20年，预计净残值为0，采用年限平均法计提折旧。

因地方产业政策调整，甲企业需要迁址。2×22年6月30日，甲企业与A公司签订租赁协议。协议约定：甲企业将上述办公楼采用经营租赁方式出租给A公司，租赁开始日为协议签订日，租期为2年，年租金为1 200万元，每半年支付一次。租赁协议签订日该办公楼的公允价值为22 400万元。

甲企业对投资性房地产采用公允价值模式进行后续计量。2×22年12月31日，该办公楼的公允价值为17 600万元；2×23年12月31日，该办公楼的公允价值为16 800万元；2×24年6月30日，租赁期满，甲企业将办公楼收回后直接对外出售，出售时，开具的增值税专用发票上注明的金额为16 000万元、增值税税额为1 440万元（增值税税率为9%）。

要求：作为该企业的财务人员，请对上述有关投资性房地产的业务进行会计处理：

（1）该办公楼2×22年应计提的折旧额；

（2）上述交易或事项对甲企业2×22年度营业利润的影响；

（3）编制出售该投资性房地产的会计分录。

第八章
固定资产

学习目标

1. 掌握固定资产核算的内容，固定资产计量、处置、折旧、清点盘查、减值的会计处理。

2. 理解固定资产的特征和确认条件，固定资产折旧的核算方法。

3. 了解固定资产的分类，固定资产减值的确认条件。

引导案例

万科企业股份有限公司（简称万科企业，股票代码000002）于1984年在深圳经济特区成立。1988年，经深圳市人民政府批准，公司实施了股份制改革；1991年1月29日，公司发行的A股在深交所上市；1993年5月28日，公司发行的B股也在深交所上市；2014年6月25日，公司B股以介绍方式转换上市地，在联交所主板（H股）上市。经过近40年的发展，公司已成为国内领先的城乡建设与生活服务商，业务聚焦在全国经济最具活力的三大经济圈及中西部重点城市。2021年，公司继续荣登《财富》世界500强，列榜单第160位。自2016年首次跻身《财富》世界500强以来，公司已连续6年上榜。

根据万科企业2021年年报，其固定资产包括房屋及建筑物、装修费、机器设备及运输工具、电子设备和其他设备。固定资产期末账面原值为17 892 902 819.36元，累计折旧年末余额为5 071 843 044.58元，年末账面价值为12 821 059 774.78元。公司将固定资产的成本扣除预计净残值和累计减值准备后的余额在其使用寿命内按年限平均法计提折旧，除非固定资产符合持有待售的条件。此外，公司至少在每年年度终了对固定资产的使用寿命、预计净残值和折旧方法进行复核。报废或处置固定资产项目所产生的损益为处置所得款项净额与项目账面金额之间的差额，并于报废或处置日在损益中确认。截至2021年12月31日，公司没有持有待售的固定资产。

资料来源：根据万科企业股份有限公司2021年年报整理。

何谓固定资产？房地产开发企业的固定资产有何特征？其具体内容及分类与其他行业相比有何不同？固定资产如何进行初始确认和后续计量？如何选择适当的折旧方法？如何对固定资产的处置、租赁和清查盘点进行会计核算？如何区分固定资产、开发产品、投资性房地产？通过本章的学习，相信你会找到答案。

第一节　固定资产概述

一、固定资产的特征和确认

固定资产是指同时具有以下特征的有形资产：其一，为生产商品、提供劳务、出租或经营管理而持有；其二，使用寿命超过一个会计年度。

（一）固定资产的特征

对于固定资产的基本特征，我国会计准则与国际会计准则均强调固定资产在有形性、持有目的以及使用寿命三方面所具有的特点。例如，同样以生产商品、提供劳务、出租或经营管理为目的持有的无形资产，由于没有实物形态，因此不属于固定资产。又如，企业所拥有的房屋、建筑物，如果以赚取租金为目的，则应确认为投资性房地产。

房地产开发企业的固定资产，具有以下三个特征。

1. 固定资产为有形资产

固定资产具有实物特征，这一特征将固定资产与无形资产区分开来。有些无形资产可能同时符合固定资产的其他特征，如为开发产品、提供劳务而持有的商标权、专利权等，使用寿命超过一个会计年度。然而，由于没有实物形态，所以它们不属于固定资产。

2. 固定资产是为开发产品、提供劳务、出租或经营管理而持有

房地产开发企业持有固定资产的目的不是直接用于出售，而是将其作为企业的劳动工具或手段。即持有目的是生产商品、提供劳务、出租或经营管理使用。这里的“出租”，是指出租机器设备，而非投资性房地产中的出租建筑物。

3. 固定资产使用寿命超过一个会计年度

固定资产的使用寿命，是指固定资产的预计经济使用年限，在确定时需要考虑预计生产能力或实物产量、预计有形损耗和无形损耗以及法律或者类似规定对资产使用的限制这三个因素。固定资产通常表现为机器、机械、房屋建筑物、运输工具等实物形态，其使用寿命至少超过一个会计年度，或者超过长于一年的一个营业周期，并且能多次参与生产经营过程而不改变其原有的实物形态。

需要说明的是，《企业会计准则第 4 号——固定资产》中并未给出固定资产具体的价值判断标准，这种做法既符合国际会计惯例，也符合我国会计改革的基本思路。因为不同行业的企业以及同行业的不同企业，其经营方式、资产规模以及资产管理方式往往存在较大差别，强制要求所有企业执行同样的固定资产价值判断标准（如单位价值 2 000 元以上），既不切合实际，也不利于真实地反映企业的固定资产信息。因此，企业应根据固定资产的不同性质和消耗方式，结合本企业的经营管理特点，具体确定固定资产的价值判断标准。

房地产开发企业中的固定资产，一般包括房屋及建筑物、办公设备、电子设备、运输工具等。对于房地产开发企业而言，房屋及建筑物具体划分为固定资产还是存货，需要依据其持有的目的进行判断。

（二）固定资产的确认

固定资产的确认是指在恰当时点以恰当的价值将固定资产作为企业所拥有的资源进行反映。固定资产的确认应当同时满足以下两个条件。

1. 与该固定资产有关的经济利益很可能流入企业

经济利益很可能流入企业是企业所有资产的确认条件之一。只有能够给企业带来经济利益的资产，才能列报在企业资产负债表的资产中。这就要求企业必须对固定资产未来经济利益流入企业的可能性做出可靠的估计，只有在估计结果为“很可能”时才能确认为企业的固定资产。出于安全或环境的要求等目的购入的设备，虽然不能直接给企业带来未来经济利益，但有助于企业从其他相关资产的使用中获得未来经济利益，因此也应确认为固定资产。

2. 该固定资产的成本能够可靠地计量

成本能够可靠地计量也是资产确认的一项基本条件。企业在确定固定资产成本时，必须取得确凿证据，有时也需要根据所获得的最新资料，对固定资产的成本进行合理的估计。比如，对于已达到预定可使用状态但尚未办理竣工决算的固定资产，企业需要根据工程预算、工程造价或者工程实际发生的成本等资料，按估计价值确定其成本，待办理竣工决算后，再按照实际成本调整原来的暂估价值。

二、固定资产的分类

房地产开发企业所使用的固定资产种类繁多，规格不一，其性能、用途和使用年限也各不相同。为了加强管理，便于组织核算，正确计提折旧，应当对其进行科学、合理的分类。房地产开发企业固定资产的分类如下。

（一）按固定资产的经济用途分类

按经济用途，房地产开发企业的固定资产可分为经营用固定资产和非经营用固定资产。

1. 经营用固定资产

经营用固定资产，是指企业直接参与或直接服务于开发经营过程的各种固定资产。如用于企业开发经营的房屋及建筑物、办公设备、电子设备、运输工具等。

2. 非经营用固定资产

非经营用固定资产，是指企业不直接服务于开发经营方面的各种固定资产。如职工宿舍、公共福利设施、文化娱乐、卫生保健、幼儿园等使用的房屋、家具、器具、设备等。

这种分类方法可以反映出房地产开发企业经营用固定资产和非经营用固定资产各自所占的比重，便于企业分析掌握固定资产的组成、用途及其变化情况。

（二）按固定资产使用情况分类

按使用情况，房地产开发企业的固定资产可分为使用中的固定资产、未使用的固定资产和不需用的固定资产。

1. 使用中的固定资产

使用中的固定资产，是指企业正在使用的经营性和非经营性固定资产。需要说明的是，由于季节性经营或大修理等原因暂时停止使用的固定资产，仍属于企业使用中的固定资产；企业出租给其他单位使用的固定资产和内部替换使用的固定资产也属于使用中的固定资产。

2. 未使用的固定资产

未使用的固定资产，是指企业已完工或已购建的尚未达到预定可使用状态的新增固定资产以及因改建、扩建等原因暂停使用的固定资产。如企业购建的尚待安装的固定资产、因某些原因而停止使用的固定资产等。

3. 不需用的固定资产

不需用的固定资产，是指企业多余或不适用，需要调配处理的各种固定资产。

这种分类方法有助于反映房地产开发企业固定资产的使用情况，便于企业分析和考核固定资产的利用效率，也便于企业合理地计提固定资产折旧，促使企业及时处理不需用的固定资产，从而提高固定资产的利用率。

（三）按固定资产的所有权分类

按所有权，房地产开发企业的固定资产可分为自有固定资产和使用权固定资产。

1. 自有固定资产

自有固定资产，是指所有权归企业的固定资产，包括自用固定资产和租出固定资产。其中，租出固定资产是指企业以经营租赁方式出租给外单位使用的多余、闲置的固定资产，但不包括临时出租的开发产品，因为它们是以出售为目的暂时出租的开发产品，是存货的一种，属于企业的流动资产。

2. 使用权固定资产

使用权固定资产，是指企业根据自身生产经营需求租入的固定资产。企业租入（选择简化处理的短期租赁和低价值资产租赁除外）的固定资产均应确认为使用权资产。

这种分类方法有助于反映房地产开发企业固定资产的产权关系，便于企业了解固定资产的来源，有利于企业合理地确定计提折旧的范围，从而加强对固定资产实物的管理。

除按上述方法进行分类以外，房地产开发企业还可以根据自身的经营状况和经营规模等具体情况，选择适合本企业的分类方法，对固定资产进行核算与管理。固定资产分类的正确与否，不仅会影响企业资产负债表反映信息的质量，还会影响利润表反映信息的质量。因此，房地产开发企业应加强对固定资产的分类、核算和管理。

第二节 固定资产核算的内容

一、固定资产的计价

固定资产应当按其成本进行初始计量。这里的成本指历史成本，也称原始价值。由于固定资产价值比较高，且其价值会随着其磨损程度的增加而逐渐减少，因此，企业需要揭示固定资产的净值。固定资产的计价方法主要有原始价值、重置完全价值、净值和现值。

（一）按原始价值计价

原始价值简称原价或原值，也称历史成本、实际成本或原始购置成本，是指企业购建某项固定资产达到预定可使用状态前所发生的一切合理、必要的支出。这些支出一般包括固定资产买价、运杂费、保险费、包装费、安装成本和缴纳的税金等。这种计价方法具有客观性和可验证性，是固定资产的基本计价方法。但在经济环境和社会物价水平发生变化时，按这种方法计价可能不能反映固定资产的真实价值，以此为前提所反映的企业财务状况的真实性也必然会有“水分”。

（二）按重置完全价值计价

重置完全价值也称现时重置成本，是指在现时的生产技术和市场条件下，重新购建同样的固定资产所需要的全部支出。这种计价方法可以比较真实地反映固定资产的现时价值，但其具体操作比较复杂，不易实行。因此，这种方法一般仅在清查财产发现盘盈的固定资产且无法确定其原始价值时使用。

（三）按净值计价

固定资产净值也称折余价值，是指固定资产原始价值或重置完全价值减去累计折旧后的净额。这种方法可以反映企业实际占用在固定资产上的资金，是计算固定资产盘盈、盘亏、减值和毁损等溢余或损失的依据。通过比较净值与原始价值、重置完全价值，可以了解固定资产的新旧程度，便于企业适时对固定资产进行更新。

（四）按现值计价

现值即折现价值，是指固定资产按照预计从其持续使用和最终处置中所产生的未来现金流量的折现金额。企业以延期支付价款购买固定资产的情况下，固定资产的成本以购买价款的现值为基础确定。这种方法可以反映企业融资取得的货币时间价值及融资费用。

二、固定资产的初始计量

房地产开发企业固定资产初始计量的基本原则是按成本入账。其中，成本包括企业购建某项固定资产达到预定可使用状态前所发生的一切合理的、必要的支出。但由于固定资产的取得方式不同，其价值构成的具体内容也有所不同。

依据《财政部 税务总局 海关总署关于深化增值税改革有关政策的公告》（财政部 税务总局 海关总署公告2019年第39号），从2019年4月1日起增值税税率发生变化，房地产开发企业作为增值税一般纳税人发生增值税应税销售行为或者进口货物，税率调整为13%；企业提供交通运输、邮政、基础电信、建筑、不动产租赁服务，销售不动产，转让土地使用权，税率为9%。

（一）购入的固定资产

购入的固定资产，按照实际支付的买价、进口关税等相关税费，以及为使固定资产达到预定可使用状态前所发生的可直接归属于该资产的其他支出，如场地整理费、运输费、装卸费、安装费和专业人员服务费等作为入账价值。如果以一笔款项购入多项没有单独标价的固定资产，则应按各项固定资产公允价值的比例对总成本进行分配，分别确定各项固定资产的入账价值。

企业购买固定资产的价款超过正常信用条件延期支付，实质上具有融资性质的，以购买价款的现值为基础，确定固定资产的入账价值。这通常发生在采用分期付款方式购买资产，且在合同中规定的付款期限比较长，超过了正常信用期限（如3年以上）的情况下。

固定资产购买价款的现值，应当按照各期支付的购买价款并选择恰当的折现率进行折现后的金额加以确定。折现率应反映当前市场货币时间价值和延期付款债务特定风险的利率。该折现率实质上是供货企业的必要报酬率。

（二）自行建造的固定资产

自行建造的固定资产，按照建造该项资产达到预定可使用状态前所发生的必要支出，作为入账价值。建造该项资产达到预定可使用状态前所发生的必要支出，包括工程用物资成本、人工成本、缴纳的相关税费、应予资本化的借款费用以及应分摊的间接费用等。企业为建造固定资产准备的各种物资，应按实际支付的购买价款、运输费、保险费等相关税费作为实际成本，并按照各种专项物资的种类进行明细核算。符合资本化条件的借款费用应计入所建造固定资产的成本。

（三）投资者投入的固定资产

投资者投入的固定资产应当按照投资合同或协议约定的价值确定入账价值，但合同或协议约定价值不公允的除外。若取得增值税进项扣税凭证，则可以抵扣进项税额。

（四）租入的固定资产

房地产开发企业根据自身生产经营需求租入的固定资产，依据2018年12月7日颁布并于2019年1月1日实施的《企业会计准则第21号——租赁》，对所租赁（选择简化处理的短期租赁和低价值资产租赁除外）的固定资产确认使用权资产和租赁负债，并分别确认折旧和利息费用。

（五）改建、扩建的固定资产

在原有固定资产的基础上进行改建、扩建的固定资产，按照原有固定资产的账面原价减去改、扩建过程中发生的变价收入，再加上由于改、扩建而使该项资产达到预定可使用状态前发生的支出，作为入账价值。

（六）接受捐赠的固定资产

企业接受捐赠的固定资产，在会计核算上，以接受捐赠固定资产的公允价值为基础按照上述会计规定确定入账价值，借记“固定资产”账户；同时，按接受捐赠金额的公允价值，贷记“营业外收入”账户。

（七）盘盈的固定资产

盘盈的固定资产，按以下规定确定其入账价值：

（1）同类或类似固定资产存在活跃市场的，按同类或类似固定资产的市场价格，减去按该项资产的新旧程度估计的价值损耗后的余额，作为入账价值；

（2）同类或类似固定资产不存在活跃市场的，按该项固定资产的预计未来现金流量现值，作为入账价值。

此外，房地产开发企业因非货币性资产交换、债务重组、企业合并和租赁取得的固定资产的成本，应当分别按照《企业会计准则第 7 号——非货币性资产交换》《企业会计准则第 12 号——债务重组》《企业会计准则第 20 号——企业合并》《企业会计准则第 21 号——租赁》确定。

企业为取得固定资产而缴纳的契税、耕地占用税、车辆购置税等相关税费，也应计入固定资产价值；企业为购建固定资产所发生的借款费用，以及外币专门借款的汇兑差额，在所购建固定资产达到预定可使用状态前，符合资本化条件的应予以资本化，计入所购建固定资产的成本；已投入使用但尚未办理移交手续的固定资产，可先按暂估价值记账，待确定实际价值后，再进行调整。

企业已经入账的固定资产，除发生下列情况外，不得任意调整其账面价值：

（1）根据国家规定对固定资产价值重新估价；

（2）增加补充设备或改良装置；

（3）将固定资产的一部分拆除；

（4）根据实际价值调整原来的暂估价值；

（5）发现原记固定资产价值有错误。

在企业会计准则中，将固定资产是否达到预定可使用状态作为界定所购建固定资产是否交付使用的标准。所谓“达到预定可使用状态”，是指固定资产已达到购买方或建造方预定的可使用状态。当存在下列情况之一时，可认为所购建的固定资产已达到预定可使用状态。

（1）固定资产的实体建造（包括安装）工作已经全部完工或实质上已经全部完工；

(2) 已经过试生产或试运行，并且其结果表明资产能够正常运行或者能够稳定地生产出合格产品时，或者试运行结果表明能够正常运转或营业；

(3) 继续发生在该项建造的固定资产上的支出金额很少或者几乎不再发生；

(4) 所购建的固定资产已经达到设计或合同要求，或与设计或合同要求相符或基本相符，即使有极个别地方与设计或合同要求不相符，也不足以影响其正常使用。

三、固定资产核算应设置的账户

为了核算固定资产的增加、减少、磨损以及减值等情况，房地产开发企业应设置下列有关的会计账户。

(一)"固定资产"账户

"固定资产"账户核算企业持有固定资产的原价，其借方登记从不同渠道增加的固定资产的原价；贷方登记因各种原因而减少的固定资产原价。期末借方余额，反映企业期末固定资产的账面原价。企业应设置固定资产登记簿和固定资产卡片，按固定资产类别、使用部门和每项固定资产进行明细核算。

(二)"累计折旧"账户

"累计折旧"账户核算企业固定资产的累计折旧，其贷方登记企业按月计提的固定资产折旧和因增加固定资产而转入的折旧；借方登记企业因各种原因减少固定资产而相应转出的账面已提折旧。期末贷方余额，反映企业提取的固定资产折旧累计数。该账户可以按照固定资产的类别或项目进行明细分类核算，在处置固定资产时应同时结转累计折旧。如果需要查明某项固定资产的已提折旧，可以根据固定资产卡片上所记载的该项固定资产原值、折旧率和实际使用年数等资料进行核算。

(三)"固定资产清理"账户

"固定资产清理"账户核算企业因正常出售、报废、对外投资等原因转出的固定资产价值及其在清理过程中所发生的清理费用和清理收入等。其借方登记因各种原因转入清理的固定资产账面价值、清理过程中发生的费用和清理后的净收益；贷方登记清理过程中收回的出售固定资产的价款、残料价值、变价收入等，以及应由保险公司或过失人赔偿的损失和清理后的净损失。企业以固定资产清偿债务、以固定资产换入其他资产的，也应通过本账户核算。本账户期末余额，反映尚未清理完毕固定资产的价值以及清理净损益（清理收入减去清理费用）。结转固定资产清理的净收益或净损失后，本账户应无余额。本账户应按被清理的固定资产设置明细账进行核算。需要注意的是，在固定资产清理时，凡涉及正常出售、非正常原因报废、对外投资等的，均涉及增值税业务。

(四)"工程物资"账户

"工程物资"账户核算企业为在建工程准备的各种物资的成本，包括工程用材料、尚未安装的设备，以及为生产准备的工器具等的实际成本。其借方登记企业购入为工程准备的各种物资的实际成本、工程完工后将领出的剩余物资退库时的实际成本等；贷方登记领用工程物资的实际成本、工程完工后剩余的工程物资转作本企业存货的实际成本等。期末借方余额反映企业为在建工程准备的各种物资的实际成本。本账户应设置“专用材料”“专用设备”“工器具”等明细账户进行核算。

（五）“工程物资减值准备”账户

“工程物资减值准备”账户核算企业提取的工程物资减值准备，它是“工程物资”账户的备抵调整账户。其贷方登记期末工程物资可收回金额低于其账面价值的差额；借方登记工程物资领用或处置时的结转数。期末贷方余额，反映企业已计提但尚未转销的工程物资减值准备。

（六）“在建工程”账户

“在建工程”账户核算企业进行各项固定资产购建工程所发生的实际支出，包括新建固定资产工程，改、扩建固定资产工程，大修理工程以及购入需要安装设备的安装工程等支出。其借方登记固定资产购建工程已经发生的全部支出；贷方登记改、扩建工程发生的变价收入和已完工交付使用工程的实际成本。期末借方余额，反映企业尚未达到预定可使用状态的在建工程的成本。本账户应设置“建筑工程”“安装工程”“在安装设备”“技术改造工程”“大修理工程”“其他支出”等明细账户进行核算。

（七）“待处理财产损溢——待处理固定资产损溢”账户

仅就固定资产而言，本账户及其明细账户核算企业在清查财产过程中查明的各种固定资产的盘亏和毁损的价值。其借方登记盘亏和毁损的固定资产；贷方登记经批准后转销的固定资产盘亏及毁损数。本账户处理前的借方余额，反映尚未处理的各种固定资产的净损失；期末，处理后本账户应无余额。

（八）“以前年度损益调整”账户

仅就固定资产而言，“以前年度损益调整”账户核算企业在清查财产过程中查明的各种固定资产盘盈的价值。其贷方登记盘盈的固定资产的入账价值；借方登记结转的以前年度损益调整，以及期末转入“本年利润”账户的数额，结转后应无余额。

（九）“固定资产减值准备”账户

“固定资产减值准备”账户核算企业提取的固定资产减值准备，它是“固定资产”账户的备抵调整账户。其贷方登记期末固定资产可收回金额低于其账面价值的差额；借方登记固定资产减少时的冲销数。期末贷方余额，反映企业已计提但尚未转销的固定资产减值准备。

（十）“持有待售资产”账户

“持有待售资产”账户核算企业持有待售的非流动资产或处置组中的资产，具体包括固定资产、在建工程、长期股权投资及无形资产等。其借方登记企业划分为持有待售的非流动资产，或处置组中的非流动资产等的账面价值；贷方登记持有待售的非流动资产，或处置组中的非流动资产终止确认时的账面价值，以及因不再满足持有待售资产划分条件而转回的金额。期末借方余额，反映企业持有待售的非流动资产的账面余额。本账户按照资产类别进行明细核算。

（十一）“持有待售资产减值准备”账户

“持有待售资产减值准备”账户核算企业持有待售的非流动资产或处置组中非流动资产计提的减值准备，它是“持有待售资产”账户的备抵调整账户。其贷方登记初始计量或后续会计期间期末重新计量时，持有待售的固定资产、无形资产等非流动资产及持有待售的处置组中的固定资产、无形资产等非流动资产发生减值的金额；借方登记后续会计期间期末，持有待售的固定资产、无形资产等非流动资产减值及持有待售的处置组中的固定资产、无形资产等非流动资产减值转回的金额。期末贷方余额，反映企业已计提但尚未转销的持有待售资产减值准备。

（十二）“资产处置损益”账户

“资产处置损益”账户核算企业出售划分为持有待售的除长期股权投资以外的非流动资产或处置组中的资产时确认的处置利得或损失，以及处置未划分为持有待售的非流动资产而产生的处置利得或损失。债务重组中因处置非流动资产产生的利得或损失和非货币性资产交换中换出非流动资产产生的利得或损失也在本账户核算。其贷方登记固定资产、无形资产等处置的利得；借方登记固定资产、无形资产等处置的损失，以及期末转入“本年利润”账户的数额，结转后应无余额。值得注意的是，与长期股权投资处置相关的损益不在此账户中核算。

（十三）“营业外收入”和“营业外支出”账户

仅就固定资产而言，“营业外收入”和“营业外支出”账户核算企业因已丧失使用功能或自然灾害发生的毁损等原因而报废清理固定资产产生的利得或损失。“营业外支出”账户借方登记固定资产报废清理产生的净损失；“营业外收入”账户贷方登记固定资产报废清理产生的净收益。期末，应将这两个账户的余额转入“本年利润”账户，结转后账户应无余额。

第三节　固定资产增加的核算

一、固定资产增加的渠道

房地产开发企业固定资产增加的渠道有以下几个：

（1）企业购入的固定资产；

（2）企业自行建造完工的固定资产；
（3）投资人投入的固定资产；
（4）通过租赁获得使用权的固定资产；
（5）对原有固定资产进行改建、扩建形成的固定资产；
（6）接受捐赠的固定资产；
（7）盘盈的固定资产等。

二、固定资产增加的会计处理

由于固定资产增加的渠道不同，其价值构成的具体内容也有所差异，故其账务处理也有所不同，下面对重点内容予以阐述。

（一）购入的固定资产

房地产开发企业外购的固定资产，按照实际支付的买价、相关税费以及为使固定资产达到预定可使用状态前所发生的可直接归属于该资产的其他支出，如场地整理费、运输费、装卸费、安装费、专业人员服务费和相关税费（不含允许抵扣的增值税进项税额）等作为入账价值。如果以一笔款项购入多项没有单独标价的固定资产，则需按各项固定资产公允价值的比例对总成本进行分配，分别确定各项固定资产的入账价值。购买固定资产的价款超过正常信用条件延期支付的，实质上具有融资性质，固定资产的成本要以购买价款的现值为基础确定。实际支付的价款与购买价款现值之间的差额，除满足借款费用资本化条件时应当计入固定资产成本外，还应当在信用期间计入当期损益。企业购入的固定资产分为不需要安装和需要安装两种情况。

1. 购入不需要安装的固定资产

购入不需要安装的固定资产，是指购入的可以直接交付使用的固定资产。如果企业购入的是新固定资产，应按其实际支出直接记入“固定资产”账户；如果购入的是已使用过的固定资产，则应按售出单位的固定资产账面原价作为固定资产原价，按实际支付的价款作为固定资产净值，将二者差额作为已提折旧。如果实际支付的价款大于售出单位的固定资产账面原价，则以实际支付的价款作为购入固定资产的原价。

2. 购入需要安装的固定资产

购入需要安装的固定资产，是指购入的需要经过安装以后才能交付使用的固定资产。企业购入的固定资产以及发生的安装费用等均应通过“在建工程”账户核算，待安装完毕达到预定可使用状态后，再由“在建工程”账户转入“固定资产”账户；如果购入的是已使用过的固定资产，则应按售出单位的固定资产账面原价扣除原安装成本，加上新安装成本和运杂费等其他支出作为固定资产原价，实际支付的价款作为固定资产净值，将二者之间的差额作为已提折旧。

【例 8-1】 购置不需要安装的固定资产核算

甲房地产开发企业购入一套不需要安装的办公家具，取得的增值税专用发票上注明的金额为 255 000 元，运输费为 4 500 元，增值税税额为 33 555 元（增值税税率分别为13%和9%)，所有的价款费用已通过银行存款支付。甲企业应做如下会计分录：

借：固定资产　259 500
　　应交税费——应交增值税（进项税额）（255 000×13%+4 500×9%）
　　33 555
　贷：银行存款　293 055

【例8-2】 购置需要安装的固定资产核算

甲房地产开发企业购入一台需要安装的电子设备，取得的增值税专用发票上注明的金额为750 000元，运输费为8 000元，增值税税额为98 220元（增值税税率分别为13%和9%）；安装费为30 000元，增值税税额为2 700元（增值税税率9%），所有的价款费用已通过银行存款支付，该设备现已达到预定可使用状态。甲企业应做如下会计分录：

（1）购入时：

借：在建工程——在安装设备　758 000
　　应交税费——应交增值税（进项税额）（750 000×13%+8 000×9%）
　　98 220
　贷：银行存款　856 220

（2）支付安装费时：

借：在建工程——在安装设备　30 000
　　应交税费——应交增值税（进项税额）　2 700
　贷：银行存款　32 700

（3）达到预定可使用状态时：

借：固定资产　788 000
　贷：在建工程——在安装设备　788 000

（二）自行建造的固定资产

自行建造固定资产是房地产开发企业为了新建、改建、扩建固定资产或对固定资产进行技术改造、设备更新，而由其自营建造或出包建造的固定资产。

1. 自营建造的固定资产

企业自营建造的固定资产，应当按照建造该项固定资产达到预定可使用状态前所发生的必要支出，包括工程用物资成本、人工成本、应予以资本化的固定资产借款费用、缴纳的相关税金以及应分摊的其他间接费用等确定其工程成本，并单独核算。对于工程项目较多且工程支出较大的企业，应当按照工程项目的性质分别核算。

房地产开发企业自营建造的固定资产达到预定可使用状态后，按其发生的实际成本结转企业的固定资产成本。工程完工后，剩余的工程物资转作原材料时，应按其实际成本或计划成本进行结转。盘盈、盘亏、报废、毁损的工程物资，减去残料价值以及保险公司、过失人赔偿后的净损益，分别按以下情况处理：如果工程项目正在建设中，则计入或冲减所建工程项目的成本；如果工程项目已经完工，则计入当期营业外支出。工程在达到预定可使用状态前因必须进行试运转所发生的净支出，计入工程成本。所建造的固定资产已达到预定可使用状态，但尚未办理竣工决算的，应当自达到预定可使用状态之日起，根据工程预算、造价或者工程实际成本等，按暂估价值转入固定资产成本，待办理竣工结算时再做调整。

2. 出包建造的固定资产

企业通过出包工程方式建造的固定资产，按应支付给承包单位的工程价款作为该项固定资产的成本，其成本由建造该项固定资产达到预定可使用状态前所发生的必要支出构成，包括发生的建筑工程支出、安装工程支出以及需分摊计入各固定资产价值的待摊支出。

企业自行建造固定资产发生的必要支出，应先在“在建工程”账户核算，待工程达到预定可使用状态时，再由“在建工程”账户转入“固定资产”账户。

【例8-3】 自营建造固定资产的核算

甲房地产开发企业自行建造办公楼一栋，购入工程相关物资取得的增值税专用发票上注明的金额为480 000元、增值税税额为62 400元（增值税税率为13%）。实际领用的工程物资为405 440元，发生的工程人员薪酬为360 000元，工程借款产生的利息为120 000元，办公楼现已达到预定可使用状态并交付使用。甲企业应做如下会计分录：

（1）购入为工程准备的物资时：

借：工程物资	480 000	
应交税费——应交增值税（进项税额）	62 400	
贷：银行存款		542 400

（2）领用工程物资时：

借：在建工程——建筑工程	405 440	
贷：工程物资		405 440

（3）分配工程人员工资时：

借：在建工程——建筑工程	360 000	
贷：应付职工薪酬		360 000

（4）发生借款利息时：

借：在建工程——建筑工程	120 000	
贷：应付利息		120 000

（5）达到预定可使用状态时：

借：固定资产	885 440	
贷：在建工程——建筑工程		885 440

【例8-4】 出包建造固定资产的核算

甲房地产开发企业将采取出包方式建造一栋办公大楼。预付给客户工程款3 000 000元；工程完工后，补付工程款4 500 000元。该大楼现已达到预定可使用状态，假设不考虑增值税的影响。甲企业应做如下会计分录：

（1）支付工程款时：

借：预付账款——客户	3 000 000	
贷：银行存款		3 000 000

（2）结算并补付工程款时：

借：在建工程——建筑工程	7 500 000	

贷：预付账款——客户 3 000 000

银行存款 4 500 000

（3）达到预定可使用状态时：

借：固定资产 7 500 000

贷：在建工程——建筑工程 7 500 000

（三）投资人投入的固定资产

房地产开发企业接受投资人投入的固定资产，既会使企业固定资产的增加，也会使投资人资本投资额的增加。投资人投入固定资产的成本，应当按照投资合同或协议约定的价值确定，但合同或协议约定价值不公允的除外。若企业取得了增值税进项扣税凭证，则可以抵扣进项税额。

【例8-5】 投资者投入固定资产的核算

甲房地产开发企业接受乙企业投资的一栋办公楼，双方协议定价（公允价值）为5 100 000元。甲企业应做如下会计分录：

借：固定资产 5 100 000

贷：实收资本 5 100 000

若投资者投入的固定资产需要安装，应先通过“在建工程”账户进行核算，待安装完毕并达到预定可使用状态时，再由“在建工程”账户转入“固定资产”账户核算。

（四）改建、扩建或者改良的固定资产

房地产开发企业的固定资产投入使用后，为了满足经营管理的需要，往往需要对现有固定资产进行改建、扩建或者改良。改建、扩建或者改良支出属于固定资产后续支出，符合固定资产确认条件的部分，应当计入固定资产原值。在会计核算上，这类支出应先通过“在建工程”账户核算，待改建、扩建或者改良工程完工后，再将新增加的固定资产价值从“在建工程”账户转入“固定资产”账户。

【例8-6】 扩建固定资产的核算

甲房地产开发企业现有房屋原价1 080 000元，已计提折旧300 000元。现对其进行扩建，扩建过程中拆除的旧材料作价13 000元，支付扩建工程款300 000元，工程应承担的职工工资为75 000元。房屋现已达到预定可使用状态，假设不考虑增值税的影响。甲企业应做如下会计分录：

（1）转入扩建时：

借：在建工程——建筑工程 780 000

累计折旧 300 000

贷：固定资产 1 080 000

（2）旧料入库时：

借：银行存款 13 000

贷：在建工程——建筑工程 13 000

（3）支付工程款及分配工资时：

借：在建工程——建筑工程　　375 000
　　贷：银行存款　　300 000
　　　　应付职工薪酬——职工工资　　75 000

（4）达到预定可使用状态时：

借：固定资产　　1 142 000
　　贷：在建工程——建筑工程　　1 142 000

（五）接受捐赠的固定资产

房地产开发企业接受捐赠的固定资产，在会计核算上，按所接受捐赠的固定资产公允价值为基础确定入账价值，并记入“固定资产”账户；同时，按其公允价值确认营业外收入。

【例 8－7】 接受捐赠固定资产的核算

甲房地产开发企业接受其他企业捐赠的一台电子设备，按照同类设备的市场价格确认其公允价值为 600 000 元，设备成新率为 60%。另外，支付运杂费 3 200 元，办理产权过户手续发生的相关支出为 4 000 元，不考虑增值税、所得税的影响。甲企业应做如下会计分录：

借：固定资产　　367 200
　　贷：银行存款　　7 200
　　　　营业外收入——捐赠利得　　360 000

第四节　固定资产折旧的核算

一、固定资产折旧核算的内容

房地产开发企业的固定资产可以长期参与其开发经营管理过程并保持其原有的实物形态，其价值则随着固定资产的使用而逐渐地转移到开发成本或期间费用中，这部分逐渐转移的价值就是固定资产折旧，它将随着开发产品合同收入的实现而得到补偿。应计折旧额，是指应当计提折旧的固定资产的原价扣除其预计净残值后的金额。对于已计提减值准备的固定资产，还应当扣除已计提的固定资产减值准备累计金额。在固定资产使用寿命内，企业应按照确定的方法对应计折旧额进行系统分摊。

（一）固定资产计提折旧的范围

我国会计准则规定，除以下情况外，企业应对所有固定资产计提折旧：

（1）已提足折旧仍继续使用的固定资产；

（2）按规定单独估价作为固定资产入账的土地。

在会计实务中，房地产开发企业应按月计提固定资产折旧。计提折旧的固定资产，包括房屋及建筑物，在用的各类固定资产，季节性停用、大修理停用的固定资产，经营租赁方式租出的固定资产，未使用和不需用的固定资产，使用权资产等。企业当月增加的固定资产，当月不计提折旧，从下月起计提折旧；当月减少的固定资产，当月照提折旧，从下月起停止计提折旧。固定资产提足折旧后，无论其能否继续使用，均不再提取折旧；提前报废的固定资产，不再补提折旧。提足折旧是指已经提足该项固定资产的应计折旧总额。应计折旧总额是指应当计提折旧的固定资产原价扣除其预计净残值后的余额。如果已对固定资产计提了减值准备，那么在计算应计折旧总额时，还应当扣除已计提的固定资产减值准备累计金额。

已达到预定可使用状态但尚未办理竣工结算的固定资产，应当按照暂估价值确定其成本，并计提折旧；待办理竣工决算后再按实际成本调整原来的暂估价值，但不需要调整原已计提的折旧额。

（二）影响固定资产折旧的因素

影响固定资产折旧的因素主要有三个，即折旧的基数、预计净残值和预计使用寿命。

1. 折旧的基数

固定资产折旧的基数，一般为取得固定资产的原始成本，即固定资产的账面原价。以固定资产的原始成本作为计算折旧的基数，可以使折旧的计算建立在客观的基础上，不易受会计人员主观因素的影响。

2. 预计净残值

预计净残值是指假定固定资产预计使用寿命已满并处于使用寿命终了时的预期状态，企业目前从该项资产处置中获得的扣除预计处置费用后的金额。固定资产账面原值减去预计净残值即为固定资产应计提的折旧总额。

3. 预计使用寿命

预计使用寿命是指企业使用固定资产的预计期间，或者该固定资产所能生产产品或提供劳务的数量。固定资产使用寿命的长短直接影响各期应计提的折旧数额。

因此，在确定固定资产使用寿命时，企业应当考虑以下因素：

（1）该资产的预计生产能力或实物产量；

（2）该资产的预计有形损耗，是指固定资产在使用过程中，由于正常使用和自然力的作用而引起的价值损失，如设备使用中发生磨损、房屋建筑物受到自然侵蚀等；

（3）该资产的预计无形损耗，是指由于科学技术的进步和劳动生产率的提高而带来的固定资产价值上的损失，如因新技术的出现而使现有的资产技术水平相对落后、市场需求变化使产品过时等；

（4）有关资产使用的法律或者类似规定的限制。

根据《中华人民共和国企业所得税法实施条例》，除国务院财政、税务主管部门另有规定外，固定资产计算折旧的最低年限如下：

1）房屋、建筑物，为 20 年；

2）飞机、火车、轮船、机器、机械和其他生产设备，为 10 年；

3）与开发经营活动有关的器具、工具、家具等，为 5 年；

4）飞机、火车、轮船以外的运输工具，为 4 年；

5）电子设备，为 3 年。

企业已经确定并对外报送或备置于企业所在地的有关固定资产预计使用寿命和预计净残值、折旧方法等，一经确定不得随意变更。如需变更，仍应按照上述程序，经批准后报送有关各方备案，并在报表附注中予以说明。

二、固定资产折旧的计算方法

固定资产折旧的计算方法是指将应计折旧总额如何分摊于各使用期间的方法。按照企业会计准则的规定，企业应当根据与固定资产有关的经济利益的预期实现方式，合理选择固定资产折旧方法。房地产开发企业在计提固定资产折旧时，通常采用一般折旧方法，如年限平均法和工作量法。对于技术进步较快或使用寿命受工作环境影响较大的电子设备等，可以采用加速折旧方法，如双倍余额递减法或年数总和法。固定资产的折旧方法一经确定，不得随意变更。

固定资产折旧率有个别折旧率、分类折旧率和综合折旧率三种。个别折旧率是指按照每一项固定资产原值和预计使用年限计算确定的折旧率；分类折旧率是指按照固定资产的类别，分类预计平均净残值率和平均使用年限进而计算确定的平均折旧率；综合折旧率是指按照企业全部固定资产预计净残值率和平均使用年限计算确定的平均折旧率。采用个别折旧率计算折旧，准确性高，但计算工作量大；采用综合折旧率计算折旧，虽然简化了计算工作，但准确性差。因此，企业一般采用分类折旧率计算折旧。

在房地产开发企业会计实务中，固定资产的折旧方法一般只采用年限平均法，故本书重点介绍年限平均法，其他折旧方法省略。

年限平均法也称直线法，是指将固定资产的应计折旧额均衡地分摊到固定资产预计使用寿命内的一种方法。它是折旧方法中最简单和最常用的一种。采用这种方法计算的每期（年、月）折旧额是相等的。其计算公式如下：

$$\text{固定资产年折旧额}=\frac{\text{固定资产原值}-\text{预计净残值}}{\text{固定资产预计使用寿命}} \qquad (8-1)$$

$$\text{固定资产年折旧率}=\frac{\text{固定资产原值}-\text{预计净残值}}{\text{固定资产原值}\times\text{固定资产预计使用寿命}}\times 100\%$$

$$=\frac{1-\text{预计净残值率}}{\text{预计使用年限}}\times 100\% \qquad (8-2)$$

其中，

$$\text{预计净残值率}=\frac{\text{预计净残值}}{\text{固定资产原值}}$$

$$\text{固定资产月折旧率}=\frac{\text{固定资产年折旧率}}{12} \qquad (8-3)$$

$$\text{固定资产月折旧额}=\text{固定资产原值}\times\text{固定资产月折旧率} \qquad (8-4)$$

【例 8-8】 年限平均法计提折旧的计算方法

甲房地产开发企业一套办公家具价值为210 000元，预计使用5年，预计净残值率为

5%。该办公家具的折旧率和折旧额的计算分别如下：

年折旧率＝(1－5%)÷5×100%＝19%

月折旧率＝19%÷12＝1.58%

月折旧额＝210 000×1.58%＝3 318(元)

三、固定资产折旧核算的会计处理

对固定资产计提折旧的过程，实质上就是固定资产的价值转移过程。企业按月计提的固定资产折旧，应通过“累计折旧”账户核算，并根据用途计入相关资产的成本或当期损益。“累计折旧”账户只进行总分类核算，不进行明细分类核算。当需要查明某项固定资产的已提折旧时，可以根据固定资产卡片上所记载的该项固定资产原价、折旧率和实际使用年数等资料进行计算。

为了便于计算固定资产折旧和进行固定资产的总分类核算，企业可以根据有关固定资产使用的原始记录和其他有关资料，按月编制固定资产折旧计算及分配表，以此作为计算和分配折旧额的依据。

【例 8－9】 折旧计算与分配核算

甲房地产开发企业某月编制的固定资产折旧计算及分配表如表 8－1 所示。

表 8－1　固定资产折旧计算及分配表　　金额单位：元

固定资产类别	固定资产原值	月折旧率	月折旧额	按使用对象分配		
				开发成本	管理费用	销售费用
房屋及建筑物	1 600 000	0.30%	4 800	2 400	2 100	300
运输设备	32 00 000	0.50%	16 000	8 200	6 800	1 000
电子设备	2 500 000	0.20%	5 000	4 000	1 000	—
其他固定资产	' 80 000	0.70%	560	—	560	—
合计	810 000	—	26 360	14 600	10 460	1 300

根据表 8－1 中的资料，甲企业应做如下会计分录：

借：开发成本　　14 600
　　管理费用　　10 460
　　销售费用　　1 300
　贷：累计折旧　　26 360

四、固定资产使用寿命、预计净残值和折旧方法的复核

在固定资产使用过程中，其所处的经济环境、技术环境以及其他环境的变化有可能对固定资产使用寿命和预计净残值产生较大影响。例如，固定资产使用强度可能大幅增强，致使固定资产使用寿命大大缩短；替代该项固定资产的新产品的出现致使其实际使

用寿命缩短，预计净残值减少等。为了真实反映固定资产为企业提供经济利益的期间以及每期实际的资产消耗，企业至少应当于每年年度终了，对固定资产使用寿命和预计净残值进行复核。如有确凿证据表明固定资产使用寿命预计数与原先估计数有差异，应当调整固定资产使用寿命；如有确凿证据表明固定资产预计净残值预计数与原先估计数有差异，应当调整预计净残值。

固定资产使用过程中所处经济环境、技术环境以及其他环境的变化也可能致使与固定资产有关的经济利益的预期实现方式发生重大改变，企业也应相应改变固定资产折旧方法，同时应当在当期报表附注中予以说明。

【例8-10】 改变折旧年限的核算

甲房地产开发企业管理部门使用的一台电子设备，原购置成本为29 000元，预计使用年限为6年，预计净残值为5 000元，按直线法计提折旧。在第3年年末，由于新技术的影响，管理部门发现该项设备预计只能再使用2年，预计净残值为3 000元。

（1）确定固定资产的账面价值：

年折旧率＝(29 000－5 000)÷25 000÷6×100%＝16%
固定资产的账面价值＝29 000×(1－16%×3)＝15 080(元)

（2）确定以后期间每年应计提的折旧额：

年应计提折旧额＝(15 080－3 000)÷2＝6 040(元)
原每年折旧额＝29 000×16%＝4 640(元)

因此，从第4年起，该项设备每年应计提的折旧额调整为6 040元而不是原来的4 640元，以后各年计提该项设备的折旧额时，甲企业应做如下会计分录：

借：管理费用 6 040
　贷：累计折旧 6 040

【例8-11】 改变折旧年限的核算

仍按上例，假设甲企业于第3年年末进行资产检查时，发现设备尚可使用4年，预计净残值为3 000元。

（1）第5年年末固定资产的账面价值：

固定资产账面价值＝29 000×(1－16%×3)＝15 080(元)

（2）以后期间每年应计提的折旧额：

年应计提折旧额＝(15 080－3 000)÷4＝3 020(元)

以后各年年末计提该项设备的折旧额时，甲企业应做如下会计分录：

借：管理费用 3 020
　贷：累计折旧 3 020

第五节　固定资产后续支出的核算

固定资产在使用过程中，由于其各个组成部分耐用程度不同或者使用的条件不同，往往会导致固定资产局部损坏。为了保持固定资产的正常运转和使用，充分发挥其使用效能，甚至进一步提高其生产能力，企业必须对固定资产进行必要的后续支出。这些后续支出具体包括固定资产使用过程中发生的更新改造支出、修理费用等。固定资产后续支出的处理原则是：符合固定资产确认条件的，应当计入固定资产成本，同时将被替换部分的账面价值扣除；不符合固定资产确认条件的，应当计入当期损益。

一、资本化的后续支出

当固定资产发生可资本化的后续支出时，企业一般应将该固定资产的原价、已计提的累计折旧和减值准备转销，将固定资产的账面价值转入在建工程，并停止计提折旧。发生的后续支出，通过“在建工程”科目核算。当固定资产发生的后续支出完工并达到预定可使用状态时，再将其从在建工程转为固定资产，并按重新确定的使用寿命、预计净残值和折旧方法计提折旧。

【例 8-12】 固定资产资本化的后续支出核算

甲房地产开发企业年初对一台办公用电子设备进行现代化改装，该台设备账面价值为 270 000 元，现支付改装费 90 000 元。现代化改装后，该设备的生产能力将大大提高，能够为企业带来更多的经济利益，且现代化改装的支出金额也能可靠计量。该支出符合固定资产确认标准，且完工后达到预定可使用状态。甲企业应做如下会计分录：

（1）固定资产转入现代化改装时：

借：在建工程　　270 000

　贷：固定资产　　270 000

（2）支付现代化改装费时：

借：在建工程　　90 000

　贷：银行存款　　90 000

（3）现代化改装完毕达到预定可使用状态时：

借：固定资产　　360 000

　贷：在建工程　　360 000

二、费用化的后续支出

与固定资产有关的修理费用等后续支出，不符合固定资产确认条件的，应当根据不同情况在发生时分别计入当期管理费用或销售费用。固定资产的日常修理费用在发生时应直接计入当期损益。企业开发生产和行政管理部门等发生的固定资产修理费用等后续支出，计入管理费用；企业专设销售机构的，其发生的与专设销售机构相关的固定资产修理费用等后续支出，计入销售费用。如果固定资产更新改造支出不满足固定资产的确认条件，则在发生时直接计入当期损益。

【例 8-13】 固定资产费用化的后续支出核算

甲房地产开发企业管理部门对固定资产进行日常维修，支付材料费 5 800 元，并应分配人工费 2 200 元；该企业的专设销售机构使用的一台办公设备发生故障，支付修理费 2 000 元。甲企业应做如下会计分录：

借：管理费用	8 000	
销售费用	2 000	
贷：银行存款		7 800
应付职工薪酬——工资		2 200

第六节　固定资产处置及清查盘点的核算

一、固定资产处置的核算

（一）固定资产处置的原因

房地产开发企业固定资产被处置的原因有多种，包括：因长期使用丧失工作能力而正常报废；由于技术进步等原因发生的提前报废；因遭受自然灾害或非常事故而造成的毁损；将多余、不需用或不适用的固定资产出售给其他单位；向其他单位投资而转出固定资产；捐赠转出固定资产；发生固定资产盘亏等。无论是何种原因造成的固定资产处置，企业都应当按照规定程序办理手续，填制有关凭证，并据此进行账务处理。

（二）固定资产终止确认的条件

《企业会计准则第 4 号——固定资产》规定，固定资产满足下列条件之一的，应当予以终止确认：

（1）该固定资产处于处置状态。固定资产的处置方式包括出售、转让、报废或毁损、对外投资、非货币性资产交换、债务重组等。处于处置状态的固定资产不再用于生产商品、提供劳务、出租或经营管理，因此不再符合固定资产的定义，应予以终止确认。

（2）该固定资产预期通过使用或处置不能产生经济利益。固定资产的确认条件之一是与该固定资产有关的经济利益很可能流入企业。如果一项固定资产预期通过使用或处置不能产生经济利益，就不再符合固定资产的定义和确认条件，应予以终止确认。

（三）固定资产处置的步骤

企业在出售、转让、报废固定资产或发生固定资产毁损时，应当将处置收入扣除账面价值和相关税费后的金额计入当期损益。固定资产处置一般通过“资产处置损益”“固定资产清理”账户进行核算。

企业因出售、报废或毁损、对外投资等处置固定资产，应根据不同情况进行会计核算：

（1）企业出售、转让划归为持有待售类别的固定资产，按照持有待售的非流动资产、处置组的相关规定进行会计处理。

（2）未划归为持有待售类别而出售、转让的固定资产，其会计处理一般经过以下几个步骤：

1）固定资产转入清理。通过“固定资产清理”账户归集所发生的损益，即转销处置固定资产的账面价值和已计提的累计折旧。

2）计算处置固定资产发生的清理费用以及应支付的相关税费。

3）计算处置固定资产的价款收入和残料收入等。

4）计算处置固定资产的保险赔偿。

5）结转处置固定资产的净收益和净损失。处置固定资产的净损益计入当期损益，即“资产处置损益”账户。

（3）固定资产因报废毁损等原因而终止确认的，通过“固定资产清理”账户归集所发生的损益，其产生的利得或损失计入营业外收入或营业外支出。

（四）固定资产处置的会计处理

1. 持有待售的固定资产

《企业会计准则第42号——持有待售的非流动资产、处置组和终止经营》规定，企业主要通过出售（包括具有商业实质的非货币性资产交换）而非持续使用一项非流动资产或处置组收回其账面价值的，应当将其划分为持有待售类别。非流动资产或处置组划分为持有待售类别，应当同时满足下列条件：

（1）根据类似交易中出售此类资产或处置组的惯例，在当前状况下即可立即出售。

（2）出售极可能发生，即企业已经就一项出售计划做出决议且获得确定的购买承诺，预计出售将在一年内完成。有关规定要求企业相关权力机构或者监管部门批准后方可出售的，应当已经获得批准。

企业将固定资产划分为持有待售类别时，需要判断持有待售的固定资产是否需要计提持有待售资产减值准备。如果持有待售的固定资产的账面价值低于其公允价值减去处置费用后的净额，则企业不需要对账面价值进行调整；如果账面价值高于其公允价值减去处置费用后的净额，则企业应当将账面价值减记至公允价值减去处置费用后的金额，并将减记的金额确认为资产减值损失，计入当期损益，同时计提持有待售资产减值准备。持有待售的固定资产从划归为持有待售之日起停止计提折旧。

当划归为持有待售的固定资产后来不再满足持有待售的固定资产确认条件时，企业应当停止将其划归为持有待售，并按照下列两项金额中的较低者计量：

（1）该固定资产划归为持有待售之前的账面价值，按照假定没有划归为持有待售的情况下原应确认的折旧或减值进行调整后的金额。

（2）决定不再出售之日的可收回金额。

【例8-14】 持有待售的固定资产核算

甲房地产开发企业准备出售一辆商务车，2×21年12月15日与买方签订转让合同，合同规定在合同签订后3个月内办理完成车辆交接。甲企业估计2×22年2月底会完成转让。此车辆原值为2 000 000元，已计提折旧300 000元。2×21年12月31日，估计此车辆的公允价值为1 500 000元，预计转让及处置费用为50 000元。2×22年2月28

日，甲企业支付处置费用 50 000 元，并实际收到买方支付的价款 1 530 000 元。甲企业应做如下会计分录：

（1）将固定资产划分为持有待售资产时：

借：持有待售资产　　1 700 000
　　累计折旧　　300 000
　贷：固定资产　　2 000 000

（2）计提资产减值损失时：

商务车公允价值减去处置费用的净额＝1 500 000－50 000＝1 450 000(元)

计提的资产减值损失＝1 700 000－1 450 000＝250 000(元)

借：资产减值损失　　250 000
　贷：持有待售资产减值准备　　250 000

（3）终止确认持有待售资产时：

借：资产处置损益　　50 000
　贷：银行存款　　50 000

借：银行存款　　1 530 000
　　持有待售资产减值准备　　250 000
　贷：持有待售资产　　1 700 000
　　　资产处置损益　　80 000

2. 出售、转让的固定资产

企业应将多余的和不需用的固定资产及时进行出售。在出售或转让过程中，转销的原有固定资产的账面净值，发生的拆卸、搬运等清理费用，出售取得的收入，均应通过“固定资产清理”账户核算。产生处置净损失的，借记“资产处置损益”账户，贷记“固定资产清理”账户；如为净收益，借记“固定资产清理”账户，贷记“资产处置损益”账户。另外，根据规定，纳税人出售或转让固定资产应缴纳增值税，有形动产税率为 13%，不动产税率为 9%（参见国家税务总局公告 2015 年第 90 号、财税〔2016〕36 号文件）。

【例 8－15】 出售固定资产的核算

甲房地产开发企业出售一台已使用 8 年、不得抵扣且未抵扣进项税额的办公设备，该设备的原价为 1 500 000 元，已计提折旧 240 000 元。出售时，甲企业开具的增值税普通发票上注明的金额为 1 200 000 元、增值税税额为 23 300.97 元（按照 3%征收率减按 2%征收率的简易计税方式），并支付处置费用为 6 000 元（假设不考虑增值税），所有款项均已通过银行转账结算。甲企业应做如下会计分录：

（1）转销固定资产的原价和累计折旧时：

借：固定资产清理　　1 260 000
　　累计折旧　　240 000
　贷：固定资产　　1 500 000

（2）支付处置费用时：

借：固定资产清理　　6 000

贷：银行存款 6 000

（3）收到出售设备价款时：

借：银行存款 1 223 300.97

贷：固定资产清理 1 200 000.00

应交税费——简易计税或未交增值税（1 200 000÷(1+3%)×2%） 23 300.97

（4）结转出售固定资产净损失时：

借：资产处置损益 66 000

贷：固定资产清理 66 000

3. 报废、毁损固定资产

企业固定资产报废有两种情况：一种是属于正常报废，包括由于磨损或陈旧，使用期满不能继续使用而报废和由于技术进步而提前报废的固定资产；另一种是属于非正常报废，包括由于自然灾害和责任事故造成的固定资产毁损。固定资产报废和毁损，一方面会引起企业固定资产的减少；另一方面在清理过程中还会发生一些清理费用，同时，企业还可能取得一定的变价收入以及保险公司、过失人的赔偿。因此，报废、毁损固定资产的会计处理步骤除与出售固定资产的会计处理步骤基本相同外，如果涉及保险公司、过失人的赔偿，还应对其进行专门的核算。属于生产经营期间正常报废产生的处置净损失，借记"营业外支出——非流动资产报废"账户，贷记"固定资产清理"账户；属于生产经营期间由于自然灾害等非正常原因造成的处置净损失，借记"营业外支出——非常损失"账户，贷记"固定资产清理"账户；如为净收益，则贷记"营业外收入"账户。

【例 8-16】 固定资产报废的核算

甲房地产开发企业一栋自用房产原价为 2 280 000 元，已计提折旧 120 000 元。该房产因发生火灾而毁损报废，经保险公司核定赔偿损失为 1 440 000 元，甲企业以银行存款支付清理费用 15 000 元，残料估价为 9 000 元并已变现。甲企业应做如下会计分录：

（1）转销固定资产的原价和累计折旧时：

借：固定资产清理 2 160 000

累计折旧 120 000

贷：固定资产 2 280 000

（2）核定应由保险公司赔偿的损失时：

借：其他应收款 1 440 000

贷：固定资产清理 1 440 000

（3）支付清理费用时：

借：固定资产清理 15 000

贷：银行存款 15 000

（4）残料入库时：

借：银行存款 9 000

贷：固定资产清理 9 000

（5）结转固定资产清理净损失时：

借：营业外支出——非常损失　726 000

　贷：固定资产清理　726 000

二、固定资产清查盘点的核算

固定资产属于单位价值较高、使用期限较长的有形资产，因此，在管理规范的企业中，盘盈、盘亏的固定资产较为少见。为了加强对固定资产的管理，维护企业财产的安全完整，保证固定资产核算的真实性，掌握固定资产的实有数和质量状况，房地产开发企业应对固定资产定期进行清查盘点，每年至少实地盘点清查一次。在清查过程中，如果发现有盘盈、盘亏的固定资产，企业应及时查明原因，在期末结账前处理完毕。

（一）盘盈的固定资产

房地产开发企业对清查中发现的盘盈固定资产，必须进行鉴定，经查明确属本企业所有的，应根据盘存凭证填制固定资产交接凭证，为盘盈固定资产设立固定资产卡片，按同类或类似固定资产的市场价格，减去按该项固定资产的新旧程度估计的价值损耗后的余额作为前期差错处理。一般情况下，盘盈的固定资产已在清查年度前存在，因此，通过“以前年度损益调整”账户核算，期末转入“利润分配——未分配利润”账户。

【例 8-17】 固定资产盘盈的核算

甲房地产开发企业在期末财产清点中，发现一台办公设备盘盈。经估值，确定其重置完全价值为 540 000 元，估计已计提折旧 135 000 元，按规定程序报经批准后入账。甲企业应做如下会计分录：

（1）盘盈固定资产时：

借：固定资产　540 000

　贷：累计折旧　135 000

　　以前年度损益调整——固定资产盘盈　405 000

（2）期末结转时：

借：以前年度损益调整——固定资产盘盈　405 000

　贷：利润分配——未分配利润　405 000

（二）盘亏的固定资产

房地产开发企业对清查中发现的盘亏固定资产，必须认真分析，查明原因，并及时办理固定资产注销手续。企业盘亏的固定资产在按规定程序批准之前，应先作为待处理财产损溢进行处理，并将固定资产卡片从原来的归类中抽出，单独保管。待按规定程序报经批准后，再将盘亏固定资产的净损失计入营业外支出。

【例 8-18】 固定资产盘亏的核算

甲房地产开发企业在财产清查中，发现一台办公设备盘亏。该设备的原值为 405 000 元，已计提折旧 360 000 元，按规定程序报经批准后入账。甲企业应做如下会计分录：

(1) 报经批准前：

借：待处理财产损溢——待处理固定资产损溢	45 000	
累计折旧	360 000	
贷：固定资产		405 000

(2) 报经批准后：

借：营业外支出——固定资产盘亏	45 000	
贷：待处理财产损溢——待处理固定资产损溢		45 000

第七节 固定资产减值的核算

一、固定资产减值核算的内容

《企业会计准则第 8 号——资产减值》适用于非流动资产和非金融资产的减值处理。固定资产的减值也遵循该会计准则所规定的资产减值的认定标准和相关的会计处理规定。

企业经营所处的经济、技术或者法律等环境以及资产所处的市场在当期或者将在近期发生重大变化，或企业经营管理不善等，往往会导致固定资产创造未来经济利益的能力大幅下降，从而发生固定资产减值。

固定资产的减值是固定资产的可收回金额低于其账面价值。其中，固定资产可收回金额是指资产的公允价值减去处置费用后的净额与预计未来净现金流量的现值两者中的较高者。处置费用是指可直接归属于固定资产的增量成本，包括与处置资产有关的法律费用、相关税费、搬运费以及为使资产达到预定可销售状态所发生的直接费用等。

公允价值减去处置费用后的净额的确定应当按照下列顺序进行：(1) 公平交易中销售协议价格减去可直接归属于该资产处置费用的金额，这是估计资产的公允价值减去处置费用后的净额的最佳方法，企业应当优先采用这一方法；(2) 在资产不存在销售协议但存在活跃市场的情况下，应当根据该资产的活跃市场价格（买方出价）减去处置费用确定；(3) 在既不存在资产销售协议又不存在资产活跃市场的情况下，企业应当以可获取的最佳信息为基础，估计资产的公允价值减去处置费用。企业按照上述要求仍然无法可靠估计资产的公允价值减去处置费用后的净额的，应当以该资产预计未来现金流量的现值作为其可收回金额。

资产预计未来现金流量的现值，应当按照资产在持续使用过程中和最终处置时所产生的预计未来现金流量，选择恰当的折现率对其进行折现后的金额加以确定。预计未来净现金流量是指预期从该资产的持续使用和使用寿命结束时的处置中形成的现金流量。资产未来现金流量的预计，建立在经企业管理层批准的最近财务预算或者预测数据之上。但是出于数据可靠性和便于操作等方面的考虑，建立在该预算或者预测基础上的预计现金流量最多涵盖 5 年，企业管理层如能证明更长的期间是合理的，可以涵盖更长的期间。如果资产未来现金流量的预计还包括最近财务预算或者预测期之后的现金流量，企业应当以该预算或者预测期之后年份稳定的或递减的增长率为基础进行估计，这是谨慎性的体现。但是，企业管理层如能证明递增的增长率是合理的，可以递增的增长率为基础进行估计。预计资产未来现金流量应当包括的内容有资产持续使用过程中预计产生的现金流入、为实现该现金流入所必需的预计现金流出以及使用寿命结束时处置资产所收到或支付的净现金流量。

二、固定资产减值的会计处理

（一）固定资产减值的判断

房地产开发企业应当在期末或者至少在每年年度终了时，对固定资产进行逐项检查。如果发现存在下列情况，应当计算固定资产的可收回金额，以确定资产是否已经发生减值：

（1）固定资产市价在当期大幅下跌，其跌幅明显高于因时间推移或正常使用而预计的下跌，并且预计在近期内不可能恢复；

（2）企业所处的经营环境，如技术、市场、经济或法律等环境，或者产品营销市场在当期或近期发生重大变化，并对企业产生负面影响；

（3）市场利率或者其他市场投资报酬率在当期大幅提高，从而很可能影响企业计算固定资产预计未来现金流量现值的折现率，并导致固定资产可收回金额大幅降低；

（4）固定资产陈旧过时或发生实体损坏等；

（5）固定资产预计使用方式发生重大不利变化，如企业计划终止或重组该资产所属的经营业务、提前处置资产等情形，从而对企业产生负面影响；

（6）企业内部报告的证据表明固定资产的经济绩效已经低于或者将低于预期，如固定资产所创造的净现金流量或实现的营业利润（或者亏损）远远低于（或者高于）预计金额等；

（7）其他表明固定资产可能已发生减值的迹象。

此外，企业在判断固定资产是否发生减值时，除应根据上述迹象进行判断，还应在综合考虑各方面因素（如通货膨胀）的基础上，结合其他相关情况，做出职业判断。

（二）全额计提固定资产减值准备的情形

当房地产开发企业存在下列情况之一时，应当按照该项固定资产的账面价值全额计提固定资产减值准备：

（1）长期闲置不用，在可预见的未来不会再使用，且已无转让价值的固定资产；

（2）由于技术进步等原因，已不可使用的固定资产；

（3）虽然固定资产尚可使用，但使用后产生大量不合格品的固定资产；

（4）已遭毁损，以至于不再具有使用价值和转让价值的固定资产；

（5）其他实质上已经不能再给企业带来经济利益的固定资产。

已全额计提减值准备的固定资产，不再计提折旧。固定资产减值准备应按单项资产计提。在资产负债表中，固定资产减值准备应当作为固定资产净值的抵减项目反映。

（三）确认固定资产减值损失

企业确认固定资产减值损失一般需要经过以下四个步骤：

（1）根据固定资产发生减值的迹象，判断固定资产是否发生减值。

（2）计算确定固定资产可收回金额。

（3）比较固定资产账面价值与可收回金额。当固定资产可收回金额低于账面价值时，应当将可收回金额低于账面价值的差额作为固定资产减值准备。

（4）进行账务处理。计提的固定资产减值准备，借记“资产减值损失——固定资产减值损失”账户，贷记“固定资产减值准备”账户。如果当期应计提的固定资产减值准备金额高于已计提的固定资产减值准备的账面余额，企业应按其差额补提减值准备。

资产减值损失一经确认，在以后会计期间不得转回。以前期间计提的资产减值准备，只有在资产处置、出售、对外投资、以非货币性资产交换方式换出、在债务重组中抵偿债务等时，才可予以转出。

【例 8－19】 固定资产减值

甲房地产开发企业的某项固定资产原值为 4 500 000 元，累计折旧为 1 350 000 元。2×22 年年末，该项固定资产可收回金额为 2 700 000 元。甲企业应做如下会计分录：

借：资产减值损失——固定资产减值损失　　450 000

　贷：固定资产减值准备　　450 000

假如 2×22 年年末，该项固定资产的“固定资产减值准备”账面余额为 270 000 元，则补提减值准备 180 000 元（450 000－270 000）：

借：资产减值损失——固定资产减值损失　　180 000

　贷：固定资产减值准备　　180 000

假如 2×22 年年末，该项固定资产的“固定资产减值准备”账面余额为 540 000 元，则本年不再计提固定资产减值准备。

（四）确认减值损失后计提固定资产折旧的调整

固定资产计提减值准备后，企业应当重新复核固定资产的折旧方法、预计使用寿命和预计净残值，并区分情况采用不同的处理方法。

（1）如果固定资产所含经济利益的预期实现方式没有发生变更，企业仍应遵循原有的折旧方法，按照固定资产的账面价值扣除预计净残值后的余额以及尚可使用寿命重新计算确定折旧率和折旧额；如果固定资产所含经济利益的预期实现方式发生了重大改变，则应当相应改变固定资产折旧方法，并按照《企业会计准则第 28 号——会计政策、会计估计变更和差错更正》的规定进行会计处理。

（2）如果固定资产的预计使用寿命没有发生变更，企业仍应遵循原有的预计使用寿命，按照固定资产的账面价值扣除预计净残值后的余额以及尚可使用寿命重新计算确定折旧率和折旧额；如果固定资产的预计使用寿命发生变更，企业应当相应改变固定资产的预计使用寿命，并按照《企业会计准则第 28 号——会计政策、会计估计变更和差错更正》的规定进行会计处理。

（3）如果固定资产的预计净残值没有发生变更，企业仍应按照固定资产的账面价值扣除预计净残值后的余额以及尚可使用寿命重新计算确定折旧率和折旧额；如果固定资产的预计净残值发生变更，则企业应当相应改变固定资产的预计净残值，并按照《企业会计准则第 28 号——会计政策、会计估计变更和差错更正》的规定进行会计处理。

知识链接：固定资产租赁的核算

本章小结

即测即评

思考题

1. 固定资产应如何进行初始计量？
2. 简述固定资产的折旧方法及其会计处理。
3. 固定资产减值如何确认？如何计量？
4. 举例说明并比较一般折旧方法的特点。
5. 如何对固定资产进行盘点？如何对盘盈和盘亏进行会计处理？
6. 房地产开发企业的固定资产增加渠道有哪些？
7. 什么是固定资产？其有何特征？房地产开发企业的固定资产如何进行分类？

案例分析题

7 月 1 日，某房地产开发企业购进一台办公用电子设备，取得的增值税专用发票上注明的价款为 350 000 元、增值税为 45 500 元（增值税税率为 13%），另发生运输费 15 000 元，增值税税额为 1 350 元（增值税税率为 9%）。款项以银行存款支付，未发生其他相关税费。该设备于当日投入使用，预计使用年限为 10 年，预计净残值为 5 000 元，采用直线法计提折旧。

12 月 31 日，企业在对上述设备进行检查时发现其已经发生减值，预计可收回金额为 290 000 元。计提减值准备后，该设备原预计使用年限、预计净残值、折旧方法保持不变。

12 月 31 日，该设备因遭受自然灾害发生严重毁损，企业进行处置，取得残料变价收入 10 000 元、保险公司赔偿款 30 000 元，发生清理费用 3 000 元。款项均以银行存款收付，不考虑其他相关税费。

要求：

（1）编制 7 月 1 日取得该设备的会计分录；

（2）计算当年应对该设备计提的折旧额；

（3）计算 12 月 31 日该设备的减值准备，并编制相应的会计分录；

（4）计算 12 月 31 日处置该设备的净损益，并编制相应的会计分录。

第九章

无形资产和其他非流动资产

学习目标

1. 掌握无形资产的内涵、特征及内容，无形资产的确认、计量和相应的会计处理，无形资产减值的确认方式及相应的会计处理，企业内部研究开发支出的确认和计量，无形资产核算应设置的会计账户。

2. 理解无形资产的分类，其他非流动资产的定义，长期待摊费用的概念、特征。

3. 了解长期待摊费用的计量和核算内容。

引导案例

保利发展控股集团股份有限公司（简称保利发展，股票代码600048）成立于1992年，并于2006年在上交所上市。保利发展是房地产行业的龙头企业，主营业务为房地产开发与销售，并以此为基础构建了涵盖物业服务、全域化管理、销售代理、商业管理、不动产金融等的不动产生态平台，其综合实力连续多年稳居行业前五，位列央企之首。保利发展始终聚焦于核心城市及城市群，深耕国家重点发展区域，助力国家新型城镇化建设。公司始终坚持以商品住宅开发为主，适度发展持有经营性物业。2021年，保利发展在《福布斯》全球企业2 000强中排名第201位，稳居行业领导品牌前三。

保利发展的无形资产包括软件、土地使用权等，这些资产均按成本进行初始计量。截至2021年年末，其无形资产的账面价值为404 164 168.04元，本期计提的无形资产摊销额为46 997 541.85元。对于使用寿命有限的无形资产，公司在使用寿命内按照与该项无形资产有关的经济利益的预期实现方式系统合理地摊销，无法可靠确定预期实现方式的，采用直线法摊销，其中土地使用权的摊销年限为50年，剩余无形资产的使用年限为2～10年。使用寿命确定的无形资产，在资产负债表日有迹象表明发生减值的，按照账面价值与可收回金额的差额计提相应的减值准备；使用寿命不确定的无形资产和尚未达到可使用状态的无形资产，无论是否存在减值迹象，每年均进行减值测试。

资料来源：根据保利发展控股集团股份有限公司 2021 年年度报告整理。

何为无形资产？企业的无形资产如何界定？无形资产具体有哪些存在形式和特征？无形资产的初始确认应遵循哪些原则？无形资产的摊销期限如何确定？如何对无形资产进行后续计量？房地产开发企业其他非流动资产主要包括哪些内容？通过本章的学习，相信你会找到答案。

第一节　无形资产概述

一、无形资产的内涵及内容

无形资产是指企业拥有或控制的没有实物形态的可辨认非货币性资产。资产满足下列条件之一的，则认为其具有可辨认性：

（1）能够从企业中分离或者划分出来，并能单独用于出售或者转让等，而不需要同时处置在同一获利活动中的其他资产，则说明该无形资产可以辨认。某些情况下，无形资产可能需要与有关的合同一起用于出售、转让等，这种情况下也视为可辨认无形资产。

（2）产生于合同性权利或其他法定权利，无论这些权利是否可以从企业或其他权利和义务中转移或者分离。例如，一方通过与另一方签订特许权合同而获得的特许使用权，或通过法律程序申请获得的商标权、专利权等。

无形资产的具体存在形式包括专利权、非专利技术、商标权、著作权、自然资源使用权、其他权益性无形资产等。

（一）专利权

专利权，是指国家专利主管机关依法授予发明创造专利申请人，对其发明创造在法定期限内所享有的专有权利，包括发明专利权、实用新型专利权和外观设计专利权。发明专利权的期限为 20 年，实用型专利权和外观设计专利权的期限为 10 年，均自申请日起计算。专利权可以由创造发明者申请获得，也可以购买取得，并且专利权给予持有者独家使用或控制某项发明的特殊权利。但专利权并不保证一定能给持有者带来经济利益。有些专利可能无经济价值或具有很小的价值，有些专利会被另外更有经济价值的专利所淘汰等。因此，作为企业无形资产予以确认的专利权，必须具备其产生的经济利益很可能流入企业这项基本条件。

（二）非专利技术

非专利技术也称专有技术，是指不为外界所知、在生产经营活动中已采用了的、不享有法律保护的、可以带来经济效益的各种技术和诀窍。非专利技术一般包括工业专有技术、商业贸易专有技术、管理专有技术等，其以自我保密的方式来维持其独占性，具有经济性、机密性和动态性等特点。

非专利技术是相对于专利技术而言的，它与专利技术一样，能增强企业的核心优势，给企业带来经济效益。但非专利技术与专利技术又有区别，主要表现在：第一，是否受到法律保护。专利技术受专利法的保护，其保护内容和范围可按照专利说明书和专利请求书中记载的项目来确认；非专利技术则没有专门法律予以保护，只有通过颁发非专利技术许可证，其权利内容才能表现出来。第二，技术是否公开。专利以公开为原则，专利技术只有公开以后，发明人的专利权才能得到专利法的保护；非专利技术因为得不到法律的保护，所以其技术内容是不公开的，拥有非专利技术的企业或个人依靠自己的保密措施来维护其权益。当向他人转让其专有技术的使用权时，则是依靠转让合同来保密并维护其权益。第三，享受的权利是否有期限。依照《中华人民共和国专利法》的规定，专利权有一定的法律期限，期限届满专利权即终止，专利技术也就失去了法律保护，任何企业和个人都可以使用；而非专利技术没有规定的期限，如果能够持续保密，则可以长期享有其带来的利益。然而，一旦非专利技术被泄露并被普遍采用，它就不能再被称为非专利技术了。此外，根据相关政策规定，经纳税人所在地省级科技主管部门进行认定，报主管税务机关备查，对符合免征条件的纳税人提供的技术转让（属于无形资产）、技术开发（属于现代服务）和与之相关的技术咨询、技术服务，免征增值税。

（三）商标权

商标，是指用来辨认特定的商品或劳务的标记。商标权则是指专门在某类指定的商品或产品上使用特定的名称或图案的权利。商标权包括独占使用权和禁止权两个方面。独占使用权，是指商标权享有人在商标的注册范围内独家使用其商标的权利；禁止权，是指商标权享有人排除和禁止他人对商标独占使用权进行侵犯的权利。经商标局核准注册的商标称为注册商标，包括商品商标、服务商标、集体商标、证明商标；商标注册人享有商标专用权，并受法律的保护。注册商标的有效期为 10 年，自核准注册之日起计算。注册商标有效期满，需要继续使用的，应当在期满前 12 个月内按照规定办理续展手续；在此期间未能办理的，可以给予 6 个月的宽展期。每次续展注册的有效期为 10 年。期满未办理续展手续的，注销其注册商标。

（四）著作权

著作权又称版权，是指作者对其创作的文学、科学和艺术作品依法享有的某些特殊权利。著作权包括精神权利（人身权利）和经济权利（财产权利）两个方面。精神权利，是指作品署名、发表作品、确认作者身份、保护作品的完整性、修改已经发表的作品等权利，包括发表权、作品署名权、修改权和保护作品完整权；经济权利，是指以出版、表演、广播、展览、录制唱片、摄制影片等方式使用作品以及因授权他人使用作品而获得经济利益的权利，包括复制权、发行权、出租权、展览权、表演权、放映权、广播权、信息网络传播权、摄制权、改编权、翻译权、汇编权以及应当由著作权人享有的其他权利。这种专有权除法律另有规定外，未经著作人许可或转让，他人不得占有和行使。作者本人或授权他人以合法方式利用作品而取得物质利益的权利，受法律保护。

（五）自然资源使用权

自然资源使用权，包括土地使用权、海域使用权、探矿权、采矿权、取水权和其他自然资源使用权。

其中，房地产开发企业主要涉及自然资源使用权中的土地使用权。土地使用权，是指国家准许某企业在一定期间内对国有土地享有开发、利用、经营的权利。根据我国法律规定，中华人民共和国实行土地的全民所有制和劳动群众集体所有制，任何单位和个人不得侵占、买卖或者以其他形式非法转让土地。国有土地可以依法确定给全民所有制单位或者集体所有制单位使用，国有土地和集体所有的土地可以依法确定给个人使用。国有土地和集体所有土地的使用权可以依法转让。

企业取得土地使用权有以下几种情况：（1）企业原先通过行政划拨获得土地使用权，但并未将其入账，这时该土地使用权就不能作为无形资产进行核算。然而，当企业将土地使用权有偿转让、出租、抵押、作价入股和投资时，应按规定将补交的土地出让价款予以资本化，并作为无形资产入账核算。（2）企业根据《中华人民共和国城镇国有土地使用权出让和转让暂行条例》，向政府土地管理部门申请土地使用权，企业要支付一笔出让金，此时，企业应将取得土地使用权时所发生的一切支出予以资本化，并作为土地使用权成本进行核算。（3）接受投资者投入的土地使用权。

需要注意的是，房地产开发企业购入或以支付土地出让金方式取得的土地使用权，在尚未进入项目开发之前，可以作为无形资产核算，并按会计准则的规定分期摊销。企业开发项目所用土地涉及土地使用权的，由于这部分土地与其地上建筑物和其他附着物是连结在一起的，因此，在企业销售开发产品时，土地使用权将随同开发产品一起转让。在这种情况下，企业应将土地使用权的账面价值全部转入受益开发产品的成本中。房地产开发企业建造固定资产涉及的土地使用权也应计入无形资产。

（六）其他权益性无形资产

其他权益性无形资产，包括基础设施资产经营权、公共事业特许权、配额、经营权（如特许经营权、连锁经营权、其他经营权）、经销权、分销权、代理权、会员权、席位权、网络游戏虚拟道具、域名、名称权、肖像权、冠名权、转会费等。

根据营改增的相关规定，纳税人购进其他权益性无形资产，无论是专用于简易计税项目、免征增值税项目、集体福利或者个人消费，还是兼用于上述项目，均可以抵扣进项税额。

二、无形资产的特征

无形资产具有四个主要特征。

（一）无形资产不具有实物形态

无形资产通常表现为某种权利、某项技术或者某种获取超额利润的综合能力。需要说明的是，某些无形资产的存在有赖于实物载体，如土地使用权、非专利技术等。无形资产为企业带来经济利益的方式与固定资产不同，固定资产是通过实物价值的磨损和转移为企业带来未来经济利益，而无形资产在很大程度上是通过自身所具有的技术等优势为企业带来未来经济利益。因此，不具有实物形态是无形资产区别于其他资产的特征之一。

（二）无形资产具有可辨认性

无形资产必须能够区别于其他资产，具有可单独辨认的特性。从可辨认性的角度来看，商誉与企业整体价值联系在一起的，无法单独辨认其价值，所以商誉虽然也是没有实物形态的非货币性资产，但在会计准则的规范下不通过无形资产核算，而是在会计报表上单独列示。符合以下条件之一的资产，具有可辨认性：

第一，能够从企业中分离或者划分出来，并能单独用于出售或转让等，而不需要同时处置在同一获利活动中的其他资产，则说明无形资产可以辨认。在某些情况下，无形资产可能需要与有关的合同一起出售、转让等，这种情况下也将其视为可辨认的无形资产。

第二，产生于合同性权利或其他法定权利，无论这些权利是否可以从企业或其他权利和义务中转移或者分离。例如，一方通过与另一方签订特许权合同而获得的特许使用权，或通过法律程序申请获得的商标权、专利权等。

（三）无形资产属于非货币性资产

非货币性资产，是指企业持有的除货币资金和将以固定或可确定的金额收取的资产以外的其他资产。无形资产由于没有发达的交易市场，一般不容易转化成现金，且在持有过程中为企业带来未来经济利益的情况具有不确定性，因此不属于以固定或可确定的金额收取的资产，而是属于非货币性资产。企业持有无形资产的主要目的是自用而非出售。

（四）无形资产在创造经济利益方面具有较大的不确定性

无形资产所能提供的未来经济效益具有很大的不确定性。无形资产创造经济利益的能力受企业内外部诸多因素的影响，其在未来提供的经济效益一般很难确定。因此，对无形资产进行核算时应持更加谨慎的态度。

三、无形资产的分类

无形资产可按不同的标准进行分类，通常按取得方式、存在形式或按预计收益期进行分类。

（一）按照无形资产的取得方式分类

无形资产按照来源可划分为外部取得的无形资产和内部自创的无形资产。其中，外部取得的无形资产又可分为外购的无形资产、投资者投入的无形资产等。内部自创的无形资产是指企业自行研究与开发取得的无形资产。

（二）按照无形资产的存在形式分类

无形资产按其存在形式可划分为法定权利和合同约定权利两类。法定权利类无形资产是一种独占权利，该类无形资产是法律或法规所赋予的一种特殊权利，如专利权、著作权、商标权等。合同约定类无形资产是根据企业间、企业与政府间签订的合同所赋予的一种独占权利，如特许权、土地使用权等。

（三）按照无形资产的预计收益期分类

无形资产按照预计收益期可划分为收益期确定的无形资产和收益期不确定的无形资产。收益期确定的无形资产是指在有关法律中规定有最长有效期限的无形资产，如专利权、商标权、著作权、土地使用权和特许权等；收益期不确定的无形资产是指法律上没有规定有效期限，其收益期难以预先正确估计的无形资产，如非专利技术等。

第二节 无形资产的确认和计量

一、无形资产的初始计量

无形资产通常是按实际成本计量，即以取得无形资产并使之达到预定用途而发生的全部支出，作为无形资产的成本。对于不同来源取得的无形资产，其初始成本的构成也会有所不同。

自 2016 年 5 月 1 日我国全面实行营改增之后，企业在取得无形资产时，除财税〔2016〕36 号文件第二十七条规定的情形外，允许抵扣增值税进项税额。其中，下列项目的进项税额不得从销项税额中抵扣：用于简易计税方法计税项目、免征增值税项目、集体福利或者个人消费的购进货物、加工修理修配劳务、服务、无形资产和不动产。其中涉及的固定资产、无形资产、不动产，仅指专用于上述项目的固定资产、无形资产（不包括其他权益性无形资产）、不动产。另外，纳税人的交际应酬消费属于个人消费。从 2019 年 4 月 1 日起增值税税率发生了变化，其中，除土地使用权适用 9%的税率之外，其余的无形资产均适用 6%的税率。

（一）外购的无形资产

外购的无形资产，按其取得成本进行初始计量，其成本包括购买价款、相关税费以及直接归属于使该项资产达到预定用途所发生的其他支出。其中，直接归属于使该项资产达到预定用途所发生的其他支出包括使无形资产达到预定用途所发生的专业服务费用、测试无形资产是否能够正常发挥作用的费用等，但不包括为引入新产品进行宣传而发生的广告费、管理费用及其他间接费用，也不包括无形资产已经达到预定用途以后发生的费用。

另外，如果购入无形资产的价款超过正常信用条件延期支付，实质上具有融资性质的，应该按照所取得无形资产购买价款的现值计量其成本。现值与应付价款之间的差额则作为未确认融资费用，在付款期间内按照实际利率法确认为利息费用。

（二）投资者投入的无形资产

投资者投入的无形资产，应当按照投资合同或协议约定的价值确定无形资产的取得成本。如果投资合同或协议约定价值不公允，则应按无形资产的公允价值作为无形资产的初始成本。纳税人以无形资产向其他单位或个体工商户进行投资，需缴纳增值税。

（三）土地使用权的初始计量

企业取得的土地使用权，通常应当按照取得时所支付的价款及相关税费确认为无形资产。当土地使用权被用于自行开发建造办公楼等地上建筑物时，土地使用权的账面价值不与地上建筑物合并计算其成本，而是仍作为无形资产进行单独核算，土地使用权与地上建筑物也应分别进行摊销和计提折旧。

值得注意的是，房地产开发企业取得的土地使用权用于建造对外出售的房屋建筑物的，相关的土地使用权应当计入所建造的房屋建筑物成本。企业外购的房屋建筑物，其实际支付的价款中包括土地以及建筑物的价值的，则应当对支付的价款按照合理的方法（如公允价值比例）在土地与地上建筑物之间进行分配；如果确实无法在地上建筑物与土地之间进行合理分配的，应根据用途划分为固定资产或投资性房地产核算。企业改变土地使用权的用途，将其用于出租或增值目的的，应将其转为投资性房地产。

二、企业内部研究开发支出的确认和计量

为了计量企业内部自行研究开发取得的无形资产成本，企业应将资产的形成过程划分为研究阶段和开发阶段。这样的划分有助于企业有效地区分研发过程中应予以资本化和费用化的支出。

（一）研究阶段与开发阶段的划分

1. 研究阶段

研究阶段是指企业为获取并理解新的科学或技术知识而进行的有计划的调研阶段。研究活动包括：为获取知识而进行的活动；研究成果或其他知识的应用研究、评价和最终选择；材料、设备、产品、工序、系统或服务替代品的研究；新的或经改进的材料、设备、产品、工序、系统或服务的可能替代品的配制、设计、评价和最终选择等。研究阶段具有计划性和探索性的特点。从研究阶段的特点来看，其研究是否能在未来形成成果，即通过开发后是否会形成无形资产具有很大的不确定性，企业也无法证明其能够带来未来经济利益的无形资产的存在。因此，研究阶段的有关支出在发生时，应予以费用化并计入当期损益。

2. 开发阶段

开发阶段是指在进行商业性生产或使用前，企业将研究成果或其他知识应用于某项计划或设计，以生产出新的或具有实质性改进的材料、装置、产品等的阶段。开发活动的例子包括：生产前或使用前的原型和模型的设计、建造和测试；不具有商业性生产经济规模的试生产设施的设计、建造和运营等。开发阶段建立在研究阶段的基础上，因而具有针对性。相对于研究阶段而言，开发阶段应当是已完成研究阶段的工作，在很大程度上具备了形成一项新产品或新技术的基本条件。此时，如果企业能够证明满足无形资产的定义及相关确认条件，则所发生的开发支出可资本化，并确认为无形资产的成本。

（二）开发阶段有关支出资本化的条件

在开发阶段，企业可将有关资本化支出计入无形资产的成本，但必须同时满足下列条件：

（1）完成该无形资产以使其能够使用或出售在技术上具有可行性。企业在判断是否满足该条件时，应以目前阶段的成果为基础，并提供相关证据的材料，证明在此基础上进一步进行开发所需的技术条件等已经具备，不存在技术上的障碍或其他不确定性。

（2）具有完成该无形资产并使用或出售的意图。开发某项产品或专利技术产品等，通常是根据管理当局决定该项研发活动的目的或者意图加以确定，即研发项目形成成果以后，是为出售，还是为自己使用并从使用中获得经济利益，应当根据管理当局的意图来确定。因此，企业的管理当局应能够说明其持有拟开发无形资产的目的，并具有完成该项无形资产开发并使其能够使用或出售的可能性。

（3）无形资产产生经济利益的方式。企业开发的无形资产，应能够证明运用该无形资产生产的产品存在市场或无形资产自身存在市场。如果无形资产将在企业内部使用，企业应当证明其有用性。

无形资产确认的基本条件之一是能够为企业带来未来经济利益。就其能够为企业带来未来经济利益的方式而言，如果有关的无形资产在形成以后，主要用于生产新产品或新工艺，则企业应对使用该无形资产生产的产品市场情况进行估计，应能够证明所生产的产品存在市场，能够带来经济利益的流入；如果有关的无形资产在开发以后主要用于对外出售，则企业应能够证明市场上存在对该类无形资产的需求，开发以后存在外在的市场可以出售并带来经济利益的流入；如果无形资产开发以后既不是用于生产产品，也不是用于对外出售，而是在企业内部使用，则企业应能够证明其在企业内部使用时对企业的有用性。

（4）有足够的技术、财务资源和其他资源支持，以完成该无形资产的开发，并有能力使用或出售该无形资产。具体包括：第一，完成该项无形资产开发具有技术上的可靠性。开发的无形资产并使其形成成果在技术上的可靠性是继续开发活动的关键，因此，企业必须有确凿证据证明继续开发该项无形资产有足够的技术支持和技术能力。第二，财务资源和其他资源支持。财务资源和其他资源支持是能够完成该项无形资产开发的经济基础，因此，企业必须能够证明为完成该项无形资产的开发所需的财务和其他资源，是否足以支持完成该项无形资产的开发。第三，能够证明企业获取在开发过程中所需的技术、财务和其他资源，以及企业获得这些资源的相关计划等。例如，在企业自有资金不足以提供支持的情况下，是否存在外部其他方面的资金支持，如银行等金融机构愿意为该无形资产的开发提供所需资金的声明等来证实。第四，有能力使用或出售该无形资产以取得收益。

（5）归属于该无形资产开发阶段的支出能够可靠计量。企业对于研究开发活动发生的支出应单独核算，如研究开发人员的工资、材料费等。在企业同时从事多项研究开发活动的情况下，所发生的支出同时用于支持多项研究开发活动的，应按照一定的标准在各项研究开发活动之间进行分配，无法明确分配的支出，应予以费用化并计入当期损益，不计入开发活动的成本。

（三）企业内部开发形成的无形资产的计量

企业内部开发活动形成的无形资产成本，由可直接归属于该资产的创造、生产并使该资产能够以管理层预定的方式运作的所有必要支出构成。这些可直接归属于该资产的成本包括开发该无形资产时耗费的材料、劳务成本、注册费、在开发该无形资产过程中使用的其他专利权和特许权的摊销、按照《企业会计准则第 17 号——借款费用》的规定资本化的利息支出，以及为使该无形资产达到预定用途所发生的其他费用。在开发无形资产过程中发生的除上述可直接归属于无形资产开发活动的其他销售费用、管理费用等间接费用，无形资产达到预定用途前发生的可辨认的无效和初始运作损失，为运行该无形资产发生的培训支出等，均不构成无形资产的开发成本。

需要说明的是，内部开发无形资产的成本仅包括在满足资本化条件的时点至无形资产达到预定用途前发生的支出总额。对于同一项无形资产在开发过程中达到资本化条件之前已经费用化计入损益的支出，不再进行调整。

对于自行开发的无形资产，研究阶段的支出应当于发生时计入当期损益。开发阶段的支出，符合资本化条件的，应当作为无形资产的成本，确认为无形资产；不符合资本化条件的，应当费用化直接计入当期损益。企业自行开发的无形资产在开发阶段发生的内部研究开发费用的会计处理流程分别如图 9－1 和图 9－2 所示。

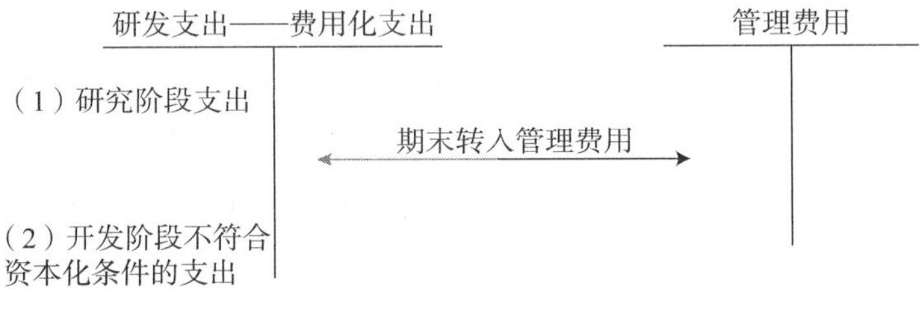

图 9－1　内部研究开发费用费用化支出的会计处理流程

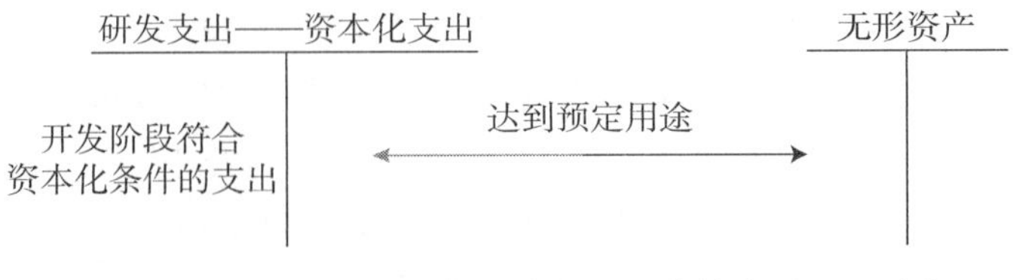

图 9－2　内部研究开发费用资本化支出的会计处理流程

三、无形资产的后续计量

无形资产初始确认和计量后，在其后续使用期间内还会发生后续支出。无形资产的后续支出，是指无形资产入账后，为确保该无形资产能够给企业带来预定的经济利益而发生的支出，如相关的宣传活动支出。由于这些支出仅是为了确保已确认的无形资产能够为企业带来预定的经济利益，因而应将其在发生当期确认为费用。

无形资产的后续计量应以成本减去累计摊销额和累计减值损失后的余额为基础。可见，无形资产累计摊销额的确定是后续计量的关键。为了确定无形资产在使用过程中的累计摊销额，需要估计无形资产的使用寿命。只有使用寿命有限的无形资产，才需要在估计的使用寿命内采用系统、合理的方法进行摊销；使用寿命不确定的无形资产则不需要摊销，但每年应进行减值测试。

（一）无形资产使用寿命的处理

根据《企业会计准则第 6 号——无形资产》的规定，企业应当于取得无形资产时分析判断其使用寿命。如果无形资产的使用寿命是有限的，企业应当估计该使用寿命的年限或者构成使用寿命的产量等类似计量单位数量；如果无法预见无形资产为企业带来未来经济利益期限的，则应当将其视为使用寿命不确定的无形资产。

1. 估计无形资产使用寿命应考虑的因素

在估计无形资产使用寿命时，应考虑的主要因素包括：

（1）该资产通常的产品寿命周期，以及可获得的类似资产使用寿命的信息；

（2）技术、工艺等方面的现实情况及对未来发展的估计；

（3）该资产在该行业运用的稳定性和生产的产品或服务的市场需求情况；

（4）现在或潜在的竞争者预期采取的行动；

（5）为维持该资产产生未来经济利益的能力所需要的维护支出，以及企业预计支付有关支出的能力；

（6）对该资产的控制期限，以及对该资产使用的法律或类似限制，如特许使用期间、租赁期间等；

（7）与企业持有的其他资产使用寿命的关联性等。

2. 无形资产使用寿命的确定

某些无形资产的取得来源于合同性权利或是其他法定权利，在这种情况下，其使用寿命不应超过合同性权利或其他法定权利的期限。如果合同性权利或其他法定权利能够在到期时因续约等延续，并且有如下证据表明企业续约不需要付出重大成本时，续约期才能够包括在使用寿命的估计中：

（1）有证据表明合同性权利或法定权利将被重新延续，如果在延续之前需要第三方同意，则还需有第三方将会同意的证据。

（2）有证据表明为获得重新延续所必需的所有条件将被满足，以及企业为延续持有无形资产所付出的成本相对于预期从重新延续中流入企业的未来经济利益不具有重要性。

没有明确的合同或法律规定无形资产使用寿命的，企业应当综合各方面因素进行判断，以确定无形资产能为企业带来经济利益的期限。经过这些努力仍确实无法合理确定无形资产为企业带来经济利益的期限的，才能将其视为使用寿命不确定的无形资产。

3. 无形资产使用寿命的复核

企业至少应当于每年年度终了时，对无形资产的使用寿命及摊销方法进行复核。若有证据表明无形资产的使用寿命及摊销方法不同于以前的估计，则企业应改变其摊销年限及摊销方法，并按照会计估计变更进行处理。对于使用寿命不确定的无形资产，如果有证据表明其使用寿命是有限的，则应视为会计估计变更，企业应当估计其使用寿命并按照使用寿命有限的无形资产的处理原则进行处理。

（二）无形资产的摊销

无形资产的摊销是针对使用寿命有限的无形资产而言的。企业应在其预计的使用寿命内，采用系统合理的方法对其应摊销金额进行摊销。其中，应摊销金额是指无形资产的成本扣除残值后的金额。无形资产摊销的要素包括摊销期、摊销方法和应摊销金额的确定。需要注意的是，使用寿命不确定的无形资产不需要进行摊销。

1. 无形资产的摊销期和摊销方法

无形资产的摊销期自其可供使用（即其达到预定用途）时起至终止确认时止。无形资产摊销的起始和停止日期为：当月增加的无形资产，当月开始摊销；当月减少的无形资产，当月不再摊销。

无形资产的摊销存在多种方法，包括直线法、生产总量法等。企业选择的无形资产摊销方法，应当反映与该项无形资产有关的经济利益的预期消耗方式，并一致地运用于不同的会计期间。

无形资产的摊销一般应当计入当期损益。但如果某项无形资产包含的经济利益是通过所生产的产品或其他资产消耗的，那么无形资产的摊销金额可以计入开发产品或其他资产成本。另外，持有待售的无形资产不进行摊销，而是按照账面价值与公允价值减去处置费用后的净额孰低进行计量。

2. 无形资产的应摊销金额

无形资产的应摊销金额为其成本扣除预计残值后的金额。对于已计提减值准备的无形资产，还应扣除已计提的无形资产减值准备累计金额。使用寿命有限的无形资产，其残值一般为零，除非有第三方承诺在无形资产使用寿命结束时购买该项无形资产，或者可以根据活跃市场得到无形资产预计残值信息，并且该市场在该项无形资产使用寿命结束时可能存在。

（三）无形资产的减值

房地产开发企业应当定期或者至少于每年年度终了时，检查各项无形资产预计给企业带来未来经济利益的能力。对于预计可收回金额低于其账面价值的无形资产，应当计提减值准备。其中，可收回金额是指无形资产的公允价值减去处置费用后的净额与预计未来现金流量现值中的较高者。

当房地产开发企业存在下列一项或若干项情况时，应当计提无形资产减值准备：

（1）某项无形资产已被其他新技术等替代，使其为企业创造经济利益的能力受到重大不利影响；

（2）某项无形资产的市价在当期大幅下跌，在剩余摊销年限内预期不会恢复；

（3）某项无形资产已超过法律保护期，但仍然具有部分使用价值；

（4）其他足以证明某项无形资产实质上已经发生减值的情形。

当可收回金额高于账面价值时，一般不做会计处理。无形资产减值损失一经确认，在以后会计期间不得转回。对于使用寿命有限的无形资产，在计提减值准备后，应重新计算每期的摊销金额；对于使用寿命不确定的无形资产，无论是否存在减值迹象，都应当在每个会计期间进行减值测试。

在资产负债表中，无形资产项目应当按照期末余额减去无形资产累计摊销和减值准备后的净额反映。

（四）无形资产的处置

企业处置无形资产主要包括无形资产划分为持有待售资产，无形资产出售、转让，无形资产对外出租，无形资产报废等。

1. 无形资产划分为持有待售资产

当企业将无形资产划分为持有待售类别时，应按照《企业会计准则第 42 号——持有待售的非流动资产、处置组和终止经营》中的相关内容进行会计处理。具体内容可以参考持有待售的固定资产的相关规定。

2. 无形资产出售、转让

企业将某项无形资产出售、转让，表明企业放弃了该无形资产的所有权，应按照《企业会计准则第 42 号——持有待售的非流动资产、处置组和终止经营》的相关规定进行处理。未划归为持有待售无形资产而出售、转让的，应将所取得的价款与该无形资产账面价值及相关税费的差额计入当期损益，即“资产处置损益”账户。同时，出售无形资产时还应缴纳增值税。

3. 无形资产出租

房地产开发企业将所拥有的无形资产出租给他人并收取租金，属于日常活动收入范围，在满足《企业会计准则第 21 号——租赁》规定的确认标准的情况下，应确认相关的收入及成本。企业转让无形资产使用权获得的收入，应作为其他业务收入处理；而履行转让使用权合同所发生的费用，应作为转让成本计入其他业务成本。

4. 无形资产报废

如果无形资产预期不能为企业带来未来经济利益，则不再符合无形资产的定义，企业应将其报废并予以转销。例如，该无形资产已被其他新技术所替代，不能为企业带来经济利益；或者无形资产不再受到法律保护，且不能为企业带来经济利益等。具体来说，如果企业的某项无形资产的法律保护期限已过，且用其生产的产品没有市场，则说明该无形资产无法为企业带来未来经济利益，应予转销。无形资产报废的净损失应计入企业当期的营业外支出。

第三节 无形资产核算应设置的账户及会计处理

一、无形资产核算应设置的账户

为了核算无形资产的取得、转让、摊销和减值情况，房地产开发企业应设置下列会计账户。

（一）“无形资产”账户

“无形资产”账户核算房地产开发企业持有的专利权、非专利技术、商标权、著作权、土地使用权等无形资产的成本。其借方登记企业以各种方式取得的无形资产的成本；贷方登记无形资产处置时转出的账面余额。期末借方余额反映企业无形资产的成本。本账户应按无形资产项目设置明细账进行核算。

（二）“累计摊销”账户

“累计摊销”账户核算房地产开发企业对使用寿命有限的无形资产计提的累计摊销额，它属于“无形资产”账户的备抵调整账户。其贷方登记企业按期计提的无形资产摊销额；借方登记处置无形资产时转出的无形资产累计摊销额。期末贷方余额反映企业无形资产的累计摊销额。本账户应按无形资产项目设置明细账进行核算。

（三）“无形资产减值准备”账户

“无形资产减值准备”账户核算房地产开发企业计提的无形资产减值准备，它同样属于“无形资产”账户的备抵调整账户。其贷方登记资产负债表日无形资产发生减值时，企业计提的无形资产减值准备；借方登记无形资产处置时转销的已计提无形资产减值准备。期末贷方余额反映企业已提取但尚未转销的无形资产减值准备。本账户应按无形资产项目设置明细账进行核算。

（四）“研发支出”账户

“研发支出”账户用于归集企业在进行研究与开发无形资产过程中发生的各项支出。其借方登记企业自行开发无形资产发生的各种支出；贷方登记期末转出的费用化支出及研究开发项目达到预定用途而转出的资本化支出。期末借方余额反映企业正在进行的研究开发项目中满足资本化条件的支出。本账户应当按照研究开发项目，分别设置“费用化支出”与“资本化支出”账户进行明细核算。研发支出计入资产负债表中的开发支出项目，属于非流动资产。无形资产的核算还可能涉及“资产处置损益”“持有待售资产”“持有待售资产减值准备”等账户，这些账户的核算可以参考第八章第二节的内容。

二、无形资产的会计处理

（一）从外部取得无形资产的会计处理

（1）外购无形资产时，借记“无形资产”账户，贷记“银行存款”或“库存现金”账户。

【例 9－1】 外购无形资产的核算

企业购买了一项专利权，取得的增值税专用发票上注明的金额为 100 000 元、增值税税额为 6 000 元（增值税税率为 6%），价款已用银行存款支付。企业应做如下会计分录：

借：无形资产——专利权　100 000
　　应交税费——应交增值税（进项税额）　6 000
　贷：银行存款　106 000

【例 9－2】 外购无形资产的核算

企业从当地政府购入一块土地的使用权用于建造固定资产，以银行存款支付 21 800 000[①] 元。企业应做如下会计分录：

借：无形资产——土地使用权　21 200 000
　贷：银行存款　21 200 000

（2）接受投资者投入无形资产时，贷记“实收资本”或“股本”等账户。

【例 9－3】 投资者投入无形资产的核算

企业接受某投资者的专利权投资，双方协定的价值为 1 500 000 元，该投资者所占公司注册资本的份额为 1 000 000 元。现已办妥相关手续。企业应做如下会计分录：

借：无形资产——专利权　1 500 000
　贷：实收资本　1 000 000
　　资本公积——资本溢价　500 000

（二）企业内部开发取得无形资产的会计处理

（1）企业自行开发的无形资产，不满足资本化条件的，借记“研发支出——费用化支出”账户，满足资本化条件的，借记“研发支出——资本化支出”账户，贷记“原材料”“银行存款”“应付职工薪酬”等账户。

（2）研究开发项目达到预定用途形成无形资产的，应按“研发支出——资本化支出”账户的余额，借记“无形资产”账户，贷记“研发支出——资本化支出”账户。

---

① 房地产开发企业从政府购地无法取得增值税专用发票，但所支付的价款是含税价。当在土地上开发产品时，根据《国家税务总局关于发布〈房地产开发企业销售自行开发的房地产项目增值税征收管理暂行办法〉的公告》（国家税务总局公告 2016 年第 18 号）文件，此项增值税税额可作为“销项税额抵减”处理。

（三）无形资产的摊销与减值会计处理

【例 9-4】 无形资产摊销的核算

企业某项非专利技术账面原值为 360 000 元，其使用寿命为 10 年，每月应摊销额为 3 000 元。企业应做如下会计分录：

借：管理费用——无形资产摊销　　3 000
　贷：累计摊销　　3 000

【例 9-5】 无形资产减值的核算

假设在例 9-4 中，在第 5 年年末，由于市场上出现了其他新技术，经企业评估，预计该项非专利技术可收回金额为 50 000 元，低于其账面价值，因此发生了减值。企业应做如下会计分录：

借：资产减值损失　　130 000
　贷：无形资产减值准备　　130 000

（四）处置无形资产的会计处理

1. 无形资产出售的会计处理

企业出售无形资产时，按实际收到的金额，借记“银行存款”等账户；按已计提的累计摊销，借记“累计摊销”账户；原已计提减值准备的，借记“无形资产减值准备”账户；按应支付的相关税费，贷记“应交税费”账户；按其账面余额，贷记“无形资产”账户；按其差额，借记或贷记“资产处置损益”账户。

【例 9-6】 无形资产出售的核算

企业将拥有的某项专利技术出售，银行已收款 2 500 000 元。该项专利技术的账面余额为 6 000 000 元，累计摊销额为 3 000 000 元，已计提减值准备 150 000 元（按照税法规定，企业技术转让免征增值税）。企业应做如下会计分录：

借：银行存款　　2 500 000
　　累计摊销　　3 000 000
　　无形资产减值准备　　150 000
　　资产处置损益　　350 000
　贷：无形资产　　6 000 000

【例 9-7】 无形资产出售的核算

企业将其所持有的一项无形资产出售，开具的增值税专用发票上注明的价款为 800 000 元、增值税税额为 48 000 元（增值税税率为 6%），该无形资产账面余额为 700 000 元，已摊销金额为 70 000 元，款项已收并存入银行。企业应做如下会计分录：

借：银行存款　　800 000
　　累计摊销　　70 000
　贷：无形资产　　700 000
　　　应交税费——应交增值税（销项税额）　　48 000
　　　资产处置损益　　122 000

2. 无形资产出租的会计处理

企业将其无形资产出租给他人并收取租金，属于与企业日常活动相关的其他经营活动取得的收入。在满足收入确认条件的情况下，企业应确认相关的收入及成本。出租无形资产取得租金收入，借记“银行存款”等账户，贷记“其他业务收入”账户。在摊销无形资产的成本以及发生的与转让有关的各种费用支出时，借记“其他业务成本”账户，贷记“累计摊销”账户。

【例 9-8】 无形资产出租的核算

企业将一项非专利技术出租给 B 企业使用。该专利技术账面余额为 120 000 元，摊销期限为 10 年；出租合同规定，承租方每年支付固定租金 15 000 元。企业应做如下会计分录：

（1）取得该项专利技术使用费时：

借：银行存款	15 900	
贷：其他业务收入		15 000
应交税费——应交增值税（销项税额）		900

（2）按年对该项专利技术进行摊销：

借：其他业务成本	12 000	
贷：累计摊销		12 000

3. 无形资产报废的会计处理

如果无形资产预期不能为企业带来未来经济利益，企业当将该无形资产的账面价值予以转销。转销时，按已计提的累计摊销，借记“累计摊销”账户；按其账面余额，贷记“无形资产”账户；按其差额，借记“营业外支出”账户或贷记“营业外收入”账户。已计提减值准备的，还应同时结转无形资产减值准备。

【例 9-9】 无形资产报废的核算

企业拥有的某项专利技术账面余额为 360 000 元，摊销期限为 10 年，采用直线法进行摊销，已摊销了 7 年。假定该项专利权的残值为 0，计提的减值准备为 35 000 元，现予以转销。企业应做如下会计分录：

借：累计摊销	252 000	
无形资产减值准备	35 000	
营业外支出	73 000	
贷：无形资产——专利权		360 000

第四节　其他非流动资产的核算

其他非流动资产是指资产负债表上所列非流动资产项目以外的其他周转期超过一年的非流动资产，包括商誉和长期待摊费用等，本节主要介绍长期待摊费用的核算方法。

一、长期待摊费用的概述

（一）长期待摊费用的定义

长期待摊费用是指企业发生的不能全部计入当期损益，而应当在以后年度分期摊销的各项长期预付费用。长期待摊费用包括开办费、以经营租赁方式租入的固定资产改良支出、固定资产的大修理支出以及摊销期限在一年以上的其他待摊费用。需要注意的是，应当由本期负担的借款利息、租金等，不得作为长期待摊费用处理。长期待摊费用在本质上并非真正的资产，而是为了实现收入与费用的适当配比，将预期于未来可获得效益的各项支出递延至以后各年度进行摊销。

长期待摊费用应按预计受益期间分期平均摊销，并以实际支出减去累计摊销后的净额在资产负债表中列示。如果长期待摊费用不能使以后会计期间受益，则将尚未摊销的该项目的摊余价值全部转入当期损益。

（二）长期待摊费用的特征

（1）长期待摊费用属于非流动资产；

（2）长期待摊费用是企业已经支出的各项费用；

（3）长期待摊费用应能使以后会计期间受益。

二、长期待摊费用核算的会计处理

为了核算长期待摊费用的增加、摊销及减少情况，企业应设置“长期待摊费用”账户。其借方登记长期待摊费用的发生额；贷方登记长期待摊费用的摊销额。期末借方余额反映企业尚未摊销的长期待摊费用的摊余价值。其明细账应按费用的种类设置。

【例 9－10】 长期待摊费用的核算

企业在筹建期间发生了以下支出：用银行存款支付各项办公费、培训费、印刷费等共计 45 000 元，用现金支付差旅费 4 000 元，应付工作人员工资 30 000 元。企业应做如下会计分录：

（1）筹建期间发生有关费用时：

借：长期待摊费用	79 000	
贷：银行存款		45 000
库存现金		4 000
应付职工薪酬		30 000

（2）开始生产经营时：

借：管理费用	79 000	
贷：长期待摊费用		79 000

知识链接：商誉的核算

本章小结

即测即评

思考题

1. 无形资产通常包括哪些项目？其有何特征？
2. 无形资产研究阶段和开发阶段的支出应如何进行会计核算？
3. 无形资产的处置分哪几种情况？分别如何进行会计处理？
4. 预计无形资产的使用寿命应当考虑哪些因素？
5. 对于无形资产的摊销，如何进行会计处理？
6. 对于使用寿命不确定的无形资产，如何进行后续计量？
7. 什么是长期待摊费用？它具有哪些特征？

案例分析题

甲房地产开发企业在进行内部审计时发现有关无形资产的一些问题：

(1) 2×22 年 1 月 1 日，甲企业从 A 公司购入一项非专利技术用于办公系统，支付价款 85 万元，支付相关税费 5 万元，预计在未来 10 年为甲企业带来经济利益。甲企业采用直线法摊销无形资产。2×22 年 1 月份发生房地产业务宣传广告费 10 万元，甲企业对相关业务的会计处理如下：

借：无形资产　　1 000 000

　贷：银行存款　　1 000 000

2×22 年对该项非专利技术的摊销额＝1 000 000÷10＝100 000(元)

借：管理费用　　100 000

贷：累计摊销　　100 000

（2）2×22年7月3日，甲企业购入一块土地，实际支付价款3 200万元，土地尚可使用年限为40年，按直线法摊销，购入的土地用于建造自用办公楼。2×22年11月15日，办公楼开始建造，甲企业将土地使用权的账面价值计入在建工程，并停止对土地使用权的摊销，截至2×22年12月31日，办公楼仍在建造中。甲企业对相关业务的会计处理如下：

借：管理费用　　200 000

　贷：累计摊销　　200 000

借：在建工程　　31 800 000

　　累计摊销　　200 000

　贷：无形资产　　32 000 000

要求：根据上述资料，判断甲企业的各项会计处理是否正确。如不正确，请说明理由，并编制更正有关会计差错的会计分录。

第十章
负　债

学习目标

1. 掌握负债的定义及特征，负债的确认和分类。

2. 掌握流动负债包含的内容，流动负债中短期借款、应付账款、应付票据、合同负债、应付职工薪酬、应交税费和其他应付款等的核算内容及会计处理。

3. 掌握非流动负债包括的内容，企业长期借款的核算内容及其会计处理。

4. 理解非流动负债的内涵、房地产开发企业非流动负债的特点及其举借非流动负债的利弊。

5. 了解企业应付债券、长期应付款和预计负债的核算内容，企业按面值发行应付债券的会计处理。

引导案例

江苏中南建设集团股份有限公司（简称中南建设，股票代码000961）成立于1998年7月，并于2000年3月1日正式在深交所挂牌上市。其经营范围包括房地产开发、销售，物业管理及对房地产、土木建筑工程、批发零售、服务、交通运输等行业投资，是一家以房地产开发为主的大型企业集团。中南建设在房地产业精耕20年，拥有一支从事房地产开发的优秀管理团队，其以产品和服务为纽带，持续为客户提供优质的服务，在全国拥有较高的品牌美誉度。2022年7月，中南建设列2022年《财富》中国500强排行榜第173位。

截至2021年12月31日，中南建设负债合计325 182 187 293.01元，其中流动负债283 825 364 707.17元，相比年初金额（253 200 647 012.44元）增长了12.10%，占本年负债总额的87.28%。在流动负债中，短期借款为9 431 113 247.95元、应付票据为12 000 897 737.80元、应付账款为36 507 585 713.92元、预收款项为19 753 340.41元、

合同负债为 134 458 410 600.57 元、应付职工薪酬为 1 789 250 460.54 元、应交税费为 7 145 028 250.39 元、应付股利为 9 345 300.00 元、其他应付款为 53 856 134 178.38 元、一年内到期的非流动负债为 14 806 062 692.03 元、其他流动负债为 13 811 128 485.18 元。其中，合同负债占流动负债的比例最高，达到 47.37%；其次是其他应付款占流动负债的比例，达到 18.98%。

此外，非流动负债为 41 356 822 585.84 元，相比年初金额（57 689 639 759.25 元）减少了 28.31%，占本年负债金额的 12.72%。在非流动负债中，长期借款为 32 733 958 557.59 元、应付债券为 5 304 510 084.40 元、租赁负债为 1 850 201 906.41 元、长期应付款为 260 000 000.00 元（其中包括政府代付的项目土地款项 91 000 000.00 元、扣除一年内到期的长期应付款后的金额 200 000.00 元、专项应付款 169 200 000.00 元）。预计负债为 18 430 000.94 元，预计负债按照履行相关现时义务所需支出的最佳估计数进行初始计量；其他非流动负债为 36 627 300.00 元。这些数据不仅反映了负债的构成内容，也体现了负债对房地产开发企业的重要作用。

资料来源：根据中南建设集团股份有限公司 2021 年年度报告整理。

何谓负债？负债具有哪些特征？如何确认负债？如何对负债进行分类？流动负债与非流动负债各自包括哪些内容？它们是如何被分类的？房地产开发企业的预收款项如何进行核算？不同类型的流动负债应如何进行会计确认、计量、记录和报告？非流动负债对房地产开发企业有什么作用？不同类型的非流动负债在具体核算方式上有什么不同？长期借款如何进行核算？预计负债的确认条件有哪些？通过本章的学习，相信你会找到答案。

第一节 负债概述

一、负债的定义及特征

负债是指企业过去的交易或者事项形成的预期会导致经济利益流出企业的现时义务。根据定义可知，负债具有以下三个特征：

（1）负债是由过去的交易或事项形成的。这里所说的过去的交易或事项是指企业已经完成的经济业务，与企业尚未发生的交易或事项无关。例如，企业做出了近期向银行借款的决定，但尚未执行，企业在向银行借款前就不能将这一借款金额确认为一项负债。

（2）负债是企业承担的现时义务。现时义务是企业在现行条件下已承担的义务，而不是承担未来发生的交易或者事项形成的义务。这里所说的义务包括法定义务和推定义务。法定义务是指具有约束力的合同或者法律法规规定的义务，通常在法律意义上需要强制执行。推定义务是指根据企业多年的习惯做法、公开的承诺或者公开宣布的政策而导致企业将承担的责任。例如，房地产开发企业一直对其销售的商品房在一定的期间提供免费的售后服务，这种预期的售后服务就属于推定义务，应该将其涉及的金额确认为一项负债。

（3）负债预期会导致经济利益流出企业。负债的清偿就是企业履行其经济责任，使经济利益流出企业，这也是负债的本质特征之一。企业履行现时义务时，会导致经济利益流出企业的形式多种多样。例如，企业可以用现金或实物资产偿还，以提供劳务形式偿还，部分转移资产、部分提供劳务形式偿还或者将负债转换为资本等。

【例 10－1】 负债的判断

甲房地产开发企业经董事会同意已经向银行借款 18 000 万元，同时董事会又做出向银行借款 54 000 万元的决定，但还没有借入这笔款项。在此案例中，已经借入的 18 000 万元应确认为企业的一项负债，而董事会决定的还未借入的 54 000 万元则不应作为负债。

二、负债的确认和分类

（一）负债的确认条件

将一项现时义务确认为负债，根据《企业会计准则——基本准则》的规定，应该满足以下两个条件：

（1）与该义务有关的经济利益很可能流出企业；

（2）未来流出的经济利益的金额能够可靠计量。

（二）负债的分类

1. 货币性负债和非货币性负债

负债按企业偿还方式的不同可分为货币性负债和非货币性负债。货币性负债是指企业用货币偿还的债务，如短期借款、应付票据和应交税费等。非货币性负债是指企业以实物资产或提供劳务等偿还的债务，如预收款项等。这种负债分类方式有利于企业合理安排现金流量。

2. 流动负债和非流动负债

负债按偿还时间的长短可分为流动负债和非流动负债。流动负债是指满足下列条件之一的负债：预计在一个正常营业周期中清偿；主要为交易目的而持有；自资产负债表日起一年内到期应予以清偿；企业无权自主地将清偿推至资产负债表日后一年以上。非流动负债是指流动负债以外的负债。

这种负债分类方式的重要作用之一是使企业能够分清两种负债形成的原因以及所起的不同作用。流动负债是在企业经营活动中发生的，而非流动负债是企业经营决策的结果。企业是否负债经营以及负债所占比例多少，完全取决于企业管理层的决策。这种负债分类方式的另一个作用是有利于企业在不影响正常经营活动的情况下，合理安排偿债资金，按时偿还负债。

第二节 流动负债的核算

房地产开发企业的流动负债包括短期借款、交易性金融负债、应付票据、应付账款、合同负债、应付职工薪酬、应付股利、应付利息、应交税费、其他应付款、持有待售的非流动负债和一年内到期的非流动负债等。

流动负债除具备负债的一般特征外，还具有如下特点：

（1）流动负债的偿还期限短，为在债权人提出要求时即期偿付，或者自资产负债表日起一年内或一个正常营业周期内必须履行；

（2）流动负债作为义务要用企业的流动资产或新的负债清偿。

流动负债可以按照不同的标准进行分类。

1. 按照流动负债产生的原因分类

（1）借贷形成的流动负债，如向银行和其他金融机构借入的短期借款。

（2）经营过程中产生的流动负债，如客户已签订购房合同，但只缴纳一部分房款的合同负债。

（3）权责发生制下调整费用形成的负债，如应付利息等。

（4）利润分配产生的流动负债，如应付股利等。

2. 按照流动负债应付金额是否肯定分类

（1）应付金额肯定的流动负债。这类流动负债一般在确认一项义务的同时，根据合同、契约或法律的规定具有确切的金额，乃至有确切的债权人和预付日期，并且到期必须偿还，如应付账款、应付票据、合同负债、其他应付款等。

（2）应付金额视经营情况而定的流动负债。这类流动负债根据企业在一定会计期间的经营情况，到该会计期末才能确定金额，如应交税费、应付股利等。

（3）应付金额予以估计的流动负债。这类流动负债虽然是过去发生的现存义务，但其金额乃至偿还日期和债权人，在编制资产负债表日仍然难以确定，如产品质量担保债务，应按以往的经验或依据有关的资料来估计其应承担义务的金额。

一、短期借款的核算

（一）短期借款核算的内容

短期借款是指企业向银行或其他金融机构等借入的期限在一年以下（含一年）的各种借款。举借短期借款一般是为了维持房地产开发企业正常的开发经营所需的资金，因此，它是企业的一项流动负债。

企业在归还短期借款时，除了归还借入的本金外，还应按规定支付利息。如果企业的短期借款利息按月支付，或者利息在借款到期时连同本金一起归还且数额不大，则可以在实际支付或收到银行的计息通知时，直接计入当期损益；如果短期借款利息按期支付，或者利息在借款到期时连同本金一起归还且数额较大，为了正确计算各期盈亏，应采用预提的办法，先按月计入当期损益，到期再进行支付。

（二）短期借款核算应设置的账户及其会计处理

为了核算和监督短期借款的借入和归还情况，房地产开发企业应设置“短期借款”

账户。其贷方登记企业借入的各种短期借款；借方登记偿还的各种短期借款。期末贷方余额反映企业尚未偿还的短期借款的本金。本账户应按债权人设置明细账，并按借款种类、贷款人和币种进行明细核算。

如果企业的短期借款利息按月支付，且金额不大，则可以在实际支付或收到银行的计息通知时，借记“财务费用”账户，贷记“银行存款”账户。对于资产负债表日尚未支付的利息，应贷记“应付利息”账户。企业在支付利息时，对于资产负债表日已计息的部分，应借记“应付利息”账户，贷记“银行存款”账户；对于资产负债表日后计息的部分，应借记“财务费用”账户，贷记“银行存款”账户。

【例 10-2】 短期借款的核算

企业于 2×22 年 12 月 1 日向银行借入流动资金 6 000 000 元，借款利率为月息 4‰，借款期限为 2 个月，到期时一次还本付息。企业应做如下会计分录：

(1) 借入款项时：

借：银行存款	6 000 000	
贷：短期借款		6 000 000

(2) 2×22 年 12 月 31 日，计算尚未支付的利息时：

借：财务费用	24 000	
贷：应付利息		24 000

(3) 2×23 年 2 月 1 日，归还借款时：

借：短期借款	6 000 000	
应付利息	24 000	
财务费用	24 000	
贷：银行存款		6 048 000

本例中，如果不存在跨年度计息的问题，就不用通过“应付利息”账户核算利息。对于利息的核算，企业可以直接借记“财务费用”账户，贷记“银行存款”账户。假如企业按月核算利息，则月末依然应通过“应付利息”账户进行核算。

知识链接：交易性金融负债的核算

二、应付账款的核算

（一）应付账款核算的内容

应付账款是指企业以摊余成本计量的因接受建筑劳务和出包工程而应付给其他单位的工程价款等，它是房地产开发企业流动负债的重要组成部分。

应付账款一般在较短期限内支付，但在实际工作中可能会出现应付账款无法支付的情况。对于因债权人原因确实无法支付的应付账款，企业应将其直接转入“营业外收入——其他”账户。

（二）应付账款核算应设置的账户及其会计处理

为了核算企业应付工程款的发生及归还情况，房地产开发企业应设置“应付账款”账户。其贷方登记企业与提供劳务或承包单位结算工程价款时，根据经审核的提供劳务或承包单位提出的工程价款结算账单结算的应付已完工程价款；借方登记企业支付给提供劳务或承包单位的工程款以及企业开出、承兑商业汇票抵付的应付账款和因债务重组方式而发生的应付账款的减少数。期末贷方余额反映企业应付而尚未支付的提供劳务或承包单位的已完工程价款。本账户应按应付账款类别设置明细账，并分别按提供劳务或承包单位进行明细核算。

【例 10－3】 应付账款的核算

企业根据承包单位提出的工程价款结算账单及所附已完工程月报表，确认应付当月已完工程价款，并要求支付工程款。同时，企业取得施工单位开具的增值税专用发票，其上注明的金额为 1 000 000 元、增值税税额为 90 000 元（增值税税率为 9%）。根据计算，本月应从应付工程款中扣回预付备料款 360 000 元，扣回预付工程款 255 000 元，余款通过银行存款支付。企业应做如下会计分录：

（1）结算工程款时：

借：开发成本	1 000 000	
应交税费——应交增值税（进项税额）	90 000	
贷：应付账款——应付工程款		1 090 000

（2）以预付工程款抵扣工程进度款时：

借：应付账款——××施工单位	615 000	
贷：预付账款——××施工单位		615 000

（3）支付应付工程款时：

借：应付账款——应付工程款	475 000	
贷：银行存款		475 000

（4）假如企业因债权人原因发生确实无法支付的应付账款为 100 000 元：

借：应付账款	100 000	
贷：营业外收入——其他		100 000

三、应付票据的核算

（一）应付票据核算的内容

应付票据是企业以摊余成本计量的对接受建筑劳务和工程价款进行结算时由于采用商业汇票结算方式而发生的，由收款人或付款人（或承兑申请人）签发，承兑人承兑的票据。根据承兑人的不同，应付票据可以分为商业承兑汇票和银行承兑汇票。另外，根据票据是否支付利息，应付票据又可以分为带息应付票据和不带息应付票据。根据重要性原则，应付票据通常以面值入账。在支付银行承兑汇票时的手续费支出，应计入当期损益，即借记“财务费用”账户，贷记“银行存款”账户。

房地产开发企业还应设置应付票据备查簿，详细登记每一笔应付票据的种类、号数、签发日期、到期日、票面金额、票面利率、合同交易号、收款人姓名或单位名称，以及付款日期和金额等详细资料。当应付票据到期结清时，应在备查簿内逐笔注销。

（二）应付票据核算应设置的账户

为了核算和监督以摊余成本计量的对接受建筑劳务和工程价款进行结算时而开出、承兑的商业汇票的实际情况，房地产开发企业应设置“应付票据”账户。其贷方登记企业开出承兑商业汇票或以承兑商业汇票抵付应付账款时的金额；借方登记票据到期支付的金额或票据到期无力支付而转为应付账款的金额。期末贷方余额，反映企业尚未到期的应付票据本息。

对于带息票据，考虑到票据期限不长、利息金额不大，为简化核算手续，一般不按期预计利息，而是采用在票据到期支付利息时，一次借记“财务费用”账户，贷记“银行存款”账户的方式处理。但是，如果应付票据跨年度，则应该在资产负债表日计提利息，即借记“财务费用”账户，贷记“应付利息”账户。对于到期不能支付的带息应付票据，在将其转入“应付账款”账户核算后，不再计提利息。

（三）应付票据核算的会计处理

房地产开发企业应付票据核算的会计处理流程如图 10－1 所示。

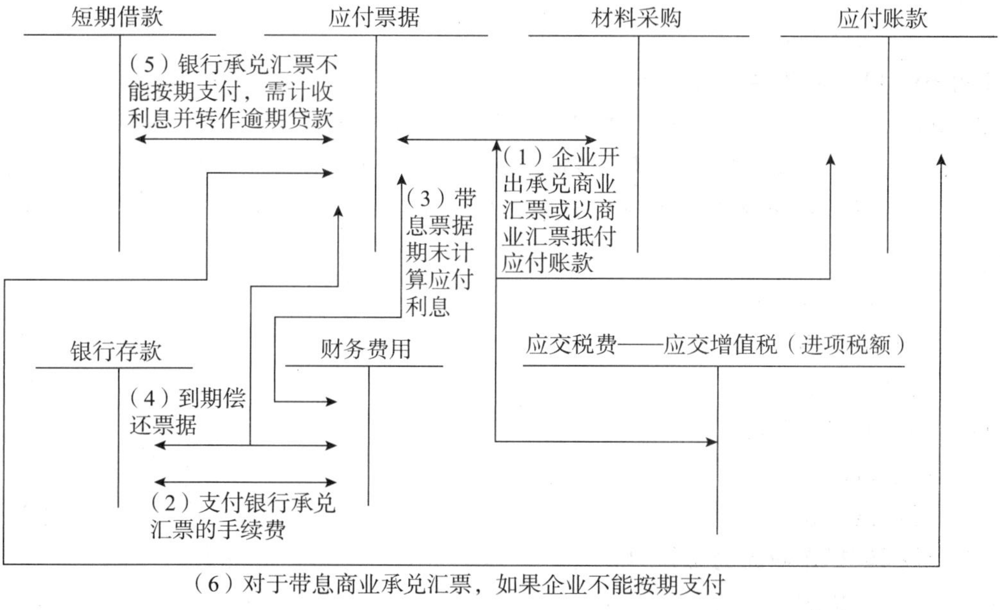

图 10－1 应付票据核算的会计处理流程

（1）企业开出承兑商业汇票或以商业汇票抵付应付账款时：

借：开发成本（或应付账款）
　贷：应付票据

（2）支付银行承兑汇票的手续费时：

借：财务费用
　贷：银行存款

（3）带息票据期末计算应付利息时：

借：财务费用
　贷：应付票据

（4）到期偿还票据时：

借：应付票据
　　财务费用（带息票据未计提的利息）
　贷：银行存款

（5）企业开出并承兑的银行承兑汇票如果不能按期支付，承兑银行除凭票向持票人无条件付款外，对出票人尚未支付的汇票金额按照每天万分之五计收利息并转作逾期贷款处理：

借：应付票据
　贷：短期借款

（6）对于带息商业承兑汇票，如果企业不能按期支付时：

借：应付票据
　贷：应付账款

同时，罚息需作为营业外支出处理：

借：营业外支出
　贷：银行存款

【例 10－4】 应付票据的核算

企业收到某施工单位的工程结算单，并要求企业支付工程款，取得的施工单位开具的增值税专用发票上注明的金额为 1 000 000 元、增值税税额为 90 000 元（增值税税率为 9%）。企业开出一张半年期的商业承兑汇票，用于抵顶应付施工单位工程款。企业应做如下会计分录：

（1）开出票据时：

借：开发成本　　1 090 000
　贷：应付票据　　1 090 000

（2）票据到期承兑时：

借：应付票据　　1 090 000
　贷：银行存款　　1 090 000

（3）票据到期企业无力支付时：

借：应付票据　　1 090 000
　贷：应付账款　　1 090 000

【例 10－5】 应付账款转换为应付票据的核算

企业开出并承兑一张面值为 1 600 000 元、票面利率为 6%、半年期的银行承兑汇票，用于抵项之前的应付账款。企业应做如下会计分录：

（1）开出票据时：

借：应付账款　　1 600 000

　贷：应付票据　　1 600 000

（2）票据到期承兑时：

借：应付票据　　1 600 000

　　财务费用　　48 000

　贷：银行存款　　1 648 000

（3）票据到期企业无力支付时：

借：应付票据　　1 600 000

　　财务费用　　48 000

　贷：短期借款　　1 648 000

四、合同负债的核算

（一）合同负债核算的内容及应设置的账户

合同负债是指企业已收或应收客户对价而应向客户转让商品的义务，如企业在转让承诺的商品之前已收取的款项。

为了核算企业已收或应收客户对价而应向客户转让商品的义务，房地产开发企业应设置“合同负债”账户。其贷方登记企业在向客户转让商品之前，客户已经支付了合同对价或企业已经取得了无条件收取合同对价的权利，企业应当在客户实际支付款项与到期应支付款项孰早时点，已收或应收的金额；借方登记企业向客户转让相关商品时按照收入确认的金额。期末贷方余额，反映企业在向客户转让商品之前，已收到的合同对价或已经取得的无条件收取合同对价权利的金额。涉及增值税的，还应进行相应的处理。本账户应按合同进行明细核算。

（二）合同负债核算的会计处理

（1）企业收到客户支付的合同对价时：

借：银行存款

　贷：合同负债

　　　应交税费——应交增值税（销项税额）

（2）企业取得无条件收取合同对价的权利时：

借：应收账款

　　应收票据

　贷：合同负债

(3) 企业向客户交付房屋时：

借：合同负债

贷：主营业务收入

【例 10-6】 合同负债的核算

企业向个人预售商品房一套，预收房款为 218 000 元。企业应做如下会计分录：

(1) 预收款项时：

借：银行存款	2 180 000	
贷：合同负债		2 000 000
应交税费——应交增值税（销项税额）		180 000

(2) 预缴增值税时：

借：应交税费——预交增值税	5 504.59	
贷：银行存款		5 504.59

预缴增值税税款＝预收款÷(1＋适用税率 9%)×3%

＝218 000÷(1＋9%)×3%

＝5 504.59(元)

需要注意的是，房地产开发企业除了有合同负债以外，还可能有预收账款。预收账款是指企业按照合同或协议规定的除合同负债核算范围外向购房单位或个人预收的购房款，以及代委托单位开发建设项目，按照合同或协议的规定向委托单位预收的工程款。

五、应付职工薪酬的核算

(一) 应付职工薪酬的定义

根据《企业会计准则第 9 号——职工薪酬》的规定，职工薪酬，是指企业为获得职工提供的服务或解除劳动关系而给予的各种形式的报酬或补偿。职工薪酬包括短期薪酬、离职后福利、辞退福利和其他长期职工福利。企业提供给职工配偶、子女、受赡养人、已故员工遗属及其他受益人等的福利，也属于职工薪酬。这里所称的职工，是指与企业订立劳动合同的所有人员，含全职、兼职和临时职工，也包括虽未与企业订立劳动合同但由企业正式任命的人员。未与企业订立劳动合同或未由其正式任命，但向企业所提供服务与职工所提供服务类似的人员，也属于职工的范畴，包括通过企业与劳务中介公司签订用工合同而向企业提供服务的人员。

职工薪酬是房地产开发企业为获得职工提供的服务而给予的各种形式的报酬以及其他相关支出。从薪酬的涵盖时间和支付形式来看，职工薪酬包括企业在职工在职期间和离职后给予的所有货币性薪酬和非货币性福利；从薪酬的支付对象来看，职工薪酬包括企业提供给职工本人及其配偶、子女或其他被赡养人的福利，如支付给因公伤亡职工的配偶、子女或其他被赡养人的抚恤金。总之，企业与职工之间因职工提供服务而形成的关系，构成了企业的现时义务，这将导致企业未来经济利益的流出，从而形成企业的流动负债。

（二）职工薪酬核算的内容

1. 短期薪酬

短期薪酬，是指企业在职工提供相关服务的年度报告期间结束后十二个月内需要全部予以支付的职工薪酬，因解除与职工的劳动关系给予的补偿除外。短期薪酬具体包括：职工工资、奖金、津贴和补贴，职工福利费，医疗保险费、工伤保险费和生育保险费等社会保险费，住房公积金，工会经费和职工教育经费，非货币性福利，短期带薪缺勤，短期利润分享计划以及其他与获得职工提供的服务相关的支出。

（1）职工工资、奖金、津贴、补贴。职工工资、奖金、津贴和补贴是指按照国家统计局的规定构成工资总额的计时工资、计件工资、支付给职工的超额劳动报酬和增收节支的劳动报酬、为了补偿职工特殊或额外的劳动消耗和因其他特殊原因支付给职工的津贴，以及为了保证职工工资水平不受物价影响而支付给职工的物价补贴等。

（2）职工福利费。职工福利费主要包括职工因公负伤赴外地就医的路费、职工生活困难补助、未实行医疗统筹企业职工医疗费用，以及按规定发生的其他职工福利支出。

（3）医疗保险费、养老保险费等社会保险费。医疗保险费、养老保险费等社会保险费，是指企业按照国务院、各地方政府或企业年金计划规定的基准和比例计算，向社会保险经办机构缴纳的医疗保险费、养老保险费、失业保险费、工伤保险费和生育保险费。企业以购买商业保险的形式向职工提供的各种保险待遇也属于职工薪酬，应当按照职工薪酬的相关准则进行确认、计量和披露。

（4）住房公积金。住房公积金是指企业按照国家规定的基准和比例计算，向住房公积金管理机构缴存的住房公积金。

（5）工会经费和职工教育经费。工会经费和职工教育经费是指企业为了改善职工文化生活、推动职工学习先进技术、提高文化水平和业务素质，用于开展工会活动和职工教育及职业技能培训等的相关支出。

（6）非货币性福利。非货币性福利是指企业以自己的产品或外购商品作为福利发放给职工以及企业提供给职工无偿使用的企业资产或租赁资产。其包括：提供给企业高级管理人员使用的住房；免费为职工提供的医疗保健服务；向职工提供由企业支付了一定补贴的商品或服务等，如以低于成本的价格向职工出售住房。

（7）带薪缺勤。带薪缺勤是指企业支付工资或提供补偿的职工缺勤，包括年休假、病假、短期伤残、婚假、产假、丧假、探亲假等。

（8）利润分享计划。利润分享计划是指企业因职工提供服务而与职工达成的基于利润或其他经营成果提供薪酬的协议。

（9）其他与获得职工提供的服务相关的支出。其他与获得职工提供的服务相关的支出是指除上述八种薪酬以外的其他为获得职工提供的服务而给予的薪酬，如企业提供给职工以权益形式结算的认股权、以现金形式结算但以权益工具公允价值为基础确定的现金股票增值权等。

2. 离职后福利

离职后福利，是指企业为获得职工提供的服务而在职工退休或与企业解除劳动关系后，提供的各种形式的报酬和福利，短期薪酬和辞退福利除外。

3. 辞退福利

辞退福利，是指企业在职工劳动合同到期之前解除与职工的劳动关系，或者为鼓励职工自愿接受裁减而给予职工的补偿。

4. 其他长期职工福利

其他长期职工福利，是指除短期薪酬、离职后福利、辞退福利之外所有的职工薪酬，包括长期带薪缺勤、长期残疾福利、长期利润分享计划等。

（三）职工薪酬的确认和计量

1. 短期薪酬的确认和计量

企业应当在职工为其提供服务的会计期间，将实际发生的短期薪酬确认为负债，并计入当期损益，其他会计准则要求或允许计入资产成本的除外。

（1）职工工资、奖金、津贴和补贴。企业应当根据职工提供的服务情况和工资标准计算应计入职工薪酬的工资总额，按照受益对象计入当期损益或相关资产成本。

（2）职工福利费。企业发生的职工福利费，应当在实际发生时根据实际发生额计入当期损益或相关资产成本。职工福利费为非货币性福利的，应当按照公允价值计量。按照营改增文件的规定，企业将购进货物、加工修理修配劳务、服务、无形资产（不包括其他权益性无形资产）和不动产，用于简易计税方法计税项目、免征增值税项目、集体福利或者个人消费的，其进项税额不得抵扣。

（3）社会保险费、住房公积金、工会经费和职工教育经费。企业为职工缴纳的医疗保险费、工伤保险费、生育保险费等社会保险费和住房公积金，以及按规定提存的工会经费和职工教育经费，应当在职工为其提供服务的会计期间，根据规定的计提基础和计提比例计算确定相应的职工薪酬金额，并确认相应负债，计入当期损益或相关资产成本。

其中，对于工会经费和职工教育经费，企业应当按照财务通则等的相关规定，分别按照职工工资总额的2%和1.5%的计提标准，计量应付职工薪酬（工会经费、职工教育经费）的义务金额和应相应计入成本费用的薪酬金额。

（4）带薪缺勤。企业可能对各种原因产生的缺勤进行补偿，如年休假、生病、短期伤残、婚假、产假、丧假、探亲假等。根据带薪权利能否结转下期使用，带薪缺勤可以分为两类：

第一，非累积带薪缺勤，是指带薪权利不能结转下期的带薪缺勤，即如果当期权利没有行使完就予以取消，并且职工在离开企业时对未使用的权利无权获得现金支付。在我国，企业职工休婚假、产假、丧假、探亲假、病假期间的工资通常属于非累积带薪缺勤。由于职工提供服务本身不能增加其能够享受的福利金额，因此企业应当在职工缺勤时确认负债和相关资产成本或当期费用。在实务中，我国企业一般是在缺勤期间计提应付工资时一并处理这类费用。

第二，累积带薪缺勤，是指带薪权利可以结转下期的带薪缺勤，即如果本期的权利没有行使完，可以在未来期间使用。当职工提供了服务从而增加了其享有的未来带薪缺勤的权利时，企业就产生了一项义务，应当对这项义务予以确认和计量，并按照带薪缺勤计划予以支付。

（5）利润分享计划。利润分享计划同时满足下列条件的，企业应当确认相关的应付职工薪酬：

1）企业因过去事项导致现在具有支付职工薪酬的法定义务或推定义务。

2）因利润分享计划所产生的应付职工薪酬义务金额能够可靠估计。属于下列三种情形之一的，视为义务金额能够可靠估计：在财务报告批准报出之前企业已确定应支付的薪酬金额；该短期利润分享计划的正式条款中包括确定薪酬金额的方式；过去的惯例为企业确定推定义务金额提供了明显证据。

（6）非货币性福利。企业向职工提供非货币性福利的，应按公允价值计量。公允价值不能可靠取得的，可以采用成本计量。

1）企业以其生产的产品作为非货币性福利提供给职工的，应当按照该产品的公允价值和相关税费，计量应计入成本费用的职工薪酬金额。此时，相关收入的确认、销售成本的结转和相关税费的处理，都应与正常商品销售相同。以外购商品作为非货币性福利提供给职工的，应该按照该商品的公允价值和相关税费计入成本费用。

2）企业将拥有的房屋等资产无偿提供给职工使用的，应当根据受益对象，将住房每期的公允价值计入当期损益或相关资产成本，同时确认应付职工薪酬。公允价值无法取得的，可以按成本计量。

3）向职工提供企业支付了补贴的商品或服务。

2. 离职后福利的确认和计量

企业应当将离职后福利计划分类为设定提存计划（DCP）和设定受益计划（DBP）。离职后福利计划，是指企业与职工就离职后福利达成的协议，或者企业为向职工提供离职后福利制定的规章或办法等。其中，设定提存计划，是指向独立的基金缴存固定费用后，企业不再承担进一步支付义务的离职后福利计划，职工退休后每期领取的金额由缴费金额和投资收益确定；设定受益计划，是指除设定提存计划以外的离职后福利计划。企业通过养老金计划确定职工退休后每期领取的金额，采用预期累计福利单位法（ABM）和适当的精算假设，计量设定受益计划所产生的义务。

企业应当在职工为其提供服务的会计期间，将根据设定提存计划计算的应缴存金额确认为负债，并计入当期损益或相关资产成本。根据设定提存计划，预期不会在职工提供相关服务的年度报告期结束后十二个月内支付全部应缴存金额的，企业应当按照规定的折现率，将全部应缴存金额以折现后的金额计量应付职工薪酬。折现率应采用资产负债表日与设定受益计划义务期限和币种相匹配的国债市场收益率，或活跃市场上的高质量公司债券的市场收益率。

3. 辞退福利的确认和计量

企业向职工提供辞退福利的，应当在下列两者孰早日确认辞退福利产生的职工薪酬负债，并计入当期损益：

（1）企业不能单方面撤回因解除劳动关系计划或裁减建议所提供的辞退福利时。

（2）企业确认与涉及支付辞退福利的重组相关的成本或费用时。

企业应当按照辞退计划条款的规定，合理预计并确认辞退福利产生的应付职工薪酬。辞退福利预期在其确认的年度报告期结束后十二个月内完全支付的，应当适用短期薪酬的相关规定；辞退福利预期在年度报告期结束后十二个月内不能完全支付的，应当适用准则关于其他长期职工福利的有关规定。即实质性辞退工作在一年内实施完毕但补偿款项超过一年支付的辞退计划，企业应当选择恰当的折现率，以折现后的金额计量应计入当期损益的辞退福利金额。

辞退福利通常采取在解除劳动关系时一次性支付补偿的方式，也有提高退休后养老金或其他离职后福利的标准，或者将职工工资支付至辞退后未来某一期间的方式。

4. 其他长期职工福利的确认和计量

企业应当按照准则中设定受益计划的有关规定，确认和计量其他长期职工福利净负债或净资产。在报告期末，企业应当将其他长期职工福利产生的职工薪酬成本确认为下列组成部分：

（1）服务成本。

（2）其他长期职工福利净负债或净资产的利息净额。

（3）重新计量其他长期职工福利净负债或净资产所产生的变动。

为简化相关的会计处理，上述项目的总净额应计入当期损益或相关资产成本。长期残疾福利水平取决于职工提供服务期间长短的，企业应当在职工提供服务的期间确认应付长期残疾福利义务，计量时应当考虑长期残疾福利支付的可能性和预期支付的期限；长期残疾福利与职工提供服务期间长短无关的，企业应当在导致职工长期残疾的事件发生的当期确认应付长期残疾福利义务。

（四）应付职工薪酬的核算应设置的账户及其会计处理

为了核算和监督企业应付给职工的工资总额，房地产开发企业应设置“应付职工薪酬”账户。其贷方登记月份终了按职工工作部门和服务对象分配的本月应发放的职工薪酬；借方登记实际支付给职工的职工薪酬。本账户期末一般应无余额。如果企业本月实发工资是按上月考勤记录计算的，实发工资与按本月考勤记录计算的应付职工薪酬之间的差额，即为本账户的期末余额。如果企业实发的职工薪酬与应付的职工薪酬相差不大，也可以按本月实发的职工薪酬作为应付职工薪酬进行分配，这样本账户期末即无余额。如果不是由于上述原因引起的应付职工薪酬大于实发职工薪酬，期末贷方余额则反映了企业职工薪酬结余。企业应设置应付工资明细账，按照职工类别分设账页，按照工资的组成内容分设专栏，根据工资单或工资汇总表进行明细核算。

“应付职工薪酬”账户可按“短期薪酬”“离职后福利”“辞退福利”“其他长期职工福利”等设置二级明细账户。

1. 企业计算应付职工薪酬时的会计处理

（1）计算项目开发部门人员的职工薪酬时：

借：开发成本

　　贷：应付职工薪酬

（2）计算在建工程、研发支出负担的职工薪酬时：

借：在建工程

研发支出

贷：应付职工薪酬

（3）计算管理部门人员、销售人员的职工薪酬时：

借：管理费用

销售费用

贷：应付职工薪酬

2. 因解除劳动关系而给予职工薪酬补偿时

借：管理费用

贷：应付职工薪酬——辞退福利

3. 企业发放职工薪酬的会计处理

（1）向职工支付工资、奖金、津贴、福利费等，并从应付职工薪酬中扣还各种款项（如代垫的家属药费、税费等）时：

借：应付职工薪酬

贷：银行存款

库存现金

其他应收款

应交税费——应交个人所得税等

（2）支付工会经费和职工教育经费时：

借：应付职工薪酬

贷：银行存款

（3）企业缴纳社会保险费和住房公积金时：

借：应付职工薪酬

贷：银行存款

对于代其他公司员工缴纳社会保险的，如果员工所在公司为上市公司，则与员工所在公司挂往来账，否则与个人挂往来账。代垫款项按月结清。

【例 10-7】 应付职工薪酬的核算

月份终了，企业分配及发放本月应付的工资总额，其中，开发项目现场人员的工资为450 000元，专设销售机构人员的工资为210 000元，企业行政管理人员的工资为140 000元，改、扩建工程人员的工资为160 000元。企业应做如下会计分录：

（1）月份终了分配工资时：

借：开发成本	450 000	
销售费用	210 000	
管理费用	140 000	
在建工程	160 000	
贷：应付职工薪酬		960 000

（2）发放工资时：

借：应付职工薪酬　　960 000

　贷：银行存款　　960 000

六、应交税费的核算

应交税费是指企业按照现行税法规定，根据其在一定时期内取得的营业收入和实现的利润等，采用一定的计税方法计算的应缴纳的各种税费。房地产开发企业按规定应向国家缴纳的税费主要包括增值税、城市维护建设税、土地增值税、教育费附加、所得税、房产税、城镇土地使用税、车船税、印花税等。

（一）增值税

根据的《财政部 国家税务总局关于全面推开营业税改征增值税试点的通知》（财税〔2016〕36号）的规定，房地产开发企业从2016年5月1日起开始缴纳增值税。我国现行增值税基本规范是2017年11月19日国务院公布的《中华人民共和国增值税暂行条例》（国务院令第691号）、2016年3月发布的财税〔2016〕36号以及2019年3月发布的财政部 税务总局 海关总署公告2019年第39号文件。从2019年4月1日起，房地产开发企业一般计税增值税税率为9%，简易计税增值税征收率为3%；增值税一般纳税人发生增值税应税销售行为或者进口货物的，税率调整为13%。

1. 增值税的概念

增值税是以商品（包含货物、加工修理修配劳务、服务、无形资产或不动产，以下统称商品）在流转过程中产生的增值额作为计税依据而征收的一种流转税。按照增值税的有关规定，企业购入商品时支付的增值税（即进项税额），可以从销售商品按规定收取的增值税（即销项税额）中抵扣。

房地产开发企业中的一般纳税人，出租自行开发的房地产老项目，可以选择适用简易计税办法，按照5%的征收率计算应纳税额；出租其2016年5月1日后自行开发的与机构所在地不在同一县（市）的房地产项目，应按3%预征率在不动产所在地预缴税款后，向机构所在地主管税务机关进行纳税申报。

房地产开发企业中的小规模纳税人，出租自行开发的房地产项目，按照5%的征收率计算应纳税额。

2. 增值税的计算

一般纳税人销售货物、不动产、无形资产或提供应税服务和劳务，其应纳税额采用扣税法计算。其计算公式如下：

应纳增值税税额＝当期销项税额－当期进项税额

小规模纳税人发生应税销售行为，实行按照销售额和征收率计算应纳税额的简易办法，并且不得抵扣进项税额。其应纳增值税税额的计算公式如下：

应纳增值税税额＝销售额×征收率

（1）当期销项税额的计算。当期销项税额，是指纳税人在当期销售货物、不动产、无形资产或提供应税服务和劳务时，按照销售额和适用税率计算并向购买方收取的增值税税额。销项税额的计算公式如下：

销项税额＝销售额×税率

式中，销售额是指纳税人销售货物或提供应税服务时向购买方收取的全部价款和价外费用，但不包括向购买方收取的销项税额，即为不含税的收入，其计算公式为：

销售额＝向购买方收取的全部价款和价外费用÷(1＋税率或征收率)

（2）当期进项税额的计算。当期进项税额，是指纳税人在当期购进货物、不动产、无形资产或接受应税服务和劳务时，支付或负担的增值税税额。根据《中华人民共和国增值税暂行条例》的规定，下列进项税额准予从销项税额中扣除：

1）从销售方取得的增值税专用发票上注明的增值税税额。

2）从海关取得的海关进口增值税专用缴款书上注明的增值税税额。

3）购进农产品，除取得增值税专用发票或者海关进口增值税专用缴款书外，按照农产品收购发票或者销售发票上注明的农产品买价和规定的扣除率计算的进项税额，国务院另有规定的除外。进项税额计算公式：

进项税额＝买价×扣除率

4）自境外单位或者个人购进劳务、服务、无形资产或者境内的不动产，从税务机关或者扣缴义务人取得的代扣代缴税款的完税凭证上注明的增值税税额。

另外，值得注意的是，2016 年 5 月 1 日后，政策允许将新增不动产纳入抵扣范围。

根据《中华人民共和国增值税暂行条例》的规定，企业发生的下列项目的进项税额不得从销项税额中抵扣：

1）用于简易计税方法计税项目、免征增值税项目、集体福利或者个人消费的购进货物、劳务、服务、无形资产和不动产。

2）非正常损失的购进货物，以及相关的劳务和交通运输服务。

3）非正常损失的在产品、产成品所耗用的购进货物（不包括固定资产）、劳务和交通运输服务。

4）国务院规定的其他项目。

3. 增值税核算的会计处理

（1）增值税一般纳税人企业应缴纳的增值税，在“应交税费”账户下设置“应交增值税”等二级明细账户进行核算。

1）“应交增值税”明细账户。该账户的借方发生额反映企业购进货物或接受应税劳务支付的进项税额、实际已缴纳的增值税、月终转出当月应缴未缴的增值税；贷方发生额反映销售货物或提供应税劳务、服务应缴纳的增值税，以及出口企业收到的出口退税额、进项税额转出数额、转出多缴的增值税。期末借方余额反映企业尚未抵扣的增值税。

2）“未交增值税”明细账户。该账户核算一般纳税人月度终了从“应交增值税”或

“预交增值税”明细账户转入当月应缴未缴、多缴或预缴的增值税，以及当月缴纳以前期间未缴的增值税。

3）“预交增值税”明细账户。该账户核算一般纳税人转让不动产、提供不动产租赁服务、提供建筑服务、采用预收款方式销售自行开发的房地产项目等，以及其他按现行增值税制度规定应预缴的增值税。

4）“待抵扣进项税额”明细账户。该账户核算一般纳税人已取得增值税扣税凭证并经税务机关认证，按照现行增值税制度规定准予以后期间从销项税额中抵扣的进项税额。如辅导期取得的发票可以作为待抵扣进项税。另外，自 2019 年 4 月 1 日起，纳税人取得不动产或者不动产在建工程的进项税额不再分 2 年抵扣。此前按照上述规定尚未抵扣完毕的待抵扣进项税额，可自 2019 年 4 月税款所属期起从销项税额中抵扣。

5）“待认证进项税额”明细账户。该账户核算一般纳税人由于未经税务机关认证而不得从当期销项税额中抵扣的进项税额。这包括：一般纳税人已取得增值税扣税凭证、按照现行增值税制度规定准予从销项税额中抵扣，但尚未经税务机关认证的进项税额；一般纳税人已申请稽核但尚未取得稽核相符结果的海关缴款书进项税额。

6）“待转销项税额”明细账户。该账户核算已确认相关收入（或利得）但尚未发生增值税纳税义务而需于以后期间确认为销项税额的增值税，待实际发生纳税义务时再转入“应交税费——应交增值税（销项税额）”账户。

7）“增值税留抵税额”明细账户。该账户核算兼有销售服务、无形资产或者不动产的原增值税一般纳税人，截止到纳入营改增试点之日前的增值税期末留抵税额按照现行增值税制度规定不得从销售服务、无形资产或不动产的销项税额中抵扣的增值税留抵税额。

8）“简易计税”明细账户。该账户核算一般纳税人采用简易计税方法发生的增值税计提、扣减、预缴、缴纳等业务。

9）“转让金融商品应交增值税”明细账户。该账户核算增值税纳税人转让金融商品发生的增值税。

10）“代扣代交增值税”明细账户。该账户核算纳税人购进在境内未设经营机构的境外单位或个人在境内的应税行为时，代扣代缴的增值税。

同时，在“应交税费——应交增值税”账户下还设有三级明细账户，这些三级明细账户的具体核算内容如表 10－1 所示。

表 10－1　房地产开发企业“应交税费——应交增值税”各三级明细账户具体核算内容

“应交税费——应交增值税”三级明细账户	核算内容
应交税费——应交增值税（销项税额）	记录一般纳税人销售货物、加工修理修配劳务、服务、无形资产或不动产应收取的增值税
应交税费——应交增值税（进项税额）	记录一般纳税人购进货物、加工修理修配劳务、服务、无形资产或不动产而支付或负担的、准予从当期销项税额中抵扣的增值税

续表

“应交税费——应交增值税”三级明细账户	核算内容
应交税费——应交增值税（已交税金）	记录与本期结转收入对应的预缴增值税，由“应交税费——预缴增值税”账户结转至本账户
应交税费——应交增值税（减免税额）	记录一般纳税人按现行增值税制度规定准予减免的增值税。例如，企业初次购进增值税税控系统专用设备支付的费用及其发生的技术维护费可按增值税专用发票上注明的增值税税额抵减应纳税额
应交税费——应交增值税（转出多交增值税）	记录企业当月多缴的增值税的转出额（仅针对并限于“已交税金”的额度转出），即月终转入“应交税费——未交增值税”账户
应交税费——应交增值税（出口抵减内销产品应纳税额）	记录实行“免、抵、退”办法的一般纳税人按规定计算的出口货物的进项税抵减内销产品的应纳税额
应交税费——应交增值税（进项税额转出）	记录一般纳税人购进货物、加工修理修配劳务、服务、无形资产或不动产等发生非正常损失以及其他原因而不应从销项税额中抵扣、按规定转出的进项税额
应交税费——应交增值税（转出未交增值税）	记录一般纳税人月度终了转出当月应缴未缴的增值税，即月终转入“应交税费——未交增值税”账户
应交税费——应交增值税（出口退税）	记录一般纳税人出口货物、加工修理修配劳务、服务、无形资产按规定退回的增值税
应交税费——应交增值税（销项税额抵减）	记录一般纳税人按照现行增值税制度规定因扣减销售额而减少的销项税额

“应交税费——应交增值税”账户下的三级明细账户的数据只允许在一方反映，凡产生方向相反的数据的，用红字记录。该明细账户应采用多栏式日记账形式核算。

月末，企业在向税务部门实际缴纳本期的增值税时，应按照实际缴纳的增值税金额，借记“应交税费——未交增值税”账户，贷记“银行存款”等账户。同时，企业应在月末先计算出应缴未缴的增值税，借记“应交税费——应交增值税（转出未交增值税）”账户，贷记“应交税费——未交增值税”账户；当月多缴的增值税，借记“应交税费——未交增值税”账户，贷记“应交税费——应交增值税（转出多交增值税）”账户。期末，“应交增值税——未交增值税”账户的余额如果在贷方，表示企业存在当期应缴未缴的增值税；余额如果在借方，表示企业存在本月多缴的增值税。

房地产开发企业增值税一般纳税人核算增值税应设置的会计账户如图 10－2 所示。

（2）增值税小规模纳税人只需在“应交税费”账户下设置“应交增值税”明细账户，不需要设置上述专栏及除“转让金融商品应交增值税”“代扣代交增值税”之外的明细账户。

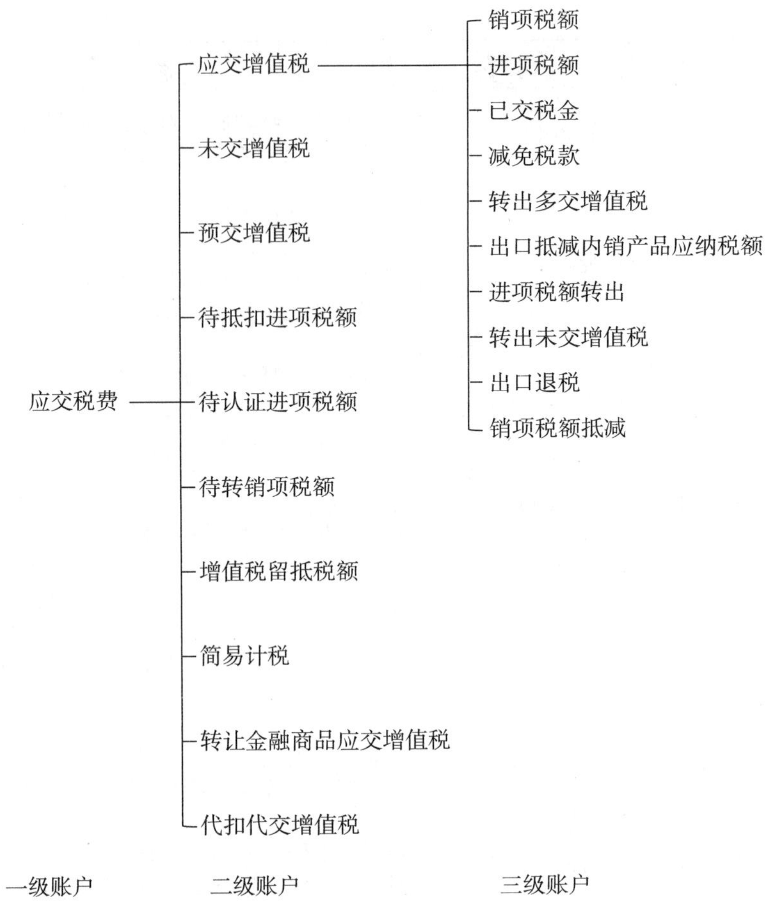

图 10－2　房地产开发企业一般纳税人增值税核算应设置的会计账户

（二）城市维护建设税

1. 城市维护建设税的概念

城市维护建设税简称城建税，是国家对从事工商经营、缴纳消费税和增值税的单位和个人，以其实际缴纳的消费税、增值税税额为依据而征收的一种税。它是国家为了加强城市的维护建设、扩大和稳定城市维护建设资金的来源而采取的一项税收措施，属于特定目的税。

城市维护建设税的纳税义务人是在征税范围内从事工商经营并缴纳消费税和增值税的单位和个人。自 2010 年 12 月 1 日起，对外商投资企业、外国企业及外籍个人开始征收城市维护建设税。

2. 城市维护建设税的特点

（1）税款专款专用，具有受益税性质。所谓受益税，是指税款的缴纳与受益有直接联系，明确规定税款使用范围和方向的税种。城市维护建设税专款专用，用来保证城市的公共事业和公共设施的维护和建设，是一种具有受益税性质的税种。

（2）属于附加税。城市维护建设税与其他税种不同，没有独立的征税对象或税基，而是以增值税和消费税“两税”实际缴纳税额之和为计税依据，随“两税”同时附征，本质上属于一种附加税。

（3）根据城建规模设计税率。一般来说，城镇规模越大，所需要的建设与维护的资金越多。因此，城市维护建设税规定的税率按照城建规模分别设置7%、5%、1%三档，实行差别比例税率，较好地满足了城市建设的不同需要。

（4）征收范围较广。鉴于增值税和消费税在我国现行税制中属于主体税种，而城市维护建设税又是其附加税，原则上讲，只要缴纳“两税”中任意一种税的纳税人都需要缴纳城市维护建设税。也就是说，除减免税等特殊情况外，任何从事生产经营活动的企业和个人都要缴纳城市维护建设税，可见其征税范围很广。

3. 城市维护建设税的计算

城市维护建设税以纳税人实际缴纳的消费税、增值税税额为计税依据。其计算公式如下：

城市维护建设税应纳税额=(纳税人实际缴纳的消费税税额+增值税税额)×适用税率

其中，税率因纳税人所在地不同而有所不同。纳税人所在地为市区的，税率为7%；纳税人所在地为县城、镇的，税率为5%；纳税人所在地不在市区、县城或镇的，税率为1%；开采海洋石油资源的中外合作油（气）田所在地在海上，其城市维护建设税适用1%的税率。城市维护建设税的税率应当按照纳税人所在地的规定税率执行。但是，对下列情况，可按缴纳“两税”所在地的规定税率就地缴纳城市维护建设税。

（1）由受托方代扣代缴、代收代缴“两税”的单位和个人，其代扣代缴、代收代缴的城市维护建设税按受托方所在地适用税率执行；

（2）流动经营等无固定纳税地点的单位和个人，在经营地缴纳“两税”的，其城市维护建设税的缴纳按经营地适用税率执行。

4. 城市维护建设税的会计处理

房地产开发企业应缴纳的城市维护建设税，应在“应交税费”账户下设置的“应交城市维护建设税”明细账户中进行核算。企业计算应缴纳的城市维护建设税时，应借记“税金及附加”“其他业务成本”等账户，贷记“应交税费——应交城市维护建设税”账户；实际缴纳时，借记“应交税费——应交城市维护建设税”账户，贷记“银行存款”账户。

【例10-8】 城市维护建设税的核算

企业某月缴纳增值税1 000 000元，城市维护建设税税率为7%。企业应做如下会计分录：

（1）计算应缴纳的城市维护建设税时：

本月应缴纳的城市维护建设税=1 000 000×7%=70 000(元)

借：税金及附加	70 000	
贷：应交税费——应交城市维护建设税		70 000

（2）缴纳税金时：

借：应交税费——应交城市维护建设税	70 000	
贷：银行存款		70 000

（三）土地增值税

1. 土地增值税的概念及其征税范围

土地增值税是对有偿转让国有土地使用权、地上的建筑物及其附着物（以下简称转让房地产）并取得增值性收入的单位和个人征收的一种税。根据税法规定，土地增值税的征税范围包括：转让国有土地使用权；地上的建筑物及其附着物连同国有土地使用权一并转让。具体可以通过以下标准来界定：

（1）转让的土地使用权是否为国家所有；

（2）房地产是否发生转让；

（3）是否取得收入。

对于以继承、赠与等方式无偿转让房地产，出租开发产品，兼并转让房地产，评估增值，受托代建工程以及国家收回国有土地使用权、征用地上建筑物及附着物，均不属于土地增值税的征收范围。

征税范围还有一些具体规定：

（1）以房地产进行投资、联营。对于以房地产进行投资、联营的企业，如果投资、联营一方以土地（房地产）作价入股进行投资或作为联营条件，暂免征收土地增值税。但以房地产作价入股，凡所投资、联营的企业从事房地产开发的，或者房地产开发企业以其建造的商品房进行投资、联营的，或者投资、联营企业将上述房地产再转让的，均属于土地增值税的征收范围。

（2）合作建房。对于一方出地，一方出资金，双方合作建房，建成后分房自用的，暂免征收土地增值税。但是，建成后转让的，属于土地增值税的征收范围。

（3）交换房地产。交换房地产行为既发生了房产产权、土地使用权的转移，交换双方又取得了实物形态的收入，因此按照规定属于征收土地增值税的范围。但对个人之间互换自有居住用房地产的，经当地税务机关核实，可以免征土地增值税。

（4）房地产抵押。在抵押期间不征收土地增值税。待抵押期满后，视该房地产是否转移产权来确定是否征收土地增值税。以房地产抵债而发生房地产产权转移的，属于土地增值税的征收范围。

土地增值税以国家有关部门审批的房地产开发项目为单位进行清算。对于分期开发的项目，以分期项目为单位进行清算。开发项目中同时包含普通住宅和非普通住宅的，应分别计算增值额。

2. 土地增值税的计税依据

土地增值税以纳税人转让房地产所取得的增值额为计税依据。增值额是纳税人转让房地产所取得的收入减去税法规定的扣除项目后的余额。

纳税人转让房地产取得的收入，包括转让房地产的全部价款及有关的经济收益。

计算增值额时的扣除项目，具体包括以下内容：

（1）取得土地使用权所支付的金额。它是指纳税人为取得土地使用权所支付的地价款和在取得土地使用权时按国家统一规定缴纳的有关费用。

其中，“取得土地使用权所支付的地价款”可以有三种形式：以出让方式取得土地使用权的，为支付的土地出让金；以行政划拨方式取得土地使用权的，为转让土地使用权时按规定补缴的出让金；以转让方式取得土地使用权的，为支付的地价款。

“按国家统一规定缴纳的有关费用”是指纳税人在取得土地使用权过程中为办理有关手续，按国家统一规定缴纳的有关登记、过户手续费。房地产开发企业办理土地增值税清算时计算与清算项目有关的扣除项目金额，应根据《中华人民共和国土地增值税暂行条例》第六条及其实施细则第七条和《国家税务总局关于营改增后土地增值税若干征管规定的公告》（国家税务总局公告2016年第70号）的规定执行。除另有规定外，扣除取得土地使用权所支付的金额、房地产开发成本、费用及与转让房地产有关税费时，必须提供合法有效凭证；不能提供合法有效凭证的，不予扣除。

（2）房地产开发成本，是指纳税人开发房地产项目实际发生的成本，这些成本可以按实际发生数扣除。具体包括土地征用及拆迁补偿费、前期工程准备费、主体建筑安装工程费、基础设施费、配套设施费和开发间接费用。房地产开发企业办理土地增值税清算所附送的前期工程准备费、主体建筑安装工程费、基础设施费和开发间接费用的凭证或资料不符合清算要求或不实的，地方税务机关可参照当地建设工程造价管理部门公布的建安造价定额资料，结合房屋的结构、用途、区位等因素，核定上述四项开发成本的单位面积金额标准，并据以计算扣除。具体核定方法由省税务机关确定。房地产开发企业销售已装修的房屋时，其装修费用可以计入房地产开发成本。房地产开发企业的预提费用，除另有规定外，不得扣除。属于多个房地产项目共同的成本费用，应按清算项目可售建筑面积占多个项目可售总建筑面积的比例或其他合理的方法，计算确定清算项目的扣除金额。

（3）房地产开发费用，是指与房地产开发项目有关的销售费用、管理费用和财务费用。根据企业会计制度的规定，与房地产开发有关的费用直接计入当年损益，不按房地产项目进行归集或分摊。为了便于计算操作，《中华人民共和国土地增值税暂行条例实施细则》对有关费用的扣除，尤其是对财务费用中数额较大的利息支出的扣除，做出了较为详细的规定。

对于利息支出以外的其他房地产开发费用，按取得土地使用权支付的金额和房地产开发成本金额之和，在5%以内计算扣除。

对于利息支出，包括两种情况：第一种情况是，凡纳税人能够按照转让房地产项目计算分摊利息支出，并能提供金融机构的贷款证明的，其允许扣除的房地产开发费用＝利息＋(取得土地使用权支付的金额＋房地产开发成本)×5%以内（注：利息最高不能超过按商业银行同类同期贷款利率计算的金额）。第二种情况是，凡纳税人不能按照转让房地产项目计算分摊利息支出或不能提供金融机构贷款证明的，其允许扣除的房地产开发费用＝(取得土地使用权支付的金额＋房地产开发成本)×10%以内。计算扣除的具体比例，由各省、自治区、直辖市人民政府规定。在进行土地增值税清算时，已经计入房地产开发成本的利息支出，应调整至财务费用中计算扣除。

（4）与转让房地产有关的税金，是指在转让房地产时缴纳的印花税、城市维护建设税和教育费附加。房地产开发企业为取得土地使用权所支付的契税，应视同“按国家统一规定缴纳的有关费用”，计入“取得土地使用权所支付的金额”中扣除。

允许扣除的印花税，是指在转让房地产时缴纳的印花税。按照《施工、房地产开发企业财务制度》的有关规定，房地产开发企业缴纳的印花税应列入管理费用，不再单独扣除。

(5) 财政部规定的其他扣除项目，是指对从事房地产开发业务的纳税人可按上述 (1) 和 (2) 两项规定计算的金额之和，再加计 20%的扣除。

(6) 旧房及建筑物的评估价格，是指在转让已使用的房屋及建筑物时，由政府批准设立的房地产评估机构评定的重置成本价乘以成新度折扣率后的价格。评估价格须经当地税务机关确认。

(7) 房地产开发企业逾期开发缴纳的土地闲置费不得扣除。

另外，房地产开发企业在开发项目竣工验收后，根据合同约定，扣留施工企业一定比例的工程款作为开发项目的质量保证金。在计算土地增值税时，施工企业就质量保证金对房地产开发企业开具发票的，按发票所载金额予以扣除；未开具发票的，扣留的质量保证金不得计算扣除。

3. 关于拆迁安置土地增值税计算问题

房地产开发企业用所建的房地产安置回迁户的，安置用房应视同销售处理，按《国家税务总局关于房地产开发企业土地增值税清算管理有关问题的通知》(国税发〔2006〕187号) 第三条第 (一) 款①的规定确认收入，同时将此收入确认为房地产开发项目的拆迁补偿费。房地产开发企业支付给回迁户的补差价款，应计入拆迁补偿费；回迁户支付给房地产开发企业的补差价款，应抵减该项目的拆迁补偿费。

房地产开发企业采取异地安置，且异地安置的房屋属于自行开发建造的，房屋价值按国税发〔2006〕187 号第三条第 (一) 款的规定计算，并计入本项目的拆迁补偿费；异地安置的房屋属于购入的，将实际支付的购房支出计入拆迁补偿费。货币安置拆迁的，房地产开发企业凭合法有效凭据将相关支出计入拆迁补偿费。

属于多个开发项目共同承担的成本费用，应按清算项目可售建筑面积占多个项目可售总建筑面积的比例或其他合理的方法，计算确定清算项目的扣除金额。

4. 土地增值税的计算

在计算土地增值税应纳税额之前，首先计算增值额，其次计算增值额与扣除项目金额之比，最后计算应纳税额。

土地增值税实行四级超率累进税率，其应纳税额的计算公式为：

$$应纳税额=\sum(每级距的土地增值额\times适用税率)$$

这种分步计算的方法比较烦琐，需汇总合计。因此，在实际工作中一般采用速算扣除法计算土地增值税。土地增值税税率及速算扣除系数如表 10-2 所示。

---

① 房地产开发企业将开发产品用于职工福利、奖励、对外投资、分配给股东或投资人、抵偿债务、换取其他单位和个人的非货币性资产等，发生所有权转移时应视同销售房地产，其收入按下列方法和顺序确认：(1) 按本企业在同一地区、同一年度销售的同类房地产的平均价格确定；(2) 由主管机关参照当地当年、同类房地产的市场价格或评估价值确定。

表 10-2 土地增值税税率表

级数	土地增值额	税率（%）	速算扣除系数（%）
1	增值额未超过扣除项目金额 50%的部分	30	0
2	增值额超过扣除项目金额 50%未超过 100%的部分	40	5
3	增值额超过扣除项目金额 100%未超过 200%的部分	50	15
4	增值额超过扣除项目金额 200%的部分	60	35

根据速算扣除法计算土地增值税的应纳税额，其计算公式如下：

土地增值税应纳税额＝增值额×适用税率－扣除项目金额×速算扣除系数

下面分别介绍转让土地使用权和出售新建房及配套设施、出售旧房及建筑物两种情况下的土地增值税计算方法。

（1）转让土地使用权和出售新建房及配套设施。对于转让土地使用权和出售新建房及配套设施的情况，根据上述原理，分四步计算应纳税额。

第一步，计算增值额：

增值额＝收入额－扣除项目金额

第二步，计算增值率：

增值率＝增值额÷扣除项目金额×100%

第三步，确定适用税率。依据计算的增值率，按其税率表确定适用税率。

第四步，依据适用税率计算应纳税额：

应纳税额＝增值额×适用税率－扣除项目金额×速算扣除系数

（2）出售旧房及建筑物。对于出售旧房及建筑物的情况，首先按评估价格及有关因素计算、确定扣除项目金额，再根据上述方法，分五步计算应纳税额。

第一步，计算评估价格：

评估价格＝重置成本价×成新度折扣率

第二步，汇集扣除项目金额。

第三步，计算增值率。

第四步，依据增值率确定适用税率。

第五步，依据适用税率计算应纳税额：

应纳税额＝增值额×适用税率－扣除项目金额×速算扣除系数

【例 10-9】 土地增值税的计算

企业建造并出售了一栋写字楼，取得销售收入 5 400 万元（增值税税率为 9%，城市维护建设税税率为 7%，教育费附加征收率为 3%）。企业为建造此楼支付的地价款为 750 万元，房地产开发成本为 1 050 万元，房地产开发费用中的利息支出为 600 万元（能够按转让房地产项目计算分摊并提供工商银行证明)。企业所在地政府规定的其他房地产开发费用的计算扣除比例为5%。

企业土地增值税应纳税额的计算过程如下:

首先,确定转让房地产的收入为5 400万元。

其次,确定转让房地产的扣除项目金额:

(1) 取得土地使用权所支付的金额为750万元;

(2) 房地产开发成本为1 050万元;

(3) 房地产开发费用=600+(750+1 050)×5%=690(万元)。

(4) 与转让房地产有关的税金=5 400×9%×(1+7%+3%)=534.6(万元)。

(5) 从事房地产开发的加计扣除金额=(750+1 050)×20%=360(万元)。

(6) 扣除项目金额=750+1 050+690+534.6+360=3 384.6(万元)。

第一步,计算转让房地产的增值额:

增值额=5 400−3 384.6=2 015.4(万元)

第二步,计算增值率:

增值率=2 015.4÷3 384.6×100%=59.55%

第三步,确定适用税率。本例中增值率属于增值额超过扣除项目金额50%未超过100%的部分,因此对应40%的税率和5%的速算扣除系数。

第四步,计算土地增值税应纳税额:

应纳税额=2 015.4×40%−3 384.6×5%=636.93(万元)

5. 土地增值税的会计处理

房地产开发企业应缴纳的土地增值税,在“应交税费”账户下设置的“应交土地增值税”明细账户中进行核算。企业计算应由当期主营业务收入负担的土地增值税时,借记“税金及附加”账户,贷记“应交税费——应交土地增值税”账户。转让国有土地使用权连同地上建筑物及其附着物,一并在“固定资产”或“在建工程”账户核算的,对于转让时应缴纳的土地增值税,借记“固定资产清理”或“在建工程”账户,贷记“应交税费——应交土地增值税”账户。企业缴纳土地增值税时,借记“应交税费——应交土地增值税”账户,贷记“银行存款”账户。

企业在开发项目全部竣工结算前转让房地产取得的收入,按税法规定预缴土地增值税时,借记“应交税费——应交土地增值税”账户,贷记“银行存款”账户;待该房地产销售收入实现时,再按上述业务的会计处理方法进行处理。待该项目全部竣工并办理结算后再进行清算,收到退回多缴的土地增值税时,借记“银行存款”账户,贷记“应交税费——应交土地增值税”账户;补缴土地增值税时,做相反的会计分录。

6. 土地增值税的清算

符合下列情形之一的,纳税人应进行土地增值税的清算:

(1) 房地产开发项目全部竣工、完成销售的;

(2) 整体转让未竣工决算房地产开发项目的;

（3）直接转让土地使用权的。

符合下列情形之一的，主管税务机关可要求纳税人进行土地增值税清算：

（1）已竣工验收的房地产开发项目，已转让的房地产建筑面积占整个项目可售建筑面积的比例在85%以上，或该比例虽未超过85%，但剩余的可售建筑面积已经出租或自用的；

（2）取得销售（预售）许可证满三年仍未销售完毕的；

（3）纳税人申请注销税务登记但未办理土地增值税清算手续的；

（4）省税务机关规定的其他情况。

对于房地产开发企业开发建造的与清算项目配套的公共设施，按以下原则处理：

（1）建成后产权属于全体业主所有的，其成本、费用可以扣除；

（2）建成后无偿移交给政府、公用事业单位用于非营利性社会公共事业的，其成本、费用可以扣除；

（3）建成后有偿转让的，应计算收入，并准予扣除成本、费用。

7. 土地增值税税收优惠

（1）纳税人建造普通标准住宅出售，增值额未超过扣除项目金额20%的，免征土地增值税；

（2）因国家建设需要依法征用、收回的房地产免征土地增值税；

（3）因城市实施规划、国家建设的需要而搬迁，由纳税人自行转让原房地产的，免征土地增值税；

（4）对企事业单位、社会团体以及其他组织转让旧房作为公共租赁房房源，且增值额未超过扣除项目金额20%的，免征土地增值税。

知识链接：房产税、城镇土地使用税、车船税和印花税

七、应付股利的核算

（一）应付股利核算的内容

应付股利，是指房地产开发企业在实现利润，并按照税法及有关法规的要求缴纳相关税费后应给予投资者的回报。应付股利是投资者应该分享的所得税后的利润分配，包括经股东大会或类似机构审议批准的应付国家投资利润、应付其他单位投资利润、应付个人的投资利润以及应付投资者个人的现金股利等。应付利润在尚未实际支付给投资者之前，构成企业的一项流动负债。

（二）应付股利核算应设置的账户

为了核算和监督企业对投资者分配的现金股利或利润情况，房地产开发企业应设置“应付股利”账户。其贷方登记企业根据确定或宣告的股利或利润分配方案计算的，应支付给投资者的现金股利或利润；借方登记企业实际支付的现金股利或利润。期末贷方余额反映企业应付未付的现金股利或利润。

（三）应付股利核算的会计处理

企业根据股东会或类似机构审议批准的利润分配方案，确认应支付给投资人的现金股利或利润时，借记“利润分配——应付现金股利或利润”账户，贷记“应付股利”账户；企业实际支付现金股利或利润时，借记“应付股利”账户，贷记“银行存款”等账户。

八、其他应付款的核算

（一）其他应付款核算的内容

其他应付款，是指房地产开发企业除了应付票据、应付账款、合同负债、预收款项、应付职工薪酬、应交税费、应付股利等以外的各种应付、暂收款项。具体包括以下内容：

（1）应付租入固定资产和包装物的租金；

（2）职工未按期领取的工资；

（3）保证金（如收取的包装物押金等）；

（4）应付、暂收所属单位和个人的款项；

（5）代收代缴业主交来的维修基金①；

（6）应付会员费和诚意金；

（7）其他应付、暂收款项。

（二）其他应付款核算应设置的账户及其会计处理

为了核算和监督企业其他应付款的应付、暂收及支付情况，房地产开发企业应设置“其他应付款”账户。其贷方登记企业发生的各种应付、暂收款项；借方登记实际退还的各种其他应付款项或转入“预收账款”“营业外收入”等账户的款项。期末贷方余额反映企业应付但尚未支付的各种其他应付款项。本账户应按应付或暂收款项的类别和单位或个人进行明细核算。

【例 10－10】 其他应付款的核算

企业 8 月份发生了如下业务：

（1）企业代扣当月职工应缴的房租费、水电费共计 7 800 元。企业应做如下会计分录：

代扣水电费时：

借：应付职工薪酬	7 800	
贷：其他应付款——应付水电费		7 800

实际支付时：

借：其他应付款——应付水电费	7 800	
贷：银行存款		7 800

① 房地产开发企业应将代收代缴的维修基金记入“其他应付款”账户，并定期上交给房地产行政主管部门，实行专户管理、专款专用，专项用于住宅共用部位、公用设施设备保修期满后的大修、更新和改造等支出。

（2）企业应付租入固定资产的租金 13 500 元。企业应做如下会计分录：

租金发生时：

借：开发成本　13 500

　贷：其他应付款——应付租入固定资产租金　13 500

支付租金时：

借：其他应付款——应付租入固定资产租金　13 500

　贷：银行存款　13 500

第三节 非流动负债的核算

非流动负债，是指除流动负债以外的负债，包括长期借款、应付债券、长期应付款、预计负债等。与流动负债相比，非流动负债具有数额较大、偿还期限较长等特点。

房地产开发企业性质较为特殊，具有开发周期长、资金体量大等特点。因此，其非流动负债的作用具体表现为：首先，适当的非流动负债可以弥补企业开发经营过程中急需的资金缺口。其次，非流动负债可以给企业带来杠杆效应，当投资利润率大于负债利息率时，会使企业获得额外的资金收益。最后，在宏观经济形势良好的情况下，适当的非流动负债可以促进企业快速发展。

企业筹集长期资金主要有以下方式：一是增发股票，由股东投入新的资金；二是向银行、非金融机构借款；三是发行债券。通常来说，企业向银行借款或发行债券的方式更为有利。首先，举借非流动负债不会稀释原有股东的控制权。其次，举借非流动负债的资本成本相对较低。最后，非流动负债的利息支出可以在缴纳所得税前直接计入损益，形成税盾作用，从而减少企业所得税负担，而发行股票的股息却只能在缴纳所得税后的净利润中扣除。

然而，企业举借非流动负债也有不利的一面。首先，非流动负债的利息是企业根据合同必须承担的一项长期固定支出，当市场情况逆转或企业经营管理不善、经济效益欠佳时，固定的利息支出可能会成为企业沉重的负担。其次，非流动负债到期必须偿还，这要求企业在非流动负债到期前应准备好足够的资金以偿还到期债务。非流动负债规模越大，企业还本付息的压力越大，相应地，财务风险也会越高。因此，是否以举借非流动负债的形式筹集长期资金，是企业需要做出的一项重要的财务决策。

房地产开发企业的各项非流动负债应当分别进行核算，并在资产负债表中分列项目反映。将于一年内到期偿还的非流动负债，在资产负债表中应当作为一项流动负债，单独反映。

一、长期借款的核算

（一）长期借款核算的内容

长期借款，是指企业向银行或其他金融机构借入的期限在一年以上（不含一年）的各项借款。长期借款应当以实际发生额入账。

在进行长期借款核算时，应注意以下问题：

（1）长期借款的利息支出和有关费用，凡是与购建固定资产有关，且在所购建的固定资产达到预定可使用状态前发生的，应当予以资本化，计入所购建固定资产的成本；在所购建的固定资产达到预定可使用状态后所发生的，应于当期直接计入财务费用。其他利息支出在发生时直接计入当期财务费用。

（2）企业发生的除与固定资产购建有关的借款费用（包括利息、汇兑损失等），属于筹建期间的，计入长期待摊费用；属于生产经营期间的，计入财务费用。

（3）长期借款利息的计算目前有单利和复利两种方法。

（4）房地产开发企业为开发产品借入资金所发生的借款费用，在开发产品完工之前，计入开发成本；在开发产品完工之后，计入当期损益。

（5）企业将长期借款划转出去，或者无须偿还的长期借款，直接转入当期损益，计入营业外收入。

（二）长期借款核算应设置的账户

为了核算和监督企业以摊余成本计量的向银行或其他金融机构借入的期限在一年以上（不含一年）的各项借款的借入、应计利息和归还本息情况，房地产开发企业应设置“长期借款”账户。本账户应按贷款单位和贷款种类进行明细核算。以下是长期借款应设置的明细账户及其具体的核算内容。

1. “长期借款——本金”账户

“长期借款——本金”账户核算企业向银行或其他金融机构借入和归还的长期借款本金数额。其贷方登记企业借入的长期借款本金数额，借方登记企业偿还的本金数额。期末贷方余额反映企业尚未偿还的本金数额。

2. “长期借款——利息调整”账户

企业借入的长期借款分为溢价和折价两种情况，“长期借款——利息调整”账户核算企业实际收到的资金数额与本金之间的差额。

当企业折价借入长期借款时，“长期借款——利息调整”账户借方登记本金与实际收到的借款之间的差额，即折价金额；贷方登记每期按实际利率法计算的利息调整摊销额。期末借方余额反映企业尚未摊销的利息调整数额。长期借款到期后，该账户无余额。

当企业溢价借入长期借款时，“长期借款——利息调整”账户贷方登记本金与实际收到的借款之间的差额，即溢价金额；借方登记每期按实际利率法计算的利息调整摊销额。期末贷方余额反映企业尚未摊销的利息调整数额。同样，长期借款到期后，该账户也无余额。

3. “长期借款——应计利息”账户

“长期借款——应计利息”账户核算企业在到期一次还本付息的情况下每期计提的利息。其贷方登记每期按借款本金和合同规定的利率计算、确定的利息数额，借方登记长期借款到期时利息的偿还数额。长期借款到期后，该账户无余额。

（三）长期借款核算的会计处理

1. 企业借入长期借款时

借：银行存款（实际收到的金额）

长期借款——利息调整（借贷双方的借方差额）
贷：长期借款——本金
——利息调整（借贷双方的贷方差额）

2. 每期计提利息时

（1）对于分期付息、一次还本的长期借款，企业应按照长期借款的摊余成本和实际利率计算、确定利息，按照本金和合同规定的利率计算、确定应付未付的利息，两者的差额记入“利息调整”明细账户。

企业计提利息时：

借：开发成本、财务费用、在建工程等（长期借款摊余成本×实际利率）
长期借款——利息调整
贷：应付利息（本金×合同利率）
长期借款——利息调整

偿还利息时：

借：应付利息
贷：银行存款

（2）对于到期一次还本付息的长期借款，其会计处理方法与分期付息、一次还本的长期借款相同，只是把“应付利息”账户改为“长期借款——应计利息”账户，其他会计处理不变。

企业计提利息时：

借：开发成本、财务费用、在建工程等（长期借款摊余成本×实际利率）
长期借款——利息调整
贷：长期借款——利息调整
——应付利息（本金×合同利率）

3. 长期借款到期时

（1）采用分期付息、一次还本方式时：

借：长期借款——本金
应付利息
贷：银行存款（当期计提的利息＋本金）

（2）采用到期一次还本付息方式时：

借：长期借款——本金
——应计利息
贷：银行存款（长期借款存续期间的利息＋本金）

【例 10－11】 长期借款的核算

企业于2×21年1月1日向银行借入20 800 000元期限为2年的借款，用于开发商品房。借款年利率为7%，每年计息一次，实际利率也就是7%，每年1月1日支付利息，符合资本化条件。商品房于2×21年年末全部完工；企业于2×23年1月1日归还借款。企业应做如下会计分录：

（1）2×21年1月1日，取得借款时：

借：银行存款 20 800 000

贷：长期借款——本金 20 800 000

（2）2×21 年 12 月 31 日，计提本年利息时：

借：开发成本 1 456 000

贷：应付利息 1 456 000

（3）2×22 年 1 月 1 日，支付利息时：

借：应付利息 1 456 000

贷：银行存款 1 456 000

（4）2×22 年 12 月 31 日，计提本年利息时：

借：财务费用 1 456 000

贷：应付利息 1 456 000

（5）2×23 年 1 月 1 日，偿还长期借款到期本金和利息时：

借：长期借款——本金 20 800 000

应付利息 1 456 000

贷：银行存款 22 256 000

【例 10－12】 企业向银行借入 28 800 000 元期限为 3 年的借款，用于购建固定资产。借款年利率为 5%，每年计息一次，按复利计算，到期一次归还本息。该项固定资产于第 2 年年末达到预定可使用状态。假设实际利率与合同利率相差很小。企业应做如下会计分录：

（1）取得借款时：

借：银行存款 28 800 000

贷：长期借款——本金 28 800 000

（2）第 1 年按月计息时：

第 1 年应计利息＝28 800 000×5%＝1440 000(元)

第 1 年每月应计利息＝1440 000÷12＝120 000(元)

借：在建工程 120 000

贷：长期借款——应计利息 120 000

（3）第 2 年按月计息时：

第 2 年应计利息＝(28 800 000＋1440 000)×5%＝1 512 000(元)

第 2 年每月应计利息＝1 512 000÷12＝126 000(元)

借：在建工程 126 000

贷：长期借款——应计利息 126 000

（4）第 3 年按月计息时：

第 3 年应计利息＝(28 800 000＋1440 000＋1 512 000)×5%＝1 587 600(元)

第 3 年每月应计利息＝1 587 600÷12＝132 300(元)

借：财务费用 132 300

贷：长期借款——应计利息 132 300

（5）借款到期，归还本息时：

借：长期借款——本金 28 800 000

——应计利息 4 539 600

贷：银行存款 33 339 600

二、应付债券的核算

（一）应付债券核算的内容

1. 应付债券的发行价格

应付债券，是指企业为筹集长期资金而实际发行的债券及应付的利息。它是房地产开发企业筹集长期资金的一种重要方式。企业发行债券的价格受同期银行存款利率的影响较大。

债券存在两个利率：一个是债券契约中标明的利率，称为票面利率，也称名义利率或合同利率；另一个是债券发行时的市场利率，通常也称为债券的实际利率，是指将金融资产或金融负债在预计存续期的估计未来现金流量折现为该金融资产账面余额（不考虑减值）或该金融负债摊余成本所使用的利率。

一般情况下，当企业发行债券时的票面利率与实际利率一致时，可将债券的票面价值作为债券的发行价格即按面值发行。当企业发行债券时的票面利率高于实际利率时，可将超过债券的票面价值作为债券的发行价格即溢价发行，溢价表示企业为将来多付利息而事先得到的补偿。当企业发行债券时的票面利率低于实际利率时，可将低于债券的票面价值作为债券的发行价格即折价发行，折价表示企业为将来少付利息而事先付出的代价。

2. 应付债券的计量

应付债券初始确认时，应当按照公允价值计量，相关交易费用应当计入初始确认金额，构成实际利息的组成部分。在债券的后续计量期间，按实际利率法计算其摊余成本、各期利息调整和利息费用。

实际利率法，是指计算金融资产或金融负债的摊余成本以及将利息收入或利息费用分摊计入各会计期间的方法。当期入账的利息费用与按票面利率计算的应计利息的差额，即为该期的利息调整。由于债券的账面价值逐期不同，因此计算出来的利息费用也逐期不同。

（二）应付债券核算应设置的账户

为了核算和监督企业以摊余成本计量的为筹集资金而发行的债券本金和利息，房地产开发企业应设置“应付债券”账户，并在该账户下设置“面值”“利息调整”“应计利息”三个明细账户。① 期末贷方余额反映企业尚未偿还的债券本息数。本账户应按债券种类进行明细核算。另外，企业在准备发行债券时，应将待发行债券的票面金额、债券票面利率、还本期限与方式、发行总额、发行日期和编号、委托代售部门等在备查簿中进行登记。

---

① 应付债券三个明细账户的具体核算内容可以参考长期借款明细账户的核算内容。

（三）应付债券核算的会计处理

1. 企业发行债券时

借：银行存款（实际收到的金额）

　　应付债券——利息调整（借贷双方的借方差额）

　贷：应付债券——面值（债券的票面金额）

　　　　　　——利息调整（借贷双方的贷方差额）

2. 资产负债表日，企业根据计息方式不同分别计算各期的利息费用

（1）对于分期付息、一次还本的债券：

借：开发成本、财务费用、在建工程等（摊余成本×实际利率）

　　应付债券——利息调整（两者差额）

　贷：应付利息（面值×票面利率）

　　　应付债券——利息调整（两者差额）

（2）对于到期一次还本付息的债券，其会计处理方法与分期付息、一次还本的债券基本相同，只是按票面利率计算应付未付利息时，应贷记“应付债券——应计利息”账户，其他账户不变。

3. 应付债券到期的会计处理

例题：应付债券的核算

（1）采用债券到期一次还本、分期付息方式时：

借：应付债券——面值

　　应付利息

　贷：银行存款

（2）采用债券到期一次还本付息方式时：

借：应付债券——面值

　　　　　　——应计利息

　贷：银行存款

企业溢价发行一次还本付息的应付债券会计处理流程如图 10－3 所示。

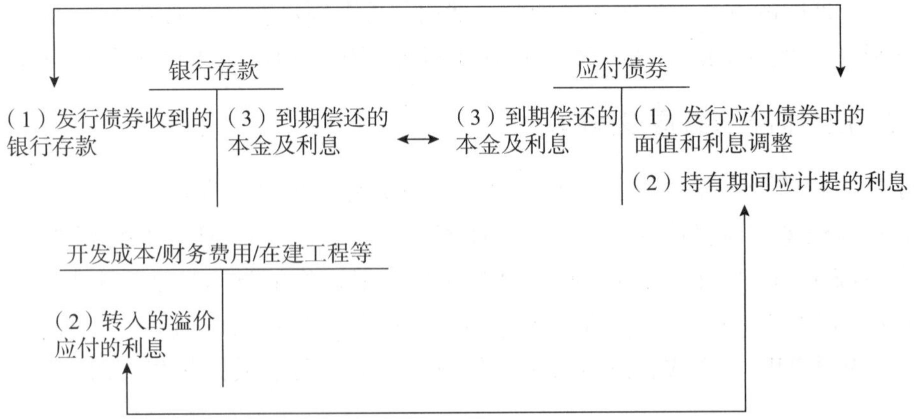

图 10－3　溢价发行一次还本付息的应付债券会计处理流程

（四）企业发行可转换公司债券时的会计处理

1. 可转换公司债券的核算内容

可转换公司债券是指发行人依照法定程序发行、在一定期限内依据约定的条件可以转换成股份的公司债券。这种债券因附加了转换选择权，所以在转换前以企业债券的形式存在，在转换后相当于企业增发了股票。因此，可转换公司债券兼有债权投资和股权投资的双重特征。

企业发行的可转换公司债券在“应付债券”账户下设置的“可转换公司债券”明细账户中核算。在初始确认时，企业应将可转换公司债券包含的负债成份和权益成份进行分拆，将负债成份确认为应付债券，将权益成份确认为资本公积。在进行分拆时，应当先对负债成份的未来现金流量进行折现以确定负债成份的初始确认金额，再按发行价格总额扣减负债成份初始确认金额后的金额确定权益成份的初始确认金额。发行可转换公司债券发生的交易费用，应当在负债成份与权益成份之间按照各自的相对公允价值进行分摊。

2. 可转换公司债券核算的会计处理

（1）企业在初始确认时：

借：银行存款（按实际收到的款项）

　　应付债券——可转换公司债券（利息调整，指借贷双方的差额）

　贷：应付债券——可转换公司债券（面值）

　　　资本公积——其他资本公积（按权益成份的公允价值）

（2）发行的可转换公司债券在发行以及转换为股票之前，应按一般债券进行账务处理，即按照实际利率和摊余成本确认利息费用，按面值和票面利率确认应付利息，其差额作为利息调整进行摊销。

（3）当持有人将债券转换为股票时：

借：应付债券——可转换公司债券（面值）

　　应付利息（持有期间应付未付的利息）

　贷：应付债券——可转换公司债券（利息调整，指未摊销完的溢价）

　　　股本（实收资本）

　　　资本公积——资本（或股本）溢价

　　　库存现金（转换时支付的现金）

溢价发行分期付息方式下可转换公司债券的会计处理流程如图 10－4 所示。

（4）未转换股份的可转换公司债券，到期还本付息的账务处理，按上述一般债券处理。

例题：可转换公司债券的核算

三、长期应付款的核算

（一）长期应付款核算的内容

长期应付款，是指企业除长期借款和应付债券以外的其他各种长期应付款项，包括

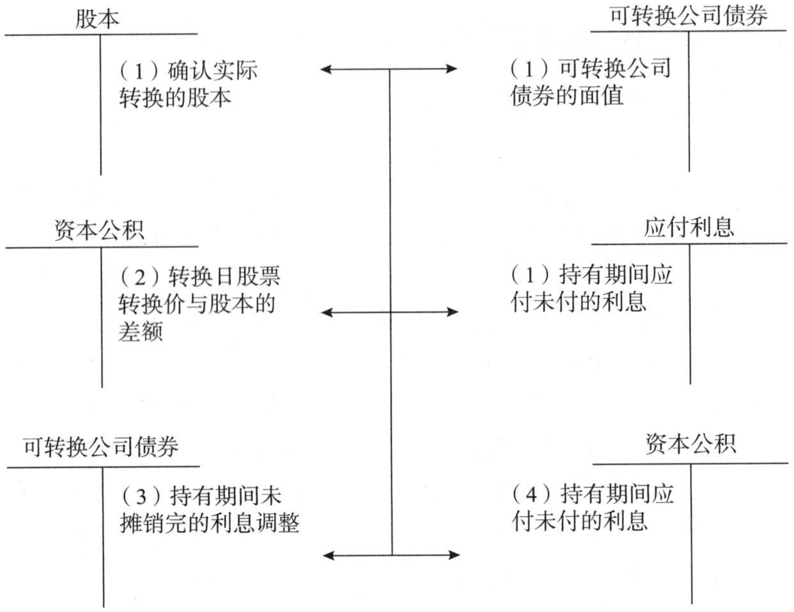

图 10－4　溢价发行分期付息方式下可转换公司债券的会计处理流程

应付租入固定资产的租赁费、具有融资性质的分期付款购买资产发生的应付款项等。

1. 应付租入固定资产的租赁费

房地产开发企业在开发经营过程中，有时也会向其他单位租入固定资产。房地产开发企业根据自身生产经营需求租入的固定资产，依据《企业会计准则第 21 号——租赁》的规定，对所租赁（选择简化处理的短期租赁和低价值资产租赁除外）的固定资产确认使用权资产和租赁负债，并分别确认折旧和利息费用。低价值资产租赁，是指单项租赁资产为全新资产时价值较低的租赁。低价值资产租赁的判定仅与资产的绝对价值有关，不受承租人规模、性质或其他情况的影响。租赁负债应当按照租赁期开始日尚未支付的租赁付款额的现值进行初始计量。在计算租赁付款额的现值时，承租人应当采用租赁内含利率作为折现率；无法确定租赁内含利率的，应当采用承租人增量借款利率作为折现率。

租赁付款额，是指承租人向出租人支付的与在租赁期内使用租赁资产的权利相关的款项，包括：

（1）固定付款额及实质固定付款额。存在租赁激励的，应扣除租赁激励相关金额。实质固定付款额是指在形式上可能包含变量但实质上无法避免的付款额。

（2）取决于指数或比率的可变租赁付款额。该款项在初始计量时根据租赁期开始日的指数或比率确定。可变租赁付款额是指承租人为取得在租赁期内使用租赁资产的权利，向出租人支付的因租赁期开始日后的事实或情况发生变化（而非时间推移）而变动的款项。取决于指数或比率的可变租赁付款额包括与消费者价格指数挂钩的款项、与基准利率挂钩的款项和为反映市场租金费率变化而变动的款项等。

（3）购买选择权的行权价格，前提是承租人合理确定将行使购买选择权。

（4）行使终止租赁选择权需支付的款项，前提是租赁期反映出承租人将行使终止租赁选择权。

（5）根据承租人提供的担保余值预计应支付的款项。担保余值是指与出租人无关的一方向出租人提供担保，保证在租赁结束时租赁资产的价值至少为某指定的金额。

2. 具有融资性质的分期付款购买资产发生的应付款项

企业在购买资产时很有可能未一次付清所有款项，如果企业支付的剩余款项的期限超过了正常信用条件，则该分期付款购买资产实际上具有融资性质。在这种情况下，企业所购买的资产的初始入账价值应当以分期支付购买价款的现值为基础确定。对于实际支付的购买价款与购买价款的现值之间的差额，企业应在信用期间内采用实际利率法进行摊销，并计入该资产的成本或当期损益中。

（二）长期应付款核算应设置的账户

为了核算长期应付款以及租入固定资产所发生的未实现融资费用，房地产开发企业应设置下列有关的会计账户。

1. “长期应付款”账户

“长期应付款”账户核算和监督企业长期应付款的发生和归还情况。其贷方登记应支付的长期应付款；借方登记实际支付的长期应付款。期末贷方余额反映企业尚未支付的各种长期应付款。本账户应按长期应付款的种类设置明细账进行核算。

2. “未确认融资费用”账户

“未确认融资费用”账户核算企业融资租入固定资产所发生的未实现融资费用。其借方登记租赁开始日租赁资产的入账价值与最低租赁付款额之间的差额；贷方登记在租赁期内各个期间分摊的金额。期末借方余额反映企业未实现融资费用的摊余价值。

（三）长期应付款核算的会计处理

1. 租入固定资产

（1）租入固定资产，应当在租赁开始日，按租赁开始日租赁资产公允价值与最低租赁付款额现值两者中的较低者作为入账价值，借记“在建工程”或“固定资产”等账户；按最低租赁付款额，贷记“长期应付款——租赁负债”；按其差额，借记“未确认融资费用”账户。

（2）按期支付租赁费时，借记“长期应付款——租赁负债”账户，贷记“银行存款”账户。

（3）按期摊销未确认融资费用时，借记“财务费用”账户，贷记“未确认融资费用”账户。

（4）租赁期满，如合同规定将设备所有权转归承租企业，应当进行转账处理，将固定资产从“租赁负债”明细账户转入有关明细账户。

2. 具有融资性质的分期付款购买资产

（1）购买资产时，按照购买价款的现值，借记“固定资产”“无形资产”等账户；按照应支付的购买价款总额，贷记“长期应付款”账户；按其差额，借记“未确认融资费用”账户。

例题：分期付款购入资产的核算

（2）分期支付购买价款时，借记“长期应付款”账户，贷记“银行存款”账户。

（3）分期摊销未确认融资费用时，借记“财务费用”等账户，贷记“未确认融资费用”账户。

四、预计负债的核算

（一）或有事项的核算内容

1. 或有负债的含义

或有事项，是指过去的交易或者事项形成的，其结果须由某些未来事项的发生或者不发生决定的不确定事项。

2. 或有事项的特点

或有事项具有以下特点：

（1）或有事项由过去的交易或事项形成。或有事项作为一种不确定事项，是因企业过去的交易或者事项形成的。即或有事项的现存状况是过去交易或者事项引起的客观存在。比如，产品质量保证是企业对已经售出的商品或者已经提供的劳务的质量提供的一种保证，而不是对尚未售出的商品或者尚未提供的劳务的质量给予的保证。因此，未来可能发生的自然灾害、交通事故、经营亏损等，不属于或有事项。

（2）或有事项的结果具有不确定性。首先，或有事项的结果是否发生具有不确定性。比如，在某些未决诉讼中，被起诉的一方是否会败诉，在案件审理过程中是难以被确定的，需要依赖法院的判决情况。其次，或有事项的结果预计将会发生，但发生的具体时间或金额具有不确定性。比如，企业在被起诉并且诉讼成立时，该企业因败诉将要支付多少金额，或者何时支付，都可能是难以确定的。

（3）或有事项的结果须由未来事项决定。或有事项的结果只能由未来不确定事项的发生或不发生来决定。或有事项对企业会产生有利影响还是不利影响，或虽已知是有利影响或不利影响，但影响有多大，在或有事项发生时都是难以确定的。这种不确定性的消除，只能由未来不确定事项的发生或不发生来证实。比如，债务担保事项只有在被担保方到期无力还款时企业（担保方）才履行连带责任。

3. 或有事项的表现形式

在我国的会计实务中，或有事项主要表现在以下几个方面：

（1）已贴现商业承兑汇票形成的或有事项；

（2）未决诉讼、未决仲裁形成的或有事项；

（3）为其他单位提供债务担保形成的或有事项；

（4）为产品提供质量保证（含产品安全保证）形成的或有事项；

（5）其他或有事项。

房地产开发企业的或有事项可能会导致预计负债、或有负债和或有资产等的产生。其中，预计负债属于负债的范畴，并且符合负债的确认条件。

（二）预计负债的确认与计量

1. 预计负债的确认条件

与或有事项有关的义务，应当在同时符合以下三个条件时确认为预计负债。

（1）该义务是企业承担的现时义务。这通常是指与或有事项相关的在企业当前条件下已承担的义务。企业没有其他现实的选择，只能履行该现时义务。这里所指的义务包括法定义务和推定义务。法定义务是指因合同、法律或其他司法解释等产生的义务，如企业与其他企业签订购货合同产生的义务。推定义务是指因企业的特定行为而产生的义务，如企业为了树立良好的企业形象，自行向社会公告宣称将对生产经营可能产生的环境污染进行治理。

（2）履行该义务很可能导致经济利益流出企业。这通常意味着在履行与或有事项相关的现时义务时，导致经济利益流出企业的可能性超过 50%，但尚未达到基本确定的程度。履行或有事项相关义务导致经济利益流出的可能性，如表 10－3 所示。

表 10－3　履行或有事项相关义务导致经济利益流出的可能性判断表

对应的概率区间	结果的可能性
大于 95%但小于 100%	基本确定
大于 50%但小于或等于 95%	很可能
大于 5%但小于或等于 50%	可能
大于 0 但小于或等于 5%	极小可能

如果或有事项属于多项类似义务，如产品质量保证类似合同，那么需要总体考虑才能确定经济利益流出的可能性。对于某个项目而言，虽然经济利益流出的可能性较小，但包括该项目的该类义务很可能导致经济利益流出的，应当视为该项目义务很可能导致经济利益流出企业。

（3）该义务的金额能够可靠地计量。这通常是指与或有事项有关的现时义务的金额能够合理地估计。

2. 预计负债的计量

（1）最佳估计数的确定。预计负债应当按照履行相关现时义务所需支出的最佳估计数进行初始计量。最佳估计数的确定应当分两种情况进行处理：

1）所需支出存在一个连续范围，且该范围内各种结果发生的可能性相同的，最佳估计数应当按照该范围内的中间值，即上下限金额的平均数确定。

2）所需支出不存在一个连续范围，或者虽然存在一个连续范围，但该范围内各种结果发生的可能性不相同的，那么，如果或有事项涉及单个项目（如一项未决诉讼、一项债务担保等），最佳估计数按照最可能发生金额确定；如果或有事项涉及多个项目，如在产品质量保证中，提出产品保修要求的可能有很多客户，则按照各种可能结果及相关概率计算确定。

（2）预期可获得补偿的处理。如果企业清偿预计负债所需支出的全部或部分预期由第三方补偿，则此补偿金额只有在基本确定能收到时，才能作为资产单独确认，确认的补偿金额不能超过所确认负债的账面价值。比如，在债务担保业务中，企业在履行担保义务的同时，通常可向被担保企业提出追偿要求。

企业预期从第三方获得的补偿是一种潜在资产，其最终是否真的会转化为企业真正的资产具有较大的不确定性，企业只有在基本确定能收到补偿时才能对其进行确认。根据资产和负债不能随意抵销的原则，预期可获得的补偿在基本确定能够收到时应当确认为一项资产。

（3）预计负债的计量需要考虑的其他因素。其主要包括以下几个：

1）风险和不确定性。风险是对交易或事项结果的变化可能性的一种描述。企业在或有事项存在不确定性和风险的情况下进行判断需要谨慎，以确保收益或资产不会被高估，费用或负债不会被低估。

2）货币时间价值。预计负债的金额通常应当等于未来应支付的金额。对于货币时间价值影响重大的或有事项，应当通过对未来相关现金流出进行折现后确定最佳估计数。

3）未来事项。企业应当考虑可能影响履行现时义务所需要金额的相关未来事项。比如，企业预计在开发生产经营结束时清理废料的费用将因未来技术的变化而显著降低。因此，企业在确认预计负债金额时应当反映有关专家对技术发展以及清理费用减少做出的合理预测。但是这种预测需要取得相当可观的证据支持。

3. 预计负债账面价值的复核

企业应当在资产负债表日对预计负债的账面价值进行复核。有确凿证据表明该账面价值不能真实反映当前最佳估计数的，应当按照当前最佳估计数对该账面价值进行调整。

（三）预计负债的主要核算内容

1. 未决诉讼或未决仲裁

诉讼，是指当事人不能通过协商解决争议，因而在人民法院起诉、应诉，请求人民法院通过审判程序解决纠纷的活动。在诉讼尚未裁决之前，对于被告来说，这可能形成一项或有负债或者预计负债；对于原告来说，则可能形成一项或有资产。

2. 产品质量保证

产品质量保证，通常是指销售商或者制造商在销售产品或提供劳务后，对客户提供服务的一种承诺。在约定期内（或者终身保修期内），如果产品或劳务在正常使用过程中出现质量问题或与之相关的其他属于正常范围内的问题，企业负有更换产品、免费或者只收成本价进行维修等责任。因此，在符合确认条件的情况下，企业应当在销售成立时将其确认为一项预计负债。

3. 债务担保

债务担保在企业中是较为普遍的现象。企业作为提供担保的一方，在被担保方无法履行合同的情况下，通常承担连带责任。从保护投资者、债权人的利益出发，客观、充分地反映企业因担保义务而承担的潜在风险是十分必要的。

（四）预计负债的账户设置

为了核算企业各项预计负债，房地产开发企业应设置“预计负债”账户。其贷方登记企业按规定的预计项目和预计金额确认的预计负债；借方登记实际偿付的负债。期末贷方余额，反映企业已预计但尚未支付的债务。本账户应按照预计负债项目设置明细账进行核算。

（五）预计负债的会计处理

1. 未决诉讼或未决仲裁

企业因未决诉讼或未决仲裁而确认的预计负债金额，借记“管理费用——诉讼费”账户，贷记“预计负债——未决诉讼（或未决仲裁）”账户；企业支付诉讼费时，借记“预计负债——未决诉讼（或未决仲裁）”账户，贷记“银行存款”账户，两者之间的差额借记“营业外支出”账户。

2. 产品质量保证

（1）企业很可能发生产品质量保证费用时，借记“销售费用”账户；贷记“预计负债——产品质量保证”账户。

（2）企业实际发生产品质量保证费用时，借记“预计负债——产品质量保证”账户；贷记“银行存款”“原材料”等账户。

3. 债务担保

企业因对其他企业提供债务担保而确认的预计负债金额，贷记“预计负债——债务担保”账户；确认负债时所确认的费用，借记“营业外支出”账户。

本章小结

即测即评

思考题

1. 什么是负债？负债的确认条件是什么？

2. 什么是流动负债？流动负债有哪些分类？

3. 简述房地产开发企业按规定应向国家缴纳的主要税费种类。

4. 如何在实际中正确核算房地产开发企业的短期借款、合同负债、应付账款、应付票据、应付职工薪酬？

5. 什么是非流动负债？非流动负债主要包括哪些项目？

6. 如何在实际中正确核算房地产开发企业的长期借款？

7. 什么是预计负债？其确认条件有哪些？其包括哪些核算内容？

案例分析题

1. 2×22年企业发生如下业务：

(1) 2月10日，企业根据承包单位提出的工程价款结算账单及所附已完工程月报表，确认应付当月已完工程价款为3 000 000元，增值税税额为270 000元（增值税税率为9%）。本月应从应付工程款中扣回工程款2 000 000元，其余应付工程款用银行存款予以支付。

(2) 2月11日，企业因债权人原因发生确实无法支付的应付账款500 000元。

(3) 3月2日，企业开出一张半年期的商业承兑汇票，用于购进一批价值500 000元的办公设备。

(4) 11月14日，支付开发人员工资1 800 000元，同时支付管理人员工资400 000元，均以银行存款支付上述工资。

(5) 11月21日，缴纳增值税200 000元，假设城市维护建设税税率为7%，计算并缴纳该期的城市维护建设税。

(6) 12月1日，A企业从银行取得一笔短期借款，金额为2 000 000元，期限为2个月，月利率为1‰，到期一次还本付息。

要求：对上述业务进行会计处理。

2. 企业于2×22年1月1日向银行借入30 800 000元、期限为2年的借款，用于开发产品。借款年利率为7%，每年计息一次，实际利率也就是7%，每年1月1日支付利息。该项固定资产于2×20年年末达到预定可使用状态，企业于2×24年1月1日归还借款。企业应做如下会计分录：

(1) 2×22年1月1日，取得借款时：

借：银行存款　　30 800 000

　贷：长期借款——本金　　30 800 000

(2) 2×22年12月31日，计提本年利息时：

借：在建工程　　2 156 000

　贷：长期借款——应计利息　　2 156 000

(3) 2×23年1月1日，支付利息时：

借：长期借款——应计利息　　2 156 000

　贷：银行存款　　2 156 000

(4) 2×23年12月31日，计提本年利息时：

借：在建工程　　2 156 000

　贷：长期借款——应计利息　　2 156 000

(5) 2×24年1月1日，偿还长期借款到期本金和利息时：

借：长期借款——本金　　30 800 000

长期借款——应计利息 2 156 000

贷：银行存款 32 956 000

要求：如果你是该企业的财务人员，你认同对该笔业务的会计处理吗？如果不认同，请说明理由并编制正确的会计分录。

第十一章

所有者权益

学习目标

1. 掌握实收资本（股本）、其他权益工具、资本公积、其他综合收益及留存收益的核算内容及会计处理。

2. 理解所有者权益的含义、基本特征以及来源，其他权益工具会计核算的基本原则。

3. 了解一般企业实收资本的核算原则，股份有限公司股本的核算原则。

引导案例

新城控股集团股份有限公司（简称新城控股，股票代码 601155），于 1993 年在常州创立，集团总部设于上海，并于 2015 年在上交所上市。目前，公司已成为拥有住宅地产和商业地产的全国综合性地产集团，主要致力于开发优质住宅物业和包含购物中心在内的综合体项目。新城控股长期坚持“区域聚焦、高速周转、产品多元化”的发展战略，专注于精品住宅开发和品牌商业的开发与运营，努力实现了住宅地产与商业地产的双核驱动、加速发展。在城市布局方面，新城控股基本完成了对全国重点城市群、重点城市的全面布局，并初步完成了“以上海为中枢，长三角为核心，并向珠三角、环渤海和中西部地区进行全国扩张”的“1＋3”战略布局。截至 2022 年 8 月 25 日，新城控股已进入中国 142 个大中城市，包括上海、北京、天津、重庆、杭州、南京、苏州、济南、西安、成都、长春、常州等，开发中或已完成项目超 700 个。

2021 年，新城控股实现销售金额约 2 337.75 亿元，销售面积约 2 354.73 万平方米。截至 2021 年 12 月 31 日，新城控股所有者权益金额为 97 123 981 482 元，其中，股本总额为 2 260 063 539 元，资本公积为 2 263 610 816 元，库存股为 60 879 813 元，其他综合收益为 1 786 467 690 元，盈余公积为 1 130 031 770 元，未分配利润为 51 930 668 935 元。2021 年公司实现归属于母公司股东的净利润为 12 598 086 046 元，期末可供分配利润为 7 695 121 924 元。根据相关规定，综合考虑当前宏观经济形势、行业整体环境以及公司未来资金需求等因素，公司拟定的 2021 年利润分配方案为：不派发现金红利，不送红股，不以公积金转增股本。

资料来源：根据新城控股集团股份有限公司 2021 年年度报告整理。

何谓所有者权益？其具体包括哪些内容？所有者权益具有哪些特征？如何对其进行分类？其他权益工具属于所有者权益吗？资本公积与其他综合收益有何不同？企业拟定的利润分配方案对于所有者权益有何影响？如何对所有者权益进行核算？通过本章的学习，相信你会找到答案。

第一节　所有者权益概述

一、所有者权益的定义和基本特征

所有者权益是指投资者在企业资产中享有的经济利益，为资产减去负债后的余额，包括实收资本（股本）、其他权益工具、资本公积、其他综合收益、留存收益（盈余公积和未分配利润）等。所有者权益是房地产开发企业资金的主要来源，在会计核算体系中占有非常重要的地位。

所有者权益具有如下特征：

（1）所有者权益是一种权利，该权利来自投资者投入的可供企业长期使用的资源。任何企业的设立，都需要投资者的投入资本。

（2）所有者权益实质上是投资者在某个企业所享有的一种财产权利，包括投资者对投入财产的所有权、使用权和收益分配权，是一种剩余权益。

（3）所有者权益的构成要素。所有者权益包括投资者的投入资本、其他权益工具、资本公积、其他综合收益和企业的资产增值及经营利润。投资者的投入资本既是企业实收资本（股本）的唯一来源，也是资本公积最主要的来源。

二、所有者权益的分类

所有者权益根据其核算的内容和要求，可分为实收资本（股本）、其他权益工具、资本公积、其他综合收益、盈余公积和未分配利润等部分。其中，盈余公积和未分配利润统称为留存收益。

（一）实收资本（股本）

实收资本（股本）是指投资者投入所形成的法定资本的价值。法定资本是指投资者在企业注册资本范围内实际投入的资本。投资者向企业投入的资本，一般情况下无须偿还，可长期使用。实收资本的构成比例，即投资者的出资比例或股东的股份比例，通常是确定投资者在企业所有者权益中所占份额和参与企业财务经营决策的基础，也是企业进行利润分配或股利分配的依据，同时还是企业清算时确定投资者对净资产要求权的依据。

（二）其他权益工具

其他权益工具是指企业发行的除普通股以外，按照金融负债和权益工具区分原则分类为权益工具的其他权益工具，如企业发行的分类为权益工具的优先股、永续债等。企业发行权益工具收到的对价扣除交易费用后，应当增加所有者权益；回购自身权益工具支付的对价和交易费用，应当减少所有者权益。

（三）资本公积

资本公积是指企业收到的超出投资者在企业注册资本（股本）中所占份额的投资，以及直接计入所有者权益的利得和损失等。资本公积包括资本溢价（或股本溢价）和其他资本公积。资本溢价（或股本溢价）是企业收到的超出投资者在企业注册资本（股本）中所占份额的投资。形成资本溢价（或股本溢价）的原因包括溢价发行股票、投资者超额缴入资本等。其他资本公积，是指除资本溢价（或股本溢价）项目以外所形成的资本公积。

（四）其他综合收益

其他综合收益是指根据企业会计准则的规定，未在当期损益中确认的各项利得和损失在扣除所得税影响后的净额。它涵盖两类内容：一类是以后会计期间不能重分类计入损益的其他综合收益，具体包括重新计量设定受益计划净负债或净资产产生的变动；采用权益法核算，被投资方的其他综合收益发生变化时，不能重分类进损益的份额等。另一类是以后会计期间满足规定条件时可以重分类进损益的其他综合收益，具体包括现金流量套期工具产生的利得或损失中属于有效套期的部分损益；外币财务报表折算差额；将自用房地产或作为存货的房地产转换为以公允价值模式计量的投资性房地产时，转换日房地产的公允价值大于账面价值的部分；采用权益法核算时，被投资方的其他综合收益变动份额可重新划分为损益的部分等。

（五）留存收益

留存收益是指归投资者共有的、企业历年实现的净利润中留存于企业的部分，主要包括累计计提的盈余公积和未分配利润。盈余公积包括法定盈余公积和任意盈余公积，两者均从企业当年实现的净利润中计提。两者的区别就在于其各自计提的依据不同。前者以国家的法律或行政规章为依据提取；后者由企业自行决定提取。未分配利润是企业留待以后年度进行分配的结存利润，也是企业所有者权益的组成部分。

第二节　实收资本和其他权益工具的核算

一、实收资本核算的内容

实收资本（股本）即注册资本，是投资者按照法律的规定实际投入企业的资本，是企业在工商行政管理机关注册登记的法定资本总额的来源，它表明了投资者对企业的基本产权关系。投资者向企业投入的资本，在一般情况下无须偿还，可长期周转使用。

（一）一般企业实收资本的核算原则

根据《中华人民共和国公司法》的规定，公司从事经营活动，应当遵守法律法规，遵守社会公德、商业道德，诚实守信，接受政府和社会公众的监督。

注册资本是公司登记事项包括的内容之一。我国目前实行的是注册资本认缴登记制度，要求企业的实收资本与其注册资本相一致。企业的实收资本（或股本）除下列情况外，不得随意变动：

（1）企业符合增资条件，并经有关部门批准增资的，在实际取得投资者的出资时，登记入账。

（2）企业按法定程序报经批准，减少注册资本的，在实际归还投资时登记入账。采用收购本企业股票方式减资的，在实际购入本企业股票时，登记入账。

房地产开发企业投资者可以用货币资金投资，也可以用实物、知识产权、土地使用权等可以用货币估价并可以依法转让的非货币财产作价出资。企业收到投资时，按以下原则确定入账价值：

（1）投资者以货币资金投入的资本，应当以实际收到或者存入企业开户银行的金额作为实收资本入账。实际收到或者存入企业开户银行的金额超过其在该企业注册资本中所占份额的部分，记入“资本公积”账户。

（2）投资者以非货币资金资产投入的资本，按照投资合同或协议约定的价值确定，但合同或协议约定价值不公允的除外。取得增值税进项扣税凭证的，可以抵扣进项税额。在依法完成资产转移手续后，可以作为实收资本入账。首次发行股票而接受投资者投入的无形资产，应按该项无形资产在投资方的账面价值和其进项税额入账。

（3）初建有限责任公司时，各投资者按照合同、协议或公司章程投入公司的资本，应全部记入“实收资本”账户，公司的实收资本应等于公司的注册资本。公司增加资本时，如果有新的投资者介入，新介入的投资者缴纳的出资额大于按约定比例计算的其在注册资本中所占份额的部分，不记入“实收资本”账户，而作为资本公积，记入“资本公积”账户。

（二）股份有限公司股本的核算原则

设立股份有限公司，可以采取发起设立或者募集设立的方式。发起设立，是指由发起人认购设立公司时应发行的全部股份而设立公司。募集设立，是指由发起人认购设立公司时应发行股份的一部分，其余股份向特定对象募集或者向社会公开募集而设立公司。

（1）股份有限公司的注册资本为在公司登记机关登记的已发行股份的股本总额。在发起人认购的股份缴足前，不得向他人募集股份。法律、行政法规以及国务院决定对股份有限公司注册资本最低限额另有规定的，从其规定。

（2）以发起设立方式设立股份有限公司的，发起人应当认足公司章程规定的公司设立时应发行的股份。以募集设立方式设立股份有限公司的，发起人认购的股份不得少于公司章程规定的公司设立时应发行股份总数的百分之三十五；但是，法律、行政法规另有规定的，从其规定。

（3）发起人应当在公司成立前按照其认购的股份全额缴纳股款。发起人不按照其认购的股份缴纳股款，或者作为出资的非货币财产的实际价额显著低于所认购的股份的，其他发起人与该发起人在出资不足的范围内承担连带责任。

（4）发起人向社会公开募集股份，应当公告招股说明书，并制作认股书。认股书应当载明相关事项，由认股人填写认购的股份数、金额、住所，并签名或者盖章。认股人应当按照所认购股份足额缴纳股款。

（5）公司的资本划分为股份。公司的全部股份，根据公司章程的规定择一采用面额股或者无面额股。采用面额股的，每一股的金额相等。公司可以根据公司章程的规定将已发行的面额股全部转换为无面额股或者将无面额股全部转换为面额股。采用无面额股的，应当将发行股份所得股款的二分之一以上计入注册资本。股份的发行，实行公平、公正的原则，同类别的每一股份应当具有同等权利。

（6）公司的股份采取股票的形式。股票是公司签发的证明股东所持股份的凭证。公司发行的股票，应当为记名股票。面额股股票的发行价格可以按票面金额，也可以超过票面金额，但不得低于票面金额。股票采用纸面形式或者国务院证券监督管理机构规定的其他形式。

总之，股份有限公司通过发行股票的方式来筹集资本，公司的注册资本为公司在登记机关登记的实收股本总数，其由等额股份构成。具体而言，股票面值与股份总数的乘积为股本，股本应等于公司的注册资本。公司的股本应当在核定的股本总额以及核定的股份总额的范围内，通过发行股票取得。当公司发行股票时，股票面值与股份总数的乘积被视为股本，超过面值总额发行取得的收入被视为股本溢价，其应记入“资本公积”账户。

（三）实收资本核算应设置的账户

为核算和监督投资者实收资本的增减变化情况，房地产开发企业应设置“实收资本（股本）”账户。股份有限公司投资者投入的资本应当通过“股本”账户进行核算。其贷方登记企业收到投资者投入的各种资产价值，企业用资本公积、盈余公积等转增资本的数额，以及可转换公司债券按规定转为股本时的股票面值总额；借方登记按规定程序减少注册资本的数额。期末余额在贷方，反映企业实有的资本或股本数额。本账户应按投资者设置明细账进行核算。

另外，投资者按规定转让出资的，企业应于有关的转让手续办理完毕时，将出让方所转让的股份，在股东账户有关明细账及备查记录中转到受让方名下；企业应当将因减资而使股份发生变动的情况，在“股本”账户的有关明细账及备查簿中详细记录。

（四）实收资本核算的会计处理

1. 有限责任公司在收到资本时

借：银行存款、固定资产、无形资产等

应交税费——应交增值税（进项税额）或待抵扣进项税额

贷：实收资本

2. 股份有限公司股本核算的会计处理

公司在采用溢价发行股票时，所得溢价款应列入公司资本公积。因此，股份有限公司溢价发行的股票，在收到现金等资产时，按实际收到的金额，借记“库存现金”“银行存款”等账户；按股票面值和核定的股份总额的乘积计算的金额，贷记“股本”账户；按其差额扣除股票发行支付的手续费、佣金等，贷记“资本公积”账户。对于按面值发行的股票，发行收入应全部记入“股本”账户，支付的发行股票费用以及溢价不足以支付的部分，应借记“资本公积”账户。资本公积（溢价）不足冲减的，冲减留存收益。

股份有限公司在采用溢价发行股票时的会计处理流程如图 11－1 所示。

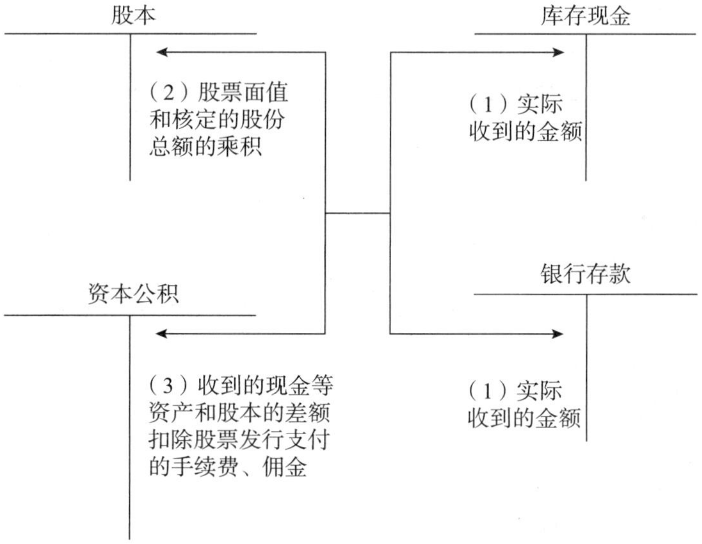

图 11－1 溢价发行股票的会计处理流程

股份有限公司在进行账务处理时，有时还会涉及“库存股”账户。库存股是指已公开发行的股票但发行公司通过购入、赠予或其他方式重新获得可再行出售或注销的股票。库存股股票既不分配股利，又不附投票权。在公司资产负债表上，库存股不能列为公司资产，而是以负数形式列为一项股东权益。该账户的借方表示增加，贷方表示减少。

股份有限公司因减少注册资本而回购本公司股份的，按实际支付的金额，借记“库存股”账户，贷记“银行存款”等账户；注销股份时，按面值借记“股本”账户，按注销库存股的账面余额贷记“库存股”账户，按其差额借记“资本公积”账户；回购价格超过上述“股本”及“资本公积”账户合计数的部分，依次借记“盈余公积”“利润分配——未分配利润”等账户。如果回购价格低于所回购股份的面值，所注销库存股的账面余额与所冲减股本的差额作为增加股本溢价处理。需要注意的是，库存股属于所有者权益的备抵账户，因此，回购库存股时，所有者权益减少；注销库存股时，为所有者权益的内部变动，不影响所有者权益总额。

【例 11-1】 实收资本的确认

企业收到投资者投入的货币资金 6 105 000 元，同时收到投资者投入的无形资产，双方协商定价为 8 500 000 元，企业应做如下会计分录：

借：银行存款	6 105 000	
无形资产	8 500 000	
贷：实收资本		14 605 000

【例 11-2】 实收资本的核算

企业接受投资者投资的一台不需要安装的设备，该项设备账面原值为 3 255 000 元，累计折旧为 460 000 元，双方协商定价为 2 800 000 元；同时收到一项无形资产，双方协商定价为 2 000 000 元，企业应做如下会计分录：

借：固定资产	2 800 000	
无形资产	2 000 000	
贷：实收资本		4 800 000

【例 11-3】 盈余公积转增资本

企业按照规定程序报经批准后，将盈余公积 3 230 000 元转换为资本。企业应做如下会计分录：

借：盈余公积	3 230 000	
贷：实收资本		3 230 000

【例 11-4】 发行股票

企业发行股票 5 000 000 股，每股面值 1 元，发行价格为每股 8.5 元，实收价款 42 500 000 元，已存入银行。企业应做如下会计分录：

借：银行存款	42 500 000	
贷：股本		5 000 000
资本公积——股本溢价		37 500 000

【例 11-5】 实收资本的确认

企业注册资本为 18 000 000 元，其由甲、乙、丙共同出资设立，甲、乙、丙持股比例分别为 55%、25%和 20%。2×21 年 4 月 12 日，企业如期收到各投资者一次性缴足的款项。企业应做如下会计分录：

借：银行存款	18 000 000	
贷：实收资本——甲		9 900 000
——乙		4 500 000
——丙		3 600 000

二、其他权益工具核算的内容

（一）其他权益工具核算的基本原则

企业发行的其他权益工具应当按照《企业会计准则第 37 号——金融工具列报》进行初始确认和计量；其后，于每个资产负债表日，对于归类为权益工具的金融工具，无论其名称中是否包含“债”，其利息支出或股利分配都应当作为企业的利润分配，其回购、注销等作为权益的变动处理；对于归类为金融负债的金融工具，无论其名称中是否包含“股”，其利息支出或股利分配原则上按照借款费用进行处理，其回购或赎回产生的利得或损失等计入当期损益。

企业发行金融工具，其发生的手续费、佣金等交易费用，如分类为债务工具且以摊余成本计量的，应当计入所发行工具的初始计量金额；如分类为权益工具的，应当从权益（其他权益工具）中扣除。

（二）其他权益工具核算应设置的账户

为了核算企业发行的除普通股以外的，按照金融负债和权益工具的区分原则归类为权益工具的各种金融工具，房地产开发企业应设置“其他权益工具”账户。其贷方登记企业发行的优先股、永续债等其他权益工具的账面价值，金融负债重分类为权益工具的账面价值，企业发行的复合金融工具实际收到的金额扣除负债成份的公允价值后的金额；借方登记权益工具重分类为金融负债的账面价值，企业按合同条款约定将发行的除普通股以外的金融工具转换为普通股的账面价值，企业按合同条款约定赎回所发行的除普通股以外的分类为权益工具的账面价值。期末贷方余额反映企业实际拥有的其他权益工具的公允价值。本账户应按发行金融工具的种类等进行明细核算，如优先股（不包括可赎回优先股）、永续债、认股权证等。

（三）其他权益工具核算的会计处理

（1）房地产开发企业发行的金融工具归类为权益工具的，应按实际收到的金额，借记“银行存款”等账户，贷记“其他权益工具——优先股、永续债”账户。在存续期间分派股利的，借记“利润分配——应付优先股股利、应付永续债利息”账户，贷记“应付股利——优先股股利、永续债利息”账户。

（2）房地产开发企业发行的金融工具为复合金融工具的，应按实际收到的金额，借记“银行存款”等账户，按金融工具的面值，贷记“应付债券——优先股、永续债（面值）”账户，按负债成份的公允价值与金融工具面值之间的差额，借记或贷记“应付债券——优先股、永续债（利息调整）”账户，按实际收到的金额扣除负债成份的公允价值后的金额，贷记“其他权益工具——优先股、永续债”账户。企业发行复合金融工具发生的交易费用，应当在负债成份与权益成份之间按照各自的相对公允价值进行分摊。

(3) 权益工具与金融负债重分类的会计处理如下：

1) 权益工具重分类为金融负债时：

借：其他权益工具——优先股、永续债（账面价值）

贷：应付债券——优先股、永续债（面值）

——优先股、永续债（利息调整）（或借方）

资本公积——资本溢价（或股本溢价）（或借方）

2) 金融负债重分类为权益工具时：

借：应付债券——优先股、永续债（面值）

——优先股、永续债（利息调整）（利息调整余额）（或贷方）

贷：其他权益工具——优先股、永续债

(4) 房地产开发企业按合同条款约定赎回所发行的除普通股以外的分类为权益工具的金融工具时的会计处理如下：

1) 回购时：

借：库存股——其他权益工具

贷：银行存款

2) 注销时：

借：其他权益工具（账面价值）

贷：库存股——其他权益工具

资本公积——资本溢价（或股本溢价）（或借方）

(5) 企业按合同条款约定将发行的除普通股以外的金融工具转换为普通股的金融工具时的会计处理如下：

借：应付债券（账面价值）

其他权益工具（账面价值）

贷：实收资本（或股本）（面值）

资本公积——资本溢价（或股本溢价）（差额）

银行存款

第三节　资本公积和其他综合收益的核算

一、资本公积核算的内容

资本公积是企业收到的投资者超出其在企业注册资本（股本）中所占份额的投资，以及其他形式的资本增值。

（一）资本溢价（或股本溢价）

1. 资本溢价

资本溢价是指企业在筹集资金的过程中，投资者的投入资本超过其注册资金的数额。

企业发生资本溢价的原因主要有以下几个：

（1）相同数量的投资，由于出资时间不同，对企业的影响程度不同。企业在创立初期进行的投资具有较高的风险，且资本利润率很低，而房地产开发企业在进入正常开发经营阶段以后，一般情况下，资本利润率要高于初创阶段。这时，如果有新的投资者加入，为了维护原有投资者的权益，新加入的投资者要付出大于原有投资者的出资额，才能取得与原有投资者相同的投资比例。

（2）企业通过经营活动，积累了留存收益，使原有投资不仅从质量上发生了变化，还从数量上发生了变化。新加入的投资者将与原有投资者共同享有投资者所积累的盈余公积和未分配利润。因此，新加入的投资者要付出大于原有投资者的出资额，才能取得与原有投资者相同的投资比例。

投资者投入的资本应等于按其投资比例计算的出资额，并作为实收资本处理；投资者投入的大于实收资本的部分，作为资本公积进行核算。

2. 股本溢价

股本溢价是股份有限公司在按溢价发行股票时，公司所取得的股票发行收入超过股票面值与股份总数乘积的数额。股本溢价归股份有限公司全体股东所有。

对于境外上市公司以及在境内发行外资股的公司，按确定的人民币股票面值与股份总额的乘积计算的金额，作为股本入账；按收到股款当日的汇率折合的人民币金额与按人民币计算的股票面值总额的差额，作为资本公积处理。

（二）其他资本公积

其他资本公积，是指除资本溢价（或股本溢价）以外所形成的资本公积。以权益结算的股份支付、关联方的捐赠，以及采取权益法核算的长期股权投资涉及的业务会涉及其他资本公积的核算。

（三）资本公积核算应设置的账户

为了核算企业取得的各项资本公积，房地产开发企业应设置“资本公积”账户，并在本账户下设置“资本溢价（或股本溢价）”“其他资本公积”等明细账户。其贷方登记企业取得的各项资本公积；借方登记企业按规定用途转出的资本公积。期末贷方余额反映企业实有的资本公积。本账户应按资本公积形成的类别进行明细核算。

（四）资本公积核算的会计处理

资本公积核算的会计处理，在前面各章节中已经有所涉及，其主要会计处理如下：

1. 资本溢价（或股本溢价）的会计处理

（1）企业收到投资者投入的资金时，投资者投入的资本中按其投资比例计算的出资额部分，应记入“实收资本”账户，超出部分应记入“资本公积”账户。

借：银行存款（按实际收到的金额）

　　固定资产（按照确定的价值）

　贷：实收资本（按其在注册资本中所占的份额）

　　　资本公积——资本溢价（按其差额）

资本溢价的会计处理流程如图 11－2 所示。

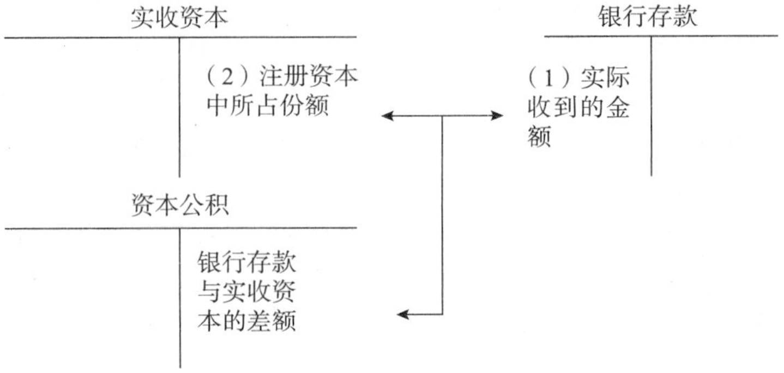

图 11－2　资本溢价的会计处理流程

（2）股份有限公司溢价发行股票时，在采用溢价发行股票的情况下，房地产开发企业发行股票取得的收入，其中相当于股票面值与股份总数乘积的部分记入“股本”账户，超出股票面值的溢价收入记入“资本公积”账户。委托证券商代理发行股票而支付的手续费、佣金等，应从溢价发行收入中扣除，企业应将扣除手续费、佣金后的数值记入“资本公积”账户。

借：库存现金、银行存款（按实际收到的金额）

　贷：股本（按股票面值和核定的股份总额的乘积计算的金额）

　　资本公积——股本溢价（按溢价部分）

（3）资本公积转增资本时：

借：资本公积——资本溢价（或股本溢价）

　贷：实收资本（或股本）

2. 其他资本公积的会计处理

（1）采用权益法核算的长期股权投资。

1）对于被投资单位除净损益、其他综合收益和利润分配以外的其他所有者权益变动，投资方按持股比例计算应享有的份额时：

借：长期股权投资——其他权益变动

　贷：资本公积——其他资本公积

或做相反的会计分录。

2）房地产开发企业处置采用权益法核算的长期股权投资时：

借：资本公积——其他资本公积

　贷：投资收益

或做相反的会计分录。

（2）以权益结算的股份支付换取职工或其他方提供服务。企业以权益结算的股份支付换取职工或其他方提供服务的，在权益工具授予日以及在行权日，会涉及与其相关的其他资本公积和资本溢价（或股本溢价）。

1）以权益结算的股份支付换取职工或其他方提供服务时：

借：管理费用

贷：资本公积——其他资本公积

2）行权日：

借：资本公积——其他资本公积（按实际行权的权益工具数量计算确定的金额）

贷：实收资本（或股本）

资本公积——资本溢价（或股本溢价）（按其差额）

【例11－6】 资本公积的确认

企业拥有甲公司60%有表决权的股票。2×21年6月20日，甲公司因增资扩股增加了资本公积40 750 000元。企业应做如下会计分录：

借：长期股权投资——其他权益变动 40 750 000

贷：资本公积——其他资本公积 40 750 000

【例11－7】 资本公积转入当期损益

承上例，2×21年8月13日，企业将拥有的甲公司的股份全部转让，此时原计入资本公积的数额全部转入当期损益。企业应做如下会计分录：

借：资本公积——其他资本公积 40 750 000

贷：投资收益 40 750 000

二、其他综合收益核算的内容

（一）其他综合收益核算应设置的账户

为了核算和监督其他综合收益的增减变化情况，房地产开发企业应设置“其他综合收益”账户。其贷方登记企业取得的各项其他综合收益；借方登记企业按规定用途转出的其他综合收益。期末贷方余额反映企业实有的其他综合收益。本账户应按其他综合收益形成的类别进行明细核算。

（二）其他综合收益核算的内容及其会计处理

其他综合收益包括以后会计期间满足规定条件时将重分类进损益的其他综合收益和以后会计期间不能重分类进损益的其他综合收益两类。

1. 以后会计期间满足规定条件时将重分类进损益的其他综合收益项目

（1）以公允价值计量且其变动计入其他综合收益的金融资产（债务工具）产生的其他综合收益。符合金融工具准则的规定，同时符合两个条件的金融资产应当分类为以公允价值计量且其变动计入其他综合收益：一是，企业管理该金融资产的业务模式既以收取合同现金流量为目标，又以出售该金融资产为目标；二是，该金融资产的合同条款规定，在特定日期产生的现金流量，仅为对本金和以未偿付本金金额为基础的利息的支付。

（2）按照金融工具准则的规定，对金融资产重分类按规定可以将原计入其他综合收益的利得或损失转入当期损益的部分。

（3）采用权益法核算的长期股权投资。

1）被投资单位其他综合收益增加时，投资方应按持股比例计算应享有的份额：

借：长期股权投资——其他综合收益

贷：其他综合收益

被投资单位其他综合收益减少则做相反的会计分录。

2）处置采用权益法核算的长期股权投资时：

借：其他综合收益（可转损益的其他综合收益）

贷：投资收益

或做相反的会计分录。

（4）存货或自用房地产转换为投资性房地产。

1）企业将作为存货的房地产转换为采用公允价值模式计量的投资性房地产，转换日其公允价值大于账面价值时：

借：投资性房地产——成本（转换日的公允价值）

存货跌价准备（如涉及）

贷：合同履约成本——工程施工等

其他综合收益（差额）

2）企业将自用房地产转换为采用公允价值模式计量的投资性房地产，转换日其公允价值大于账面价值时：

借：投资性房地产——成本（转换日的公允价值）

累计折旧

固定资产减值准备

贷：固定资产

其他综合收益（差额）

3）处置该项投资性房地产时，因转换计入其他综合收益的金额应转入当期其他业务成本：

借：其他综合收益

贷：其他业务成本

2. 以后会计期间不能重分类进损益的其他综合收益项目

以后会计期间不能重分类进损益的其他综合收益项目包括：重新计量设定受益计划净负债或净资产导致的变动；按照权益法核算因被投资单位重新计量设定受益计划净负债或净资产变动导致的权益变动，投资企业按持股比例计算确认的该部分其他综合收益项目；在初始确认时，企业将非交易性权益工具指定为以公允价值计量且其变动计入其他综合收益的金融资产，该指定在做出后不得撤销，即当该类非交易性权益工具终止确认时，原计入其他综合收益的公允价值变动损益不得重分类进损益。

第四节　留存收益的核算

一、留存收益核算的内容

留存收益，是指房地产开发企业通过开发经营活动而形成的，从历年实现的利润中提取或留存于企业内部的积累，即企业经营所得净收益的积累，包括盈余公积和未分配利润。

（一）盈余公积

盈余公积，是指企业按照规定从净利润中提取的积累资金。企业的盈余公积可以用于弥补亏损、转增资本（或股本）、分配利润或现金股利。

一般企业和股份有限公司的盈余公积包括以下内容：

（1）法定盈余公积，是指企业按照规定的比例从净利润中提取的盈余公积，按照《中华人民共和国公司法》的规定，它的提取比例一般为净利润扣除规定项目后余额的10%，规定扣除的项目主要有抵补被没收财产损失，违反税法规定支付的滞纳金、罚款，弥补超过用税前利润弥补期限的以前年度亏损等。在计算提取法定盈余公积的基数时，不应包括企业的年初未分配利润。当法定盈余公积累计金额达到企业注册资本的50%以上时，可以不再提取。

（2）任意盈余公积，是指企业经股东大会或类似机构批准，按照规定的比例从净利润中提取的盈余公积。

另外，外商投资企业的盈余公积通常包括储备基金、企业发展基金、利润归还投资和职工奖励及福利基金。

用盈余公积转增资本时，转增后留存的盈余公积数额不得少于转增前注册资本的25%。符合规定条件的企业，也可以用盈余公积分派现金股利或利润；支付股利或分配利润后，留存的法定盈余公积不得低于此前注册资本的25%。

（二）未分配利润

未分配利润是指企业历年累积的，留待以后年度进行分配的结存利润。企业实现的净利润大致有两种分配去向：一是分配给投资者；二是留在企业。净利润属于所有者权益范畴，其中留在企业的部分，分为盈余公积和未分配利润。而未分配利润是指未做分配的净利润，它有两层含义：一是这部分净利润没有分配给企业投资者；二是这部分净利润没有指定用途。

二、留存收益核算应设置的账户

为了核算和监督企业盈余公积的提取和使用情况，房地产开发企业应设置“盈余公积”账户，并在该账户下设置“法定盈余公积”“任意盈余公积”等明细账户。其贷方登记企业按照净利润的一定比例提取的盈余公积；借方登记企业按规定转增资本（或股本）、弥补亏损或发放现金股利等减少的盈余公积。期末贷方余额反映企业提取的盈余公积余额。企业应按盈余公积的种类设置明细账进行核算。

三、留存收益核算的会计处理

留存收益的核算与利润分配的核算密切相关，留存收益中的未分配利润是利润分配过程的结果，有关未分配利润核算的会计处理详见后面章节利润分配核算的有关内容。这里主要介绍盈余公积的会计处理方法。

（1）企业提取盈余公积时：

借：利润分配——提取法定盈余公积
　　　　　　——提取任意盈余公积
　贷：盈余公积——法定盈余公积
　　　　　　　——任意盈余公积

（2）企业用盈余公积弥补亏损时：

借：盈余公积
　贷：利润分配——盈余公积补亏

（3）股份有限公司用盈余公积派送新股时：

借：盈余公积（按派送新股计算的金额）
　贷：股本（按股票面值和派送新股总数计算的金额）
　　　资本公积——股本溢价（差额）

（4）股份有限公司用盈余公积分配现金股利或利润时：

借：盈余公积
　贷：应付股利

（5）企业用盈余公积分配股票股利或转增资本时：

借：盈余公积
　贷：实收资本（或股本）

【例 11-8】 提取盈余公积

企业 2×21 年实现净利润总额 64 000 000 元，按规定以 10%的比例提取法定盈余公积，按 10%提取任意盈余公积。企业应做如下会计分录：

借：利润分配——提取法定盈余公积	6 400 000	
——提取任意盈余公积	6 400 000	
贷：盈余公积——法定盈余公积		6 400 000
——任意盈余公积		6 400 000

【例 11-9】 盈余公积补亏

企业 2×21 年尚有 345 000 元的亏损未弥补，经股东大会决议，决定使用盈余公积来弥补。企业应做如下会计分录：

借：盈余公积	345 000	
贷：利润分配——盈余公积补亏		345 000

【例 11-10】 盈余公积转增资本

企业报经股东会批准，决定将结余的任意盈余公积 4 220 000 元转增资本。企业应做如下会计分录：

借：盈余公积——任意盈余公积	4 220 000	
贷：股本		4 220 000

本章小结

即测即评

思考题

1. 什么是所有者权益？所有者权益的来源有哪些？
2. 其他权益工具核算的基本原则是什么？
3. 资本公积的内涵及包括的主要内容是什么？
4. 什么是留存收益？其由哪些部分构成？各自的含义是什么？

案例分析题

企业2×21年至2×22年的有关业务资料如下：

(1) 2×21年1月1日，企业股东权益总额为4 230 000万元（其中，股本总数为2 000 000万股，每股面值为1元，资本公积为1 060 000万元，盈余公积为1 100 000万元，未分配利润为70 000万元），2×21年度实现净利润1 400 000万元，股本与资本公积项目金额未发生变化。

(2) 2×22年4月5日，企业董事会提出了以下预案：

1) 按照2×21年实现净利润的10%提取法定盈余公积。

2) 以2×21年12月31日股本总额为基数，以资本公积（股本溢价）转增股本，每10股转增4股，共计800 000万股。

(3) 2×22年5月20日，企业召开股东大会，审议批准了董事会提出的预案，同时决定分派现金股利10 000万元。

(4) 2×22年7月22日，企业办理了上述资本公积转增股本的有关手续。

(5) 2×22年，企业发生净亏损8 430万元。

要求：根据以上内容编制企业相应的会计分录。

第十二章

成本与费用

学习目标

1. 掌握费用的含义与特征，以及房地产开发企业费用的主要分类。

2. 掌握房地产开发企业费用按照经济用途分类的具体内容，开发成本的内涵及包括的主要内容，期间费用的内涵及包括的主要内容。

3. 掌握房地产开发企业成本核算应设置的会计账户及核算内容，开发成本的核算内容以及房屋开发成本核算的应用。

4. 理解房地产开发企业的成本分配方法，以及期间费用的核算内容。

5. 了解房地产开发企业成本核算的基本要求和程序。

引导案例

金融街控股股份有限公司（简称金融街，股票代码 000402）是一家以商务地产为主业的大型国有控股公司，2000 年在深交所上市。截至 2021 年年底，公司总资产达到 1 648 亿元，公司净资产为 371 亿元。公司土地储备权益面积总计 1 329 万平方米，累计开发面积超过 2 500 万平方米；持有物业面积超过 132 万平方米。公司以开发业务和持有业务为双轮，以股权投资、资产管理为纽带，以四大产品（商务地产产品、住宅地产产品、特色小镇产品、金融集产品）和服务体系（Life 金融街 · 5C 服务体系、Life 金融街 · 悦生活服务体系、Life 金融街 · 金融集服务体系、Life 金融街 · 特色小镇服务体系）为抓手，不断提升房地产全价值链的价值创造能力。

截至 2021 年 12 月 31 日，企业本期发生销售费用 982 968 520.79 元，同比增加 6.47%，其中办公事务及业务活动费最多，达到 585 127 385.36 元，占比 59.53%；本期发生管理费用 429 602 688.01 元，同比增加 28.32%，其中人工费用为 310 721 609.66 元，占比最高，达到 72.33%；本期发生财务费用 1 319 388 769.38 元；开发成本期末账面余额为 62 000 479 349.24 元，计提跌价准备金额 469 488 438.97 元，期末账面价值为

61 530 990 910.27 元，开发成本项目包括土地成本、前期工程费、基础设施费、建筑安装工程费、公共配套设施费、开发间接费、融资成本及开发过程中的其他相关费用；本期发生营业成本 18 974 710 113.71 元，同比增长 55.96%。虽然企业的营业收入同比增长了 33.3%，但是营业成本也有一定程度的增长，导致企业毛利率有所下滑。

资料来源：根据金融街控股股份有限公司 2021 年年度报告整理。

何为成本？何为费用？成本与费用有什么区别和联系？房地产开发企业如何对其进行分类？开发成本核算的具体内容、核算要求和核算程序是什么？开发成本与期间费用之间有什么关系？开发成本会计核算有哪些特点？通过本章的学习，相信你会找到答案。

第一节　费用概述

一、费用的含义与特征

根据我国《企业会计准则——基本准则》的规定，费用是指企业在日常活动中发生的、会导致所有者权益减少的、与向所有者分配利润无关的经济利益的总流出。它表示企业为取得营业收入所发生的经济资源的耗费。比如，房地产开发企业为开发产品发生的开发项目工程建设支出、为组织日常经营活动发生的职工薪酬支出、为销售产品发生的广告宣传支出、为开发建设筹集资金发生的利息支出等都属于费用。费用的发生表现为资产的减少或负债的增加，最终会导致所有者权益的减少。

费用是企业在日常经营活动中发生的支出，但企业发生的支出不都是费用，如对外投资支出、固定资产购置支出、偿付债务支出等，这些支出或者不影响资产总额，或者导致资产和负债同时减少，但并不影响所有者权益，因此不符合会计准则对费用的定义。只有支出的同时导致资产减少和所有者权益减少，或负债增加和所有者权益减少才可以确认为费用。另外，虽然利润分配同时导致资产减少和所有者权益减少，但利润分配不属于经营活动，而是对经营活动产生的成果进行分配，因此它不属于费用。

费用发生会导致所有者权益减少，但会导致所有者权益减少的不都是费用，如投资损失、公允价值变动损失、信用减值损失、资产减值损失以及与企业正常开发经营活动无直接关系的营业外支出等。

二、房地产开发企业费用的主要分类

对费用进行分类，是为了正确计算企业的开发成本，客观反映企业的各期损益；同时，这也有助于企业控制费用的发生，降低费用支出。房地产开发企业的费用按照经济用途可分为以下两类。

（一）开发成本

开发成本是指房地产开发企业在开发过程中发生的、与开发产品相关的各项耗费，包括土地费用、政府行政事业性收费、前期工程准备费、主体建筑（装修）工程费、主体安装工程费、社区管网工程费、园林环境工程费、配套设施费、资本化利息、其他建设工程支出等。房地产开发企业的开发成本一般应设置以下成本项目①：

1. 土地费用

土地费用是指房地产开发企业为取得土地开发使用权而发生的各项费用，主要包括以下内容：

（1）地价款及市政配套费：包括土地出让金、大市政配套费、教育设施配套费、契税、项目竣工验收备案前的城镇土地使用税、耕地占用税、土地闲置费、土地变更用途和超面积补缴的地价及相关税费、土地拍卖交易服务费等。

（2）合作款项：包括补偿合作方地价、合作项目建房转入或分给合作方的房屋成本和相关税费等。

（3）红线外市政设施费：包括红线外道路、水、电、气、通信等建造费，管线铺设费，接口补偿费等。原则上，它是指土地一级开发所产生的费用。

（4）拆迁补偿费：包括有关地上、地下建筑物或附着物的拆迁补偿净支出，安置及动迁支出，回迁房建造支出（调增调减回迁房补偿价款和相关税金及附加的净额），农作物补偿费，危房补偿费等。

2. 政府行政事业性收费

行政事业性收费是指国家机关、事业单位、代行政府职能的社会团体及其他组织，根据法律、行政法规、地方性法规等有关规定，依照国务院规定的程序批准，在向房地产开发企业提供特定服务的过程中，按照成本补偿和非营利原则收取的费用。主要包括以下内容：

（1）报批报建费：包括工程定额测定费、工程质量监督费、物业管理公共资金、地材管理费、白蚁防治费、散装水泥专项资金、水土保持设施补偿费、室内空气检测费、墙改专项基金、节能评估费、建筑企业劳动保险费、地震评价费、规划技术服务费、工程款支付担保手续费、防疫评价费、消防电气检测费、火灾自动报警监控费、城市垃圾处理费、环境保护税、道路挖掘占用费、人防异地建设费、水土保持费、施工图审查费、人防工程施工图专项审查费、人防设计费、人防审查费、人防工程质量监督费、人防平战转换费、防雷审图费、标底编制费、招标交易中心服务费、招投标管理费，以及竣工验收时的各项报批费用等。

属于押金性质的报批报建支出应在往来账户中核算。

（2）增容费：包括水、电、燃气、热力等增容费。

3. 前期工程准备费

前期工程准备费是指项目开发前期的水文地质勘探、测绘、规划、设计、可行性研

---

① 根据财政部2013年8月16日发布的《企业产品成本核算制度（试行）》（简称新制度），房地产企业一般设置土地征用及拆迁补偿费、前期工程费、建筑安装工程费、基础设施建设费、公共配套设施费、开发间接费、借款费用等成本项目。由于成本核算的内容属于企业的商业秘密，并且不同企业间可能存在差异，因此本书所述成本项目是基于实践调研得出的，与目前房地产开发企业实际设置的成本项目具有较高的一致性，并且与新制度并无本质上的区别。因此，本书认为，各房地产开发企业可以根据自身的实际情况，结合成本管理中的重点环节，在不违背新制度的前提下灵活设置和管理这些成本项目。

究、筹建、“三通一平”等前期费用。主要包括以下内容：

（1）勘测丈量费：包括初勘、详勘、沉降观测、验线、复线、定线、放线、面积丈量等费用。

（2）规划管理费：包括规划设计、可行性研究、方案招标、方案评审、交通影响分析、环境分析、日照分析、施工图设计、市政设计、夜景设计、装修设计、制图、晒图、赶图、消防性能化论证、前期物业规划咨询等费用。

（3）“三通一平”费：包括临时道路、临时用电、临时用水、场地平整等费用。

（4）临时设施费：包括临时围墙、临时办公室、临时场地占用、临时围板、售楼处、样板房等费用。

4. 主体建筑（装修）工程费

主体建筑（装修）工程费是指项目开发过程中发生的主体内列入土建和装修、装饰预算内的各项费用。主要包括以下内容：

（1）基础工程费：包括土方开挖、土方回填、基坑支护、桩基、桩基检测、基坑降水、基础处理等费用。

（2）地下结构及粗装修费：包括基础和地下室的结构及粗装修费用。

（3）地上结构及粗装修费：包括除基础和地下室以外的全部结构及粗装修费用。

（4）门窗工程费：包括室外门窗、户门、防火门、防火卷帘、栏杆、栏板、百叶等的装饰费用。

（5）室外精装修费：包括屋面、外立面、雨篷、遮阳篷等的精装修费用。

（6）室内精装修费：包括大堂、电梯厅、楼梯间、厨房、卫生间、厅房、阳台、露台等的精装修费用。

5. 主体安装工程费

主体安装工程费是指项目开发过程中发生的电气、通风、给排水以及设备安装等各项费用。主要包括以下内容：

（1）室内水暖气电管线设备费：包括室内给排水系统费（自来水/排水/直饮水/热水等）、室内采暖系统费（地热/电热膜/分户燃气炉/管道系统/暖气片等）、室内燃气系统费、室内电气系统费等。

（2）室内空调、电梯费：包括通风、空调设备及其安装费，电梯设备及其安装费等。

（3）消防系统费：包括消防水系统费用、消防电系统费用。

（4）弱电（智能化）系统费：包括保安监控及停车管理系统费用、电信网络费用、卫星电视费用、三表远传系统费用、家居智能化系统费用。

此外，还包括地下室停车场导引系统、室内特种设备和室外特种设备等费用。

6. 社区管网工程费

社区管网工程费是指开发项目室外给排水、采暖、燃气、电力等系统费用。主要包括以下内容：

（1）室外给排水系统费：包括自来水系统、雨污水系统、直饮水系统、热水系统等费用。

（2）室外采暖系统费：包括管道系统、热交换站等费用。

（3）室外燃气系统费：包括管道系统、调压站等费用。

（4）室外高低压电力系统费：包括高压线路工程、低压线路工程、配电站、开闭站等费用。

此外，还包括室外消防系统，室外通信、有线电视系统等费用。

7. 园林环境工程费

园林工程费是指开发项目绿化、景观提升等相关费用。主要包括以下内容：

（1）绿化建设费：包括红线内外绿化等费用。

（2）建筑小品费：包括雕塑、喷泉、环廊、假山等费用。

（3）道路及广场建造费：包括红线内外道路广场铺设等费用。

（4）大门围墙建造费：包括永久性围墙、围栏及大门等费用。

（5）室外照明工程费：包括室外照明电气工程，如路灯、草坪灯等费用。

此外，还包括环境设计、楼体泛光、标识系统制作等费用。

8. 配套设施费

配套设施费是指开发项目内发生的、独立的、非营利性的，且产权属于全体业主的，或无偿赠与地方政府、政府公用事业单位的公共配套设施支出。包括物业用房、会所、幼儿园、学校、地下配套设施（含地下人防等）、医疗设施、邮电通信设施、锅炉房、配电室、环卫设施及其他公共配套设施费用。

9. 资本化利息

资本化利息是指核算符合资本化条件的借款利息、折价或者溢价的摊销、辅助费用（包括借款手续费、佣金等）、财务顾问费以及因外币借款而发生的汇兑差额等。

10. 其他建设工程支出

其他建设工程支出是指除上述九个成本项目以外，由开发成本负担的费用。主要包括以下内容：

（1）工程监理费：支付给聘请的工程监理单位的费用。

（2）工程造价顾问咨询费：支付给聘请的造价咨询单位的费用。

（3）工程保险费：购买与工程建筑、安装等方面相关的保险费用。

（4）施工合同外奖金：包括赶工奖、进度奖。

（5）开发间接费：包括工程、成本、开发设计等相关部门在项目达到预定可使用状态前发生的职工薪酬、周转房摊销、办公费、差旅费、市内交通费、保险费、车辆费用、工程管理费、劳动保护费、折旧与摊销等日常部门支出（与项目开发无关的支出应列入管理费用）。

（6）其他顾问费：包括法律顾问费、设计审查费等。

（7）其他支出：包括开荒费、完工前发生且与开发项目相关的物业管理服务费用等。

企业在核算开发成本时，应按照上述成本项目归集开发产品在开发过程中发生的应计入成本核算对象的各项费用。

（二）期间费用

期间费用是指企业当期发生的必须从当期收入中得到补偿的费用。期间费用与开发产品没有直接的联系，不计入开发成本，而是在发生时直接计入当期损益。企业的期间费用具体包括以下内容：

1. 管理费用

管理费用是指企业各职能部门为组织和管理企业开发经营所发生的各项费用，包括人工费、租住费、交通通信费、办公费用、董事会费、聘请中介机构费、咨询费、诉讼费、业务招待费、技术转让费、研究与开发费用、排污费、存货盘亏、存货毁损和存货报废（减盘盈）损失以及其他管理费用等。

2. 财务费用

财务费用是指企业为筹集开发经营所需资金而发生的各项费用，包括应当计入期间费用的利息支出（减利息收入）、汇兑损失（减汇兑收益）、与金融机构相关的手续费以及企业发生的现金折扣或收到的现金折扣等扣减资本化利息后的净额。

3. 销售费用

销售费用是指企业在销售开发产品过程中发生的各项费用，包括销售人员的人工费、办公费、招待费、差旅费等，以及为促进销售发生的宣传推广费、广告费等。

将费用进行科学分类，并合理划分开发成本和期间费用之间的界限，可以全面反映开发成本的构成，便于房地产开发企业组织成本核算，分析成本支出的合理性，以加强成本控制，降低开发成本，提高开发项目的盈利水平。

第二节　成本核算的基本要求和程序

房地产开发企业科学准确地核算开发成本，对于客观反映企业的成本水平和盈利能力至关重要。它不仅能够为企业经营管理者提供准确的成本信息，便于企业实施成本管控，还有助于对管理者进行业绩评价。因此，企业在进行成本核算时，应遵循合规性、合理性、一贯性、可操作性等原则，严格按照成本核算的基本要求，并执行正确的成本核算程序，以正确反映企业的投入产出、成本管理和经营管理水平。

一、严格遵守国家规定的成本开支范围

成本开支范围，是指国家对企业发生的支出，允许其在成本中列支的范围。根据会计准则和《企业产品成本核算制度（试行）》的规定，房地产开发企业的下列支出，不得列入开发成本。

（一）资本性支出

资本性支出，包括房地产开发企业为购置和建造投资性房地产、固定资产、无形资产和其他长期资产而发生的支出。这些支出为企业带来的效益涵盖若干个会计期间，因此在会计核算上不能一次性列入开发成本，只能按期逐月摊入成本或费用。

（二）投资性和分配性支出

投资性支出，包括房地产开发企业购买交易性金融资产、其他债权投资、其他权益工具投资和长期股权投资等对外投资的支出以及分配给投资者的现金股利和利润分配支出。

（三）营业外支出

营业外支出，包括房地产开发企业发生的固定资产盘亏，债务重组损失，被没收的财物，支付的滞纳金、罚款、违约金、赔偿金等，公益性捐赠支出，非常损失等。这些支出与房地产开发企业的日常开发经营活动没有直接的关系，应计入营业外支出。

二、明确开发成本核算的基本程序

开发成本核算的基本程序，是指房地产开发企业根据成本管理和核算的基本要求，对开发成本进行分类核算，将发生的各项成本按照经济用途进行归类时所应遵循的一般程序和步骤。房地产开发企业在核算开发成本时，首先应按成本项目进行归集，然后把归集的开发成本按照受益原则分配到各成本核算对象。分配时，对于能够分清受益对象的直接成本，应直接计入各受益的成本核算对象；对于不能分清受益对象的成本，则需要按照一定的方法分摊计入各受益的成本核算对象。

成本核算对象发生的所有成本分配完毕后，该成本核算对象的总成本应从“开发成本”账户结转到“开发产品”账户。同时，企业还需计量单位成本，以便在会计期末结转已售开发产品的营业收入和营业成本。一般而言，房地产开发企业都采用分期开发的方式，在每期开发产品完工后，对该期开发产品的成本核算对象进行总成本的分配和结转。房地产开发企业成本核算的基本程序如图 12-1 所示。

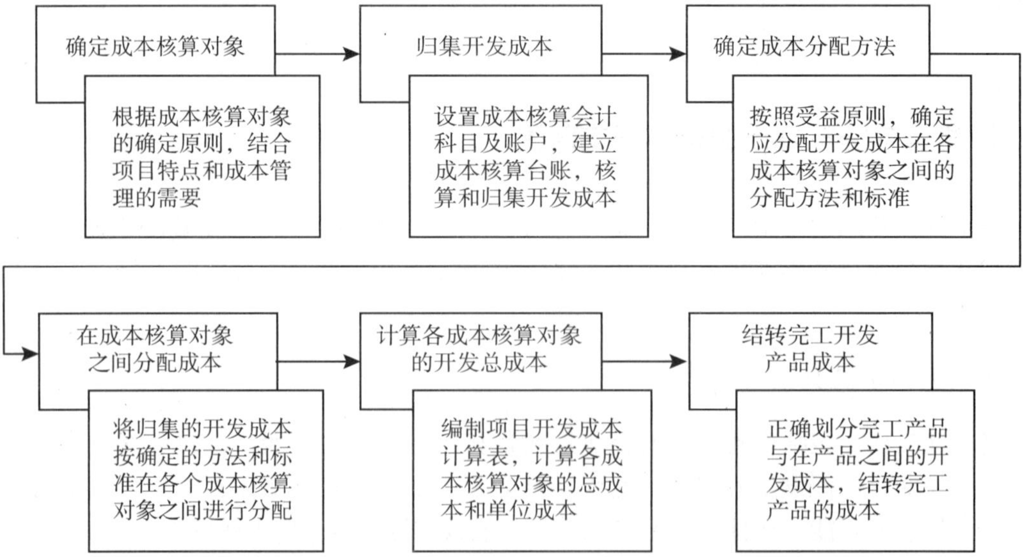

图 12-1 房地产开发企业成本核算的基本程序

三、合理确定成本核算对象

成本核算对象是指房地产开发企业开发成本核算中归集和分配成本的具体承担者。房地产开发企业成本核算的最终成果是确定不同开发产品的开发成本，以实现不同开发产品产生的收入和发生的成本的配比，正确核算开发损益。

（一）房地产开发企业确定成本核算对象的一般原则

（1）可否经营或销售原则。房地产开发企业对于能够用于经营或销售的开发项目，应将其作为独立的成本核算对象；对于不能用于经营或销售的开发项目，应先将其作为过渡成本核算对象进行归集，然后再将其相关成本分配计入能够用于经营或销售的成本核算对象。

（2）分类归集原则。对于同一开发地点、竣工时间相近、产品结构类型没有明显差异的群体开发的项目，应将其作为一个成本对象进行核算。

（3）功能区分原则。开发项目某组成部分相对独立，且具有不同使用功能时，可以作为独立的成本对象进行核算。

（4）定价差异原则。开发产品因其产品类型或功能不同导致其预期售价存在较大差异的，应分别作为成本对象进行核算。

（5）成本差异原则。开发产品因建筑上存在明显差异可能导致其开发成本出现较大差异的，应分别作为成本对象进行核算。

（6）权益区分原则。开发项目属于受托代建的或多方合作开发的，应结合上述原则分别划分成本对象进行核算。

（二）房地产开发企业确定具体成本核算对象的具体原则

（1）单体开发项目，一般以每一独立编制设计概算或施工图预算的单项开发项目为成本核算对象。

（2）在同一开发地点、结构类型相同、开竣工时间相近、由同一施工企业施工或总包的群体开发项目，可以合并为一个成本核算对象。

（3）开发规模较大、工期较长的开发项目，可以结合项目的特点和成本管理的需要，按开发项目的一定区域或部位或周期划分成本核算对象。

1）成片分期（区）开发的项目，可以以各期（区）为成本核算对象。

2）同一项目内有裙房、公寓、写字楼等不同功能的，在按期（区）划分成本核算对象的基础上，一般应按功能划分成本核算对象。

3）同一分期（区）有高层、多层、复式等不同结构类型且导致成本或定价差异较大的，还应按结构类型划分成本核算对象。

4）根据核算和管理需要，对于独立编制设计概算或施工图预算的配套设施，一般应单独作为成本核算对象。

四、确定成本分配的方法

分期开发产品建成后，开发过程中发生的各项成本通过“开发成本”账户归集，然后按照受益原则分配已完工开发产品各成本核算对象的开发总成本，即将能够分清属于某个成本核算对象的直接成本，直接分配计入该成本核算对象，将共同成本和不能直接分清负担对象的间接费用，按受益原则分摊至各成本核算对象。

由于房地产开发企业发生的开发成本与成本核算对象之间的关系具有特殊性，这导致某些开发成本在分摊计入不同的成本核算对象时，有不同的分配方法，并对企业经营成果产生不同的影响。因此，在选择成本分配方法时，应根据不同的成本性质和特点，按照受益原则综合考虑各种因素后加以确定。成本分配方法一经确定，无特殊情况不应随意变动。

房地产开发企业主要采用的成本分配方法如下：

1. 占地面积法

占地面积法是指按照不同成本核算对象占地面积占开发成本对应的所有成本核算对象占地总面积的比例进行分配的方法。土地成本原则上按占地面积法进行分配。具体计算步骤如下：

（1）如涉及多期或多地块，先按照各期或各地块占地面积比计算出各期或各地块的土地成本。

（2）同一期或地块内，按各不相连的独立建筑物占地面积计算出各建筑物应分配的土地成本：

$$\frac{\text{某建筑物}}{\text{土地成本}}=\frac{\text{分期或地块}}{\text{土地成本}}\times\frac{\text{该建筑物占地面积/该分期}}{\text{或地块各建筑物占地面积之和}}$$

此外，需要注意的是，各建筑物占地面积按各建筑物水平投影面积取值。

2. 建筑面积法

建筑面积法是指按照不同成本核算对象建筑面积占开发成本对应的所有成本核算对象总建筑面积的比例进行分配的方法。房地产开发企业的开发成本若能直接归属特定成本核算对象，应将相应部分的成本直接计入该成本核算对象；若不能直接归属特定成本核算对象，应在受益范围内按建筑面积或依合同约定采取其他适当方法分配计入相关成本核算对象。

但应注意的是，对于特殊项目需要采用特定的分配方法，不宜一律采用单一的建筑面积法进行分配，以免造成较大偏差。

五、划清各种成本界限

（一）划清各期开发成本之间的界限

企业应按照权责发生制原则和收入与成本相互配比的原则，正确核算各期成本。对于本期发生但应由本期和以后各期成本核算对象共同承担的成本，企业应按受益原则，采用合理的成本分配方法在本期和以后各期成本核算对象之间进行分配。对于应由本期成本核算对象承担但未在本期发生的成本，应采用合理的方法进行成本预提。

（二）划清开发成本与配套设施成本之间的界限

开发项目内建设的独立、非营利性，且产权属于全体业主，或无偿赠与地方政府、政府公用事业单位的配套设施，应将其作为过渡性的成本核算对象，单独归集开发成本，然后在成本核算对象之间按受益原则进行成本分配。

（三）划清已完工开发产品成本与未完工开发产品成本之间的界限

对于已发生的开发成本，应在已完工开发产品与未完工开发产品之间，按受益原则采用合理的方法进行分配，不得人为地压低或提高已完工开发产品成本，以确保开发成本的真实性、及时性、完整性与准确性。企业在结转已完工开发产品成本之前，财务部门要与企业其他业务部门进行沟通，确认是否还有应由已完工开发产品承担的成本尚未发生的情况，以确保已完工开发产品总成本的完整性，防止归集的开发成本发生重大遗漏。

六、正确计算和结转完工开发产品成本

已完工开发产品成本的完整性在结算时应由企业各业务部门书面确认。在复核开发成本的完整性时，企业应重点关注政府行政事业性收费和项目后期待建的配套设施。复核政府行政事业性收费时，应重点关注项目合同、政府收费调查资料和项目预算明细。如发现有应付未付费用，应根据相关收费文件和收费标准等进行成本预提。会计期末，当开发产品符合收入确认条件时，必须确认营业收入，并结转营业成本。如果此时开发项目决算工作尚未完成，需要对开发成本进行预提。成本预提通过“应付账款——预提费用”账户进行核算。按照成本核算对象归集成本以后，需要确定哪些成本核算对象是开发产品，哪些不是开发产品，不是开发产品的过渡性成本核算对象所归集的成本，应按照受益原则分配到各开发产品中。经过上述分配处理后，开发成本完全分配完毕，并最终结转到“开发产品”账户。

七、成本核算应设置的账户

为了归集企业发生的开发产品的实际成本，房地产开发企业应设置“开发成本”账户。

“开发成本”账户核算房地产开发企业在开发过程中的各项成本支出，其借方核算企业在开发产品过程中发生的各项成本，贷方核算转出的已完工开发产品的成本。期末借方余额反映企业在建开发产品已经发生的实际成本。

房地产开发企业可以根据管理的需要，利用现代化信息手段对开发成本进行明细管理，在“开发成本”账户下根据成本项目的内容体系设置多级明细账户，以对开发成本

进行精细化核算。例如“开发成本——土地费用”二级账户下可以设置多级明细账户，如图 12－2 所示。

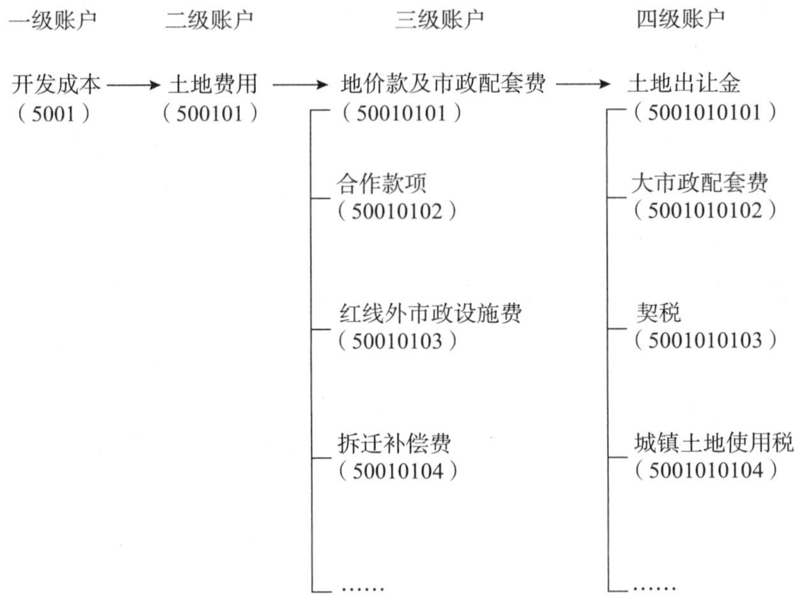

图 12－2　“开发成本——土地费用”多级明细账户

第三节　开发成本的核算

房地产开发企业在开发产品过程中发生的各项成本支出，应按照会计准则及《企业产品成本核算制度（试行）》的规定，通过“开发成本”账户进行核算，并按成本项目以及开发产品的种类设置明细账。对于同时开发多个项目，或分期开发项目的企业，可以根据企业成本管理的实际需要，按成本项目分类逐级设置多级明细账户，同时再按照项目名称或项目分期名称进行归集和核算。

一、开发成本归集与分配

房地产开发企业在开发产品过程中发生的开发成本，可根据业务所对应的政府收费文件、业务合同、工程结算报告、取得的发票或成本发生确认文件等确定，于成本发生时或会计期末进行归集，之后再将其分配到成本核算对象。企业可以根据自身成本管理的实际需要，在每笔开发成本归集后进行分配，也可以在分期开发产品完工后一并进行分配。企业可以通过设置开发成本明细账户向成本核算对象分配开发成本，也可以通过设置成本计算表的方式分配开发成本。

下面以房屋开发为例说明房地产开发企业各成本项目归集、分配的核算内容。

1. 土地费用

（1）企业在房屋开发建设过程中，发生土地费用时，借记“开发成本——土地费用——××明细”账户，贷记“银行存款”“应付账款”等账户。

（2）开发项目完工后，该账户归集的土地费用，能够直接分清承担对象的，如有明确的收费标准或者合同有明确的约定，应直接计算确定不同成本核算对象应分配的金额，否则应采用合理的分配方法在各成本核算对象之间进行分配。

2. 前期工程准备费

（1）企业在房屋开发建设过程中，发生各种前期工程准备费时，借记“开发成本——前期工程准备费——××明细”账户，贷记“银行存款”“应付账款”等账户。

（2）开发项目完工后，该账户归集的前期工程费，应按受益原则直接或分配计入有关成本核算对象。

3. 主体建筑（装修）工程费

（1）企业在房屋开发建设过程中，发生各种主体建筑（装修）工程费时，借记“开发成本——主体建筑（装修）工程费——××明细”账户，贷记“银行存款”“应付账款”等账户。

（2）开发项目完工后，企业应根据合同和已完工程的工程价款结算书，将该账户归集的成本直接或分配计入有关成本核算对象。

4. 主体安装工程费

主体安装工程费的具体核算，请参照主体建筑（装修）工程费的核算内容执行。

5. 社区管网工程费

（1）企业在房屋开发建设过程中，发生社区管网工程费时，借记“开发成本——社区管网工程费——××明细”账户，贷记“银行存款”“应付账款”等账户。

（2）开发项目完工后，该账户归集的社区管网工程费，应按受益原则直接或分配计入有关成本核算对象。

6. 园林环境工程费

（1）企业在房屋开发建设过程中，发生园林环境工程费时，借记“开发成本——园林环境工程费——××明细”账户，贷记“银行存款”“应付账款”等账户。

（2）开发项目完工后，该账户归集的基础设施建设费，应按受益原则直接或分配计入有关成本核算对象。

7. 配套设施费

配套设施费的构成与作为成本核算对象的开发产品并无区别，一般也包括房屋开发成本项目的各项成本构成内容。成本归集时，应按配套设施的不同分别进行核算，每项配套设施成本归集完成后，再按该配套设施的受益对象，采用合理的方法在不同的成本核算对象之间进行分配。

（1）配套设施成本归集方法。在配套设施成本归集过程中，所发生的成本能够直接确认为某项配套设施的，直接计入该配套设施的成本；不能直接确认的，先通过开发成本的其他明细账户归集（如其他建设工程支出中的开发间接费），待开发产品完工时，再在各成本核算对象与各项配套设施之间进行分配。

（2）配套设施成本归集核算。直接确认为某项配套设施的成本，借记“开发成本——配套设施费——××设施”账户，贷记“银行存款”“应付账款”等账户。通过其他明细账户分配的某项配套设施成本，借记“开发成本——配套设施费——××设施”账户，贷记“开发成本——其他建设工程支出——开发间接费”等明细账户。

（3）配套设施费的分配。配套设施费归集后，应按受益原则，把发生的开发成本分配到受益的成本核算对象。比如，作为配套设施的学校，其发生的成本应在受益的住宅类开发产品成本核算对象间进行分摊。再如，如果开发产品中的写字楼采用独立空调供暖，而建设的锅炉房为其他开发产品供暖，则锅炉房的开发成本就不能分配给写字楼。

（4）后建配套设施的成本核算。配套设施与开发产品非同步建设时，即先建开发产品后建配套设施，或开发产品已经建成待售，而配套设施尚未建造或尚未全部完工时，为了及时结转完工开发产品成本，可按预算造价合理预提开发成本，通过“应付账款——预提费用”账户进行核算。待配套设施完工时，按实际支出数冲减预提费用。实际支出数与预提费用之间的差额，应调整有关配套设施费和已结转的待售开发产品成本。

8. 其他建设工程支出

（1）企业在房屋开发建设过程中，发生其他建设工程支出时，借记“开发成本——其他建设工程支出——××明细”账户，贷记“银行存款”“应付账款”等账户。

（2）开发项目完工后，该账户归集的其他建设工程支出，应按受益原则分配计入各成本核算对象。

9. 资本化利息

（1）企业在房屋开发建设过程中，发生资本化利息时，借记“开发成本——资本化利息——××明细”账户，贷记“银行存款”“应付利息”等账户。

（2）开发项目完工后，该账户归集的资本化利息，应按受益原则分配计入各成本核算对象。

二、开发成本结转

开发产品完工后，通过“开发成本”账户归集的开发成本，应分配到各成本核算对象，然后将各成本核算对象总成本结转到“开发产品”账户。具体操作为：借记“开发产品——××产品”账户，贷记“开发成本”账户。

【例 12－1】 *房屋开发成本的核算*

2×22 年 3 月，企业将对 A 公寓，商品房 1 号楼、2 号楼进行开发。本月发生的业务如下：

1. 2 日，企业用银行存款支付 A 公寓拆迁补偿费 1 800 000 元。企业应做如下会计分录：

借：开发成本——土地费用——拆迁补偿费——A 公寓	1 800 000	
贷：银行存款		1 800 000

2. 6 日，企业收到某施工企业 1 号楼的工程结算单，要求其支付主体建筑室内精装修工程费。同时，企业取得了施工单位开具的增值税专用发票，发票上注明的金额为 10 000 000 元、增值税税额为 900 000 元（增值税税率为 9%）。发票已通过认证，款项已通过银行存款支付。企业应做如下会计分录：

借：开发成本——主体建筑（装修）工程费——室内精装修费——1号楼
　　　　　　　　　　　　　　　　　　　　　　　　　　10 000 000
　　应交税费——应交增值税（进项税额）　　　　　　　900 000
　贷：应付账款——××施工企业　　　　　　　　　　　　10 900 000
借：应付账款——××施工企业　　　　　　　　　　　10 900 000
　贷：银行存款　　　　　　　　　　　　　　　　　　　10 900 000

3. 8日，企业用银行存款支付A公寓的设计费820 000元。企业应做如下会计分录：

借：开发成本——前期工程准备费——设计费——A公寓　　820 000
　贷：银行存款　　　　　　　　　　　　　　　　　　　820 000

4. 12日，企业收到某施工企业A公寓的主体建筑（装修）门窗工程费结算单，金额为1 800 000元，但尚未支付。企业应做如下会计分录：

借：开发成本——主体建筑（装修）工程费——门窗工程费——A公寓
　　　　　　　　　　　　　　　　　　　　　　　　　　1 800 000
　贷：应付账款——××施工企业　　　　　　　　　　　　1 800 000

5. 20日，企业收到某施工企业2号楼的主体建筑（装修）基础工程费结算单，施工企业开具的增值税专用发票上注明的金额为1 200 000元、增值税税额为108 000元（增值税税率为9%）。经审核，应扣除预付工程款900 000元，余款已通过银行存款支付。企业应做如下会计分录：

（1）归集开发成本时：

借：开发成本——主体建筑（装修）工程费——基础工程费——2号楼
　　　　　　　　　　　　　　　　　　　　　　　　　　1 200 000
　　应交税费——应交增值税（进项税额）　　　　　　　108 000
　贷：应付账款——××施工企业　　　　　　　　　　　　1 308 000

（2）以预付工程款抵扣工程进度款时①：

借：应付账款——××施工企业　　　　　　　　　　　900 000
　贷：预付账款——××施工企业　　　　　　　　　　　　900 000

（3）支付剩余工程款时：

借：应付账款——××施工企业　　　　　　　　　　　408 000
　贷：银行存款　　　　　　　　　　　　　　　　　　　408 000

6. 月末，A公寓已经完工，但配套设施尚未竣工。企业按预算成本540 000元预提计入成本。企业应做如下会计分录：

借：开发成本——配套设施费——A公寓　　　　　　　540 000
　贷：应付账款——预提费用　　　　　　　　　　　　　540 000

7. 月末，企业分配其他建设工程支出中的开发间接费。其中，A公寓48 000元，1号楼72 000元，2号楼60 000元。企业应做如下会计分录：

---

① 房地产开发企业支付预付工程款时一般不通过“预付账款”账户核算，而是直接通过“应付账款”账户借方核算。如果企业不单独设置“预付账款”账户，则无须做该笔分录。

借：开发成本——其他建设工程支出——开发间接费——A 公寓　48 000

——1 号楼　72 000

——2 号楼　60 000

贷：开发成本——其他建设工程支出——开发间接费　180 000

8. 月末，A 公寓完工后，企业结转其实际成本。企业应做如下会计分录：

借：开发产品——A 公寓　5 008 000

贷：开发成本——A 公寓　5 008 000

本月“开发成本”各成本核算对象明细账发生额如表 12-1、表 12-2、表 12-3 所示。

表 12-1 开发成本——房屋开发明细账

成本核算对象：A 公寓　　金额单位：元

2×22 年		凭证号	摘要	借方											贷方	余额
月	日			土地费用	政府行政事业性收费	前期工程准备费	主体建筑(装修)工程费	主体安装工程费	社区管网工程费	园林环境工程费	配套设施费	其他建设工程支出	资本化利息	借方合计		
3	2	1	支付拆迁补偿费	1 800 000										1 800 000		
3	8	3	支付设计费			820 000								820 000		
3	12	4	应付门窗工程费				1 800 000							1 800 000		
3	30	6	预提配套设施费								540 000			540 000		
3	30	7	分配开发间接费									48 000		48 000		
3	30	8	结转完工产品成本												5 008 000	
3	31		本月合计	1 800 000		820 000	1 800 000				540 000	48 000		5 008 000	5 008 000	0

表 12-2　开发成本——房屋开发明细账

成本核算对象：1号楼　　　　金额单位：元

2×22年		凭证号	摘要	借方											贷方	余额
月	日			土地费用	政府行政事业性收费	前期工程准备费	主体建筑（装修）工程费	主体安装工程费	社区管网工程费	园林环境工程费	配套设施费	其他建设工程支出	资本化利息	借方合计		
3	6	2	应付室内精装修费				10 000 000							10 000 000		
3	30	7	分配开发间接费									72 000		72 000		
3	31		本月合计				10 000 000					72 000		10 072 000		10 072 000

表 12-3　开发成本——房屋开发明细账

成本核算对象：2号楼　　　　金额单位：元

2×22年		凭证号	摘要	借方											贷方	余额
月	日			土地费用	政府行政事业性收费	前期工程准备费	主体建筑（装修）工程费	主体安装工程费	社区管网工程费	园林环境工程费	配套设施费	其他建设工程支出	资本化利息	借方合计		
3	20	5	应付基础工程费				1 200 000							1 200 000		
3	30	7	分配开发间接费									60 000		60 000		
3	31		本月合计				1 200 000					60 000		1 260 000		1 260 000

第四节　期间费用的核算

一、期间费用核算的内容

房地产开发企业的期间费用，包括管理费用、财务费用和销售费用。这三项期间费用于发生时直接计入当期损益。

（一）管理费用核算的内容

管理费用，是指企业各职能部门为组织和管理企业开发经营所发生的各项费用。主要包括以下内容：

(1) 人工费：包括工资、奖金、福利费、员工保险、住房公积金、工会经费、教育培训费、招聘费、劳动保险费等。

(2) 租住费：包括租赁费、物业管理费、水电费、采暖费、其他相关费用等。

(3) 交通通信费：包括差旅费、市内交通费、邮电通信费、车辆费用、其他相关费用等。

(4) 办公费用：包括日常办公支出、低值易耗品、修理费、财产保险费、劳动保护费、其他相关费用等。

(5) 折旧及摊销费：包括折旧费、开办费摊销、无形资产摊销（如专利权、商标权、著作权、土地使用权、非专利技术等无形资产的摊销）、其他相关费用等。

(6) 董事会费，是指企业最高权力机构（如董事会）及其成员为执行职能而发生的各项费用，包括董事会成员津贴、差旅费和会议费等。

(7) 咨询费，是指企业向有关咨询机构进行科学技术、经营管理咨询时支付的费用，包括聘请经济技术顾问、法律顾问等支付的费用。

(8) 聘请中介机构费，是指企业聘请中国注册会计师进行审计查账验资以及资产评估等发生的各项费用。

(9) 诉讼费，是指企业因起诉或者应诉而发生的各项费用。

(10) 排污费，是指企业按规定缴纳的排污费用。

(11) 技术转让费，是指企业使用非专利技术而支付的费用。

(12) 研究与开发费用，是指企业研究阶段发生的研究费用和开发阶段不符合资本化条件而直接计入当期损益的费用化部分。具体包括研究开发新产品、新技术、新工艺所发生的新产品设计费，工艺规程制定费，设备调试费，原材料和半成品的试验费，技术图书资料费，未纳入国家计划的中间试验费，研究人员的工资，研究设备的折旧，与新产品试剂、技术研究有关的其他经费，委托其他单位进行的科研试剂的费用以及试制失败损失等。

(13) 业务招待费，是指企业为开发经营活动的合理需要而支付的招待费用。由于此项费用可能会涉及所得税纳税调整，因此可以单独列示。

(14) 存货盘亏、毁损和报废（减盘盈）损失，是指企业按照规定应计入管理费用的原材料、周转材料等的盘亏、毁损和报废损失。本项目不包括应计入营业外支出的存货损失。

(15) 其他管理费用，是指不包括在以上项目内的管理费用。

（二）财务费用核算的内容

财务费用，是指企业为筹集生产经营所需资金而发生的各项费用，包括利息支出（减利息收入）、汇兑损失（减汇兑收益）、相关的手续费以及企业发生的现金折扣或收到的现金折扣等内容。

（三）销售费用核算的内容

销售费用，是指企业在销售开发产品、提供劳务的过程中发生的各项费用，包括企业在产品销售之前发生的经营费用。具体包括以下内容：

（1）人工费：包括工资、奖金、福利费、员工保险费、住房公积金、工会经费、教育培训费、招聘费等。

（2）租住费：包括租赁费、物业管理费、水电费、采暖费、其他相关费用等。

（3）交通通信费：包括差旅费、市内交通费、邮电通信费、车辆费用、其他相关费用等。

（4）办公费用：包括销售部门日常办公支出、交际应酬费、低值易耗品、修理费、财产保险费、劳动保护费、其他相关费用等。

（5）折旧及摊销费：包括折旧费、其他相关费用等。

（6）营销推广费用：包括广告展览费、顾问费、印刷品费、促销费用、销售佣金、销售奖金等费用。

二、期间费用核算应设置的账户及其会计处理

为了核算和监督企业发生的各项期间费用，房地产开发企业应设置如下会计账户。

（一）“管理费用”账户

“管理费用”账户核算房地产开发企业为组织和管理开发经营活动而发生的管理费用。其借方登记企业发生的各项管理费用；贷方登记期末转入“本年利润”账户的数额，结转后应无余额。本账户应按管理费用项目设置明细账进行明细核算。

（二）“财务费用”账户

“财务费用”账户核算房地产开发企业在开发经营过程中，为筹集生产经营所需资金等而发生的费用。其借方登记企业发生的各项财务费用；贷方登记期末转入“本年利润”账户的数额，结转后应无余额。本账户应按财务费用项目设置明细账户，进行明细核算。

（三）“销售费用”账户

“销售费用”账户核算房地产开发企业在销售开发产品过程中发生的各项费用。其借方登记企业发生的各项销售费用；贷方登记期末转入“本年利润”账户的数额，结转后应无余额。本账户应按销售费用项目设置明细账进行明细核算。

【例 12-2】 期间费用的核算

企业 2×22 年 4 月发生了以下与期间费用有关的经济业务：

（1）4 月 5 日，用银行存款支付展览费 198 000 元。企业应做如下会计分录：

借：销售费用——展览费	198 000	
贷：银行存款		198 000

（2）4 月 11 日，企业用银行存款支付财务顾问费 42 000 元。企业应做如下会计分录：

借：财务费用	42 000	
贷：银行存款		42 000

（3）4 月 15 日，企业分配本月职工薪酬，其中，总部管理人员工资 144 000 元，销售

人员工资54 000元。企业应做如下会计分录：

借：管理费用——工资　　144 000
　　销售费用——工资　　54 000
　贷：应付职工薪酬　　198 000

（4）4月15日，企业用银行存款支付咨询费27 000元、广告宣传费144 000元。企业应做如下会计分录：

借：管理费用——咨询费　　27 000
　　销售费用——广告宣传费　　144 000
　贷：银行存款　　171 000

（5）4月15日，企业接到银行通知，本月银行手续费14 400元已从存款账户中扣除。企业应做如下会计分录：

借：财务费用——手续费　　14 400
　贷：银行存款　　14 400

（6）4月20日，企业用银行存款支付销售部门机票款7 200元。企业应做如下会计分录：

借：销售费用——差旅费——区间交通费　　7 200
　贷：银行存款　　7 200

（7）4月21日，企业接到银行通知，本月银行存款利息收入3 600元已转入存款账户。企业应做如下会计分录：

借：银行存款　　3 600
　贷：财务费用——利息收入　　3 600

（8）资产负债表日，企业将本月发生的管理费用、财务费用和销售费用，全部转入“本年利润”账户。企业应做如下会计分录：

借：本年利润　　627 000
　贷：管理费用　　171 000
　　　财务费用　　52 800
　　　销售费用　　403 200

本章小结

即测即评

思考题

1. 何为成本？何为费用？两者之间有什么关系？

2. 房地产开发企业的哪些支出不得列入开发成本？

3. 房地产开发企业应如何确认成本核算对象？

4. 何为配套设施费？配套设施费应如何进行归集分配与核算？

5. 房地产开发企业的开发成本包括哪些内容？开发成本核算一般应设置哪些成本项目？如何进行核算？

6. 期间费用包括哪些内容？其核算需要设置哪些账户？

案例分析题

赵晓是一家房地产开发企业新入职的财务人员，财务主管为考验其业务水平，特意让其对企业当年发生的经济业务进行整理。赵晓在阅读和整理过程中，对以下交易或事项的会计处理提出了疑问：

(1) 1月12日，企业用银行存款支付拆迁补偿费1 800万元和承包设计单位设计费750万元，并在开发期间支付项目部管理人员工资54万元。企业做了如下会计处理：

借：开发成本——土地费用	18 000 000	
——前期工程准备费	7 500 000	
贷：银行存款		25 500 000
借：管理费用	540 000	
贷：银行存款		540 000

(2) 5月31日，企业开发建设的多层商品房住宅小区中，配套设施水塔已竣工，水塔是与房屋同步建设的，结转其实际成本2 064 000元。企业做了如下会计处理：

借：开发产品——已完工开发产品——配套设施	2 064 000	
贷：开发成本——配套设施费——水塔		2 064 000

(3) 9月8日，企业为出售小区商品房，发生板房设计、建造等费用420 000元，款项已支付。企业做了如下会计处理：

借：开发成本——主体建筑（装修）工程费	420 000	
贷：银行存款		420 000

要求：如果你是赵晓，请判断该企业以上的会计处理是否正确？如果不正确，说明简要的理由并编制正确的会计分录。

第十三章

收　入

学习目标

1. 掌握收入确认五步法的具体内容，以及房地产开发企业商品房销售收入实现的具体条件。

2. 掌握收入核算应设置的会计账户及核算内容。

3. 掌握房地产开发企业在某一时点履行的履约义务收入确认的会计处理和特定交易的会计处理。

4. 理解收入的含义、分类与特征，合同、履约义务、交易价格、单独售价等的含义，收入核算的基本要求及确认的原则。

5. 了解在某一时段内履行的履约义务的收入确认方法。

引导案例

阳光城集团股份有限公司（简称阳光城，股票代码000671）于1996年在深交所挂牌上市。公司秉承“缔造品质生活”的企业使命，以“降维战略”为理念推动产品升级。阳光城已在全国逾100座城市布局，匠心筑就了近500个精品项目，综合实力位列中国地产20强，并连续三年蝉联中国房地产开发企业成长速度TOP10第1名。阳光城以房地产开发为主业，业务范围涵盖地产开发、商业运营、物业服务三大领域。公司通过“精准投资、高效运营、适销产品”三大核心竞争策略，贯彻开放、合作、共赢的经营理念，稳健运营、持续进取，努力实现有质量的增长。

根据阳光城的会计政策，房地产销售收入在房产完工并验收合格、达到可交付状态，并且客户取得相关商品或服务控制权时确认实现。2021年，阳光城营业收入总额为42 526 483 702.70元，比上年减少48.25%，主要原因是本期达到结算条件的房地产项目减少。分产品来看，阳光城的营业收入主要来源于四项产品服务，它们分别是房屋销售收入、建工板块收入、其他板块收入以及其他业务收入，其中房屋销售收入占比最大，金额为 37 666 913 162.96 元，占当年营业收入总额的 88.58%，比上年减少 52.25%。对于在某一时段内履行的履约义务，阳光城在该段时间内按照履约进度确认收入。当履约进度不能合理确定时，公司已经发生的成本预计能够得到补偿的，按照已经发生的成本金额确认收入，直到履约进度能够合理确定为止。对于在某一时点履行的履约义务，阳光城在客户取得相关商品或服务控制权时点确认收入。

资料来源：根据阳光城集团股份有限公司 2021 年年度报告数据整理。

何谓收入？收入具有哪些特征？如何对收入进行分类？企业应如何确认收入及其会计处理方式是怎样的？如何对开发产品租金收入、预收客户的购房款进行会计处理？通过本章的学习，相信你会找到答案。

第一节 收入概述

一、收入的含义及特征

收入是指企业在日常活动中形成的、会导致所有者权益增加的、与所有者投入资本无关的经济利益的总流入。其中的日常活动，是指企业为完成其经营目标所从事的经营性活动以及与之相关的活动。

房地产开发企业的收入特征主要为：

（1）房地产开发企业的收入是从企业的日常活动中产生的，而不是从偶发的交易或事项中产生的。房地产开发企业的日常活动包括土地开发、房屋开发、配套设施开发和代建工程开发等。有些交易或事项虽也能为房地产开发企业带来经济利益，但不属于企业的日常活动，其流入的经济利益是利得，而不是收入，如出售固定资产。

（2）收入可能表现为企业资产的增加，如现金、银行存款、应收票据的增加；也可能表现为企业负债的减少，如以商品或劳务抵偿债务；或者两者兼而有之。

（3）收入可能导致所有者权益增加，但是所有者增加投资导致的所有者权益的增加与收入没有关系。

（4）收入只包括本企业经济利益的流入，不包括为第三方或者客户代收的款项。在企业的生产经营中，常常会发生为国家代收税款的情况，如房地产开发企业代收商品房购销合同印花税等。代收的款项一方面会增加企业的资产，另一方面会增加企业的负债，但不属于本企业的经济利益，不能作为本企业的收入。

收入是房地产开发企业确定盈利水平的前提和基础，是利润的主要来源。而利润水平的高低在很大程度上反映了企业开发经营的经济效益以及为社会所做的贡献。因此，在房地产开发企业整个会计核算体系中，收入的核算具有举足轻重的地位。

二、收入的分类

收入按日常活动在企业中所处的地位分为主营业务收入和其他业务收入。

（一）主营业务收入

主营业务收入也称基本业务收入，是指房地产开发企业为完成其经营目标从事日常主要活动所取得的收入，通常可以根据企业营业执照上注明的主营业务范围来确定。房地产开发企业的主营业务收入一般包括对外转让、销售和结算开发产品所取得的经营收入。

（二）其他业务收入

其他业务收入也称附营业务收入，是指房地产开发企业为完成其经营目标所从事的与日常活动相关的非经常性的、兼营的业务所产生的收入。它具有每笔业务金额一般较小、不经常发生、在企业的收入总额中所占比重较低等特点，一般包括开发产品临时出租收入、房地产无形资产出租收入、固定资产出租收入等。

三、收入核算的基本要求

（一）企业应分清收益、收入和利得

房地产开发企业在会计期间内增加的，除所有者投资以外的经济利益通常称为收益，包括收入和利得。

收入属于企业主要的、经常性的业务收入。房地产开发企业的收入包括开发产品销售收入、利息收入、租金收入、股利收入等。

利得是指由企业非日常活动所形成的、会导致所有者权益增加的、与所有者投入资本无关的经济利益的流入，如企业接受捐赠取得的资产、因其他企业违约收取的罚款、固定资产因报废形成的净收益等。利得属于偶发性的收益，在会计报表中通常以净额反映。

（二）企业应正确地确认和计量收入

正确地确认收入是房地产开发企业进行收入核算的基础。企业应根据《企业会计准则第 14 号——收入》中规定的五步法确认收入，分别为：识别与客户订立的合同、识别合同中的单项履约义务、确定交易价格、将交易价格分摊至各单项履约义务、履行各单项履约义务时确认收入。

（三）企业应及时结转与收入相关的成本

为了正确反映每一会计期间的收入、成本和利润情况，房地产开发企业应根据收入和费用配比原则，在确认收入的同时结转相关成本。结转成本时应注意两点：第一，在收入确认的同一会计期间，相关的成本必须结转；第二，如果一项交易的收入尚未确定，即使商品已经售出，相关的成本也不能结转。

（四）企业应正确计算收入和相关成本、税费

房地产开发企业的收入种类很多，包括开发产品销售收入、利息收入、租金收入等，为取得这些收入需发生相关的成本和税费。为了正确地反映每一项收入和与之相关的成本、税费等，房地产开发企业应按照企业会计准则的要求设置相关的收入、成本和税费等账户进行核算。

第二节　收入的确认和计量

一、收入确认的原则

企业应当在履行了合同中的履约义务，即在客户取得相关商品控制权时确认收入。取得相关商品控制权，是指客户能够主导该商品的使用并从中获得几乎全部的经济利益，也包括有能力阻止其他方主导该商品的使用并从中获得经济利益。房地产开发企业在判断商品的控制权是否发生转移时，应当从客户的角度进行分析，即判断客户是否取得了相关商品的控制权以及何时取得的该控制权。

取得相关商品控制权应同时包括以下三个要素：

一是能力。企业只有在客户拥有现时权利，能够主导该商品的使用并从中获得几乎全部经济利益时，才能确认收入。如果客户只能在未来的某一期间主导该商品的使用并从中获益，则表明其尚未取得该商品的控制权。

二是主导该商品的使用。客户有能力主导该商品的使用，是指客户有权使用该商品，或者能够允许或阻止其他方使用该商品。

三是能够获得几乎全部的经济利益。客户必须拥有获得商品几乎全部经济利益的能力，才能被视为实现了对该商品的控制。商品的经济利益，是指该商品的潜在现金流量，既包括现金流入的增加，也包括现金流出的减少。客户可以通过使用、消耗、出售、处置、交互、抵押等多种方式直接或间接地获得商品的经济利益。

二、收入确认和计量的步骤

收入的确认和计量大致分为五步：第一步，识别与客户订立的合同；第二步，识别合同中的单项履约义务；第三步，确定交易价格；第四步，将交易价格分摊至各单项履约义务；第五步，履行各单项履约义务时确认收入。其中，第一步、第二步和第五步主要与收入的确认有关，第三步和第四步主要与收入的计量有关。

（一）识别与客户订立的合同

1. 合同的识别

（1）合同的含义及合同收入确认的前提条件。合同是指双方或多方之间订立的有法

律约束力的权利义务的协议。合同包括书面形式、口头形式以及其他形式（如隐含于商业惯例或企业以往的习惯做法中等）。识别合同的主要目的是判断是否取得商品的控制权。房地产开发企业应当在履行了合同中的履约义务，即在客户取得相关商品控制权时确认收入。

企业与客户①之间的合同同时满足下列五项条件时，企业应当在客户取得相关商品控制权时确认收入：

第一，合同各方已批准该合同并承诺履行各自义务；

第二，该合同明确了合同各方与所转让的商品（或提供的劳务，以下简称转让的商品）相关的权利和义务；

第三，该合同有明确的与所转让的商品相关的支付条款；

第四，该合同具有商业实质，即履行该合同将改变企业未来现金流量的风险、时间分布或金额；

第五，企业因向客户转让商品而有权取得的对价很可能收回。

企业在进行上述判断时，需要注意以下三点：其一，合同约定的权利和义务是否具备法律约束力，需要根据企业所处的法律环境和实务操作进行判断。例如，合同双方均有权单方面终止完全未执行的合同，且无须对合同其他方做出补偿的，该合同应当被视为不存在。其二，合同应具有商业实质。对于没有商业实质的非货币性资产交换，无论何时，均不应确认收入。从事相同业务经营的企业之间，为了便于向客户或者潜在客户销售而进行的非货币性资产交换，也不应确认收入。其三，企业在评估因向客户转让商品而有权取得的对价是否很可能收回时，仅应考虑客户到期时支付对价的能力和意图（即客户的信用风险）。

【例 13－1】 企业与乙公司签订合同，向其销售一栋建筑物，合同价款为 500 万元。该建筑物的成本为 300 万元，乙公司在合同开始日即取得了该建筑物的控制权。根据合同规定，乙公司在合同开始日支付了 5%的保证金（25 万元），并就剩余 95%的价款与企业签订了不附追索权的长期融资协议。协议规定如果乙公司违约，企业可重新拥有该建筑物，即使收回的建筑物不能涵盖所欠款项的总额，企业也不能向乙公司索取进一步的赔偿。

乙公司计划在该建筑物内开设一家餐馆，并以该餐馆的收益偿还企业的欠款。但是，在该建筑物所在的地区，餐饮行业面临激烈的竞争，且乙公司缺乏餐饮行业的经营经验。

在本例中，乙公司计划以该餐馆产生的收益偿还企业的欠款，除此以外并无其他的经济来源，乙公司也未对该笔欠款设定任何担保。如果乙公司违约，则企业可重新拥有该建筑物，但是，根据合同约定，即使收回的建筑物不能涵盖所欠款项的总额，企业也不能向乙公司索取进一步的赔偿。因此，企业对乙公司还款的能力和意图存在疑虑，认为该合同不满足合同价款很可能收回的条件。基于此判断，企业应当将收到的 25 万元确认为一项负债。

---

① 客户是指与企业订立合同以从该企业购买其日常活动产出的商品并支付对价的一方。

（2）合同的持续评估和合同存续期间的确定。企业与客户之间的合同，在合同开始日[①]即满足上述五项条件的，企业在后续期间无须对其进行重新评估，除非有迹象表明相关事实和情况发生重大变化。对于不能同时满足上述收入确认的五个条件的合同，企业应当停止确认收入，并且只有当后续合同条件再度满足时或者当企业不再负有向客户转让商品的剩余义务（如合同已完成或取消），且已向客户收取的对价（包括全部或部分对价）无须退回时，才能将已收取的对价确认为收入，但是，不应当调整在此之前已经确认的收入。企业与客户之间的合同，如果不符合上述五项条件，企业应当对其进行持续评估，并在其满足规定条件时确认收入。如果企业在合同满足相关条件之前已经向客户转移了部分商品，那么当该合同在后续期间满足相关条件时，企业应当将在此之前已经转移的商品所分摊的交易价格确认为收入。

合同存续期间是指合同各方拥有现时可执行的具有法律约束力的权利和义务的期间。在实务中，有些合同可能规定了固定的期间，有些合同则可能没有固定的期间（如无固定期间且合同各方可随时要求终止或变更的合同、定期自动续约的合同等）。企业应当确定合同存续期间，并在该期间内按照《企业会计准则第 14 号——收入》规定对合同进行会计处理。

2. 合同合并

企业与同一客户（或该客户的关联方）同时订立或在相近时间内先后订立的两份或多份合同，在满足下列条件之一时，应当合并为一份合同进行会计处理：

（1）该两份或多份合同基于同一商业目的而订立并构成一揽子交易，如一份合同在不考虑另一份合同的对价的情况下将会发生亏损；

（2）该两份或多份合同中的一份合同的对价金额取决于其他合同的对价或履行情况，如一份合同如果发生违约，将会影响另一份合同的对价金额；

（3）该两份或多份合同中所承诺的商品（或每份合同中所承诺的部分商品）构成《企业会计准则第 14 号——收入》规定的单项履约义务。

3. 合同变更

合同变更是指经合同各方同意对原合同范围或价格（或两者）做出的变更。企业应当区分下列三种情况对合同变更分别进行会计处理：

（1）合同变更部分作为单项合同。合同变更增加了可明确区分的商品及合同价款，且新增合同价款反映了新增商品单独售价的，应当将该合同变更作为一份单独的合同进行会计处理。

（2）合同变更作为原合同终止及新合同订立。合同变更不属于上述（1）的情形，且在合同变更日已转让的商品与未转让的商品之间可明确区分的，应当视为原合同终止，同时将原合同未履行部分与合同变更部分合并为新合同进行会计处理。

（3）合同变更部分作为原合同的组成部分。合同变更部分不属于上述（1）的情形，且在合同变更日已转让商品与未转让商品之间不可明确区分的，应当将该合同变更部分作为原合同的组成部分，在合同变更日重新计算履约进度，并调整当期收入和相应成本等。

---

① 合同开始日是指合同开始赋予合同各方具有法律约束力的权利和义务的日期，通常是指合同生效日。

综上所述，判断合同变更的会计处理步骤如图 13－1 所示。

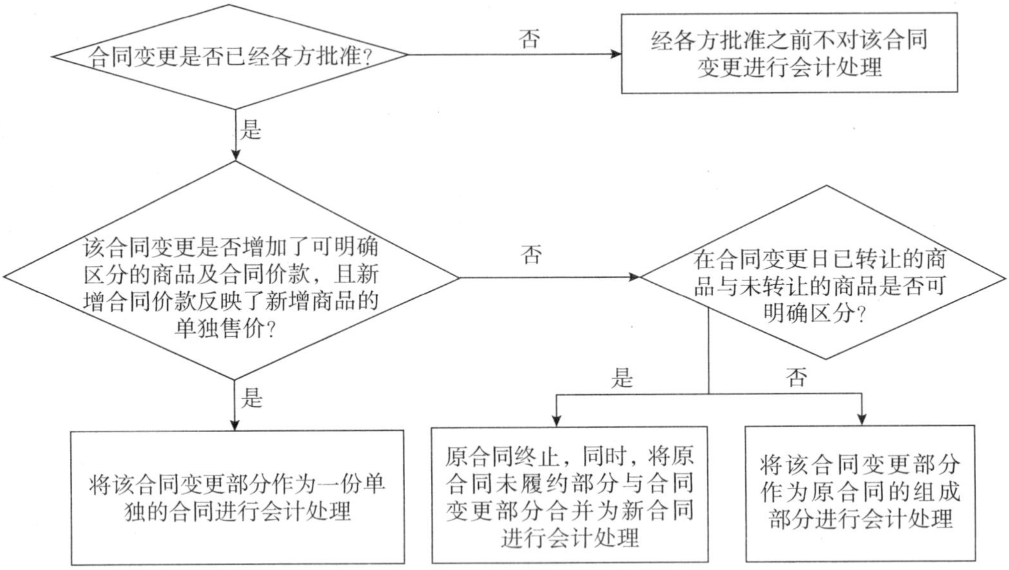

图 13－1　判断合同变更的会计处理步骤

（二）识别合同中的单项履约义务

履约义务是指合同中企业向客户转让可明确区分商品的承诺。履约义务既包括合同中明确的承诺，也包括由于企业已公开宣布的政策、特定声明或以往的习惯做法等导致合同订立时客户合理预期企业将履行的承诺。在合同开始日，企业应当对合同进行评估，识别该合同所包含的各单项履约义务，并确定各单项履约义务是在某一时段内履行还是在某一时点履行，然后，在履行了各单项履约义务时分别确认收入。一项合同中可能包含多项履约义务。由于收入准则的核心原则是在履行了履约义务时确认收入，因此，在合同订立之初就需要识别合同所包含的单项履约义务。

在识别合同中的单项履约义务时，如果合同承诺的某项商品不可明确区分，企业应当将该商品与合同中承诺的其他商品进行组合，直到该商品组合构成单项履约义务。

（1）可明确区分的商品。在实务中，企业向客户承诺的商品可能包括企业为销售而生产的产品、使用某商品的权利、向客户提供的各种服务、随时准备向客户提供商品或提供的随时可供客户使用的服务、授权使用许可等。企业向客户承诺的商品同时满足下列两个条件的，应当作为可明确区分商品，如图 13－2 所示。

企业在确定了商品本身能够明确区分后，还应当在合同层面继续评估转让该商品（或提供该服务，以下简称转让该商品）的承诺是否与合同中其他承诺彼此之间可明确区分。下列情形通常表明企业向客户转让该商品的承诺与合同中的其他承诺不可明确区分：1）企业需要提供重大的服务以将该商品与合同中承诺的其他商品进行整合，形成合同约定的某个或某些组合产出转让给客户；2）该商品将对合同中承诺的其他商品予以重大修改或定制；3）该商品与合同中承诺的其他商品具有高度关联性。

（2）企业向客户转让一系列实质相同且转让模式相同的、可明确区分商品的承诺。

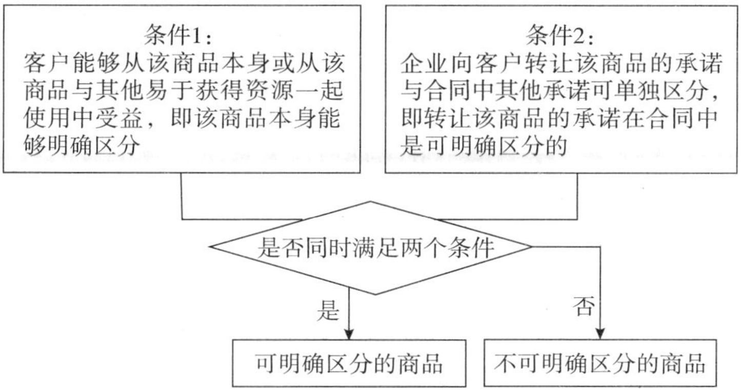

图 13－2 可明确区分商品条件

企业应当将实质相同且转让模式相同的一系列商品作为单项履约义务，即使这些商品可明确区分。其中，转让模式相同，是指每一项可明确区分的商品均满足在某一时段内履行履约义务的条件，且采用相同方法确定其履约进度。

企业为履行合同而应开展的初始活动，通常不构成履约义务，除非该活动向客户转让了承诺的商品。

（三）确定交易价格

企业应当首先确定合同的交易价格，再按照分摊至各单项履约义务的交易价格来计量收入。

交易价格，是指企业因向客户转让商品而预期有权收取的对价金额。企业代第三方收取的款项（如增值税）以及企业预期将退还给客户的款项，应当作为负债进行会计处理，不计入交易价格。合同标价并不一定代表交易价格，企业应当根据合同条款，并结合以往的习惯做法等确定交易价格。企业在确定交易价格时，应当考虑可变对价、合同中存在的重大融资成分、非现金对价以及应付客户对价等因素的影响，并应当假定按照现有合同的约定向客户转让商品，且该合同不会被取消、续约或变更。

1. 可变对价

企业与客户的合同中约定的对价金额可能是固定的，也可能会因折扣、价格折让、返利、退款、奖励积分、激励措施、业绩奖金、索赔等因素而发生变化。此外，企业有权收取的对价金额将根据一项或多项或有事项的发生有所不同，这也属于可变对价的情形。企业在判断交易价格是否为可变对价时，应当考虑各种相关因素，如企业已公开宣布的政策、特定声明、以往的习惯做法、销售战略以及客户所处的环境等。

（1）可变对价最佳估计数的确定。在对可变对价进行估计时，企业应当按照期望值或最可能发生金额确定可变对价的最佳估计数。这并不意味着企业可以在两种方法之间随意进行选择，而是应当选择能够更好地预测其有权收取的对价金额的方法，并且对于类似的合同，应当采用相同的方法进行估计。

期望值是指按照各种可能发生的对价金额及相关概率计算确定的金额。如果企业拥有大量具有类似特征的合同，并据此估计合同可能产生多个结果时，按照期望值估计可变对价金额通常是恰当的。

最可能发生金额是指一系列可能发生的对价金额中最可能发生的单一金额，即合同最可能产生的单一结果。当合同仅有两个可能结果时，按照最可能发生金额估计可变对价金额可能是恰当的。

需要说明的是，对于某一事项的不确定性对可变对价金额的影响，企业应当在整个合同期间一致地采用同一种方法进行估计。但是，当存在多个不确定性事项均会影响可变对价金额时，企业可以采用不同的方法对其进行估计。企业在对可变对价进行估计时，应当考虑能够合理获得的所有信息（包括历史信息、当前信息以及预测信息），并且在合理的数量范围内估计各种可能发生的对价金额以及概率。通常情况下，企业在估计可变对价金额时使用的信息，应当与其在对相关产品进行投标或定价时所使用的信息一致。

（2）计入交易价格的可变对价金额的限制。企业按照期望值或最可能发生金额确定可变对价金额之后，计入交易价格的可变对价金额还应该满足限制条件，即包含可变对价的交易价格，应当不超过在相关不确定性消除时，累计已确认的收入极可能不会发生重大转回的金额。企业在评估累计已确认收入是否极可能不会发生重大转回时，应当同时考虑收入转回的可能性及其比重。

每个资产负债表日，企业应当重新估计应计入交易价格的可变对价金额，包括重新评估将可变对价计入交易价格是否受到限制，以如实反映报告期末存在的情况以及报告期内发生的变化情况。

2. 合同中存在的重大融资成分

当企业将商品的控制权转移给客户的时间与客户实际付款的时间不一致时，如企业以赊销方式销售商品，或者要求客户支付预付款等，如果各方已在合同中明确（或者以隐含的方式）约定的付款时间为客户或企业就转让商品的交易提供了重大融资利益，则合同中即包含了重大融资成分。企业在确定交易价格时，应当对已承诺的对价金额做出调整，以剔除货币时间价值的影响。合同中存在重大融资成分的，企业应当按照假定客户在取得商品控制权时即以现金支付的应付金额（即现销价格）确定交易价格。该交易价格与合同对价之间的差额，应当在合同期间内采用实际利率法摊销。

为简化实务操作，如果在合同开始日，企业预计客户取得商品控制权与客户支付价款间隔不超过一年的，可以不考虑合同中存在的重大融资成分，企业应当对类似情况下的类似合同一致地应用这一简化处理方法。

【例 13-2】 合同中存在重大融资成分的核算

企业与乙公司签订合同，向其销售一套商品房。合同约定，该商品房将于 2 年之后移交。合同中包含两种可供选择的付款方式，即乙公司可以在 2 年后移交商品房时支付 449.44 万元，或者在合同签订时支付 400 万元。乙公司选择在合同签订时支付价款。该商品房的控制权在移交时转移。企业收到乙公司支付的价款。上述价格均不包含增值税，且假定不考虑相关税费的影响。

在本例中，按照上述两种付款方式计算的内含利率为 6%。考虑到乙公司付款时间和商品房移交时间之间的间隔以及现行市场利率水平，企业认为该合同包含重大融资成分，在确定交易价格时，应当对合同承诺的对价金额进行调整，以反映该重大融资成分的影响。假定该融资费用不符合借款费用资本化的要求。企业应做如下会计分录：

（1）企业收到价款时：

借：银行存款　4 000 000

　　未确认融资费用　494 400

　贷：合同负债　4 494 400

（2）第1年年末确认融资成分的影响时：

借：财务费用　240 000

　贷：未确认融资费用　240 000

（3）第2年年末移交商品房时：

借：财务费用　254 400

　贷：未确认融资费用　254 400

借：合同负债　4 494 400

　贷：主营业务收入　4 494 400

3. 非现金对价

非现金对价包括实物资产、无形资产、股权、客户提供的广告服务等。客户支付非现金对价的，通常情况下，企业应当按照非现金对价在合同开始日的公允价值确定交易价格。非现金对价的公允价值不能合理估计的，企业应当参照其承诺向客户转让商品的单独售价间接确定交易价格。合同开始日后，非现金对价的公允价值因对价形式以外的原因而发生变动的，应当作为可变对价，按照与计入交易价格的可变对价金额的限制条件相关的规定进行处理；合同开始日后，非现金对价的公允价值因对价形式而发生变动的，该变动金额不计入交易价格。

4. 应付客户对价

企业存在应付客户对价的，应当将该应付对价冲减交易价格，但应付客户对价是为了自客户取得其他可明确区分商品的除外。企业应付客户对价是为了向客户取得其他可明确区分商品的，应当采用与企业其他采购相一致的方式确认所购买的商品。企业应付客户对价超过向客户取得可明确区分商品公允价值的，超过金额应当冲减交易价格。向客户取得的可明确区分商品公允价值不能合理估计的，企业应当将应付客户对价全额冲减交易价格。在将应付客户对价冲减交易价格处理时，企业应当在确认相关收入与支付（或承诺支付）客户对价二者孰晚的时点冲减当期收入。

（四）将交易价格分摊至各单项履约义务

当合同中包含两项或多项履约义务的，企业应当在合同开始日，按照各单项履约义务所承诺商品的单独售价的相对比例，将交易价格分摊至各单项履约义务。

【例13-3】 企业与客户签订合同，向其销售A、B、C三套商品房，合同总价款为5 000 000元。A、B、C商品房的单独售价分别为3 000 000元、2 000 000元和1 000 000元，合计为6 000 000元。上述价格均不包含增值税。

在本例中，根据交易价格分摊原则，A商品房应当分摊的交易价格为2 500 000元（3 000 000÷6 000 000×5 000 000），B商品房应当分摊的交易价格约为1 666 667元（2 000 000÷6 000 000×5 000 000），C商品房应当分摊的交易价格约为833 333

元（1 000 000÷6 000 000×5 000 000）。

1. 确定单独售价

单独售价，是指企业向客户单独销售商品的价格。企业在类似环境下向类似客户单独销售某商品的价格，应作为确定该商品单独售价的最佳证据。单独售价无法直接观察的，企业应当综合考虑其能够合理取得的全部相关信息，采用市场调整法、成本加成法、余值法等方法合理估计单独售价，应考虑的信息包括市场情况（如商品的市场供求状况、竞争、限制和趋势等）、企业特定因素（如企业的定价策略和实务操作安排等）以及与客户有关的信息（如客户类型、所在地区和分销渠道等）等。

市场调整法，是指企业根据某商品或类似商品的市场售价，考虑本企业的成本和毛利等进行适当调整后，确定其单独售价的方法。

成本加成法，是指企业根据某商品的预计成本加上其合理毛利后的价格，确定其单独售价的方法。

余值法，是指企业根据合同交易价格减去合同中其他商品可观察的单独售价后的余值，确定某商品单独售价的方法。企业在商品近期售价波动幅度巨大，或者因未定价且未曾单独销售而使售价无法可靠确定时，可采用余值法估计其单独售价。

企业应当最大限度地采用可观察的输入值，并对类似的情况采用一致的估计方法。

2. 分摊合同折扣

合同折扣，是指合同中各单项履约义务所承诺商品的单独售价之和高于合同交易价格的金额。对于合同折扣，企业应当在各单项履约义务之间按比例分摊。有确凿证据表明合同折扣仅与合同中一项或多项（而非全部）履约义务相关的，企业应当将该合同折扣分摊至相关一项或多项履约义务。

同时满足下列条件时，企业应当将合同折扣全部分摊至合同中的一项或多项（而非全部）履约义务：

（1）企业经常将该合同中的各项可明确区分的商品单独销售或者以组合的方式单独销售；

（2）企业也经常将其中部分可明确区分的商品以组合的方式按折扣价格单独销售；

（3）归属于上述（2）项中每一组合的商品的折扣与该合同中的折扣基本相同，且针对每一组合中的商品的分析为将该合同的整体折扣归属于某一项或多项履约义务提供了可观察的证据。

有确凿证据表明合同折扣仅与合同中的一项或多项履约义务相关，且企业采用余值法估计单独售价的，企业应当首先在一项或多项（而非全部）履约义务之间分摊合同折扣，然后再采用余值法估计单独售价。

【例 13－4】 企业与客户签订合同，向其销售 A、B、C 商品房各一套，合同总价款为 1 200 万元，这三套商品房构成三项履约义务。企业通常以 500 万元单独出售 A 商品房，其单独售价可直接观察得到；B 商品房和 C 商品房的单独售价不可直接观察，企业采用市场调整法估计的 B 商品房单独售价为 250 万元，采用成本加成法估计的 C 商品房单独售价为 750 万元。企业通常以 500 万元的价格单独销售 A 商品房，并将 B 商品房和 C 商品房组合在一起以 700 万元的价格销售。上述价格均不包含增值税。

在本例中，三套商品房的单独售价合计为 1 500 万元，而该合同的价格为 1 200 万元，因此该合同的整体折扣为 300 万元。由于企业通常将 B 商品房和 C 商品房组合在一起以 700 万元的价格销售，该价格与其单独售价之和（1 000 万元）的差额 300 万元，与该合同的整体折扣一致，而 A 商品房的价格与其单独售价一致，这证明该合同的整体折扣仅应归属于 B 商品房和 C 商品房。因此，在该合同下，分摊至 A 商品房的交易价格为 500 万元，分摊至 B 商品房和 C 商品房的交易价格合计为 700 万元，企业应当进一步按照 B 商品房和 C 商品房的单独售价的相对比例将该价格在二者之间进行分摊：B 种商品房应分摊的交易价格为 175 万元（250÷1 000×700），C 商品房应分摊的交易价格为 525 万元（750÷1 000×700）。

3. 分摊可变对价

合同中包含可变对价的，该可变对价可能与整个合同相关，也可能仅与合同中的某一特定组成部分有关。后者包括两种情形：一是可变对价可能与合同中的一项或多项（而非全部）履约义务有关，例如，是否获得奖金取决于企业能否在指定时期内转让某项已承诺的商品；二是可变对价可能与企业向客户转让的构成单项履约义务的一系列可明确区分商品中的一项或多项（而非全部）商品有关。

同时满足下列条件的，企业应当将可变对价及可变对价的后续变动额全部分摊至与之相关的某项履约义务，或者构成单项履约义务的一系列可明确区分商品中的某项商品：

（1）可变对价的条款专门针对企业为履行该项履约义务或转让该项可明确区分商品所做的努力（或者是履行该项履约义务或转让该项可明确区分商品所导致的特定结果）；

（2）企业在考虑了合同中的全部履约义务及支付条款以后，将合同对价中的可变金额全部分摊至该项履约义务或该项可明确区分商品符合分摊交易价格的目标。

对于不满足上述条件的可变对价及可变对价的后续变动额，以及可变对价及其后续变动额中未满足上述条件的剩余部分，企业应当按照分摊交易价格的一般原则，将其分摊至合同中的各单项履约义务。对于已履行的履约义务，其分摊的可变对价后续变动额应当调整变动当期的收入。

4. 交易价格的后续变动

合同开始日之后，由于相关不确定性的消除或环境的其他变化等原因，交易价格可能会发生变化，从而导致企业因向客户转让商品而预期有权收取的对价金额发生变化。交易价格发生后续变动的，企业应当按照在合同开始日所采用的基础将该后续变动金额分摊至合同中的履约义务。企业不得因合同开始日后单独售价的变动而重新分摊交易价格。对于合同变更导致的交易价格后续变动，应当按照本节有关合同变更的要求进行会计处理。

（五）履行各单项履约义务时确认收入

企业应当在履行了合同中的履约义务，即客户取得相关商品控制权时确认收入。企业将商品的控制权转移给客户，该转移可能在某一时段内（即履行履约义务的过程中）发生，也可能在某一时点（即履约义务完成时）发生。企业应当根据实际情况，首先判断履约义务是否满足在某一时间段内履行的条件，如不满足，则该履约义务属于在某一时点履行的履约义务。对于在某一时段内履行的履约义务，企业应当选取恰当的方法来确定履约进度；对于在某一时点履行的履约义务，企业应当综合分析控制权转移的迹象，判断其转移时点。

房地产开发企业商品房销售收入实现的具体条件是：工程已经竣工并通过有关部门验收；实际销售面积符合合同规定，完成房屋交付手续或在合同规定的交房期限内，按合同约定发出入伙通知，购买方在通知确定的交付使用时限结束前无正当理由没有收房；履行了合同规定的义务，且价款取得或确信可以取得；成本能够可靠地计量。

收入确认计量框架的五个步骤之间的关系以及每一步的要点如图 13－3 所示。

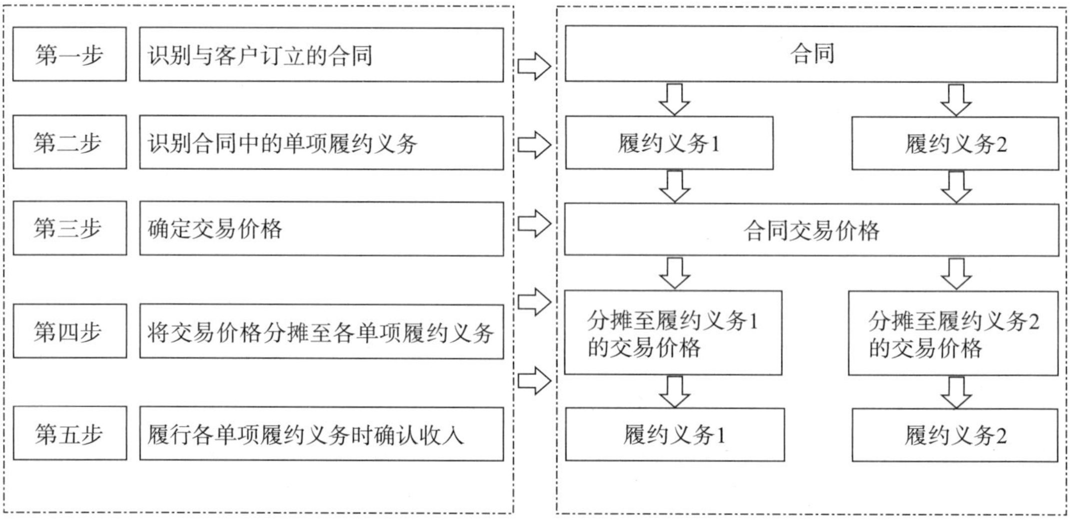

图 13－3　收入确认计量五步法逻辑图

第三节　收入核算应设置的账户及会计处理

一、收入核算应设置的账户

为核算企业对外销售、转让、代建结算和临时出租开发产品及无形资产等所取得的收入，以及应结转的相关成本、应由当月负担的税费，房地产开发企业应设置如下会计账户。

（一）“主营业务收入”账户

“主营业务收入”账户核算企业对外销售、转让和结算开发产品时所取得的收入。其贷方登记企业实现和确定的收入金额；借方登记销售退回、销售折让的金额及期末结转到“本年利润”账户的数额，结转后应无余额。“主营业务收入”账户应按经营收入的类别设置明细账进行核算，如“商品房销售收入”“配套设施销售收入”等。

（二）“主营业务成本”账户

“主营业务成本”账户核算企业对外销售、转让、结算和临时出租开发产品等而发生的实际成本。其借方登记企业销售、转让、结算商品的实际生产成本；贷方登记期末转入“本年利润”账户的数额，结转后应无余额。该账户应按产品的类别设置明细账户。

（三）“其他业务收入”账户

“其他业务收入”账户核算企业除主营业务收入以外的其他销售或其他业务的收入。其贷方登记企业取得的各项其他业务收入；借方登记期末转入“本年利润”账户的数额，结转后应无余额。本账户应按其他业务的种类设置明细账进行核算，如“临时出租产品租金收入”“无形资产出租收入”“固定资产出租收入”等。

（四）“其他业务成本”账户

“其他业务成本”账户核算企业除主营业务成本以外的其他销售或其他业务所发生的支出，包括销售材料、提供劳务等而发生的相关成本、费用、税金及附加等。其借方登记企业发生的其他业务成本；贷方登记期末转入“本年利润”账户的数额，结转后应无余额。本账户应按其他业务的种类设置明细账进行核算，如“出租无形资产摊销”“出租固定资产折旧”等。

（五）“税金及附加”账户

“税金及附加”账户核算房地产开发企业营业收入应负担的各种税金及附加费，包括按规定应缴纳的土地增值税、城市维护建设税和教育费附加等（不包括应交增值税）。其借方登记房地产开发企业按规定计算的应由营业收入负担的土地增值税、城市维护建设税和教育费附加；贷方登记期末转入“本年利润”账户的数额，结转后应无余额。本账户应按各种税金及附加费的种类进行明细核算。

（六）“合同负债”账户

“合同负债”账户核算房地产开发企业已收或应收客户对价而应向客户转让商品的义务。其贷方登记企业在向客户转让商品之前，客户已经支付了合同对价或企业已经取得了无条件收取合同对价权利的，企业应当在客户实际支付款项与到期应支付款项孰早时点，已收或应收的金额；借方登记企业向客户转让相关商品时确认的收入金额。期末贷方余额反映企业在向客户转让商品之前，已经收到的合同对价或已经取得的无条件收取合同对价权利的金额。本账户应按照合同进行明细核算。

此外，房地产开发企业在进行收入核算时，还可能会涉及“合同资产”账户，具体内容详见第三章“应收及预付款项”第一节的内容。

二、收入核算的会计处理

企业将商品的控制权转移给客户，该转移可能在某一时段内（即履行履约义务的过程中）发生，也可能在某一时点（即履约义务完成时）发生。企业应当根据实际情况，首先判断履约义务是否满足在某一时段内履行的条件，如不满足，则该履约义务属于在某一时点履行的履约义务。

（一）在某一时段内履行的履约义务的收入确认

对于属于在某一时段内履行的履约义务，房地产开发企业应当在该履约义务履行期间确认相关收入。企业应当在该段时间内按照履约进度确认收入，履约进度不能合理确定的除外。企业应当采用恰当的方法确定履约进度，以如实反映企业向客户转让商品的履约情况。企业应当考虑商品的性质，采用产出法或投入法确定恰当的履约进度，并且在确定履约进度时，应当扣除那些控制权尚未转移给客户的商品和服务。企业按履约进度确认收入时，通常应当在资产负债表日按照合同的交易价格总额乘以履约进度再扣除以前会计期间累计已确认的收入后的金额，确认为当期收入。

企业在某一时段内履行的履约义务符合三个条件之一的，应按照某一时段内履行的履约义务确认收入。企业在某一时段内履约义务的条件、确认收入及举例，如表 13－1 所示。

表 13－1　某一时段内履约义务的条件及确认收入表

履约义务的条件	确认收入	举例
(1) 客户在企业履约的同时即取得并消耗企业履约所带来的经济利益	在履行履约义务的期间确认收入	常规或经常性的服务
(2) 客户能够控制企业履约过程中在建的商品	在履行履约义务的期间确认收入	在客户场地上建造厂房
(3) 企业履约过程中所产出的商品具有不可替代用途①，且该企业整个合同期间有权就累计至今已完成的履约部分收取款项②	在履行履约义务的期间按照适当的履约进度确认收入	建造只有客户能够使用的专项资产，或按照客户的指示建造资产

注：①具有不可替代用途，是指因合同限制或实际可行性限制，企业不能轻易地将商品用于其他用途。

②有权就累计至今已完成的履约部分收取款项，是指在由于客户或其他方原因终止合同的情况下，企业有权就累计至今已完成的履约部分收取能够补偿其已发生成本和合理利润的款项，并且该权利具有法律约束力。

（二）在某一时点履约的收入确认及其会计处理

1. 在某一时点履行的履约义务收入确认的条件

对于不属于在某一时段内履行的履约义务，应当属于在某一时点履行的履约义务，企业应当在客户取得相关商品控制权时点确认收入。在判断客户是否已取得商品控制权（即客户是否能够主导该商品的使用并从中获得几乎全部的经济利益）时，企业应当考虑下列五个迹象：

(1) 企业就该商品享有现时收款权利，即客户就该商品负有现时付款义务；

(2) 企业已将该商品的法定所有权转移给客户，即客户已拥有该商品的法定所有权；

(3) 企业已将该商品实物转移给客户，即客户已实物占有该商品；

(4) 企业已将该商品所有权上的主要风险和报酬转移给客户，即客户已取得该商品所有权上的主要风险和报酬；

（5）客户已接受该商品。

需要强调的是，在上述五个迹象中，并没有哪一个或哪几个迹象是决定性的，企业应当根据合同条款和交易实质进行分析，综合判断商品的控制权是否已转移给客户以及何时转移的，从而确定收入确认的时点。此外，企业应当从客户的角度进行评估，而不应当仅考虑企业自身的看法。

由于房地产开发企业确认收入的条件之一是房屋移交，这通常属于在某一时点履行的履约义务，故按照在某一时点履行的履约义务确认收入。

2. 在某一时点履行的履约义务收入确认的会计处理

现举例说明在某一时点履行的履约义务合同收入的会计处理。

【例 13-5】 在某一时点履行的履约义务合同收入确认和合同成本结转的核算

房地产开发企业向个人销售商品房，款项一次性收到，开具的增值税普通发票上注明的金额为 1 500 000 元、增值税税额为 135 000 元（增值税税率为 9%）。企业竣工验收时，商品房移交并确认结转收入，同时结转商品房开发成本 1 100 000 元。企业应做如下会计分录：

借：银行存款　　1 635 000

　贷：主营业务收入——商品房销售收入　　1 500 000

　　　应交税费——应交增值税（销项税额）　　135 000

同时，

借：主营业务成本——商品房销售成本　　1 100 000

　贷：开发产品——完工开发产品——房屋　　1 100 000

【例 13-6】 在某一时点履行的履约义务合同收入的核算

房地产开发企业与个人签订合同，销售 A 商品房和 B 别墅。A 商品房的单独售价为 600 万元，B 别墅的单独售价为 2 400 万元，合同价款为 2 500 万元（不含税）。合同约定，A 商品房于合同开始日交付，B 别墅在一个月之后交付，只有当 A 商品房和 B 别墅全部交付之后，企业才有权收取 2 500 万元的合同对价。假定 A 商品房和 B 别墅分别构成单项履约义务，其控制权在交付时转移给客户，不属于在某一时段内履行的履约义务。

在本例中，开具的增值税普通发票上注明的 A 商品房金额为 5 000 000 元、增值税税额为 450 000 元；B 别墅金额为 20 000 000 元①、增值税税额为 1 800 000 元，增值税税率为 9%。企业应做如下会计分录：

（1）交付 A 商品房时：

借：合同资产　　5 450 000

　贷：主营业务收入　　5 000 000

　　　应交税费——应交增值税（销项税额）　　450 000

（2）交付 B 别墅时：

借：应收账款　　27 250 000

　贷：合同资产　　5 450 000

① 分摊至 A 商品房的合同价款为 500 万元(600÷(600+2 400)×2 500)；分摊至 B 别墅的合同价款为 2 000 万元(2 400÷(600+2 400)×2 500)。

主营业务收入　　20 000 000
应交税费——应交增值税（销项税额）　　1 800 000

（三）特定交易的会计处理

1. 预售开发产品的会计处理

房地产开发企业预售开发产品不符合收入确认的条件，所以预售开发产品记入“合同负债”账户。待实际交房时再确认收入，转入“主营业务收入”账户。这时如果已交房部分有未收房款，则这部分应记入“应收账款”账户。预收款应预缴增值税，记入“应交税费——预交增值税”账户，应预缴税款＝预收款÷(1＋适用税率 9%或征收率)×3%。在缴税时，这部分预缴税款可以抵减销项税额。

在确认销售商品收入时，企业应按已收的合同或协议价款，借记“合同资产”“应收账款”等账户，按确定的收入金额，贷记“主营业务收入”等账户。

【例 13－7】 预售开发产品的核算

企业本期向个人预售商品房一套，预收部分房款 436 000 元（含税）。商品房于移交时确认收入，企业根据合同开具增值税普通发票，发票上注明的金额为 2 000 000 元、增值税税额为 180 000 元（增值税税率为 9%），并将预收房款及剩余房款一并结转收入。企业应做如下会计分录：

（1）预售阶段：

借：银行存款　　436 000
　贷：合同负债　　400 000
　　应交税费——应交增值税（待转销项税额）　　36 000

（2）预缴增值税时：

应预缴税款＝预收款÷(1＋适用税率 9%)×3%＝12 000(元)

借：应交税费——预交增值税　　12 000
　贷：银行存款　　12 000

（3）交房确认收入时：

借：合同负债　　400 000
　应交税费——应交增值税（待转销项税额）　　36 000
　银行存款　　1 744 000
　贷：主营业务收入——商品房销售收入　　2 000 000
　　应交税费——应交增值税（销项税额）　　180 000

（4）抵减销项税额时：

借：应交税费——应交增值税（已交税金）　　12 000
　贷：应交税费——预交增值税　　12 000

2. 分期收款销售开发产品的会计处理

由于房地产的特殊性，房地产开发企业可能存在将商品控制权转移给客户的时间与客户实际付款时间不一致的情况，如房地产开发企业以分期收款方式销售商品，或者要求客户预付房款等。如果各方已在合同中明确（或者以隐含的方式）约定的付款时间为客户或者企业转让房产的交易提供了重大融资利益，则合同中即包含了重大融资成分，企业在确定交易价格时，应当对已承诺的对价金额做出调整，以剔除货币时间价值的影响。

合同中存在重大融资成分的，企业应当按照假定客户取得商品控制权时即以现金支付的应付金额（即现销价格）确定交易价格。应使用将合同对价的名义金额折现为商品现销价格的折现率。该折现率一经确定，不得因后续市场利率或客户信用风险等情况的变化而变更。企业确定的交易价格与合同承诺的对价金额之间的差额，应当在合同期间内采用实际利率法进行摊销。

如果在合同开始日，企业预计客户取得商品控制权与客户支付价款的时间间隔不超过一年的，可以不考虑合同中存在的重大融资成分。

其具体会计处理为：

（1）确认销售收入时：

借：长期应收款（合同价款）

贷：主营业务收入（现销价格）

未实现融资收益（两者差额）

同时：

借：主营业务成本

贷：开发产品

（2）分期收取款项时：

借：银行存款

贷：长期应收款

借：未实现融资收益

贷：财务费用

3. 售后回购开发产品的会计处理

售后回购，是指企业销售开发商品的同时承诺或有权选择日后再将该开发商品购回的销售方式。被购回的商品包括原销售给客户的商品、与该商品几乎相同的商品，或者以该商品作为组合部分的其他商品。一般来说，售后回购通常有三种形式：一是企业和客户约定企业有义务回购该商品，即存在远期安排；二是企业有权利回购该商品，即企业拥有回购选择权；三是当客户要求时，企业有义务回购该商品，即客户拥有回售选择权。对于不同类型的售后回购，企业应当区分下列两种情况分别进行会计处理：

（1）企业因存在与客户的远期安排而负有回购义务或企业享有回购权利的，尽管客户可能已经持有了该商品的实物，但是在销售时点，客户并没有取得该商品的控制权。在这种情况下，回购价格低于原售价的，应当视为租赁交易；回购价格不低于原售价的，应当视为融资交易，在收到客户款项时确认金融负债，而不是终止确认该资产，并将该款项和回购价格的差额在回购期间内确认为利息费用等。

（2）企业应客户要求回购商品的，应当在合同开始日评估客户是否具有行使该要求权的重大经济动因。客户具有行使该要求权的重大经济动因的，企业应当将回购价格与原售价进行比较，并按照上述情况（1）的原则进行处理。客户不具有行使该要求权的重大经济动因的，企业应当将该售后回购作为附有销售退回条款的销售交易进行相应的会计处理。

在判断客户是否具有行权的重大经济动因时，企业应当综合考虑各种相关因素，包括回购价格与预计回购时市场价格之间的比较以及权利的到期日等。当回购价格明显高于该资产回购时的市场价值时，通常表明客户有行权的重大经济动因。

（四）其他业务收入的核算

房地产开发企业的开发产品，存在以出售为目的的暂时性出租的，属于企业的商品性经营活动之一。房地产开发企业出租开发产品时应签订租赁合同、协议。但这种租赁合同或者协议的有效期限，通常不能超过一年。预计出租时间或实际出租时间超过1年的，应作为投资性房地产核算。

【例13-8】 其他业务收支的核算

因价格问题，企业将一套开发完成的绿色小区房屋暂时出租给乙公司，租期为半年。根据租赁合同开具的增值税专用发票上注明的每月租金为100 000元、增值税税额为9 000元（增值税税率为9%）。租赁期间，企业支付房屋修理费6 000元（假设不考虑相关税费）。企业应做如下会计分录：

（1）每月收到租金时：

借：银行存款	109 000	
贷：其他业务收入——临时出租产品租金收入		100 000
应交税费——应交增值税（销项税额）		9 000

（2）支付房屋修理费用时：

借：其他业务成本——临时出租产品经营成本	6 000	
贷：银行存款		6 000

需要注意的是，出租开发产品在租赁期间支付的房屋修理费用，如果数额较大，可以计入开发产品成本；如果数额较小，直接计入当期损益，即与当期收入相配比。

此外，房地产开发企业还可能涉及出租固定资产、无形资产等其他业务的核算内容，具体详见第八章“固定资产”、第九章“无形资产和其他非流动资产”。

企业在获得收入的同时，还应按照规定计算并缴纳与收入有关的城市维护建设税、教育费附加以及土地增值税；资产负债表日企业还应结转本期发生的收入、成本和相关税费。

【例13-9】 应交税费的核算

企业计算出当月应缴纳的城市维护建设税为315 000元、教育费附加为135 000元、土地增值税为3 915 000元。企业应做如下会计分录：

借：税金及附加	4 365 000	
贷：应交税费——应交城市维护建设税		315 000
——应交土地增值税		3 915 000
——应交教育费附加		135 000

【例13-10】 资产负债表日，结转本期收入、成本和相关税费的核算

（1）假设资产负债表日，企业发生的营业收入为 57 150 000 元，其中，商品房销售收入为 50 625 000 元，临时出租产品租金收入为 6 525 000 元。企业应做如下会计分录：

借：主营业务收入——商品房销售收入　　50 625 000
　　其他业务收入——临时出租产品租金收入　　6 525 000
　贷：本年利润　　57 150 000

（2）假设资产负债表日，企业发生的营业成本为 42 750 000 元，其中，商品房销售成本为 38 700 000 元，临时出租产品折旧为 4 050 000 元。企业应做如下会计分录：

借：本年利润　　42 750 000
　贷：主营业务成本——商品房销售成本　　38 700 000
　　　其他业务成本——临时出租产品经营成本　　4 050 000

（3）假设资产负债表日，企业发生的税金及附加为 2 216 250 元。企业应做如下会计分录：

借：本年利润　　2 216 250
　贷：税金及附加　　2 216 250

本章小结

即测即评

思考题

1. 简述房地产开发企业收入的含义及特征。
2. 房地产开发企业收入主要有哪些分类？
3. 简述收入确认和计量的五步法模型。
4. 如何理解房地产开发企业销售商品收入确认的条件？
5. 简述房地产开发企业在某一时点履行的履约义务收入确认的条件。

案例分析题

甲房地产开发企业取得预售许可证后，即与客户签订了预售合同，并预收房款 1 090 000 元（含税）。之后，甲企业开发的商品房正式竣工，与客户签订了正式的商品房销售合同，开具的增值税专用发票上注明的金额为 6 000 000 元、增值税税额为 540 000 元（增值税税率为 9%）。当天客户交付了余款。甲企业财务人员做了如下会计分录：

（1）预收款项时：

借：银行存款	1 090 000	
贷：预收账款		1 090 000

预缴增值税时：

借：应交税费——预交增值税	30 000	
贷：银行存款		30 000

（2）收到余款，确认收入时：

借：银行存款	5 450 000	
预收账款	1 090 000	
贷：主营业务收入		6 000 000
应交税费——应交增值税（销项税额）		540 000

（3）抵减销项税额时：

借：应交税费——应交增值税（销项税额）	30 000	
贷：应交税费——预交增值税		30 000

要求：根据本章所学的知识，判断甲企业财务人员所做的会计分录是否正确，如不正确，请予以更正。

第十四章

利　润

学习目标

1. 掌握营业利润、利润总额、净利润的构成与计算方法。
2. 掌握利润核算的内容及其会计处理。
3. 掌握利润分配核算的内容及会计处理。
4. 理解利润的含义，利润形成的过程和内容。
5. 了解利润的意义，利润分配的程序。

引导案例

招商局蛇口工业区控股股份有限公司（简称招商蛇口，股票代码001979）是招商局集团（中央直接管理的国有重要骨干企业）旗下城市综合开发运营板块的旗舰企业，也是招商局集团在国内重要的核心资产整合及业务协同平台。2015年12月30日，招商蛇口通过吸收合并招商地产（000024）实现重组上市，其定位于“中国领先的城市和园区运营服务商”，下属三大业务板块分别为园区开发与运营业务、社区开发与运营业务、邮轮产业建设与运营业务，配套提供多元化的、覆盖全生命周期的产品与服务，为城市发展与产业升级提供综合性的解决方案。招商蛇口在业界享有盛誉，2021年，列《福布斯》全球企业2 000强第385位，《财富》中国500强第85位，中国房地产百强企业第8位。

招商蛇口2021年的利润分配预案为：以公司2022年3月18日享有利润分配权的股份总额7 739 098 182股为基数，向全体股东每10股派发现金红利5.40元（含税），不以公积金转增股本。报告期内，公司营业总收入达到1 606.43亿元，同比增加23.93%；归属于上市公司股东的净利润为103.72亿元，同比减少15.35%。主要原因是：(1) 报告期内，公司房地产项目竣工交付并结转的面积增长，因此房地产业务结转收入增加。但受市场下行影响，房地产业务结转毛利率同比有所下降。(2) 公司按照市场参考价格对截至2021年12月31日存在减值迹象的资产进行了减值测试。根据减值测试结果，对存货、投资性物业、长期股权投资计提资产减值准备及对重大风险类别应收款项计提信用减值准备共计43.72亿元，这使得公司2021年度归属于上市公司股东的净利润减少了34.56亿元，对归属于上市公司股东的净利润的影响同比增加12.72亿元。(3)报告期内，公司转让子公司产生的投资收益同比减少24.45亿元，由此形成的归属于上市公司股东的净利润同比减少20.49亿元。

资料来源：根据招商局蛇口工业区控股股份有限公司2021年年度报告整理。

从2018年年初开始，房地产行业去杠杆信号不断增强，银行信贷、信托、资管通道、债券融资等融资方式均受到不同程度的限制，房地产行业面临一定的流动性风险。2019年增值税税率有所变更也对房地产行业产生了一定的影响，涉及开发成本、开发产品销售、建筑施工合同的执行等各环节，并最终对企业利润产生影响。那么，何谓利润？利润包括哪些内容？利润是如何形成的？房地产开发企业在进行利润核算时应该关注哪些方面？营业利润如何计算？利润总额与营业利润之间的关系是什么？什么是净利润？企业进行利润分配时有哪些程序？通过本章的学习，相信你会找到答案。

第一节　利润概述

利润，通常包括企业在一定会计期间的收入减去费用后的净额以及直接计入当期损益的利得和损失等，亦称财务成果或经营成果。在商品经济条件下，企业追求的根本目标是企业价值最大化或股东权益最大化。然而，无论是企业价值最大化还是股东权益最大化，其实现的基础都是企业利润，利润已成为现代企业经营与发展的直接目标。企业的各项工作，归根结底最终都与利润相关。

一、利润的意义

（一）利润是企业和社会积累与扩大再生产的重要源泉

企业实现的利润，从分配方式来看，一是分配给企业所有者；二是留在企业内部。然而，无论利润如何分配，其用途主要有两个，即积累和消费。企业要想实现经营规模的扩大，离不开资金的支持，其主要来源即为自身留存及举债。然而，从资本成本的角度来看，企业通常会优先使用内部积累来扩大投资。相比于债务融资而言，这种方式不仅能降低资本使用成本，还能降低企业整体的风险。

（二）利润是反映企业经营成果最综合的指标

利润是反映企业经营业绩的最重要指标，它受企业生产经营各环节、各因素的影响。供、产、销各环节以及人、财、物各因素等的变动，无不影响着利润的增减变动。企业各环节和各因素的状况良好，利润就高；反之，某一环节或因素出现问题，就会影响利润的增长。因此，利润对于评价企业经营者的经营业绩至关重要，也是企业经营成果的综合体现。

（三）利润是企业投资与经营决策的重要依据

在现代企业制度下，政企职责分开，所有权与经营权分离，企业的经营自主权扩大。决策问题是企业经营管理中的核心问题，也是企业的投资者、债权人尤为关心的问题。然而，无论何种经济决策，都离不开利润这一重要的依据或标准。不考虑其他因素，凡是有利于利润增长的方案，或者说只有使利润增长的方案，才是经济上可行的方案。

二、利润及其构成

（一）利润的概念

利润是指房地产开发企业在一定会计期间的经营成果，包括收入减去成本、费用后的净额以及直接计入当期利润的利得和损失等，主要有营业利润、利润总额和净利润。直接计入当期利润的利得和损失，是指计入当期损益、会导致所有者权益发生增减变动的、与所有者投入资本或者向所有者分配利润无关的利得或损失。

（二）利润的形成

在利润表中，利润的形成分为三个主要层次，即营业利润、利润总额和净利润。

1. 营业利润

营业利润是指房地产开发企业在一定时期内从事房地产开发等日常经营活动实现的利润，是企业利润的主要组成部分。其计算公式如下：

营业利润＝营业收入－营业成本－税金及附加－期间费用－研发费用
＋其他收益＋投资收益（－投资损失）＋公允价值变动收益（－公允价值变动损失）－信用减值损失－资产减值损失
＋资产处置收益（－资产处置损失）＋…… （14－1）

（1）营业收入，是指房地产开发企业经营业务所确定的收入总额，包括主营业务收入和其他业务收入。

（2）营业成本，是指房地产开发企业经营业务所发生的实际成本，包括主营业务成本和其他业务成本。

（3）税金及附加，是指房地产开发企业经营活动应负担的相关税费，包括消费税、城市维护建设税、教育费附加、资源税、房产税、城镇土地使用税、车船税、印花税等。

（4）期间费用，是指本期发生的、不能直接或间接归入成本的、直接计入当期损益的各项费用，包括销售费用、管理费用和财务费用。

（5）研发费用，是指企业在研究与开发过程中发生的费用化支出，是管理费用的一部分，在利润表中应将其从管理费用当中分离出来，单独列报。

（6）其他收益，是指与企业日常活动相关，但又不宜确认收入或冲减成本费用的政府补助。

(7) 投资收益（或损失），是指企业以各种方式对外投资所取得的收益（或发生的损失）。

(8) 公允价值变动收益（或损失），是指企业交易性金融资产等公允价值变动形成的应计入当期损益的利得（或损失）。

(9) 信用减值损失，是指企业计提的各项金融工具减值准备所形成的预期信用损失。以未来可能的违约事件造成的损失的期望值计量当前（资产负债表日）应当确认的减值准备，包括金融资产、合同资产和某些金融负债或者尚未确认的确定承诺。计提减值准备的金融资产包括以摊余成本计量的金融资产（含应收款项）、以公允价值计量且其变动计入其他综合收益的金融资产等。

(10) 资产减值损失，是指企业计提各项资产减值准备所形成的损失。资产减值的主要对象包括应收及预付款项，存货，对子公司、联营企业和合营企业的长期股权投资，固定资产，无形资产及商誉，金融资产等。企业应当在资产负债表日判断资产是否存在减值迹象。如果资产存在减值迹象，就应进行减值测试，对于发生减值的资产，应按照可收回金额低于账面价值的金额，确认资产减值损失。需要说明的是，因企业合并所形成的商誉和使用寿命不确定的无形资产，无论是否存在减值迹象，每年都应当进行减值测试。

(11) 资产处置收益（或损失），是指企业出售划分为持有待售的非流动资产（金融工具、长期股权投资和投资性房地产除外）或处置组（子公司和业务除外）时确认的处置利得或损失，以及处置未划分为持有待售的固定资产、在建工程、生产性生物资产及无形资产而产生的处置利得或损失。债务重组中因处置非流动资产产生的利得或损失以及非货币性资产交换中换出非流动资产产生的利得或损失也包括在本项目内。

2. 利润总额

房地产开发企业的利润总额是营业利润加上营业外收入，再减去营业外支出后的金额。利润总额的形成过程可以用公式来表示。其计算公式如下：

利润总额(或亏损总额)＝营业利润＋营业外收入－营业外支出　　(14-2)

(1) 营业外收入。营业外收入是指房地产开发企业发生的与其日常经营活动无直接关系的各项利得。在会计核算上，应当严格区分营业外收入与营业收入。其主要包括以下内容：

1) 非流动资产毁损报废利得，是指因自然灾害等发生毁损、已丧失使用功能而报废的非流动资产所产生的清理净收益。

2) 债务重组利得，是指重组债务的账面价值超过清偿债务的现金、非现金资产的公允价值、所转股份的公允价值或者重组后债务账面价值之间的差额。

3) 盘盈利得，是指企业对于现金等资产清查盘点中盘盈的各项资产，报经批准后计入营业外收入的金额。

4) 政府补助利得，是指企业从政府无偿取得的与其日常活动无关的货币性资产或非货币性资产形成的（如财政拨款、财政贴息、先征后退的税收返还等）计入当期损益的利得。

5）捐赠利得，是指企业接受外部货币性资产或非货币性资产捐赠形成的利得。

6）罚没利得，是指企业取得的各项没收和罚款，在弥补由于对方违反合同或协议而造成的经济损失后的净收益。

7）无法支付的应付款项，是指由于债权单位撤销或者其他原因导致应付而无法支付，按照规定程序报经批准后转入当期损益的应付款项。

（2）营业外支出。营业外支出是指房地产开发企业发生的与其日常活动无直接关系的各项损失。主要包括以下内容：

1）债务重组损失，是指重组债权的账面余额超过受让资产的公允价值、所转股份的公允价值或者重组后债权账面价值的差额。

2）公益性捐赠支出，是指企业对外进行公益性捐赠发生的支出。

3）非常损失，是指企业因客观因素（如自然灾害等）造成的损失，在扣除保险公司赔偿后计入营业外支出的金额。

4）盘亏损失，是指企业对于现金等资产清查盘点中损失的各项资产，报经批准后计入营业外支出的金额。

5）非流动资产毁损报废损失，是指因自然灾害等发生毁损、已丧失使用功能而报废非流动资产所产生的清理损失。

6）罚款支出，是指企业由于违反合同、税收法规，违法经营等而支付的各种违约金、罚款和滞纳金等支出。

营业外收入和营业外支出应当分别核算，按照具体收支内容设置明细项目，进行明细核算，并在利润表中分列项目反映。

3. 净利润

净利润是指利润总额减去所得税费用后的金额。企业的利润总额在未扣除本期所得税费用之前称为税前利润。税前利润扣除企业本期发生的所得税费用之后的部分称为税后利润，也称净利润。其计算公式如下：

$$净利润＝利润总额－所得税费用 \tag{14－3}$$

其中，所得税，是指房地产开发企业按照税法规定计算的，应计入当期损益的所得税费用。

房地产开发企业利润形成核算的内容如图 14－1 所示。

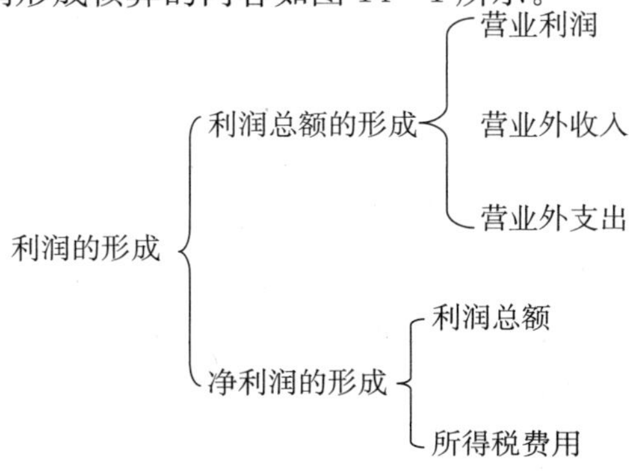

图 14－1 房地产开发企业利润形成核算的内容

第二节 利润的核算

一、利润核算应设置的账户

为了核算企业利润的形成过程，房地产开发企业应设置“本年利润”账户和一些损益类账户。由于大部分损益类账户已在前面有关章节中详细阐述，因此，本节只介绍前面章节未涉及的相关损益类账户。

（一）“营业外收入”账户

“营业外收入”账户核算企业发生的与其日常活动无直接关系的各项利得，包括非流动资产毁损报废利得、债务重组利得、盘盈利得、政府补助利得、捐赠利得、罚没利得等。其贷方登记企业发生的各项营业外收入；借方登记期末转入“本年利润”账户的数额，结转后应无余额。本账户应按营业外收入项目设置明细账进行核算。

（二）“营业外支出”账户

“营业外支出”账户核算企业发生的与其日常活动无直接关系的各项损失，包括债务重组损失、公益性捐赠支出、非常损失、盘亏损失、非流动资产毁损报废损失、罚款支出等。其借方登记企业发生的各项营业外支出；贷方登记期末转入“本年利润”账户的数额，结转后应无余额。本账户应按营业外支出项目设置明细账进行核算。企业确认处置非流动资产损失、非货币性资产交换损失、债务重组损失，比照“固定资产清理”“无形资产”“开发产品”“应付账款”等账户的相关规定进行处理。

（三）“其他收益”账户

“其他收益”账户核算总额法下企业发生的与其日常活动相关的政府补助以及其他与日常活动相关且应直接计入本账户的项目。其贷方登记企业发生的各项其他收益；借方登记期末转入“本年利润”账户的数额，结转后应无余额。本账户应按其他收益项目设置明细账进行核算。

（四）“本年利润”账户

“本年利润”账户核算企业实现的净利润（或发生的净亏损）。其贷方登记期末由“主营业务收入”账户、“其他业务收入”账户、“营业外收入”账户、“其他收益”账户、“公允价值变动损益”账户的公允价值变动净收益、“投资收益”账户的投资净收益、“资产处置损益”账户产生的净收益等转入的数额；借方登记期末由“主营业务成本”账户、“其他业务成本”账户、“税金及附加”账户、“管理费用”账户、“财务费用”账户、“销售费用”账户、“研发费用”账户、“信用减值损失”账户、“资产减值损失”账户、“营业外支出”账户、“所得税费用”账户、“公允价值变动损益”账户的公允价值变动净损失、“投资收益”账户的投资净损失、“资产处置损益”账户产生的净损失等转入的数额。年度终了，房地产开发企业应将本年收入和支出相抵之后结出“本年利润”账户的余额。如果“本年利润”账户为贷方余额，反映房地产开发企业自本年年初开始累计实现的净利润；如果为借方余额，反映房地产开发企业自本年年初开始累计发生的净亏损。无论是净利润还是净亏损，最终都将转入“利润分配——未分配利润”账户，结转后本账户应无余额。

二、利润核算的会计处理

（一）期末利润结转的会计处理

企业期末结转利润时，应将各损益类账户的余额转入“本年利润”账户，结平各损益类账户。

1. 结转收益类账户

（1）结转主营业务收入时：

借：主营业务收入

　贷：本年利润

（2）结转其他业务收入时：

借：其他业务收入

　贷：本年利润

（3）结转公允价值变动净收益时：

借：公允价值变动损益

　贷：本年利润

（4）结转投资净收益时：

借：投资收益

　贷：本年利润

（5）结转营业外收入时：

借：营业外收入

　贷：本年利润

（6）结转资产处置收益时：

借：资产处置损益

　贷：本年利润

（7）结转其他收益时：

借：其他收益

　贷：本年利润

2. 结转支出类账户

（1）结转主营业务成本时：

借：本年利润

贷：主营业务成本

（2）结转其他业务成本时：

借：本年利润

贷：其他业务成本

（3）结转税金及附加时：

借：本年利润

贷：税金及附加

（4）结转期间费用时：

借：本年利润

贷：管理费用

财务费用

销售费用

（5）结转减值损失时：

借：本年利润

贷：信用减值损失

资产减值损失

（6）结转公允价值变动净损失时：

借：本年利润

贷：公允价值变动损益

（7）结转投资净损失时：

借：本年利润

贷：投资收益

（8）结转资产处置损失时：

借：本年利润

贷：资产处置损益

（9）结转营业外支出时：

借：本年利润

贷：营业外支出

（10）结转所得税费用时：

借：本年利润

贷：所得税费用

（二）结转后年度终了的会计处理

结转后，“本年利润”账户的贷方余额代表当期实现的净利润，借方余额代表当期发生的净亏损。年度终了，企业应将本年收入和支出相抵后结出的本年净利润或净亏损，转入“利润分配——未分配利润”账户。同时，将“利润分配”账户所属的其他明细账户的余额，转入“未分配利润”明细账户。结转后，“未分配利润”明细账户的贷方余额就是未分配利润的金额；若出现的是借方余额，则表示未弥补亏损的金额。“利润分配”账户所属的其他明细账户应无余额。

【例 14-1】 转让无形资产的核算

企业将其拥有的一项商标权以 318 000 元的价格转让，开具的增值税专用发票上注明的金额为 300 000 元、增值税税额为 18 000 元（增值税税率为 6%）。该商标权的账面余额为 250 000 元。企业应做如下会计分录：

借：银行存款	318 000	
贷：无形资产		250 000
应交税费——应交增值税（销项税额）		18 000
资产处置损益——出售无形资产净收益		50 000

【例 14-2】 出售固定资产的核算

企业将一台闲置的电子设备以 113 000 元的价格出售，开具的增值税专用发票上注明的金额为 100 000 元、增值税税额为 13 000 元（增值税税率为 13%）。该电子设备的原值为 110 000 元，已计提折旧 20 000 元，未发生资产减值损失。企业应做如下会计分录：

借：固定资产清理	90 000	
累计折旧	20 000	
贷：固定资产		110 000
借：银行存款	113 000	
贷：固定资产清理		90 000
应交税费——应交增值税（销项税额）		13 000
资产处置损益		10 000

【例 14-3】 固定资产报废的核算

企业报废一台设备，并结转该设备的清理损失 9 000 元。企业应做如下会计分录：

借：营业外支出——处置固定资产净损失	9 000	
贷：固定资产清理		9 000

【例 14-4】 固定资产盘亏的核算

企业在清查财产过程中，发现盘亏电子设备一台。该设备的账面价值为 64 000 元（该设备原值为 75 000 元，已计提折旧 11 000 元）。经批准后转作营业外支出。企业应做如下会计分录：

（1）报经批准前，注销盘亏的设备账面价值：

借：待处理财产损溢——待处理固定资产损溢	64 000	
累计折旧	11 000	
贷：固定资产		75 000

（2）经批准后，转入营业外支出：

借：营业外支出——固定资产盘亏	64 000	
贷：待处理财产损溢——待处理固定资产损溢		64 000

【例 14－5】 营业外支出的核算

企业本月发生罚款支出 14 800 元，向希望工程捐赠现金 300 000 元。企业应做如下会计分录：

借：营业外支出——罚款支出　　14 800
　　贷：银行存款　　14 800
借：营业外支出　　300 000
　　贷：银行存款　　300 000

【例 14－6】 期末结转损益类账户

企业年度决算时，各损益类账户 12 月 31 日余额如表 14－1 所示。

表 14－1　年度各损益类账户 12 月 31 日余额表　　单位：元

账户名称	结账前借方余额	结账前贷方余额
主营业务收入		200 000 000
主营业务成本	50 000 000	
其他业务收入		10 200 000
其他业务成本	8 000 000	
税金及附加	40 000 000	
管理费用	17 000 000	
财务费用	10 000 000	
资产减值损失	4 260 000	
公允价值变动损益		200 000
投资收益		304 000
资产处置损益		340 000
营业外收入		906 000
营业外支出	400 000	
其他收益		50 000
所得税费用	20 585 000	

根据表 14－1 中的资料，企业应做如下会计分录：

（1）结转主营业务收入时：

借：主营业务收入　　200 000 000
　　贷：本年利润　　200 000 000

（2）结转主营业务成本时：

借：本年利润　　50 000 000
　　贷：主营业务成本　　50 000 000

（3）结转其他业务收入时：

借：其他业务收入 10 200 000

贷：本年利润 10 200 000

（4）结转其他业务成本时：

借：本年利润 8 000 000

贷：其他业务成本 8 000 000

（5）结转税金及附加时：

借：本年利润 40 000 000

贷：税金及附加 40 000 000

（6）结转期间费用时：

借：本年利润 27 000 000

贷：管理费用 17 000 000

财务费用 10 000 000

（7）结转资产减值损失时：

借：本年利润 4 260 000

贷：资产减值损失 4 260 000

（8）结转公允价值变动净收益时：

借：公允价值变动损益 200 000

贷：本年利润 200 000

（9）结转投资净收益时：

借：投资收益 304 000

贷：本年利润 304 000

（10）结转资产处置损益时：

借：资产处置损益 340 000

贷：本年利润 340 000

（11）结转营业外收支时：

借：营业外收入 906 000

贷：本年利润 906 000

借：本年利润 400 000

贷：营业外支出 400 000

（12）结转其他收益时：

借：其他收益 50 000

贷：本年利润 50 000

（13）结转所得税费用时：

借：本年利润 20 585 000

贷：所得税费用 20 585 000

（14）结转本年净利润时：

借：本年利润 61 755 000

贷：利润分配——未分配利润　　61 755 000

第三节　利润分配的核算

一、利润分配核算的内容

（一）利润分配的内容

利润分配是指房地产开发企业按照国家的有关规定，对当年实现的净利润和以前年度未分配的利润所进行的分配。企业董事会或类似机构决议提请股东会或类似机构批准的年度利润分配方案（除股票股利分配方案外），在股东会或类似机构召开会议前，应当将其列入报告年度的利润分配表。当股东会或类似机构批准的利润分配方案与董事会或类似机构提请批准的报告年度利润分配方案不一致时，其差额应当调整报告年度会计报表有关项目的年初数。

（二）利润分配的程序

房地产开发企业实现的利润应按照有关规定进行分配。在利润分配前，要做好以下工作：

（1）弥补以前年度亏损。按照税法的规定，房地产开发企业作为纳税人，如果发生年度亏损，可以用下一纳税年度的所得弥补，即用所得税税前的利润来弥补亏损；下一纳税年度的所得不足弥补的，可以逐年延续弥补，但是延续弥补最长不得超过五年。

（2）缴纳所得税。按照税法的规定，由当期应纳税所得额和相应的所得税税率计算确定的所得税金额，即为企业当期应缴纳的所得税。

（3）用税前利润弥补亏损之后仍存在的亏损。超过五年的亏损只能用企业以后期间实现的税后利润弥补，不允许企业再使用税前利润进行弥补。

根据《中华人民共和国公司法》等有关法规的规定，房地产开发企业当年实现的净利润，一般应按照以下内容、顺序和金额进行分配：

（1）可供分配的利润的计算及其分配顺序。将本年净利润（或亏损）与年初未分配利润（或亏损）合并，计算出可供分配的利润。如果可供分配的利润为负数（即亏损），则不能进行后续分配；如果可供分配的利润为正数（即本年累计盈利），则进行后续分配。

企业可供分配的利润按下列顺序进行分配：

第一，提取法定盈余公积。法定盈余公积的提取比例，一般为当年实现净利润的10%（非公司制企业也可按照超过10%的比例提取）。提取法定盈余公积的基数不应包括企业年初的未分配利润。法定盈余公积累计额达到公司注册资本的50%以上时，可以不再提取。法定盈余公积不足以弥补以前年度亏损的，在提取法定盈余公积之前，应先用当年利润抵亏。

第二，提取任意盈余公积。企业可不提取任意盈余公积，也可按照公司股东会决议，从税后利润中提取一定比例的任意盈余公积。外商投资企业应当按照法律、行政法规的规定，按净利润提取储备基金、企业发展基金、职工奖励及福利基金等。中外合作经营企业按规定在合作期内以利润归还投资者的投资，也从可供分配的利润中扣除。

（2）可供投资者分配的利润的计算及其分配顺序。可供分配的利润减去应提取的法定盈余公积、任意盈余公积等后，剩余的部分即为可供投资者分配的利润。可供投资者分配的利润，应按下列顺序分配：

1）支付优先股股利。

2）支付普通股股利。这是指企业按利润分配方案分配给普通股股东现金股利。企业分配给投资者的利润，也在本项目中核算。

3）转作资本（或股本）的普通股股利。这是指企业按照利润分配方案以分派股票股利的形式转作的资本（或股本）。企业以利润转增的资本，也在本项目中核算。

（3）未分配利润的计算。可供投资者分配的利润在经过上述分配后的余额，为未分配利润（或未弥补亏损）。未分配利润可留待以后年度进行分配。如果企业发生亏损，可以按规定用以后年度的利润进行弥补。

二、利润分配核算应设置的账户

为了核算企业利润的分配（或亏损的弥补）和历年利润分配（或弥补）后的积存余额，房地产开发企业应设置“利润分配”账户，并分别按“提取法定盈余公积”“提取任意盈余公积”“应付现金股利或利润”“转作资本（或股本）的普通股股利”“盈余公积补亏”“未分配利润”，以及外商投资企业设置的“提取储备基金”“提取企业发展基金”“提取职工奖励及福利基金”等进行明细核算。各明细账户核算的内容如下：

（一）“提取法定盈余公积”明细账户

“提取法定盈余公积”明细账户核算企业按照规定从净利润中提取的法定盈余公积。其借方登记企业提取的法定盈余公积数额。年终，应将本明细账户的余额全部转入“利润分配——未分配利润”账户，结转后本明细账户应无余额。

（二）“提取任意盈余公积”明细账户

“提取任意盈余公积”明细账户核算企业按照规定从净利润中提取的任意盈余公积。其借方登记企业提取的任意盈余公积数额。年终，应将本明细账户的余额全部转入“利润分配——未分配利润”账户，结转后本明细账户应无余额。

（三）“应付现金股利或利润”明细账户

“应付现金股利或利润”明细账户核算企业应当分配给普通股股东的现金股利或利润。其借方登记应分配给普通股股东的现金股利或利润数额。年终，应将本明细账户的余额全部转入“利润分配——未分配利润”账户，结转后本明细账户应无余额。

（四）“转作资本（或股本）的普通股股利”明细账户

“转作资本（或股本）的普通股股利”明细账户核算股东会或类似机构批准的应分配的股票股利或应转增的资本金额。其借方登记实际分派的股票股利数额和办理转增手续后应转增的资本金额。年终，应将本明细账户的余额全部转入“利润分配——未分配利润”账户，结转后本明细账户应无余额。

（五）“盈余公积补亏”明细账户

“盈余公积补亏”明细账户核算企业用盈余公积弥补的亏损。其贷方登记企业弥补亏损的数额。年终，应将本明细账户的余额全部转入“利润分配——未分配利润”账户，结转后本明细账户应无余额。

（六）“提取储备基金”明细账户

“提取储备基金”明细账户核算外商投资企业按照规定从净利润中提取的储备基金。其借方登记企业提取的储备基金数额。年终，应将本明细账户的余额全部转入“利润分配——未分配利润”账户，结转后本明细账户应无余额。

（七）“提取企业发展基金”明细账户

“提取企业发展基金”明细账户核算外商投资企业按照规定从净利润中提取的企业发展基金。其借方登记企业提取的企业发展基金数额。年终，应将本明细账户的余额全部转入“利润分配——未分配利润”账户，结转后本明细账户应无余额。

（八）“提取职工奖励及福利基金”明细账户

“提取职工奖励及福利基金”明细账户核算外商投资企业按照规定从净利润中提取的职工奖励及福利基金。其借方登记企业提取的职工奖励及福利基金数额。年终，应将本明细账户的余额全部转入“利润分配——未分配利润”账户，结转后本明细账户应无余额。

（九）“未分配利润”明细账户

“未分配利润”明细账户核算企业全年实现的净利润（或净亏损）、利润分配和尚未分配利润（或尚未弥补的亏损）以及股东会或类似机构批准的利润分配方案。其贷方登记年度终了，由“本年利润”账户借方转入的全年实现的净利润、盈余公积补亏数额以及调整减少的利润分配数额；借方登记年度终了，由“本年利润”账户贷方转入的全年发生的净亏损、调整增加的利润分配数额以及年末从“利润分配”各明细账户贷方转入的数额。年终结转后，本明细账户如为贷方余额，反映企业历年积存的未分配利润；如为借方余额，反映企业历年积存的未弥补亏损。

年终结转后，除“未分配利润”明细账户外，“利润分配”的其他各明细账户均应无余额。

三、利润分配核算的会计处理

1. 企业实现净利润时

企业在开发经营过程中既有可能盈利，也有可能出现亏损。如果企业在当年实现了利润，则应当进行如下会计处理：

借：本年利润

　贷：利润分配——未分配利润

2. 企业发生亏损时

企业在当年发生亏损的情况下，会计处理与实现利润时相反，即

借：利润分配——未分配利润

　贷：本年利润

3. 企业弥补亏损时

房地产开发企业以当年实现的净利润弥补以前年度亏损时，不需要进行专门补亏的会计处理。企业应将当年实现的利润从“本年利润”账户转入“利润分配——未分配利润”账户的贷方，其贷方发生额与借方余额自然抵补。

4. 利润分配的会计处理

(1) 企业按规定提取盈余公积时：

借：利润分配——提取法定盈余公积

　　　　　　——提取任意盈余公积

　贷：盈余公积——法定盈余公积

　　　　　　——任意盈余公积

(2) 企业向股东或投资者分配利润时：

借：利润分配——应付现金股利或利润

　贷：应付股利

(3) 企业用盈余公积弥补亏损时：

借：盈余公积——法定盈余公积

　　　　　　——任意盈余公积

　贷：利润分配——盈余公积补亏

5. 利润分配各明细账户结转

借：利润分配——未分配利润

　贷：利润分配——提取法定盈余公积

　　　　　　——提取任意盈余公积

　　　　　　——应付现金股利或利润

　　　　　　——转作资本（或股本）的普通股股利

借：利润分配——盈余公积补亏

　贷：利润分配——未分配利润

企业发生亏损时，利润分配会计处理流程如图 14-2 所示。

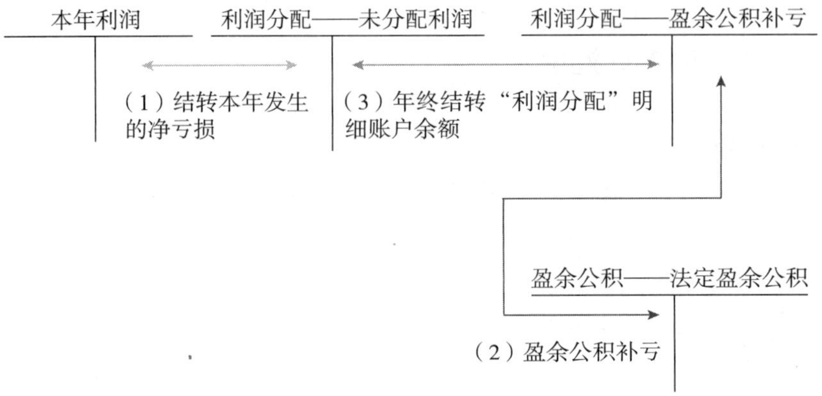

图 14-2 企业发生亏损时的利润分配会计处理流程

企业实现净利润时，利润分配会计处理流程如图 14-3 所示。

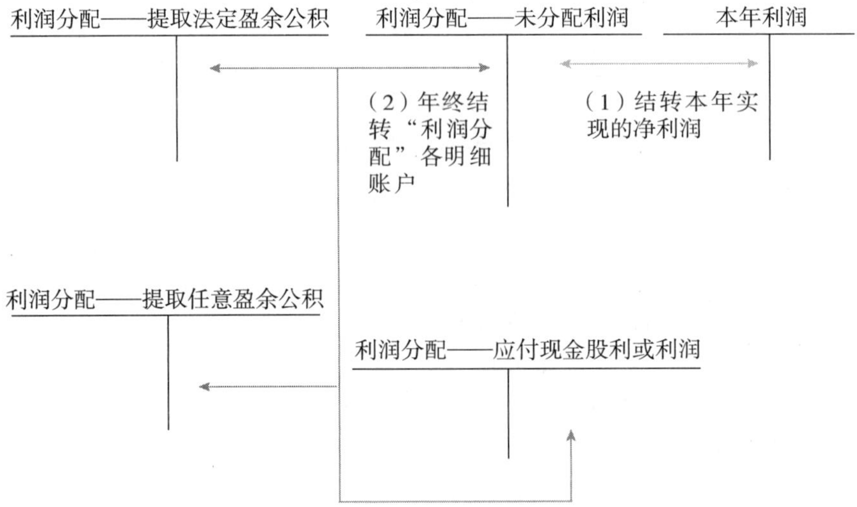

图 14-3 企业实现净利润时的利润分配会计处理流程

【例 14-7】 利润确认与分配的核算

企业 2×22 年年初未分配利润为 7 200 000 元，本年实现净利润 10 000 000 元。企业按本年实现利润的 10%提取法定盈余公积，并向投资者分配利润 4 000 000 元。企业应做如下会计分录：

（1）年终结转本年净利润时：

借：本年利润	10 000 000	
贷：利润分配——未分配利润		10 000 000

（2）按规定提取法定盈余公积时：

借：利润分配——提取法定盈余公积	1 000 000	
贷：盈余公积——法定盈余公积		1 000 000

（3）向投资者分配利润时：

借：利润分配——应付现金股利或利润	4 000 000	
贷：应付股利		4 000 000

（4）年终，结转“利润分配”各明细账户余额时：

借：利润分配——未分配利润　　5 000 000

　　贷：利润分配——提取法定盈余公积　　1 000 000

　　　　　　　　——应付现金股利或利润　　4 000 000

将上述会计分录登账后，“本年利润”“利润分配——提取法定盈余公积”“利润分配——应付现金股利或利润”明细账户全部结平。“利润分配——未分配利润”明细账户有累计未分配利润 1 220 万元（720＋1 000－100－400）。

由于多种原因，房地产开发企业在开发经营过程中也可能发生亏损。亏损是净资产的减少，说明了所有者权益的一部分因经营失败而遭到损失。

企业发生亏损时，亏损金额应在“利润分配——未分配利润”账户的借方反映。所谓弥补亏损，就是用所有者权益中的适当项目去冲减“利润分配——未分配利润”账户的借方余额。一般可用税前利润、税后利润和盈余公积来弥补亏损。

本章小结

即测即评

思考题

1. 简述房地产开发企业利润的定义及构成。
2. 什么是营业利润、利润总额和净利润？各自如何计算？
3. 简述营业外收支包括的内容，以及它与净利润的关系。
4. 利润核算应设置哪些会计账户？各自包括哪些内容？
5. 什么是利润分配？利润分配核算的重点是什么？
6. 简述房地产开发企业利润分配的顺序。

案例分析题

企业本年度取得的主营业务收入为 400 000 000 元，其他业务收入为 120 000 000 元，公允价值变动收益为 1 000 000 元，投资收益为 1 250 000 元，营业外收入为 10 000 000 元；发生的主营业务成本为 234 500 000 元，其他业务成本为 73 600 000 元，税金及附加为 37 500 000 元，管理费用为 26 000 000 元，财务费用为 15 000 000 元，销售费用为 10 000 000 元；获得的其他收益为 9 000 000 元，资产处置收益为 1 000 000 元；发生的营业外支出为 8 250 000 元，所得税费用为 34 350 000 元。企业按照净利润的 10%提取法定盈余公积，向股东分配现金股利 4 000 000 元。

要求：请根据以上资料，针对年度有关利润结转与分配业务进行会计处理。

第十五章
财务报告

学习目标

1. 掌握资产负债表、利润表、现金流量表以及所有者权益变动表的内容和结构。

2. 掌握资产负债表和利润表的编制方法。

3. 理解现金流量表和所有者权益变动表的编制方法。

4. 理解财务报表列报的基本要求、附注的内容与结构。

5. 了解财务报告的含义、构成及分类。

引导案例

京投发展股份有限公司（简称京投发展，股票代码600683）是一家以房地产开发为主营业务并涉及多元产业的综合性企业。近年来，京投发展迅猛发展，先后涉足住宅、高端综合体、商业、别墅、酒店、区域开发等多业态领域，投资并开发了近20个项目，迅速壮大成为一家总资产近300亿元的大型国有控股企业。

京投发展的财务报告包括财务报表和其他财务报告，具体为资产负债表、利润表、现金流量表、所有者权益变动表、附注及其他财务报告。京投发展的合并资产负债表按照资产、负债、所有者权益三大类列报，其中又将资产分为流动资产和非流动资产、负债分为流动负债和非流动负债进行列报。京投发展合并资产负债表显示，截至2021年12月31日，企业总资产金额为46 803 933 077.60元，总负债金额为35 644 169 194.11元，所有者权益金额为11 159 763 883.49元。这些数据反映了企业在2021年12月31日的财务状况，是企业经营活动的静态体现。企业利润表是收入、费用、利润要素内容的具体体现，根据“收入－费用＝利润”的基本关系编制。京投发展采用多步式的方法编制利润表，京投发展2021年营业总收入（6 765 910 302.79元），减去营业总成本（6 332 311 391.92元），加上其他收益（1 413 177.91元），加上投资收益（240 574 132.82

元），加上信用减值损失（—1 546 741.82 元），加上资产减值损失（—181 074.16 元），加上资产处置损益（—246 763.90 元），等于营业利润（673 611 641.72 元）。企业利润总额为 662 489 059.50 元，净利润为 332 789 298.06 元。现金流量表反映的是资产负债表中各个项目对现金流量的影响，并根据其用途划分为经营、投资及筹资三个活动分类。2021 年，京投发展经营活动产生的现金流量净额为 7 538 629 978.76 元、投资活动产生的现金流量净额为 1 486 336 272.43 元、筹资活动产生的现金流量净额为—8 986 342 151.77 元，这些数据可以帮助我们对企业的偿债能力和支付能力做出更可靠、更稳健的评价。京投发展母公司所有者权益变动表列示了 2021 年母公司实收资本、资本公积、其他综合收益、其他权益工具和留存收益的增减变动情况，集团合并报表还列报了少数股东权益的增减变动情况。这既可以为报表使用者提供所有者权益总量增减变动的信息，也能为其提供所有者权益增减变动的结构性信息，特别是能够让报表使用者理解所有者权益增减变动的根源。

资料来源：根据京投发展股份有限公司 2021 年年度报告整理。

财务报告信息对使用者相当重要。那么，什么是财务报告？财务报告包括哪些内容？财务报告有哪些作用？如何编制财务报告？财务报告能提供什么信息？财务报告、财务报表和会计报表之间有什么关系？会计报表之间又存在怎样的勾稽关系？附注应披露哪些内容？通过本章的学习，相信你会找到答案。

第一节　财务报告概述

一、财务报告的含义和构成

（一）财务报告的含义

财务报告是企业对外提供的反映企业某一特定日期的财务状况和某一会计期间的经营成果、现金流量等会计信息的文件。

“财务报告”在国际上是一个比较通用的术语，但是我国现行有关法律、行政法规中使用的是“财务会计报告”这一术语。为了保持表述的一致性，《企业会计准则——基本准则》沿用了“财务会计报告”的说法，但同时又引入了“财务报告”的通用概念，即在基本准则第四条中指出“财务会计报告”又称“财务报告”，并在所有具体准则中统一使用“财务报告”这一术语。

财务报告至少包括以下几层含义：

（1）财务报告应当是对外报告，其服务对象主要是投资者、债权人等外部使用者，专门为了满足内部管理需要编制的报告不属于财务报告的范畴；

（2）财务报告应当综合反映企业的生产经营状况，包括某一特定日期的财务状况和某一会计期间的经营成果与现金流量等会计信息，以勾画出企业整体状况；

（3）财务报告必须形成一个系统的文件，不应是零星的或者不完整的信息。

（二）财务报告的构成

财务报告包括财务报表和其他应当在财务报告中披露的相关信息和资料。其中，财务报表是对企业财务状况、经营成果和现金流量的结构性表述，由会计报表及其附注两部分构成，附注是财务报表的有机组成部分，而会计报表至少应当包括资产负债表、利润表、现金流量表和所有者权益（或股东权益，下同）变动表。财务报表的这些组成部分具有同等的重要程度。

1. 资产负债表

资产负债表是反映企业在某一特定日期的财务状况的会计报表。企业编制资产负债表的目的是通过如实、全面、综合地反映企业的资产、负债和所有者权益等金额及其结构情况，从而帮助使用者评价企业资产的质量以及短期偿债能力、长期偿债能力、资金周转能力和利润分配能力等，有利于报表使用者做出经济决策。

2. 利润表

利润表是反映企业在一定会计期间经营成果的会计报表。企业编制利润表的目的是通过如实反映企业实现的收入、发生的费用以及应当计入当期利润的利得和损失等金额及其结构情况，从而帮助使用者分析评价企业的盈利能力和质量，便于报表使用者判断企业未来盈利趋势进而做出经济决策。

3. 现金流量表

现金流量表是反映企业在一定会计期间的现金及现金等价物流入和流出的会计报表。企业编制现金流量表的目的是通过如实反映企业各项活动的现金流入和现金流出，从而帮助使用者了解现金流量的影响因素，评价企业的支付能力、盈利质量以及企业开发经营过程中所形成的现金流量和资金周转情况，并预测企业未来现金流量，为其决策提供有力依据。

4. 所有者权益变动表

所有者权益变动表应当反映构成所有者权益的各组成部分当期的增减变动情况。当期损益、直接计入所有者权益的利得和损失，以及与所有者（或股东，下同）的资本交易导致的所有者权益的变动，应当分别列示。

5. 附注

附注是对在会计报表中列示的项目所做的文字描述或明细资料，以及对未能在这些报表中列示的项目的说明等。附注由若干附表和对有关项目的文字性说明组成。企业编制附注的目的是通过对财务报表本身做补充说明，以更加全面、系统地反映企业财务状况、经营成果、资本增值和现金流量的全貌，从而向使用者提供更为有用的决策信息，帮助其做出更加科学合理的决策。

可见，财务报表是财务报告的核心内容，但是除了财务报表之外，财务报告还包括其他应当在财务报告中披露的相关信息和资料，具体可以根据有关法律法规的规定和外部使用者的信息需求而定。例如，企业可以在财务报告中披露其承担的社会责任、对社区的贡献、可持续发展能力等信息，这些信息与使用者的决策也是相关的，尽管属于非财务信息，无法包括在财务报表中，但是如果有规定或者使用者有需求，企业也应当在财务报告中予以披露。

二、财务报告的作用

财务报告是企业财务会计确认与计量的最终结果体现，投资者等预期会计信息使用者主要通过财务报告来了解企业当前的财务状况、经营成果和现金流量情况等，从而预测企业未来的发展趋势。因此，财务报告是向投资者等财务报告使用者提供决策有用信息的媒介和渠道，是投资者、债权人、政府及其他利益相关者等与企业管理层之间进行信息沟通的桥梁和纽带。其作用主要表现在以下几个方面：

（1）全面反映企业的财务状况和经营成果。企业通过对财务报告提供的各项指标进行全面的考核和分析，可以了解自身生产经营活动的财务状况、经营成果和现金流量的信息，检查企业财务计划、经营计划和有关企业战略方针政策的执行情况，总结企业在生产经营管理活动中取得的业绩和存在的不足，以便采取更为有效的措施，扬长避短，推动企业可持续发展。同时，财务报告也可以为企业列报下年度发展计划和财务计划，以及制定财务决策提供科学的依据。

（2）为利益相关者决策提供依据。企业的投资者、债权人通过分析财务报告，可以了解企业的偿债能力、盈利能力、营运能力以及增长能力的变化，为他们进行决策提供重要的依据。随着市场经济的不断发展，企业与各利益相关者的经济联系越来越密切，房地产开发企业的广大投资者和债权人从维护自身利益角度出发，关注企业的经营状况及财务状况。财务报告正是他们了解企业的重要工具。

（3）有利于政府主管部门实施宏观调控。财政、税务等政府部门及其他机构通过财务报告提供的信息资料，了解企业的资金使用情况，监督企业对国家有关财务会计政策、法规以及税收制度的遵循情况，从而促使企业遵纪守法，不断提高经营管理水平。同时，这些资料也可以为国家经济管理部门进行宏观经济调控提供决策依据。

三、财务报表的分类

作为财务报告核心部分的财务报表，可以按照不同的标准进行分类。

（一）按财务报表编报期间分类

按编报期间，财务报表可以分为中期财务报表和年度财务报表。

中期财务报表是以短于一个完整会计年度的报告期间为基础编制的财务报表，如月报、季报和半年报等。中期财务报表至少应当包括资产负债表、利润表、现金流量表和附注。具体规定如下：

（1）资产负债表、利润表、现金流量表和附注是中期财务报告至少应当编制的法定内容。对于其他的财务报表或者相关信息，如所有者权益变动表等，企业可以根据需要自行决定是否编制。

（2）中期资产负债表、利润表和现金流量表应当是完整报表，其格式和内容应当与上年度财务报表一致。但如果当年新施行的会计准则对财务报表的格式和内容做了修改，则中期财务报表应当按照修改后的报表格式和内容编制，同时，在中期财务报告中提供的上年度比较财务报表的格式和内容也应做相应的调整。

（3）与年度财务报表相比，中期财务报表中的附注披露可适当简略。企业编制中期财务报告时，应遵循重要性的原则，并遵循《企业会计准则第 32 号——中期财务报告》的规定。

年度财务报表是指企业对外提供的反映企业一个完整会计年度财务状况、经营成果和现金流量信息的报表。

（二）按财务报表列报主体分类

按列报主体，财务报表可以分为个别财务报表和合并财务报表。

个别财务报表是由企业在自身会计核算基础上对账簿记录进行加工而编制的财务报表，它主要用以反映企业自身的财务状况、经营成果和现金流量情况。

合并财务报表是以母公司和子公司组成的企业集团为会计主体，根据母公司和所属子公司的财务报表，由母公司编制的综合反映企业集团财务状况、经营成果及现金流量的财务报表。

（三）按财务报表反映经济内容分类

按反映经济内容，财务报表可以分为反映财务状况的报表、反映经营成果的报表以及反映现金流量状况的报表。

反映财务状况的报表是指资产负债表及其附表，反映经营成果的报表是指利润表及其附表，反映现金流量状况的报表是指现金流量表及其附表。

（四）按财务报表服务对象分类

按服务对象，财务报表可以分为对内报表和对外报表。

对内报表是指根据企业内部管理需要编制的，以满足企业战略实现为目标，以决策和控制为核心，提供具有相关性、可靠性和可比性信息的准确文件。对内报表不要求统一格式，没有统一指标体系，主要包括经营决策报表、成本报表和有关的附表、预算报表、业绩考评报表等。

对外报表是指企业对外报送的财务报表。

四、财务报表列报的基本要求

（一）依据各项会计准则进行确认和计量的结果编制财务报表

企业应当以持续经营为基础，根据实际发生的交易和事项，按照《企业会计准则——基本准则》和其他各项具体会计准则的规定进行确认和计量，并在此基础上编制财务报表。企业应当在附注中对遵循企业会计准则编制财务报表这一情况做出声明，只有遵循了企业会计准则的所有规定，财务报表才应当被称为“遵循了企业会计准则”。

企业不应以在附注中披露代替对交易和事项的确认和计量。也就是说，企业若采用了不恰当的会计政策，不得通过在附注中充分披露相关会计政策等其他形式予以纠正，而应当对交易和事项进行正确的确认和计量。如果按照各项会计准则规定披露的信息不足以让报表使用者了解特定交易或事项对企业财务状况和经营成果的影响，则企业还应当披露其他的必要信息。

应当特别注意的是，除现金流量表是按照收付实现制原则编制外，企业应当按照权责发生制原则编制财务报表。

（二）财务报表的列报基础

持续经营是会计的基本前提，是会计确认、计量及编制财务报表的基础。企业会计准则规范的是在持续经营条件下企业对所发生交易和事项进行确认、计量及报表列报的方法。相反，如果企业出现了非持续经营，致使以持续经营为基础编制财务报表不再合理，则企业应当采用其他基础编制财务报表。财务报表准则的规定是以持续经营为基础的。

在编制财务报表的过程中，企业管理层应当利用所有可获得的信息对企业自报告期末起至少 12 个月的持续经营能力进行评价，需要考虑的因素包括宏观政策风险、市场经营风险、企业目前或长期的盈利能力、偿债能力、财务弹性以及企业管理层改变经营政策的意向等。评价结果表明对企业持续经营能力产生严重怀疑的，应当在附注中披露导致对持续经营能力产生重大怀疑的重要的不确定因素以及企业拟采取的改善措施。

通常情况下，如果企业过去每年都有较好的净利润，有近期获利经营的历史，并且易于获得所需的财务资源，则往往表明企业以持续经营为基础编制财务报表是合理的。反之，如果企业过去多年有亏损的记录等情况，则需要考虑其他相关因素进行评价，如企业目前和预期未来的获利能力、债务清偿计划、替代融资的潜在来源等。非持续经营是企业在极端情况下出现的一种情况，非持续经营往往取决于企业所处的环境以及企业管理部门的判断。一般而言，企业如果存在以下情况之一，则通常表明其处于非持续经营状态：（1）企业已在当期进行清算或停止营业；（2）企业已经正式决定在下一个会计期间进行清算或停止营业；（3）企业已确定在当期或下一个会计期间没有其他可供选择的方案而将被迫进行清算或停止营业。

企业处于非持续经营状态时，应当采用其他基础编制财务报表，比如对破产企业的资产应当采用可变现净值计量，对负债按照其预计的结算金额计量等。由于企业在持续经营和非持续经营环境下采用的会计计量基础不同，产生的经营成果和出现的财务状况不同，因此在附注中披露非持续经营信息对报表使用者而言非常重要。在非持续经营情况下，企业应当在附注中声明财务报表未以持续经营为基础列报的事实、披露未以持续经营为基础的原因以及财务报表的编制基础。

（三）重要性和项目列报

财务报表是通过对大量的交易或其他事项进行处理而生成的，这些交易或其他事项按其性质或功能汇总归类而形成财务报表中的项目。关于项目在财务报表中是单独列报还是合并列报，应当依据重要性原则来判断。总的原则是，如果某项目单看不具有重要性，则可将其与其他项目合并列报；如果具有重要性，则应当单独列报。

重要性是判断项目是否单独列报的重要标准。《企业会计准则第 30 号——财务报表列报》首次对“重要性”概念进行了定义，即在合理预期下，如果财务报表某项目的省略或错报会影响使用者据此做出经济决策的，该项目就具有重要性。企业在进行重要性判断时，应当根据所处环境，从项目的性质和金额大小两方面予以判断：一方面，应当考虑该项目的性质是否属于企业日常活动、是否对企业的财务状况和经营成果以及现金流量具有显著性影响等因素；另一方面，判断项目金额大小的重要性时，应当通过单项金额占资产总额、负债总额、所有者权益总额、营业收入总额、营业成本总额、净利润、综合收益等直接相关项目金额的比重或所属报表单列项目金额的比重加以确定。对各项目重要性的判断标准一经确定，不得随意变更。具体而言，应当遵循以下几点：

（1）性质或功能不同的项目，一般应当在财务报表中单独列报，但是不具有重要性的项目可以合并列报。比如，存货和无形资产在性质上和功能上都有本质差别，因此必须分别在资产负债表上单独列报。

（2）性质或功能类似的项目，一般可以合并列报，但是对其具有重要性的类别应当单独列报。比如，购买土地、开发成本、开发间接费用等项目在性质上类似，均在开发过程中形成企业的产品存货，因此可以合并列报，合并之后的类别统称为“存货”，并在资产负债表上单独列报。

（3）项目单独列报的原则不仅适用于报表，还适用于附注。某些项目的重要性程度可能不足以在资产负债表、利润表、现金流量表或所有者权益变动表中单独列示，但是可能对附注而言具有重要性，在这种情况下，应当在附注中单独披露。比如，对企业而言，在建产品等项目的重要性程度可能不足以在资产负债表上单独列示，因此在资产负债表上合并列示，但是鉴于其对该房地产开发企业的重要性，应当在附注中单独披露。

（4）无论是财务报表列报准则规定的单独列报项目，还是其他具体会计准则规定的单独列报项目，企业都应当予以单独列报。

（四）权责发生制

除现金流量表按照收付实现制编制外，企业应当按照权责发生制编制其他财务报表。在采用权责发生制会计的情况下，当项目符合基本准则中财务报表要素的定义和确认标准时，企业应当确认相应的资产、负债、所有者权益、收入和费用，并在财务报表中加以反映。

（五）财务报表列报的一致性

可比性是会计信息质量的一项重要质量要求，目的是使同一企业不同期间和同一期间不同企业的财务报表相互可比。为此，财务报表项目的列报应当在各个会计期间保持一致，不得随意变更。这一要求不仅只针对财务报表中的项目名称，还包括财务报表项目的分类、排列顺序等方面。但是，在下列情况下，财务报表项目的列报是可以改变的：（1）会计准则要求改变财务报表项目的列报；（2）企业经营业务的性质发生重大变化或对企业经营影响较大的交易或事项发生后，变更财务报表项目的列报能够提供更可靠、更相关的会计信息。

（六）财务报表项目金额间的相互抵销

财务报表项目应当以总额列报，资产和负债、收入和费用、直接计入当期利润的利得项目和损失项目的金额不能相互抵销，即不得以净额列报，但企业其他会计准则另有规定的除外。这是因为，如果相互抵销，那么所提供的信息将不完整，信息的可比性大幅降低，从而难以在同一企业不同期间以及同一期间不同企业的财务报表之间实现相互可比，报表使用者也难以据此做出判断。比如，企业欠客户的应付款不得与其他客户欠本企业的应收款相抵销，否则就会掩盖交易的实质。同样，收入和费用反映了企业投入和产出之间的关系，是企业经营成果的两个方面。为了更好地反映经济交易的实质、考核企业经营管理水平以及预测企业未来现金流量，收入和费用不得相互抵销。此外，直接计入当期利润的利得项目和损失项目的金额不得相互抵销，直接计入当期利润的利得和损失主要是指营业外收入和营业外支出。由于营业外收支之间并不存在配比关系，因此不得相互抵销，否则就掩盖了交易的实质，不利于会计信息使用者制定决策。

以下三种情况不属于抵销，可以以净额列示：第一，资产或负债项目按扣除备抵项目后的净额列示，不属于抵销。比如，资产项目按照扣除减值准备后的净额列报。资产计提减值准备实质上意味着资产的价值已经发生了减损，资产项目按扣除减值准备后的净额列示，这样才能反映资产当时的真实价值，这种做法并不属于上面所述的抵销。第二，非日常活动产生的利得和损失，以同一交易形成的收益扣减相关费用后的净额列示更能反映交易实质的，不属于抵销。非日常活动并非企业主要的业务，且具有偶然性。从重要性的角度来看，非日常活动产生的损益以收入和费用抵销后的净额列示，对公允地反映企业财务状况和经营成果的影响不大，抵销后反而更有利于报表使用者的理解。因此，非日常活动产生的损益应当以同一交易形成的收入扣减费用后的净额列示，这并不属于抵销。比如，非流动资产处置形成的利得和损失，应按处置收入扣除该资产的账面金额和相关销售费用后的余额列示。第三，一组类似交易形成的利得和损失以净额列示的，不属于抵销。比如，为交易目的而持有的金融工具形成的利得和损失应当以净额列报。但是，如果相关的利得和损失具有重要性，则应当单独列报。

（七）比较信息的列报

企业在列报当期财务报表时，至少应当提供所有列报项目上一可比会计期间的比较数据，以及与理解当期财务报表相关的说明，目的是向报表使用者提供对比数据，提高信息在会计期间的可比性，以反映企业财务状况、经营成果和现金流量的发展趋势，提高报表使用者的判断与决策能力。但其他会计准则另有规定的除外。

在财务报表项目的列报确需发生变更的情况下，企业应当对上期比较数据按照当期的列报要求进行调整，并在附注中披露调整的原因和性质，以及调整的各项目金额。但是，在某些情况下，对上期比较数据进行调整是不切实可行的，则应当在附注中披露不能调整的原因。所谓的不切实可行，是指企业在做出所有合理努力之后仍然无法采用某项会计准则规定。

（八）财务报表表首的列报要求

财务报表一般分为表首、正表两部分，其中，在表首部分企业应当概括地说明下列基本信息：

（1）编报企业的名称。如果企业名称在所属当期发生了变更，还应明确标明。

（2）资产负债表日或财务报表涵盖的会计期间。对资产负债表而言，须披露资产负债表日；对利润表、现金流量表和所有者权益变动表而言，须披露报表涵盖的会计期间。

（3）人民币金额单位。按照我国企业会计准则的规定，企业应当以人民币作为记账本位币列报，并标明金额单位，如人民币元、人民币万元等。

（4）财务报表是合并财务报表的，应当予以标明。

（九）报告期间

企业至少应当编制年度财务报表。根据《中华人民共和国会计法》的规定，会计年度自公历 1 月 1 日起至 12 月 31 日止。因此，在编制年度财务报表时，可能存在年度财务报表涵盖的期间短于一年的情况，如企业在年度中间（如 3 月 1 日）开始设立等。在这种情况下，企业应当披露年度财务报表的实际涵盖期间及其短于一年的原因，并应当说明由此引起财务报表项目与比较数据不具可比性这一事实。

第二节　资产负债表

一、资产负债表的含义及作用

（一）资产负债表的含义

资产负债表是反映企业在某一特定日期财务状况的报表。它反映了企业在某一特定日期所拥有或控制的经济资源、所承担的现时义务和所有者对净资产的要求权。资产负债表按月报送，一般反映的是企业月末、季末、半年末、年末的财务状况，它属于静态会计报表。

（二）资产负债表的作用

其作用主要表现在以下几个方面：

（1）反映企业资产的规模和结构。资产负债表能够提供企业在某一特定日期所拥有或控制的资产总额及其结构，表明企业拥有或控制的能够用货币表现的资源及其分布情况。报表使用者可以一目了然地从资产负债表上了解到企业在某一特定日期所拥有或控制的资产总量及其分布状况，进而掌握企业变现能力方面的信息。企业的资产结构能够反映其行业特征和生产经营过程的特点，有利于报表使用者进一步分析企业生产经营的稳定性。此外，报表使用者利用资产负债表信息，还可以进一步分析资产总量及其分布的变化和原因，为预测企业未来财务状况提供依据。

（2）反映企业债务水平和结构。资产负债表能够提供企业在某一特定日期债权人的要求权，即企业所负担债务总额及结构。它表明了企业未来需要用多少资产或劳务来清偿债务以及清偿所需的时间，进而反映了企业的短期偿债能力、长期偿债能力和实际支付能力，有助于报表使用者预测企业未来的财务安全程度。这些信息为企业的信贷决策提供了依据。

（3）反映企业所有者权益结构和资本增值潜力。资产负债表能够反映企业在某一特定日期所拥有净资产的数额，以及企业所有者权益的构成。它有助于报表使用者了解企业的资本结构和财务实力，判断企业能否有效利用现有资源实现资本保值、增值。这些信息对于投资者的投资决策具有重要的参考价值。

（4）反映企业偿债能力和财务状况变化趋势。资产负债表能够反映企业在某一特定日期的资产总额和权益总额。它从企业资产总量方面反映企业的财务状况、资产对负债的保障程度，以及负债和所有者权益之间的比例是否合理，进而有助于报表使用者分析、评价企业的财务风险和未来的发展趋势。

（5）提供进行财务分析的基本资料，如将流动资产与流动负债进行比较，计算出流动比率；将速动资产与流动负债进行比较，计算出速动比率等，这些比率可以表明企业的变现能力、偿债能力和资金周转能力，从而有助于报表使用者做出经济决策。

二、资产负债表的内容和结构

（一）资产负债表的内容

房地产开发企业的资产负债表由表头和基本内容两部分构成。

1. 表头

表头部分包括资产负债表的名称、编号、编制单位、编制时间和金额单位等内容。由于该表反映企业在某一时点的财务状况，属于静态财务报表，因此，一定要注意标明是某年某月某日的报表。

2. 基本内容

基本内容包括正表和补充资料两部分：

（1）正表是指资产负债表的主体部分，主要反映资产负债表各项目的内容。资产负债表包括资产、负债和所有者权益三个会计要素。各要素按一定的标准进行分类，并按一定的顺序加以排列。资产项目按照其流动性的强弱（即变现能力的强弱）排列，流动性强的在先，流动性弱的在后；负债项目按照其到期日的远近排列，到期日近的在先，到期日远的在后；所有者权益项目按其永久程度排列，永久程度高的在先，永久程度低的在后。

（2）补充资料包括附注资料，填列一些不能直接列入资产负债表的项目，如采用的主要会计处理方法、会计处理方法的变更情况、有关重要项目的明细资料等。

（二）资产负债表的结构

资产负债表以“资产＝负债＋所有者权益”这一会计等式为依据，按照一定的分类标准和次序，把企业在某一特定日期的资产、负债和所有者权益项目予以适当排列编制而成。

目前，国际上资产负债表的格式主要有账户式和报告式两种。我国会计准则规定，资产负债表采用账户式结构，报表分为左右两方，左方列示资产各项目，包括流动资产和非流动资产，反映全部资产的分布及存在形态。右方列示负债和所有者权益各项目，反映全部负债和所有者权益的内容及构成情况。其中，负债应当按照其流动性分类分项列示，包括流动负债、长期负债等。

1. 流动资产和非流动资产的划分

资产满足下列条件之一的，应当归类为流动资产：

（1）预计在一个正常营业周期中变现、出售或耗用。

（2）主要为交易目的而持有。

（3）预计在资产负债表日起一年内（含一年）变现。

（4）自资产负债表日起一年内，交换其他资产或清偿负债的能力不受限制的现金或现金等价物。

流动资产包括货币资金、交易性金融资产、衍生金融资产、应收票据及应收账款、预付款项、其他应收款、存货、合同资产、持有待售资产、一年内到期的非流动资产、其他流动资产等，被划分为持有待售的非流动资产应当归类为流动资产。

流动资产以外的资产应当归类为非流动资产，并应当按照其性质分类列示。非流动资产包括其他权益工具投资、债权投资、其他债权投资、长期应收款、长期股权投资、固定资产、在建工程、无形资产、开发支出、商誉等。

2. 流动负债和非流动负债的划分

负债满足下列条件之一的，应当归类为流动负债：

（1）预计在一个正常营业周期中清偿。

（2）主要为交易目的而持有。

（3）预计在资产负债表日起一年内到期应予以清偿。

（4）企业无权自主地将清偿推迟至资产负债表日后一年以上。

流动负债包括短期借款、交易性金融负债、衍生金融负债、应付票据、应付账款、合同负债、应付职工薪酬、应交税费、其他应付款、持有待售的非流动负债等。

流动负债以外的负债应归类为非流动负债，并应当按照其性质分类列示。非流动负债包括长期借款、应付债券、长期应付款、预计负债等。

3. 资产负债表日后事项对流动负债和非流动负债划分的影响

（1）资产负债表日起一年内到期的负债。对于在资产负债表日起一年内到期的负债，企业预计能够自主地将清偿义务展期至资产负债表日后一年以上的，应当归类为非流动负债；不能自主地将清偿义务展期的，即使在资产负债表日后、财务报告批准报出日前签订了重新安排清偿计划协议，从资产负债表日来看，此项负债仍应当归类为流动负债。

（2）违约长期债务。企业在资产负债表日或之前违反了长期借款协议，导致贷款人可随时要求清偿的负债，应当归类为流动负债。因为在这种情况下，债务清偿的主动权并不在企业，企业只能被动地无条件清偿贷款，而且该事实在资产负债表日即已经存在，因此该负债应作为流动负债列报。但是，如果贷款人在资产负债表日或之前同意提供在资产负债表日后一年以上的宽限期，企业能够在此宽限期内纠正违约行为，且贷款人不能要求随时清偿债务时，则在资产负债表日的此项负债并不符合流动负债的判断标准，应当归类为非流动负债。

4. 所有者权益的相关列报

所有者权益一般按照净资产的不同来源和特定用途进行分类，应当按照实收资本（或股本）、其他权益工具、资本公积、其他综合收益、盈余公积、未分配利润等项目分项列示。

此外，为了使使用者通过比较不同时点资产负债表的数据，掌握企业财务状况的变动情况及发展趋势，企业需要提供比较资产负债表。资产负债表还应就各项目再分为“上年年末余额”和“期末余额”① 两栏分别填列。

三、资产负债表列报总体要求和分项列报

（一）资产负债表列报总体要求

1. 分类别列报

资产负债表列报的最根本的目标就是如实反映企业在资产负债表日所拥有或控制的经济资源、所承担的负债以及所有者所拥有的权益。因此，资产负债表应当按照资产、负债和所有者权益三大类别分类列报。

2. 资产和负债按流动性列报

资产和负债应当按照流动性分别分为流动资产和非流动资产、流动负债和非流动负债列示。流动性通常按资产的变现或耗用时间长短或者负债的偿还时间长短来确定。按照财务报表列报准则的规定，应先列报流动性强的资产或负债，再列报流动性弱的资产或负债。

3. 列报相关的合计、总计项目

资产负债表中的资产类至少应当列示流动资产、非流动资产以及资产的合计项目；负债类至少应当列示流动负债、非流动负债以及负债的合计项目；所有者权益类应当列示所有者权益的合计项目。

资产负债表遵循“资产＝负债＋所有者权益”这一会计恒等式，充分反映了企业在特定日期所拥有或控制的经济资源和与之相对应的企业所承担的债务及偿债以后属于所有者的权益。因此，资产负债表应当分别列示资产总计项目和负债与所有者权益之和的

---

① 具体可参见《财政部关于修订印发 2019 年度一般企业财务报表格式的通知》（财会〔2019〕6 号）。

总计项目，并且这二者的金额应当相等。

（二）资产负债表的分项列报

1. 资产的列报

资产负债表中的资产反映由过去的交易、事项形成并由企业在某一特定日期所拥有或控制的、预期会给企业带来经济利益的资源。资产应当按照流动资产和非流动资产两大类别在资产负债表中列示，在流动资产和非流动资产类别下进一步按性质分项列示。

2. 负债的列报

资产负债表中的负债反映在某一特定日期企业所承担的、预期会导致经济利益流出企业的现时义务。负债应当按照流动负债和非流动负债在资产负债表中进行列示，在流动负债和非流动负债类别下再进一步按性质分项列示。

3. 所有者权益的列报

资产负债表中的所有者权益是企业资产扣除负债后的剩余权益，反映企业在某一特定日期股东拥有的净资产的总额。资产负债表中的所有者权益一般按照净资产的不同来源和特定用途进行分类，应当按照其他权益工具、实收资本（或股本）、资本公积、其他综合收益、盈余公积、未分配利润等项目分项列示。

四、资产负债表各项的填列方法

房地产开发企业应当以日常会计核算记录的数据为基础进行归类、整理和汇总，加工成报表项目，形成资产负债表。

（一）资产负债表“上年年末余额”栏的填列方法

资产负债表中“上年年末余额”栏内各项数字，应根据上年年末有关项目的期末余额填列，且与上年年末资产负债表“期末余额”栏内所列数字相一致。企业在首次执行企业会计准则当年对“上年年末余额”栏及相关项目进行调整；以后期间，如果企业发生了会计政策变更、前期差错更正，应当对“上年年末余额”栏中的有关项目进行相应调整。此外，如果上年度资产负债表规定的各个项目名称和内容同本年度不一致，应对上年年末资产负债表各项目的名称和数字按照本年度的规定进行调整，填入报表中“上年年末余额”栏内。

（二）资产负债表“期末余额”栏的填列方法

资产负债表中“期末余额”栏内各项数字，应根据报告期末资产、负债和所有者权益账户余额资料填列。具体而言，可以通过以下几种方式取得。

1. 根据总账账户余额直接填列的项目

“递延所得税资产”“应交税费”“预计负债”“递延所得税负债”“实收资本（或股本）”“资本公积”“库存股”“盈余公积”等项目，应当根据有关总账账户的余额直接填列。

2. 根据总账账户余额计算填列的项目

“货币资金”项目，应当根据“库存现金”“银行存款”“其他货币资金”三个总账账户期末余额的合计数填列。

3. 根据明细账户的余额计算填列的项目

“开发支出”项目，应当根据“研发支出”账户中所属的“资本化支出”明细账户期末余额填列；“应付账款”项目，应当根据“应付账款”和“预付账款”两个账户所属的相关明细账户的期末贷方余额合计数填列；“应付职工薪酬”项目，应根据其明细账户的期末余额分析填列；“一年内到期的非流动资产”“一年内到期的非流动负债”项目，应根据有关非流动资产或非流动负债项目的明细账户余额分析填列；“交易性金融资产”“交易性金融负债”“应付债券”“其他债权投资”项目应当分别根据“交易性金融资产”“交易性金融负债”“应付债券”“其他债权投资”的明细账户余额分析填列；“未分配利润”项目，应当根据“利润分配”账户中所属的“未分配利润”明细账户期末余额填列。

4. 根据总账账户和明细账户余额分析计算填列的项目

“长期借款”项目，应当根据“长期借款”总账账户余额扣除“长期借款”账户所属的明细账户中，将在资产负债表日起一年内到期且企业不能自主地将清偿义务展期的长期借款后的金额计算填列；“长期待摊费用”项目，应当根据“长期待摊费用”账户的期末余额减去将于一年内（含一年）摊销的数额后的金额填列；“其他非流动负债”项目，应当根据有关账户的期末余额减去将于一年内（含一年）到期偿还数后的金额填列。

5. 根据有关账户余额减去其备抵账户余额后的净额填列的项目

“债权投资”“长期股权投资”“在建工程”“商誉”等项目，应当根据相关账户的期末余额扣除相应的减值准备后的净额列示；“固定资产”“无形资产”“投资性房地产”项目，应当根据相关账户的期末余额扣减相关的累计折旧（或摊销）后的金额填列，已经计提减值准备的，还应当扣减相应的减值准备，采用公允价值计量的上述资产，应当根据相关账户的期末余额填列；“长期应收款”项目，应当根据“长期应收款”账户的期末余额，减去相应的“未实现融资收益”和“坏账准备”账户所属相关明细账户期末余额后的金额填列；“长期应付款”项目，应根据“长期应付款”账户的期末余额，减去相关的“未确认融资费用”账户的期末余额后的金额以及“专项应付款”账户的期末余额填列。

6. 综合运用上述填列方法分析填列的项目

“其他应付款”项目，应根据“应付股利”和“其他应付款”账户的期末余额合计数填列。“应收票据”“应收账款”项目，应分别根据“应收票据”和“应收账款”账户的期末余额，减去“坏账准备”账户中相关坏账准备期末余额后的金额填列；“预付款项”项目，应当根据“预付账款”和“应付账款”账户所属各明细账户的期末借方余额合计数，减去“坏账准备”账户中有关预付账款计提的坏账准备期末余额后的金额填列；“存货”项目，应当根据“开发产品”“开发成本”等账户的期末余额合计，减去“存货跌价准备”账户期末余额后的金额填列。

（三）资产负债表各项目的具体填列方法

1. 资产项目的列报

（1）“货币资金”项目，反映房地产开发企业的现金、银行结算户存款、外埠存款、银行汇票存款、银行本票存款、信用卡存款、信用证保证金存款等货币资金的合计数。本项目应根据“库存现金”“银行存款”“其他货币资金”账户期末余额的合计数填列。

（2）“交易性金融资产”项目，反映房地产开发企业分类为以公允价值计量且其变动计入当期损益的金融资产，以及企业持有的直接指定为以公允价值计量且其变动计入当期损益的金融资产的期末账面价值。该项目应根据“交易性金融资产”账户的相关明细账户期末余额分析填列。

（3）“衍生金融资产”项目，反映衍生金融工具的资产价值。本项目应根据“衍生金融资产”账户的期末余额填列。

（4）“应收票据”项目，反映资产负债表日以摊余成本计量的，企业因销售商品、提供服务等收到的商业汇票，包括银行承兑汇票和商业承兑汇票。该项目应根据“应收票据”账户的期末余额，减去“坏账准备”账户中相关坏账准备期末余额后的金额分析填列。

（5）“应收账款”项目，反映资产负债表日以摊余成本计量的，企业因销售商品、提供服务等经营活动应收取款项的期末账面价值。该项目应根据“应收账款”账户的期末余额，减去“坏账准备”账户中相关坏账准备期末余额后的金额分析填列。

（6）“应收款项融资”项目，反映资产负债表日以公允价值计量且其变动计入其他综合收益的应收票据和应收账款等。该项目应根据“应收账款”“应收票据”账户的期末余额，减去“坏账准备”账户中相关坏账准备期末余额后的金额分析填列。其中，应收票据具体还应依据银行信用级别等相关信息填列。①

（7）“预付款项”项目，反映房地产开发企业按照购货合同规定预付给承包单位和供应单位的款项等。本项目应根据“预付账款”和“应付账款”账户所属各明细账户的期末借方余额合计数，减去“坏账准备”账户中有关预付款项计提的坏账准备期末余额后的金额填列。如“预付账款”账户所属各明细账户期末有贷方余额的，应在资产负债表“应付账款”项目内填列。

（8）“其他应收款”项目，反映房地产开发企业分类为以摊余成本计量的，除存出保证金、买入返售金融资产、应收票据、应收账款、合同资产、预付账款、长期应收款等经营活动以外的其他各种应收、暂付的款项。该项目应根据“应收利息”“应收股利”“其他应收款”账户的期末余额合计数，减去“坏账准备”账户中相关坏账准备期末余额后的金额填列。

（9）“存货”项目，反映房地产开发企业期末在建开发产品和已完工开发产品的实际成本（或可变现净值）。本项目应根据“开发产品”“开发成本”等账户的期末余额合计

① 企业应将应收票据进行分类，并确定其管理的业务模式：若仅为收取该金融资产的合同现金流量（一直持有至对方付款），则作为“应收票据”核算。若业务模式为既以收取合同现金流量为目标又以出售为目标，则进一步判断其背书、贴现时能否终止确认。如果不能终止确认，则作为“应收票据”核算；如果能够终止确认，则作为“应收款项融资”核算。简单来说，如果将票据进行背书、贴现，又持有至到期承兑换取现金，那么可以算作应收款项融资。信用级别一般的银行承兑的银行承兑汇票及企业承兑的商业承兑汇票，由于其在背书、贴现时不终止确认，故仍属于持有并收取合同现金流量的业务模式，在“应收票据”中列报；信用级别较高的银行承兑的银行承兑汇票，其在背书、贴现时终止确认，故认定其属于兼有收取合同现金流量和出售目的的业务模式，应转入“应收款项融资”进行列报。

数，减去“存货跌价准备”账户期末余额后的金额填列。

(10)“合同资产”项目，反映房地产开发企业已向客户转让商品而有权收取对价的权利的价值，且该权利取决于时间流逝之外的其他因素。本项目应根据“合同资产”账户的相关明细账户的期末余额分析填列。同一合同下的合同资产应当以净额列示，其中净额为借方余额的，应当根据其流动性在“合同资产”项目中填列，已计提减值准备的，还应减去“合同资产减值准备”账户中相关的期末余额后的金额填列。

(11)“持有待售资产”项目，反映房地产开发企业在资产负债表日划分为持有待售类别的非流动资产及划分为持有待售类别的处置组中的流动资产和非流动资产的期末账面价值。该项目应根据“持有待售资产”账户的期末余额，减去“持有待售资产减值准备”账户的期末余额后的金额填列。

(12)“一年内到期的非流动资产”项目，反映房地产开发企业将于本资产负债表日一年内到期的非流动资产项目金额。本项目应根据有关账户的期末余额填列。

(13)“其他流动资产”项目，反映房地产开发企业除货币资金、交易性金融资产、应收票据、应收账款、存货等流动资产以外的其他流动资产。本项目应根据有关账户的期末余额填列。

(14)“债权投资”项目，反映房地产开发企业资产负债表日以摊余成本计量的长期债权投资的期末账面价值。该项目应根据“债权投资”账户的相关明细账户期末余额，减去“债权投资减值准备”账户中相关减值准备的期末余额后的金额分析填列。自资产负债表日起一年内到期的长期债权投资的期末账面价值，在“一年内到期的非流动资产”项目反映。企业购入的以摊余成本计量的一年内到期的债权投资的期末账面价值，在“其他流动资产”项目反映。

(15)“其他债权投资”项目，反映房地产开发企业资产负债表日分类为以公允价值计量且其变动计入其他综合收益的长期债权投资的期末账面价值。该项目应根据“其他债权投资”账户的相关明细账户期末余额分析填列。自资产负债表日起一年内到期的长期债权投资的期末账面价值，在“一年内到期的非流动资产”项目反映。企业购入的以公允价值计量且其变动计入其他综合收益的一年内到期的债权投资的期末账面价值，在“其他流动资产”项目反映。

(16)“长期应收款”项目，反映房地产开发企业融资租赁产生的应收款项，以及采用递延方式分期收款、实质上具有融资性质的销售商品和提供劳务等经营活动产生的长期应收款项等。本项目应根据“长期应收款”账户的期末余额，减去相应的“未实现融资收益”账户和“坏账准备”账户所属相关明细账户期末余额后的金额填列。

(17)“长期股权投资”项目，反映房地产开发企业持有的对子公司、联营企业和合营企业的长期股权投资，以及企业不准备在一年内（含一年）变现的各种股权性质的投资的可收回金额。本项目应根据“长期股权投资”账户的期末余额，减去“长期股权投资减值准备”账户期末余额后的金额填列。

(18)“其他权益工具投资”项目，反映房地产开发企业资产负债表日指定为以公允价值计量且其变动计入其他综合收益的非交易性权益工具投资的期末账面价值。该项目应根据“其他权益工具投资”账户的期末余额填列。

（19）“其他非流动金融资产”项目，反映房地产开发企业自资产负债表日起超过一年到期且预期持有超过一年的以公允价值计量且其变动计入当期损益的非流动金融资产的期末账面价值。本项目应根据“交易性金融资产”账户的发生额分析填列。

（20）“投资性房地产”项目，反映房地产开发企业持有的投资性房地产。企业采用成本模式计量投资性房地产的，本项目应根据“投资性房地产”账户的期末余额，减去“投资性房地产累计折旧（摊销）”和“投资性房地产减值准备”账户期末余额后的金额填列；企业采用公允价值模式计量投资性房地产的，本项目应根据“投资性房地产”账户的期末余额填列。

（21）“固定资产”项目，反映房地产开发企业固定资产的期末账面价值和企业尚未清理完毕的固定资产清理净损益。该项目应根据“固定资产”账户的期末余额，减去“累计折旧”和“固定资产减值准备”账户的期末余额后的金额，以及“固定资产清理”账户的期末余额填列。

（22）“在建工程”项目，反映房地产开发企业基建、技改等在建工程期末各项未完工程的实际支出，包括交付安装的设备价值、未完建筑安装工程已经耗用的材料、工资和费用支出、预付出包工程的价款等的可收回金额。企业与固定资产有关的后续支出，包括固定资产发生的大修理费用、更新改造支出、房屋的修理费用等满足固定资产准则规定的固定资产确认条件的，也应在本项目中核算。该项目应根据“在建工程”账户的期末余额，减去“在建工程减值准备”账户的期末余额后的金额，以及“工程物资”账户的期末余额，减去“工程物资减值准备”账户的期末余额后的金额填列。

（23）“使用权资产”项目，反映资产负债表日承租人企业持有的使用权资产的期末账面价值。该项目应根据“使用权资产”账户的期末余额，减去“使用权资产累计折旧”和“使用权资产减值准备”账户的期末余额后的金额填列。

（24）“无形资产”项目，反映房地产开发企业持有或控制的无形资产，包括专利权、非专利技术、商标权、著作权、土地使用权、特许权等。企业自创的商誉不应当确认为无形资产。本项目应根据“无形资产”账户的期末余额，减去“累计摊销”和“无形资产减值准备”账户期末余额后的金额填列。

（25）“开发支出”项目，反映房地产开发企业开发无形资产过程中能够资本化形成无形资产成本的支出部分。本项目应根据“研发支出”账户中所属的“资本化支出”明细账户期末借方余额填列。

（26）“商誉”项目，反映房地产开发企业在非同一控制下企业合并中形成的商誉的价值。本项目应根据“商誉”账户的期末余额，减去相应减值准备后的金额填列。

（27）“长期待摊费用”项目，反映企业已经发生但应由本期和以后各期负担的分摊期限在一年以上的各项费用的期末账面价值。长期待摊费用中在一年内（含一年）摊销的部分，应在资产负债表“一年内到期的非流动资产”项目中填列。本项目应根据“长期待摊费用”账户的期末余额减去将于一年内（含一年）摊销的数额后的金额填列。

（28）“递延所得税资产”项目，反映房地产开发企业确认的可抵扣暂时性差异产生的递延所得税资产。本项目应根据“递延所得税资产”账户的期末余额填列。

（29）“其他非流动资产”项目，反映房地产开发企业除长期股权投资、固定资产、在建工程、无形资产等资产以外的其他非流动资产，如企业期末持有的公益性生物资产。如有其他非流动资产价值较大的，应在报表附注中披露其内容和金额。

2. 负债项目的列报

(1)“短期借款”项目，反映房地产开发企业向银行或其他金融机构等借入的期限在一年以下（含一年）的各种借款的期末账面价值。本项目应根据“短期借款”账户的期末余额填列。

(2)“交易性金融负债”项目，反映房地产开发企业承担的交易性金融负债，以及企业持有的直接指定为以公允价值计量且其变动计入当期损益的金融负债的期末账面价值。该项目应根据“交易性金融负债”账户的相关明细账户期末余额填列。

(3)“衍生金融负债”项目，反映房地产开发企业衍生金融工具的负债价值。本项目应根据“衍生金融负债”账户的期末余额填列。

(4)“应付票据”项目，反映房地产开发企业以摊余成本计量的，因出包工程等经营活动而开出、承兑的商业汇票，包括银行承兑汇票和商业承兑汇票。该项目应根据“应付票据”账户的期末余额填列。

(5)“应付账款”项目，反映房地产开发企业以摊余成本计量的、因出包工程等经营活动而应支付给其他单位的款项。该项目应根据“应付账款”和“预付账款”账户所属的相关明细账户的期末贷方余额合计数填列。

(6)“预收款项”项目，反映房地产开发企业不符合合同负债条件的预收款项。本项目应根据“预收账款”账户所属各明细账户的期末贷方余额合计数填列。如“预收账款”账户所属各明细账户期末有借方余额的，应在资产负债表“应收账款”项目内填列。

(7)“合同负债”项目，是指房地产开发企业已收或应收客户对价而应向客户转让商品的义务。本项目应根据房地产开发企业“合同负债”账户的相关明细账户的期末余额分析填列。同一合同下的合同负债应当以净额列示，其中净额为贷方余额的，应当根据其流动性在“合同负债”或“其他非流动负债”项目中填列。

(8)“应付职工薪酬”项目，反映房地产开发企业为获得职工提供的服务根据有关规定应付给职工的工资、职工福利、社会保险费、住房公积金、工会经费、职工教育经费、非货币性福利、辞退福利等各种薪酬以及其他相关支出。外商投资企业按规定从净利润中提取的职工奖励及福利基金，也在本项目列示。本项目应根据“应付职工薪酬”账户的期末余额填列。

(9)“应交税费”项目，反映房地产开发企业按照税法规定计算的应缴纳的各种税费，包括增值税、企业所得税、资源税、土地增值税、城市维护建设税、房产税、城镇土地使用税、车船税、教育费附加等。企业代扣代缴的个人所得税，也通过本项目列示。企业所缴纳的税金需要预计应缴数的，如印花税、耕地占用税等，也在本项目列示。本项目应根据“应交税费”账户的期末贷方余额填列；如“应交税费”二级明细账户有负数的，期末余额需重分类至其他流动资产。

(10)“其他应付款”项目，反映房地产开发企业除应付票据、应付账款、合同负债、预收账款、应付职工薪酬、应交税费等经营活动以外的其他各项应付、暂收的款项。本项目应根据房地产开发企业“应付股利”和“其他应付款”账户的期末余额合计数填列。

(11)“持有待售负债”项目，反映房地产开发企业资产负债表日处置组中与划分为持有待售类别的资产直接相关的负债的期末账面价值。本项目应根据“持有待售负债”账户的期末余额填列。

(12)“一年内到期的非流动负债”项目，反映房地产开发企业非流动负债中将于资产负债表日后一年内到期部分金额的期末账面价值，如将于一年内偿还的长期借款等。本项目应根据有关账户的期末余额填列。

(13)“其他流动负债”项目，反映房地产开发企业除短期借款、交易性金融负债、应付票据、应付账款、应付职工薪酬、合同负债、应交税费、应付利息、应付股利、其他应付款、一年内到期的非流动负债等流动负债以外的其他流动负债的期末账面价值。本项目应根据有关账户的期末余额填列。

(14)“长期借款”项目，反映房地产开发企业以摊余成本计量的向银行或其他金融机构借入的期限在一年以上（不含一年）各项借款的期末账面价值。本项目应根据“长期借款”账户的期末余额填列。

(15)“应付债券”项目，反映房地产开发企业以摊余成本计量的为筹集资金而发行的债券本金和利息。本项目应根据“应付债券”账户的期末余额填列。

(16)“租赁负债”项目，反映资产负债表日承租人企业尚未支付的租赁付款额的期末账面价值。本项目应根据“租赁负债”账户的期末余额填列。自资产负债表日起一年内到期应予以清偿的租赁负债的期末账面价值，应在“一年内到期的非流动负债”项目中反映。

(17)“长期应付款”项目，反映房地产开发企业除长期借款和应付债券以外的其他各种长期应付款项。本项目应根据“长期应付款”账户的期末余额，减去相应的“未确认融资费用”账户的期末余额后的金额填列。

(18)“预计负债”项目，反映房地产开发企业根据或有事项等相关准则确认的各项已预计但尚未清偿的债务，包括对外提供担保、未决诉讼、产品质量保证、重组义务、亏损性合同以及固定资产和矿区权益弃置义务等产生的预计负债。本项目应根据“预计负债”账户的期末余额填列。

(19)“递延收益”项目，反映房地产开发企业按照《企业会计准则第 16 号——政府补助》相关规定确认的应在以后期间计入当期损益的政府补助。本项目应根据“递延收益”账户的期末余额填列。

(20)“递延所得税负债”项目，反映房地产开发企业根据所得税准则确认的应纳税暂时性差异产生的所得税负债的期末账面价值。本项目应根据“递延所得税负债”账户的期末余额填列。

(21)“其他非流动负债”项目，反映房地产开发企业除长期借款、应付债券等负债以外的其他非流动负债的期末账面价值。本项目应根据有关账户的期末余额减去将于一年内（含一年）到期偿还数后的余额填列。非流动负债各项目中将于一年内（含一年）到期的部分，应在“一年内到期的非流动负债”项目中单独反映。

3. 所有者权益项目的列报

(1)“实收资本（或股本）”项目，反映房地产开发企业各投资者实际投入的资本（或股本）总额的期末账面价值。本项目应根据“实收资本”（或“股本”）账户的期末余额填列。

（2）“其他权益工具”项目，反映房地产开发企业发行的除普通股以外的归类为权益工具的优先股、永续债的期末账面价值。本项目应根据“其他权益工具”账户的期末余额填列。在“其他权益工具”项目下设“优先股”和“永续债”两个项目，分别反映企业发行的分类为权益工具的优先股和永续债的账面价值。

（3）“资本公积”项目，反映房地产开发企业资本公积的期末账面价值，包括房地产开发企业收到投资者出资超出其在注册资本或股本中所占的份额，以及直接计入所有者权益的利得和损失等。本项目应根据“资本公积”账户的期末余额填列。

（4）“库存股”项目，反映房地产开发企业持有尚未转让或注销的本公司股份金额。本项目应根据“库存股”账户的期末余额填列。

（5）“其他综合收益”项目，反映房地产开发企业根据会计准则规定未在当期损益中确认的各项利得和损失扣除所得税影响后的净额。本项目应根据“其他综合收益”账户的期末余额填列。

（6）“专项储备”项目，反映高危行业企业按国家规定提取的安全生产费的期末账面价值。本项目应根据“专项储备”账户的期末余额填列。

例题：资产负债表的编制方法

（7）“盈余公积”项目，反映房地产开发企业盈余公积的期末余额。本项目应根据“盈余公积”账户的期末余额填列。

（8）“未分配利润”项目，反映房地产开发企业尚未分配的利润。本项目应根据“本年利润”账户和“利润分配”账户的余额计算填列。未弥补的亏损在本项目内以“－”号填列。

第三节　利润表

一、利润表的含义及其作用

（一）利润表的含义

利润表是反映企业在一定会计期间经营成果的会计报表。在实际工作中，由于企业一般按月计算利润，因此也按月报送利润表。

利润表主要是以“利润＝收入－费用”这一会计等式为依据，按照一定的步骤计算出构成利润（或亏损）总额的各项要素编制而成的。利润表将企业一定会计期间的各种收入、费用支出和直接计入当期利润的利得和损失进行了适当的分类、排列，它属于动态报表。

（二）利润表的作用

1. 提供了反映企业财务成果的信息

利润表的列报必须充分反映企业经营业绩的主要来源和构成，这有助于使用者判断净利润的质量及其风险，预测净利润的持续性，从而做出正确的决策。企业的财务成果，即企业当期实现的利润，是企业经营的根本目标。利润表系统地提供了企业不同时期的财务成果信息，便于使用者分析评价各方面的经营业绩，以及将该企业与同类企业的同类业务进行对比。

2. 提供了反映企业盈利能力和盈利质量的信息

企业盈利能力和盈利质量是投资者和经营者都非常关心的问题。利润表不仅提供了财务成果的信息，也提供了盈利能力分析所需要的收入信息和成本费用信息，这对于评价企业盈利能力和盈利质量是十分重要的。营业利润是评价一个企业是否具有核心竞争力，以及是否具备持久盈利能力的重要指标。如果一个企业的营业利润是净利润的主要来源，则说明该企业具备较强的核心竞争力和持久的盈利能力，盈利质量高。但是，如果一个企业的营业外收入很多，是净利润的主要来源，则可以认为该企业可以创造利润，并不能据以判断该企业利润质量高或具有盈利能力。因此，利润表提供的数据对于评价企业的经营业绩，为企业经营者、投资者以及长期债权人提供正确信息，都十分重要。

3. 提供了反映企业营业收入、成本费用状况的信息

企业营业收入和成本费用状况是企业生产经营状况的直接和具体体现。因此，对营业收入的分析往往成为经营分析的重点。通过对营业收入和成本费用的分析，可以发现企业生产经营过程中的优势和关键环节，找出企业生产经营过程中存在的问题和不足，这对于进一步改进企业经营管理工作、规划企业未来都是非常重要的。

4. 提供了进行财务分析的信息

将利润表中的信息与资产负债表中的信息相结合，还可以提供进行财务分析的基本资料。例如，将营业收入与应收账款平均余额进行比较，计算出应收账款周转率；将营业成本与存货平均余额进行比较，计算出存货周转率；将净利润与净资产平均余额进行比较，计算出净资产收益率等。这些指标可以反映企业资产周转情况以及企业的盈利能力水平，便于报表使用者分析企业现状、预测企业未来的发展趋势，进而做出正确的经济决策。

二、利润表的结构

房地产开发企业的利润表结构主要有单步式利润表和多步式利润表两种。在我国，房地产开发企业利润表基本上采用的是多步式结构，该结构是通过对当期的收入、费用、支出项目按照性质加以归类，按照利润形成的主要环节列示一些中间性利润指标，分步计算当期净损益。

（一）单步式利润表

单步式利润表是把企业本期所有收入加在一起，然后再把所有费用、支出加在一起，两者相减，即可一次性计算出本期净利润。

单步式利润表结构简单，易于理解，不必区分费用、支出和相应收入配比的先后顺序，但它不能反映企业营业性收益与非营业性收益、主要经营业务收益与次要经营业务收益对净利润的影响，因此可能无法满足报表使用者对会计信息的需求。

（二）多步式利润表

多步式利润表是把企业当期净利润按其构成内容通过几个计算步骤逐步计算出来，并按照其构成内容重要性的大小，在表中从上到下依次计算排列。多步式利润表可以直接地反映净利润的形成过程，以及营业利润和营业外收支对利润总额的影响，从而有助于报表使用者发现房地产开发企业经营管理的薄弱环节。

房地产开发企业按多步式编制利润表，可以分为以下七步：

（1）计算营业收入。它由主营业务收入和其他业务收入组成。

（2）计算营业利润。营业收入减去营业成本（主营业务成本、其他业务成本）、税金及附加、销售费用、管理费用、研发费用、财务费用、资产减值损失、信用减值损失，加上公允价值变动收益（减去公允价值变动损失）、投资收益（减去投资损失）、汇兑收益（减去汇兑损失）、净敞口套期收益（减去净敞口套期损失）、资产处置收益（减去资产处置损失）、其他收益，即为营业利润。

（3）计算利润总额。营业利润加上营业外收入，减去营业外支出，即为利润总额。

（4）计算净利润。利润总额减去所得税费用，即为净利润。

（5）计算其他综合收益的税后净额。根据企业会计准则规定未在损益中确认的各项利得和损失，即为其他综合收益，具体分为以后会计期间不能重分类进损益的其他综合收益项目和以后会计期间在满足规定条件时将重分类进损益的其他综合收益项目两类，并以扣除相关所得税影响后的净额列报。

（6）计算综合收益总额。企业净利润加上其他综合收益扣除所得税影响后的净额，即为综合收益总额。

（7）计算每股收益，每股收益包括基本每股收益和稀释每股收益，根据每股收益准则规定的要求，计算金额并列报。普通股或潜在普通股已公开交易的企业，以及正处于公开发行普通股或潜在普通股过程中的企业，还应当在利润表中列示每股收益信息。

三、利润表的填列方法

多步式利润表因其便于对企业开发经营情况进行分析，有利于不同企业之间进行比较，有利于预测企业未来的盈利能力，从而能够满足报表使用者对会计信息的需求，因此目前我国一般采用多步式利润表。

此外，根据财务报表列报准则的规定，企业需要提供比较利润表，以使报表使用者通过比较不同期间利润的实现情况，判断企业经营成果的未来变化趋势。所以，为了清楚地反映各项指标的报告期数及从年初到报告期为止的累计数，利润表还应就各项目再分为“本期金额”和“上期金额”两栏分别填列。

（一）“上期金额”栏的填列方法

利润表“上期金额”栏内各项数字，应根据上年该期利润“本期金额”栏内所列数字填列。如果上年该期利润表规定的各个项目的名称和内容同本期不相一致，应对上年该期利润表各项目的名称和数字按本期的规定进行调整，然后填入利润表“上期金额”栏内。

（二）“本期金额”栏的填列方法

利润表“本期金额”栏内各项数字，除“基本每股收益”和“稀释每股收益”项目外，一般应根据损益类账户的发生额分析填列。各项目的填列方法如下：

（1）“营业收入”项目，反映房地产开发企业经营主要业务和其他业务，包括转让、销售、结算开发产品和临时出租开发产品等所确认的收入总额。本项目应根据“主营业务收入”和“其他业务收入”账户的发生额分析填列。

（2）“营业成本”项目，反映房地产开发企业经营主要业务和其他业务，包括转让、销售、结算开发产品和出租开发产品等所发生的成本总额。本项目应根据“主营业务成本”和“其他业务成本”账户的发生额分析填列。

（3）“税金及附加”项目，反映房地产开发企业经营业务，包括转让、销售、结算和出租开发产品等，应负担上缴的土地增值税、城市建设维护建设税、资源税、教育费附加、房产税、城镇土地使用税、车船税、印花税等。本项目应根据“税金及附加”账户的发生额分析填列。

（4）“销售费用”项目，反映房地产开发企业在转让、销售、结算和临时出租开发产品、提供劳务的过程中发生的各项费用，以及设置销售机构而发生的费用，包括职工薪酬、办公费、装卸费、包装费、保险费、展览费和广告费。本项目应根据“销售费用”账户的发生额分析填列。

（5）“管理费用”项目，反映房地产开发企业为组织和管理房地产生产经营活动而发生的管理费用，包括企业的董事会和行政管理部门在企业经营管理过程中发生的，或者应当由企业统一负担的公司经费、工会经费、待业保险费、董事会费、聘请中介机构费、咨询费、诉讼费、业务招待费、技术转让费、无形资产摊销、职工教育经费、存货盘亏与盘盈等。本项目应根据“管理费用”账户的发生额分析填列。

（6）“研发费用”项目，反映房地产企业进行研究与开发过程中发生的费用化支出，以及计入管理费用的自行开发无形资产的摊销。本项目应根据“管理费用”账户下的“研发费用”明细账户的发生额，以及“管理费用”账户下的“无形资产摊销”明细账户的发生额分析填列。

（7）“财务费用”项目，反映房地产开发企业筹集生产经营所需资金等而发生的筹资费用，包括企业生产经营期间发生的利息支出（减去利息收入）、汇兑损益（减去汇兑收益）以及相关的手续费用等。与购建固定资产相关的专门借款所发生的利息支出，在固定资产达到预定可使用状态之前按规定应予资本化的部分，并不包括在本项目的核算范围内。本项目应根据“财务费用”账户的发生额分析填列。其中的“利息费用”项目，反映企业为筹集生产经营所需资金等而发生的应予费用化的利息支出，应根据“财务费用”账户的相关明细账户的发生额分析填列。“利息收入”项目，反映企业确认的利息收入，应根据“财务费用”账户的相关明细账户的发生额分析填列。

(8)“其他收益”项目，反映房地产开发企业与日常活动相关但不宜确认收入或冲减成本费用的政府补助以及个人所得税手续费返还等。本项目应根据“其他收益”账户的发生额分析填列。

(9)“投资收益”项目，反映房地产开发企业以各种方式对外投资所取得的收益。本项目应根据“投资收益”账户的发生额分析填列；如为投资损失，本项目以“－”号填列。

(10)“净敞口套期收益”项目，反映房地产开发企业在净敞口套期下被套期项目累计公允价值变动转入当期损益的金额或现金流量套期储备转入当期损益的金额。本项目应根据“净敞口套期损益”账户的发生额分析填列；如为套期损失，本项目以“－”号填列。

(11)“公允价值变动收益”项目，反映房地产开发企业应当计入当期损益的资产或负债公允价值变动损失和收益，包括企业交易性金融资产、交易性金融负债以及采用公允价值计量属性计量的投资性房地产等公允价值的变动额。本项目应根据“公允价值变动损益”账户的发生额分析填列；如为净损失，本项目以“－”号填列。

(12)“信用减值损失”项目，反映房地产开发企业各项金融工具减值准备所形成的预期信用损失。本项目应根据“信用减值损失”账户的发生额分析填列。

(13)“资产减值损失”项目，反映房地产开发企业各项资产发生的减值损失。包括企业在资产负债表日，经过对资产的测试，判断资产的可收回金额低于其账面价值而计提资产减值损失所确认的存货跌价准备、长期股权投资减值准备、固定资产减值准备、在建工程减值准备、工程物资减值准备、无形资产减值准备、商誉减值准备等。本项目应根据“资产减值损失”账户的发生额分析填列。

(14)“资产处置收益”项目，反映房地产开发企业出售划分为持有待售的非流动资产（金融工具、长期股权投资和投资性房地产除外）或处置组（子公司和业务除外）时确认的处置利得或损失，以及处置未划分为持有待售的固定资产、在建工程、生产性生物资产及无形资产而产生的处置利得或损失。债务重组中因处置非流动资产产生的利得或损失和非货币性资产交换中换出非流动资产产生的利得或损失也包括在本项目内。本项目应根据“资产处置损益”账户的发生额分析填列；如为处置损失，本项目以“－”号填列。

(15)“营业利润”项目，反映房地产开发企业实现的营业利润；如为亏损，本项目以“－”号填列。

(16)“营业外收入”项目，反映房地产开发企业发生的除营业利润以外的收益，主要包括债务重组利得、与企业日常活动无关的政府补助、盘盈利得、捐赠利得（企业接受股东或股东的子公司直接或间接的捐赠，经济实质属于股东对企业的资本性投入的除外）等。本项目应根据“营业外收入”账户的发生额分析填列。

(17)“营业外支出”项目，反映房地产企业发生的除营业利润以外的支出，主要包括债务重组损失、公益性捐赠支出、非常损失、盘亏损失、非流动资产毁损报废损失等。本项目应根据“营业外支出”账户的发生额分析填列。

(18)“利润总额”项目，反映房地产开发企业实现的利润。如为亏损，本项目以

“—”号填列。

（19）“所得税费用”项目，反映房地产开发企业应从当期利润总额中扣除的所得税费用。本项目应根据“所得税费用”账户的发生额分析填列。

（20）“净利润”项目，反映房地产开发企业实现的净利润。如为亏损，本项目以“—”号填列。在合并利润表中，企业应当在净利润项目下单独列示归属于母公司所有者的损益和归属于少数股东的损益。

（21）“持续经营净利润”和“终止经营净利润”项目，分别反映净利润中与持续经营相关的净利润和与终止经营相关的净利润；如为净亏损，则以“—”号填列。两个项目应按照《企业会计准则第 42 号——持有待售的非流动资产、处置组和终止经营》的相关规定分别列报。

（22）“其他综合收益的税后净额”项目，反映房地产开发企业根据企业会计准则规定未在当期损益中确认的各项利得和损失扣除所得税影响后的净额。其中，“其他权益工具投资公允价值变动”“企业自身信用风险公允价值”“金融资产重分类计入其他综合收益的金额”“其他债权投资信用减值准备”“现金流量套期储备”项目应根据“其他综合收益”账户及其所属的相关明细账户的发生额分析填列。

（23）“综合收益总额”项目，反映房地产开发企业净利润与其他综合收益的合计金额。在“综合收益总额”项目下单独列示“归属于母公司所有者的综合收益总额”项目和“归属于少数股东的综合收益总额”项目。

（24）“基本每股收益”项目，反映房地产开发企业普通股股东每持有一股所能享有的企业利润或所需承担的企业亏损。基本每股收益应根据每股收益准则计算和列报。基本每股收益只考虑当期实际发行在外的普通股股份，按照归属于普通股股东的当期净利润除以当期实际发行在外普通股的加权平均数计算确定。

（25）“稀释每股收益”项目，反映存在稀释性潜在普通股的复杂股权结构的房地产开发企业，普通股股东每持有一股所能享有的企业利润或需承担的企业亏损。稀释每股收益是以基本每股收益为基础，假设企业所有发行在外的稀释性潜在普通股均已转换为普通股，从而分别调整归属于普通股股东的当期净利润以及发行在外普通股的加权平均数计算而得的每股收益。

例题：利润表的编制方法

第四节　现金流量表

一、现金流量表的含义及其作用

（一）现金流量和现金流量表

现金流量，是指一段时间内房地产开发企业现金及现金等价物的流入和流出量。现金流量是衡量企业经营状况是否良好、资金是否紧缺、企业偿付能力大小的重要指标。

现金净流量，是指现金流入量与流出量的差额。如果差额是正数，则为净流入；如果是负数，则为净流出。一般来说，企业的现金流入量大于流出量，反映了企业现金流量的健康状态和良好趋势。在现金流量表中，现金及现金等价物被视为一个整体，企业现金及现金等价物自身形式的转换不会产生现金的流入和流出。例如，企业从银行提取现金，只是企业现金存放形式的转换，现金并未流出企业，因此不构成现金流量。同样，现金与现金等价物之间的转换也不属于现金流量，如企业用现金购买3个月内到期的国库券。现金流量应当分别按照现金流入和现金流出总额列报。但代客户收取或支付的现金以及周转快、金额大、期限短项目的现金流入和现金流出可以按照净额列报。

现金流量表是以现金为基础编制的，反映房地产开发企业一定会计期间现金及现金等价物流入和流出的会计报表，它属于动态报表。房地产开发企业编制现金流量表是为财务报表使用者提供企业一定会计期间内现金和现金等价物流入和流出的信息，反映企业经营活动、投资活动和筹资活动的动态情况，以便于报表使用者了解和评价企业获取现金及现金等价物的能力，并据以预测企业未来的现金流量。

（二）现金流量表的作用

现金流量表的作用主要表现在以下几个方面：

（1）通过现金流量表，可以了解企业的现金流量信息，从而对企业整体财务状况做出客观评价。企业的经济活动主要包括经营活动、投资活动和筹资活动三个方面。这三方面的经济活动会影响企业的现金流量，进而影响企业的财务状况。虽然有关现金流量的资料可以从企业比较资产负债表和利润表中获得，但这两张报表并不能揭示企业现金流量的全貌。而现金流量表能够说明企业在一定会计期间现金及现金等价物流入和流出的原因，通过观察企业的现金流量状况，可以大致判断其经营周转是否顺畅；将经营活动产生的现金流量与净利润相比较，可以从现金流量的角度了解净利润的质量，为分析和预测企业的经济前景提供信息。

（2）通过现金流量表，可以评价企业的支付能力、偿债能力和周转能力。配合资产负债表和利润表，将现金与流动负债进行比较，可以计算出现金比率；将现金流量净额与发行在外的普通股加权平均数进行比较，可以计算出每股现金流量；将经营活动现金流量净额与净利润进行比较，可以计算出盈利现金比率等，从而了解企业的现金能否偿还到期债务、能否支付股利和进行必要的固定资产投资，以及了解企业现金流转效率和效果等。这便于投资者做出投资决策，也便于债权人对企业的支付能力和偿债能力，以及企业对外部资金的需求情况做出可靠的判断。

（3）通过现金流量表，不仅可以了解企业当前的财务状况，还可以预测企业未来的发展情况。如果现金流量表中各部分现金流量结构合理，现金流入、流出无重大异常波动，一般说明企业的财务状况基本良好。通过现金流量表及其他财务信息，可以了解企业现金的来源和用途是否合理，了解经营活动产生的现金流量有多少，了解企业在多大程度上依赖外部资金，分析企业未来获取或支付现金的能力，以及评价企业产生净现金流量的能力是否偏低。这为企业编制现金流量计划、合理有效地使用现金创造了条件，也为投资者和债权人评价企业的未来现金流量、做出投资和信贷决策提供了必要信息。

（4）通过现金流量表，可以对企业的盈利质量做出评价。利润是以权责发生制为基础计算的，而现金流量是以收付实现制为基础计算的。利润反映企业当期的财务成果，但并不代表企业实际收到的现金。在某些情况下，企业虽然大量销售商品、提供劳务，但货款和劳务流入款项并没有按时收回，会计收益最终是否转化为企业的现金收益，还取决于应收账款能否及时足额地收回等其他因素。因此，盈利企业仍然有可能发生财务危机，而高质量盈利必须有相应的现金流入作为保证，这也是人们更重视现金流量的原因之一。

（5）通过现金流量表，可以对企业的投资活动和筹资活动做出评价。企业的投资、筹资和经营活动都以增加企业价值和股东财富为目标，相互之间密切联系，又相互矛盾。经营活动以投资为前提，而为了投资和经营必须筹资。有效的经营活动不仅可以为投资提供现金来源，也会使从外部筹资变得更加容易。但是，从现金的分配角度来看，这三类活动又相互矛盾，过度投资会使日常营运的资金不足而失去盈利机会，过度筹资会增加资金成本并加重经营活动的负担。因此，企业必须统筹兼顾，使这三项决策相互协调。通过现金流量表关于经营活动、投资活动和筹资活动现金流量的信息，可以评价这三类活动的协调性，为企业进行投资决策和筹资决策提供依据。

二、现金流量表的内容和结构

（一）现金流量表的编制基础

目前，世界上绝大多数国家以现金及现金等价物作为现金流量表的编制基础，我国也如此。具体内容如下：

1. 现金

现金，是指企业的库存现金以及可以随时用于支付的存款。

会计上所说的现金通常是指企业的库存现金。而现金流量表中的“现金”不仅包括“库存现金”账户核算的现金，还包括企业“银行存款”账户核算的存入金融企业、可以随时用于支付的存款，也包括“其他货币资金”账户核算的外埠存款、银行汇票存款、银行本票存款、信用卡存款、信用证保证金存款和存出投资款等其他货币资金。

需要强调的是，银行存款和其他货币资金中有些不能随时用于支付的存款，如不能随时支取的定期存款等，不应作为现金；提前通知金融企业便可支取的定期存款，则应包括在现金范围内。

2. 现金等价物

现金等价物，是指企业持有的期限短、流动性强、易于转换为已知金额现金、价值变动风险很小的投资。

其中，期限短一般是指从购买日起 3 个月内到期。例如，可在证券市场上流通的 3 个月内到期的短期债券投资等。

现金等价物虽然不是现金，但其支付能力与现金的差别不大，可视为现金。例如，企业为了保证支付能力而手持必要的现金，为了不使现金闲置，可以购买短期债券，在需要现金时，随时可以变现。

现金等价物的定义本身，包含了判断一项投资是否属于现金等价物的四个条件：（1）期限短；（2）流动性强；（3）易于转换为已知金额的现金；（4）价值变动风险很小。其中，期限短、流动性强，强调了变现能力；易于转换为已知金额的现金、价值变动风险很小，则强调了支付能力。

我国会计核算遵循权责发生制原则，但编制现金流量表时则遵循收付实现制原则，即将权责发生制下的收入和费用转换成现金基础进行表示。

3. 现金及现金等价物范围的确定和变更

不同企业的现金及现金等价物的范围可能不同。按照现金流量表准则及其指南的规定，企业应当根据经营特点等具体情况，确定现金及现金等价物的范围，一经确定不得随意变更。如果发生变更，应当按照会计政策变更处理。

（二）现金流量表的基本内容

房地产开发企业的现金流量可以分为三类，即经营活动产生的现金流量、投资活动产生的现金流量和筹资活动产生的现金流量。这三部分是现金流量表的基本内容。

1. 经营活动产生的现金流量

经营活动，是指企业投资活动和筹资活动以外的所有交易和事项。就房地产开发企业而言，其经营活动主要包括：销售开发产品、出租开发产品、提供劳务、发包工程、经营性租赁、购买材料物资、接受劳务、广告宣传、推销开发产品、支付税费等。

2. 投资活动产生的现金流量

投资活动，是指企业长期资产的购建和不包括在现金等价物范围内的投资及其处置活动。其中，长期资产是指长期股权投资、固定资产、在建工程、无形资产、临时设施以及其他资产等持有期限在一年或一个营业周期以上的资产。投资活动包括实物资产投资，也包括非实物资产投资。将包括在现金等价物范围内的投资排除在外，是因为已经将包括在现金等价物范围内的投资视同现金处理。由于不同企业所处行业特点不同，对投资活动的认定也存在差异。投资活动主要包括：取得和收回投资，购建和处置固定资产、无形资产和其他资产等。

3. 筹资活动产生的现金流量

筹资活动，是指导致企业资本及债务规模和构成发生变化的活动。其中，资本包括实收资本（或股本）、资本溢价（或股本溢价）以及与资本有关的现金流入和现金流出项目，如吸收投资、发行股票、分配利润等；债务是指企业对外举债所借入的款项，包括发行债券、向金融企业借入款项以及偿还债务等。

对于企业日常活动之外特殊的、不经常发生的特殊项目，如自然灾害损失、保险赔款、捐赠等，应当根据其性质归并到相关类别中，并单独反映。比如，自然灾害损失和保险赔款，如果能够确指属于流动资产损失，则应当列入经营活动产生的现金流量；如属于固定资产损失，则应当列入投资活动产生的现金流量。如果不能确指，则可以列入经营活动产生的现金流量。捐赠收入和支出，可以列入经营活动产生的现金流量。如果特殊项目的现金流量金额不大，则可以列入现金流量类别下的“其他”项目，不单列项目。

三、现金流量表的编制方法

（一）经营活动产生的现金流量的编制方法

编制现金流量表时，列报经营活动现金流量的方法有两种：一是直接法；二是间接法。这两种方法通常也是现金流量表编制中常用的方法。

1. 直接法

直接法是按现金收入和支出的主要类别直接反映企业经营活动产生的现金流量，如销售商品、提供劳务收到的现金，购买商品、接受劳务支付的现金等，都是按现金收入和支出的来源直接反映的。在直接法下，一般是以利润表中的营业收入为起算点，调整与经营活动有关的项目的增减变动，然后计算出经营活动产生的现金流量。

采用直接法时，有关经营活动现金流量的信息，一般通过以下途径之一取得：

（1）企业的会计记录。

（2）根据以下项目对利润表中的营业收入、营业成本以及其他项目进行调整：

1）当期存货及经营性应收和应付项目的变动；

2）固定资产折旧、无形资产摊销、计提资产减值准备等其他非现金项目；

3）属于投资或筹资活动现金流量的其他非现金项目。

2. 间接法

间接法是以本期净利润为起算点，调整不涉及现金的收入、费用、营业外收支以及应收应付等有关项目的增减变动，据此计算出经营活动产生的现金流量。

直接法相对间接法而言，更能体现现金流量表的编制目的。国际会计准则鼓励企业采用直接法编制现金流量表。但是，间接法有助于分析影响现金流量的原因以及从现金流量的角度分析企业净利润的质量。因此，我国既要求企业采用直接法编制现金流量表，又要求在补充资料中提供按间接法将净利润调节为经营活动现金流量的信息，从而兼顾两种方法的优点。

（二）经营活动现金流入和现金流出包括的各项目的内容和填列方法

（1）“销售商品、提供劳务收到的现金”项目，反映房地产开发企业销售商品、临时出租开发产品、提供劳务实际收到的现金，具体包括本期销售开发产品、提供劳务收到的现金，以及前期销售开发产品、提供劳务本期收到的现金和本期预收的款项，减去本期销售本期退回的商品和前期销售本期退回的商品所支付的现金。本项目可以根据“库存现金”“银行存款”“应收账款”“应收票据”“预收账款”“合同负债”“主营业务收入”“其他业务收入”等账户的记录分析填列。

在填列这个项目时，需要考虑以下几个因素：

1）销售商品、临时出租开发产品、提供劳务所取得的收入。可以根据“主营业务收入”“其他业务收入”账户的贷方发生额取得。

2）应向购买者收取的增值税销项税额。可以根据“应交税费——应交增值税（销项税额)”账户的贷方发生额取得。

3）应收账款和应收票据。本期“主营业务收入”和“其他业务收入”账户反映的销售开发产品、临时出租开发产品等所取得的收入并不都是企业本期实际的现金收入，在销售实现但尚未收到价款时，按照权责发生制原则仍然要确认收入，并记入“应收账款”或“应收票据”账户。可见，因本期销售而增加的应收账款和应收票据，表明销售实现的收入并没有收到现金；如果本期应收账款和应收票据减少，通常表明本期有现金流入，但如果债务人以非现金实物资产抵偿债务，则应收账款和应收票据的减少实际上是没有现金流入的。在计算填列本项目时，可以根据“主营业务收入”“其他业务收入”账户的本期贷方发生额，加上本期应收账款和应收票据的减少额，减去本期应收账款和应收票据的增加额，并减去债务人以非现金实物资产抵偿债务而减少的应收账款和应收票据后的数额确认。

4）销售退回支付的现金。本期销售退回一般通过“应收账款”“主营业务收入”“其他业务收入”账户的借方反映，但本期销售退回有的已经支付了现金，有的尚未支付现金，在填列本项目时，应当减去已支付现金的销售退回。

5）预收账款。本期收到的预收账款有实际的现金流入，在填列本项目时，应当加上本期预收账款的增加额，减去本期预收账款的减少额。

6）合同负债。本期收到的合同负债有实际的现金流入，在填列本项目时，应当加上本期合同负债的增加额，减去本期合同负债的减少额。

7）核销的坏账损失。本期核销的坏账损失是减少应收账款的因素，通常应收账款减少则表明收回了现金，但核销坏账减少的应收账款并没有现金流入，在填列本项目时，应减去因核销坏账损失而减少的应收账款。如果在本期收回前期已核销的坏账损失，在填列本项目时，还应当将其加上。

在填列“销售商品、提供劳务收到的现金”项目时，可根据以下公式计算：

$$\begin{aligned}\begin{matrix}\text{销售商品、提供劳务}\\\text{收到的现金}\end{matrix} &= \begin{matrix}\text{本期销售商品、提供劳务}\\\text{收到的现金}\end{matrix} + \begin{matrix}\text{前期销售商品、提供劳务}\\\text{收到的现金}\end{matrix}\\ &\quad + \begin{matrix}\text{本期预收的}\\\text{款项}\end{matrix} - \begin{matrix}\text{本期销售本期退回的商品}\\\text{和前期销售本期退回的商品支付的现金}\end{matrix}\end{aligned}$$

或

$$\begin{aligned}\begin{matrix}\text{销售商品、提供劳务}\\\text{收到的现金}\end{matrix} &= \begin{matrix}\text{本期销售商品、提供劳务}\\\text{实际收到的现金（不含销售退回冲减的收入）}\end{matrix}\\ &\quad + \left(\begin{matrix}\text{应收账款}\\\text{期初余额}\end{matrix} - \begin{matrix}\text{应收账款}\\\text{期末余额}\end{matrix}\right) + \left(\begin{matrix}\text{应收票据}\\\text{期初余额}\end{matrix} - \begin{matrix}\text{应收票据}\\\text{期末余额}\end{matrix}\right)\\ &\quad + \left(\begin{matrix}\text{合同资产}\\\text{期初余额}\end{matrix} - \begin{matrix}\text{合同资产}\\\text{期末余额}\end{matrix}\right) - \left(\begin{matrix}\text{合同负债}\\\text{期末余额}\end{matrix} - \begin{matrix}\text{合同负债}\\\text{期初余额}\end{matrix}\right)\\ &\quad + \begin{matrix}\text{本期收回前期}\\\text{核销的坏账损失}\end{matrix} - \begin{matrix}\text{本期因销售退回}\\\text{支付的现金}\end{matrix}\\ &\quad - \begin{matrix}\text{本期实际核销的}\\\text{坏账损失}\end{matrix} - \begin{matrix}\text{本期以非现金资产清偿债务}\\\text{减少的应收账款和应收票据}\end{matrix}\end{aligned}$$

（2）“收到的税费返还”项目，反映房地产开发企业收到返还的各种税费，如实际收到的增值税、土地增值税、所得税、教育费附加返还等。本项目可以根据“库存现金”“银行存款”“其他应付款”“应交税费”“税金及附加”等账户的记录分析填列。

（3）“收到其他与经营活动有关的现金”项目，反映房地产开发企业除了上述各项目以外收到的其他与经营活动有关的现金，如捐赠现金收入、罚款收入、流动资产损失中由个人赔偿的现金收入等。其他与经营活动有关的现金流入，价值较大的，应单列项目反映。本项目可以根据“营业外收入”“营业外支出”“库存现金”“银行存款”“其他应收款”“其他收益”等账户的记录分析填列。

（4）“购买商品、接受劳务支付的现金”项目，反映房地产开发企业购买商品、接受劳务实际支付的现金，包括支付的贷款以及与货款一并支付的增值税进项税额，具体是指本期购入商品、接受劳务支付的现金，以及本期支付前期购入商品、接受劳务的未付款项和本期预付款项，减去本期发生的购货退回收到的现金。为购置存货发生的借款利息资本化部分，应当在“分配股利、利润或偿付利息支付的现金”项目中反映。本项目可以根据“应付账款”“应付票据”“预付账款”“库存现金”“银行存款”“主营业务成本”等账户的记录分析填列。在填列本项目时，可以根据以下公式计算：

$$\begin{aligned}\begin{matrix}\text{购买商品、接受劳务}\\\text{支付的现金}\end{matrix} &= \begin{matrix}\text{本期购买商品、接受劳务}\\\text{支付的现金}\end{matrix} + \begin{matrix}\text{本期支付前期购买商品、}\\\text{接受劳务的未付款项}\end{matrix}\\ &\quad + \begin{matrix}\text{本期}\\\text{预付款项}\end{matrix} - \begin{matrix}\text{本期发生的购货}\\\text{退回收到的现金}\end{matrix}\end{aligned}$$

或

$$\begin{aligned}\begin{matrix}\text{购买商品、接受劳务}\\\text{支付的现金}\end{matrix} &= \begin{matrix}\text{本期购买商品、接受劳务}\\\text{支付的现金}\end{matrix} - \left(\begin{matrix}\text{存货}\\\text{期初余额}\end{matrix} - \begin{matrix}\text{存货}\\\text{期末余额}\end{matrix}\right)\\ &\quad + \left(\begin{matrix}\text{应付账款}\\\text{期初余额}\end{matrix} - \begin{matrix}\text{应付账款}\\\text{期末余额}\end{matrix}\right) + \left(\begin{matrix}\text{应付票据}\\\text{期初余额}\end{matrix} - \begin{matrix}\text{应付票据}\\\text{期末余额}\end{matrix}\right)\\ &\quad + \left(\begin{matrix}\text{预付账款}\\\text{期末余额}\end{matrix} - \begin{matrix}\text{预付账款}\\\text{期初余额}\end{matrix}\right) - \begin{matrix}\text{本期购货退回}\\\text{收到的现金}\end{matrix}\\ &\quad - \begin{matrix}\text{本期以非现金资产清偿债务}\\\text{减少的应付账款和应付票据}\end{matrix}\end{aligned}$$

（5）“支付给职工以及为职工支付的现金”项目，反映房地产开发企业为获得职工提供的服务，本期实际给予职工的各种形式的报酬以及其他相关支出，如支付给职工的工资、奖金、各种津贴和补贴等，以及为职工支付的其他费用，但不包括支付给在建工程人员的工资。支付的在建工程人员的工资，在“购建固定资产、无形资产和其他长期资产支付的现金”项目中反映。本项目可以根据“库存现金”“银行存款”“应付职工薪酬”“开发成本”等账户的记录分析填列。

需要强调的是，企业为职工支付的养老、失业等社会保险基金、补充养老保险；支付给职工的住房困难补助；为职工交纳的商业保险金；因解除与职工劳动关系给予的补偿；现金结算的股份支付；支付给职工或为职工支付的其他福利费用等，应根据职工的工作性质和服务对象，分别在“购建固定资产、无形资产和其他长期资产支付的现金”和“支付给职工以及为职工支付的现金”项目中反映。本项目可以根据“库存现金”“银行存款”“应付职工薪酬”等账户的记录分析填列。

(6)“支付的各项税费”项目，反映房地产开发企业按规定支付的各项税费，包括本期发生并支付的税费，以及本期支付以前各期发生的税费和预缴的税金，如支付的所得税、教育费附加、印花税、房产税、土地增值税、车船税、增值税等。不包括计入固定资产价值、实际支付的耕地占用税等，也不包括本期退回的所得税。本期退回的所得税，在“收到的税费返还”项目中反映。本项目可以根据“应交税费”“库存现金”“银行存款”等账户的记录分析填列。

(7)“支付其他与经营活动有关的现金”项目，反映房地产开发企业除上述各项目外，支付的其他与经营活动有关的现金，如捐赠现金支出、罚款支出、支付的差旅费、业务招待费、保险费、经营租赁支付的现金等。其他与经营活动有关的现金流出，价值较大的，应单列项目反映。本项目可以根据“库存现金”“银行存款”“开发成本”“销售费用”“管理费用”等有关账户的记录分析填列。

（三）投资活动产生的现金流量有关项目的编制方法

投资活动现金流入和现金流出包括的各项目的内容和填列方法如下：

(1)“收回投资收到的现金”项目，反映房地产开发企业出售、转让或到期收回除现金等价物以外的交易性金融资产、债权投资、其他债权投资、其他权益工具投资、长期股权投资等而收到的现金。不包括债权性投资收回的利息、收回的非现金资产，以及处置子公司及其他营业单位收到的现金净额。债权性投资收回的本金，在本项目中反映；债权性投资收回的利息，不在本项目中反映，而在“取得投资收益收到的现金”项目中反映。处置子公司及其他营业单位收到的现金净额单设项目反映。本项目可以根据“交易性金融资产”“债权投资”“其他债权投资”“其他权益工具投资”“长期股权投资”“库存现金”“银行存款”等账户的记录分析填列。

(2)“取得投资收益收到的现金”项目，反映房地产开发企业因股权性投资而分得的现金股利以及因债权性投资而取得的现金利息收入。股票股利由于不产生现金流量，不在本项目中反映。包括在现金等价物范围内的债权性投资，其利息收入也在本项目中反映。本项目可以根据“应收股利”“应收利息”“投资收益”“库存现金”“银行存款”等账户的记录分析填列。

(3)“处置固定资产、无形资产和其他长期资产收回的现金净额”项目，反映房地产开发企业出售投资性房地产、固定资产、无形资产和其他长期资产所取得的现金，减去为处置这些资产而支付的有关费用后的净额。处置固定资产、无形资产和其他长期资产收到的现金，与处置活动支付的现金在时间上比较接近，以净额更能准确地反映处置活动对现金流量的影响。本项目可以根据“固定资产清理”“库存现金”“银行存款”“资产处置损益”等账户的记录分析填列。

需要强调的是，由于自然灾害等原因所造成的固定资产等长期资产报废、毁损而收到的保险赔偿收入，也在本项目中反映。处置固定资产、无形资产和其他长期资产收回的现金净额为负数的，则应作为投资活动产生的现金流量，在“支付其他与投资活动有关的现金”项目中反映。

（4）“处置子公司及其他营业单位收到的现金净额”项目，反映房地产开发企业处置子公司及其他营业单位取得的现金，减去子公司或其他营业单位持有的现金及现金等价物以及相关处置费用后的净额。本项目可以根据“长期股权投资”“银行存款”“库存现金”等有关账户的记录分析填列。由于企业处置子公司及其他营业单位是整体交易，子公司和其他营业单位可能持有现金及现金等价物，因此，整体处置子公司或其他营业单位的现金流量，就应以处置价款中收到现金的部分，减去子公司或其他营业单位持有的现金及现金等价物以及相关处置费用后的净额反映。处置子公司及其他营业单位收到的现金净额如为负数，则将该金额填列至“支付其他与投资活动有关的现金”项目中。

（5）“收到其他与投资活动有关的现金”项目，反映房地产开发企业除上述各项目以外，收到的其他与投资活动有关的现金流入。其他现金流入价值较大的，应单列项目反映。本项目可以根据“库存现金”“银行存款”和其他有关账户的记录分析填列。

（6）“购建固定资产、无形资产和其他长期资产支付的现金”项目，反映房地产开发企业购买、建造固定资产，取得无形资产和其他长期资产支付的现金。其中，企业为购建固定资产而支付的现金，包括购买机器设备支付的现金、建造工程支付的现金、支付在建工程人员的工资等现金支出。为购建固定资产、无形资产和其他长期资产而发生的借款利息资本化部分，应在“分配股利、利润或偿付利息支付的现金”项目中反映；融资租入固定资产所支付的租赁费，在“支付其他与筹资活动有关的现金”项目中反映。本项目可以根据“固定资产”“在建工程”“工程物资”“无形资产”“库存现金”“银行存款”等账户的记录分析填列。

（7）“投资支付的现金”项目，反映房地产开发企业进行权益性投资和债权性投资所支付的现金，包括企业取得的除现金等价物以外的交易性金融资产、债权投资、其他债权投资、其他权益工具投资而支付的现金，以及支付的佣金、手续费等交易费用。本项目可以根据“交易性金融资产”“债权投资”“其他债权投资”“其他权益工具投资”“投资性房地产”“长期股权投资”“库存现金”“银行存款”等账户的记录分析填列。

需要强调的是，企业在购买股票和债券时，实际支付的价款中包含的已宣告但尚未领取的现金股利或已到付息期但尚未领取的债券利息，应在“支付其他与投资活动有关的现金”项目中反映；收回购买股票和债券时支付的已宣告但尚未领取的现金股利或已到付息期但尚未领取的债券利息，应在“收到其他与投资活动有关的现金”项目中反映。

（8）“取得子公司及其他营业单位支付的现金净额”项目，反映房地产开发企业取得子公司及其他营业单位购买出价中以现金支付的部分，减去子公司或其他营业单位持有的现金及现金等价物后的净额。本项目可以根据“长期股权投资”“银行存款”“库存现金”等有关账户的记录分析填列。

整体购买子公司或其他营业单位的现金流量，应以购买出价中以现金支付的部分减去子公司或其他营业单位持有的现金及现金等价物后的净额反映，如为负数，则应在“收到其他与投资活动有关的现金”项目中反映。

（9）“支付其他与投资活动有关的现金”项目，反映房地产开发企业除了上述各项以外，支付的其他与投资活动有关的现金。其他现金流出价值较大的，应单列项目反映。本项目可以根据“库存现金”“银行存款”和其他有关账户的记录分析填列。

（四）筹资活动产生的现金流量有关项目的编制

筹资活动产生的现金流入和现金流出包括的各项目的内容和填列方法如下：

（1）“吸收投资收到的现金”项目，反映房地产开发企业以发行股票等方式筹集资金实际收到的款项净额（即发行收入减去支付的佣金等发行费用后的净额）。以发行股票等方式筹集资金而由企业直接支付的审计、咨询等费用，在“支付其他与筹资活动有关的现金”项目中反映。本项目可以根据“实收资本（或股本）”“资本公积”“库存现金”“银行存款”等账户的记录分析填列。

（2）“取得借款收到的现金”项目，反映房地产开发企业向银行等金融机构举借的各种短期、长期借款而实际收到的现金，以及发行债券实际收到的款项净额（即发行收入减去直接支付的佣金等发行费用后的净额）。本项目可以根据“短期借款”“长期借款”“交易性金融负债”“应付债券”“库存现金”“银行存款”等账户的记录分析填列。

（3）“收到其他与筹资活动有关的现金”项目，反映房地产开发企业除了上述各项目以外，收到的其他与筹资活动有关的现金。其他现金流入价值较大的，应单列项目反映。本项目可以根据“库存现金”“银行存款”和其他有关账户的记录分析填列。

（4）“偿还债务支付的现金”项目，反映房地产开发企业以现金偿还债务的本金，包括归还金融企业的借款本金、偿付企业到期的债券本金等。企业偿还的借款利息、债券利息，在“分配股利、利润或偿付利息支付的现金”项目中反映。本项目可以根据“短期借款”“长期借款”“交易性金融负债”“应付债券”“库存现金”“银行存款”等账户的记录分析填列。

（5）“分配股利、利润或偿付利息支付的现金”项目，反映房地产开发企业实际支付的现金股利、支付给其他投资单位的利润或用现金支付的借款利息、债券利息等。不同用途的借款，其利息的开支渠道不一样，如在建工程、财务费用等，但均在本项目中反映。本项目可以根据“应付股利”“应付利息”“利润分配”“财务费用”“在建工程”“库存现金”“银行存款”等账户的记录分析填列。

（6）“支付其他与筹资活动有关的现金”项目，反映房地产开发企业除了上述各项目以外，支付的其他与筹资活动有关的现金，如以发行股票、债券等方式筹集资金而由企业直接支付的审计、咨询等费用，融资租赁各期支付的现金，以分期付款方式构建固定资产、无形资产等除首期外各期支付的现金。对于其他与筹资活动有关的现金，价值较大的，应单列项目反映。本项目可以根据“库存现金”“银行存款”和其他有关账户的记录分析填列。

（五）汇率变动对现金及现金等价物的影响项目的编制

“汇率变动对现金及现金等价物的影响”项目，反映房地产开发企业外币现金流量以及境外子公司的现金流量，在采用现金流量发生日的即期汇率或即期汇率的近似汇率折算成记账本位币时对现金及现金等价物的影响额。汇率变动对现金及现金等价物的影响应当作为调节项目，在现金流量表中单独列报。

企业外币现金流量及境外子公司的现金流量折算成记账本位币时采用的是现金流量发生日的汇率或即期汇率的近似汇率，而现金流量表“现金及现金等价物净增加额”项目中外币现金净增加额折算成记账本位币时采用的是资产负债表日的即期汇率，二者的差额即为汇率变动对现金及现金等价物的影响额。

在编制现金流量表时，对于当期发生的外币业务，也可以不必逐笔计算汇率变动对现金及现金等价物的影响，可以通过比较现金流量表补充资料中的“现金及现金等价物净增加额”与现金流量表中的“经营活动产生的现金流量净额”“投资活动产生的现金流量净额”“筹资活动产生的现金流量净额”三项之和，其差额即为“汇率变动对现金及现金等价物的影响”。

（六）现金及现金等价物净增加额项目的编制

“现金及现金等价物净增加额”项目，反映房地产开发企业当期现金流量净增加额。本项目可以根据“库存现金”“银行存款”“其他货币资金”账户以及现金等价物的期末余额与期初余额计算填列。本项目与现金流量表补充资料中的“现金及现金等价物净增加额”项目，存在金额相等的勾稽关系。

（七）补充资料项目的内容及编制方法

1. 将净利润调节为经营活动现金流量

房地产开发企业利润表中反映的净利润是按权责发生制原则核算的，且包括投资活动和筹资活动的收益和费用。将净利润调节为经营活动现金流量，实际上就是将按权责发生制原则确定的净利润调整为现金净流入，并剔除投资活动和筹资活动对现金流量的影响。对这些项目的调整过程，就是按间接法列报经营活动现金流量的过程。

采用间接法列报经营活动现金流量时，需要对四大类项目进行调整：（1）实际没有支付现金的费用；（2）实际没有收到现金的收益；（3）不属于经营活动的损益；（4）经营性应收应付项目的增减变动。

在净利润基础上进行调节的项目主要包括：

（1）“资产减值准备”项目，反映房地产开发企业计提的存货跌价准备、合同预计损失准备、投资性房地产减值准备、长期股权投资减值准备、固定资产减值准备、在建工程减值准备、工程物资减值准备、无形资产减值准备、商誉减值准备等。企业计提的这些资产减值准备包括在利润表中，属于利润的减除项目，但并未导致现金流出，在将净利润调节为经营活动现金流量时应当予以加回。本项目可以根据“资产减值损失”账户的记录分析填列。

（2）“信用减值损失”项目，反映房地产开发企业计提的各项金融工具减值准备所形成的预期信用损失，包括金融资产，即以摊余成本计量的金融资产（含应收款项）、以公允价值计量且其变动计入其他综合收益的金融资产，租赁应收款，合同资产和某些金融负债或者尚未确认的确定承诺等。本项目可以根据“信用减值损失”账户的记录分析填列。

（3）“固定资产折旧、油气资产折耗、生产性生物资产折旧”项目，反映房地产开发企业当期累计提取的固定资产折旧。企业计提的固定资产折旧，部分计入管理费用，部分计入开发成本。计入管理费用中的部分，作为期间费用在计算净利润时已扣除，但未导致现金流出，在将净利润调节为经营活动现金流量时应当予以加回；计入开发成本中的已变现部分，在计算净利润时已通过主营业务成本扣除，也未导致现金流出，在将净利润调节为经营活动现金流量时应当予以加回；计入开发成本中没有变现的部分，由于在调节存货时已扣除，同样未涉及现金流出，在将净利润调节为经营活动现金流量时应当予以加回。本项目可以根据“累计折旧”账户的贷方发生额分析填列。

（4）“无形资产摊销”和“长期待摊费用摊销”项目，分别反映房地产开发企业当期累计计入成本费用的无形资产价值和长期待摊费用。企业对使用寿命有限的无形资产计提摊销时，计入管理费用或开发成本；摊销长期待摊费用时，部分计入管理费用，部分计入开发成本。其中，计入管理费用的部分和计入开发成本已变现的部分，在计算净利润时已扣除，但未导致现金流出，在将净利润调节为经营活动现金流量时应当予以加回；计入开发成本中的未变现的部分，在将净利润调节为经营活动现金流量时也应当予以加回。这两个项目可以根据“累计摊销”“长期待摊费用”账户的贷方发生额分析填列。

（5）“处置固定资产、无形资产和其他长期资产的损失”和“固定资产报废损失”项目，反映房地产开发企业当期由于处置固定资产、无形资产和其他长期资产而发生的净损失以及企业当期固定资产盘亏后的净损失。企业处置固定资产、无形资产和其他长期资产发生的损益，以及企业发生的固定资产报废损益，均属于投资活动产生的损益，不属于经营活动产生的损益，在将净利润调节为经营活动现金流量时应当予以剔除。如为净损失，应当予以加回；如为净收益，应当予以扣除。本项目可根据“资产处置损益”“其他业务收入”“其他业务成本”“营业外收入”“营业外支出”等账户所属有关明细账户的记录分析填列；如为净收益，以“—”号填列。

（6）“公允价值变动损失”项目，反映房地产开发企业的交易性金融资产、投资性房地产等公允价值变动形成的应计入当期损益的利得或损失。企业发生的公允价值变动损益，通常与企业的投资活动或筹资活动有关，且不影响企业当期的现金流量。因此，在将净利润调节为经营活动现金流量时应当将其从净利润中剔除。如为持有损失，在将净利润调节为经营活动现金流量时应当予以加回；如为持有利得，在将净利润调节为经营活动现金流量时应当予以扣除。本项目可以根据“公允价值变动损益”账户的发生额分析填列。

（7）“财务费用”项目，反映房地产开发企业当期发生的属于经营活动的财务费用。企业发生的财务费用中，有些项目属于筹资活动或投资活动，这部分在将净利润调节为经营活动现金流量时应当予以剔除。本项目可根据“财务费用”账户的借方发生额分析填列；如为收益，以“—”号填列。

在实务中，房地产开发企业的“财务费用”明细账户一般是按费用项目设置，为了编制现金流量表，企业可在此基础上再按“经营活动”“筹资活动”“投资活动”分设明细分类账。在每一笔财务费用发生时即将其直接计入所属的“经营活动”“筹资活动”“投资活动”项目中。

(8)“投资损失”项目，反映房地产开发企业当期投资所发生的损失减去收益后的净损失。企业发生的投资损益，属于投资活动产生的损益，不属于经营活动产生的损益，在将净利润调节为经营活动现金流量时应当予以剔除。如为净损失，应当予以加回；如为净收益，应当予以扣除。本项目可以根据利润表中“投资收益”项目的数字填列；如为投资收益，以“一”号填列。

(9)“递延所得税资产减少”项目，反映房地产开发企业当期递延所得税资产的净增加或净减少。递延所得税资产减少意味着计入所得税费用的金额大于当期应缴纳的所得税金额，其差额并未导致现金流出，但在计算净利润时已扣除，在将净利润调节为经营活动现金流量时应当予以加回。递延所得税资产增加意味着计入所得税费用的金额小于当期应缴纳的所得税金额，其差额并未导致现金流入，但在计算净利润时已包括在内，在将净利润调节为经营活动现金流量时应当予以扣除。本项目可以根据资产负债表“递延所得税资产”项目期初、期末余额分析填列。

(10)“递延所得税负债增加”项目，反映房地产开发企业当期递延所得税负债的净增加或净减少。递延所得税负债增加意味着计入所得税费用的金额大于当期应缴纳的所得税金额，其差额并未导致现金流出，但在计算净利润时已扣除，在将净利润调节为经营活动现金流量时应当予以加回。递延所得税负债减少意味着计入当期所得税费用的金额小于当期应缴纳的所得税金额，其差额并未导致现金流入，但在计算净利润时已包括在内，在将净利润调节为经营活动现金流量时应当予以扣除。本项目可以根据资产负债表“递延所得税负债”项目期初、期末余额分析填列。

(11)“存货的减少”项目，反映房地产开发企业当期存货的减少。企业期末存货比期初存货少，说明本期开发经营过程中耗用的存货有一部分是期初存货，耗用这部分存货并未导致现金流出，但在计算净利润时已扣除，在将净利润调节为经营活动现金流量时应当予以加回；期末存货比期初存货多，说明当期购入的存货除耗用外还剩余一部分，这部分存货已经导致了现金流出，但在计算净利润时未包括在内，在将净利润调节为经营活动现金流量时应当予以扣除。除此之外，存货的增减变化过程还涉及应付项目，这个因素在“经营性应付项目的增加”项目中考虑；如果存货的增减变化过程属于投资活动，应当将其剔除。本项目可根据资产负债表中“存货”项目的期初数、期末数之间的差额填列；期末数大于期初数的差额，以“一”号填列。

(12)“经营性应收项目的减少”项目，反映房地产开发企业当期经营性应收项目的减少，包括应收账款、应收票据、预付账款、长期应收款和其他应收款中与经营活动有关部分的减少。企业经营性应收项目期末余额小于经营性应收项目期初余额，说明本期收回的现金大于利润表中所确认的主营业务收入，在将净利润调节为经营活动现金流量时应当予以加回；经营性应收项目期末余额大于经营性应收项目期初余额，说明本期销售收入中有一部分没有收回现金，但在计算净利润时这部分销售收入已包括在内，在将净利润调节为经营活动现金流量时应当予以扣除。

(13)“经营性应付项目的增加”项目，反映房地产开发企业当期经营性应付项目的增加，包括应付账款、应付票据、合同负债、应付职工薪酬、应交税费、应付利息、长期应付款和其他应付款中与经营活动有关部分的增加，以及应付的增值税进项税额等。

企业经营性应付项目期末余额大于经营性应付项目期初余额，说明本期发包结算以及购入的存货中有一部分未支付现金，但在计算净利润时已通过主营业务成本扣除，在将净利润调节为经营活动现金流量时应当予以加回；经营性应付项目期末余额小于经营性应付项目期初余额，说明本期支付的现金大于利润表中所确认的主营业务成本，在将净利润调节为经营活动现金流量时应当予以扣除。

2. 不涉及现金收支的重大投资和筹资活动

不涉及现金收支的重大投资和筹资活动，反映房地产开发企业一定期间内影响资产或负债但不形成该期现金收支的所有投资和筹资活动的信息。这些投资和筹资活动虽然不涉及当期现金收支，但对以后各期的现金流量有重大影响。例如，企业租入使用权资产，将形成的负债记入“长期应付款”账户，当期并不支付设备款及租金，但以后各期必须为此支付现金，从而在一定期间内形成了一项固定的现金支出。

房地产开发企业应当在附注中披露不涉及当期现金收支，但影响企业财务状况或在未来可能影响企业现金流量的重大投资和筹资活动，主要包括：

（1）债务转为资本，反映房地产开发企业本期转为资本的债务金额。

（2）一年内到期的可转换公司债券，反映房地产开发企业一年内到期的可转换公司债券的本息。

（3）租入使用权资产，反映企业本期租入的使用权资产。

3. 现金及现金等价物的构成

企业应当在附注中披露与现金及现金等价物有关的下列信息：

（1）现金及现金等价物的构成及其在资产负债表中的相应金额。

（2）企业持有但不能由母公司或集团内其他子公司使用的大额现金及现金等价物金额。企业持有现金及现金等价物金额但不能被集团使用的情形多种多样，例如，国外经营的子公司，由于受当地外汇管制或其他立法的限制，其持有的现金及现金等价物不能由母公司或其他子公司正常使用。

知识链接：现金流量表的编制程序

例题：现金流量表的编制方法（采用工作底稿法）

第五节　所有者权益变动表

一、所有者权益变动表的含义和作用

（一）所有者权益变动表的含义

所有者权益变动表是反映构成所有者权益的各组成部分当期的增减变动情况的会计报

表。所有者权益变动表应当全面反映一定时期所有者权益变动的情况，不仅包括所有者权益总量的增减变动，还包括所有者权益增减变动的重要结构性信息，特别是要反映直接计入所有者权益的利得和损失，从而让报表使用者准确理解所有者权益增减变动的根源。

（二）所有者权益变动表的作用

1. 在一定程度上体现了企业的综合收益

综合收益，是指企业在某一期间与所有者之外的其他方面进行交易或发生其他事项引起的净资产变动。综合收益包括两部分：净利润和其他综合收益。其中，净利润是企业已实现并已确认的收益；其他综合收益是企业根据会计准则未在当期损益中确认的各项利得和损失扣除所得税影响后的净额。通过详细展示综合收益的构成，该表能够更好地为投资者提供与其决策相关的全面收益信息。

2. 全面反映企业的所有者权益在年度内的变化情况

所有者权益变动表可以反映股东所拥有的权益，有助于我们判断资本的保值增值情况以及企业对负债的保障程度。通过全面展现企业所有者权益在年度内的变化情况，该表为会计信息使用者提供了深入分析所有者权益增减变化的基础，进而助力其对企业的资本保值增值情况做出准确判断。从受托责任角度来看，编制所有者权益变动表，既是对投资者负责，也是对股东和企业自身负责。

3. 为利润表和资产负债表提供辅助信息

所有者权益变动表中的综合收益以及利润分配项目与利润表之间存在较强的关联性。其中，综合收益中的“其他综合收益”与利润表中的“公允价值变动收益”相辅相成，共同反映了公允价值变动对企业财务状况所产生的影响。利润分配项目则展示了企业利润分配的去向和金额，为利润表提供了辅助信息。所有者权益变动表中关于所有者权益结构变动的信息与资产负债表中所有者权益部分相得益彰，共同呈现了所有者权益具体项目变动的过程及其原因。

4. 体现会计政策变更和前期差错更正对所有者权益的影响

会计政策变更和前期差错更正对所有者权益本年年初余额的影响，之前主要体现在报表附注中，很容易被投资者所忽视。目前会计准则要求除了在附注中披露与会计政策变更和前期差错更正相关的信息，还必须在所有者权益变动表上直接列示会计政策变更和前期差错更正对所有者权益的影响，这使得会计政策变更、前期差错更正对所有者权益的影响更加突出，有助于投资者更加准确地评估企业的财务状况。

二、所有者权益变动表的内容及列报格式

（一）所有者权益变动表的内容

在所有者权益变动表中，房地产开发企业至少应当单独列示反映下列信息的项目：

（1）会计政策变更和差错更正的累积影响金额。

（2）综合收益总额，在合并所有者权益变动表中应单独列示归属于母公司所有者的

综合收益总额和归属于少数股东的综合收益总额。

（3）所有者投入资本和向所有者分配利润等。

（4）提取的盈余公积。

（5）实收资本（或股本）、其他权益工具、资本公积、其他综合收益、盈余公积、未分配利润的期初和期末余额及其调节情况。

（二）所有者权益变动表的列报格式

1. 以矩阵的形式列报

为了清楚地表明构成所有者权益的各组成部分当期的增减变动情况，所有者权益变动表应当以矩阵的形式列示：一方面，列示导致所有者权益变动的交易或事项，改变以往仅仅按照所有者权益的各组成部分反映所有者权益变动情况的做法，而是从所有者权益变动的来源对一定时期所有者权益变动情况进行全面反映；另一方面，按照所有者权益各组成部分（包括实收资本（或股本）、其他权益工具、资本公积、其他综合收益、盈余公积、未分配利润和库存股）及其总额列示交易或事项对所有者权益的影响。

2. 列示所有者权益变动的比较信息

根据财务报表列报准则的规定，企业需要提供比较所有者权益变动表，因此，所有者权益变动表还应就各项目再分为“本年金额”和“上年金额”两栏分别填列。所有者权益变动表的具体格式参见《〈企业会计准则第 30 号——财务报表列报〉应用指南》。

三、所有者权益变动表的列报方法

（一）“上年金额”栏的列报方法

所有者权益变动表“上年金额”栏内各项数字，应根据上年所有者权益变动表“本年金额”栏内所列数字填列。如果上年所有者权益变动表规定的各个项目的名称和内容同本年不一致，应对上年所有者权益变动表各项目的名称和数字按本年的规定进行调整，填入所有者权益变动表“上年金额”栏内。

（二）“本年金额”栏的填列方法

所有者权益变动表“本年金额”栏内各项数字一般应根据“实收资本（或股本）”“其他权益工具”“资本公积”“其他综合收益”“盈余公积”“利润分配”“库存股”“以前年度损益调整”账户的发生额分析填列。

（三）所有者权益变动表各项目的列报说明

（1）“上年年末余额”项目，反映房地产开发企业上年资产负债表中实收资本（或股本）、其他权益工具、资本公积、库存股、其他综合收益、盈余公积、未分配利润等的年末余额。

（2）“会计政策变更”和“前期差错更正”项目，分别反映房地产开发企业采用追溯调整法处理的会计政策变更的累积影响金额和采用追溯重述法处理的会计差错更正的累积影响金额。

为了体现会计政策变更和前期差错更正的影响，房地产开发企业应当在上年年末所有者权益余额的基础上进行调整，得出本年年初所有者权益，根据“盈余公积”“其他综合收益”“利润分配”“以前年度损益调整”等账户的发生额分析填列。

（3）“本年增减变动金额”项目分别反映如下内容：

1）“综合收益总额”，即净利润和其他综合收益的小计项目，反映房地产开发企业当期实现的净利润（或净亏损）金额和当期直接计入其他综合收益金额的合计额。

2）“所有者投入和减少资本”项目，反映房地产开发企业当期所有者投入的资本和减少的资本。其中，

①“所有者投入的普通股”项目，反映企业接受投资者投资形成的实收资本（或股本）和资本溢价（或股本溢价），并对应列在“实收资本（或股本）”和“资本公积”栏。

②“其他权益工具持有者投入资本”项目，反映企业发行的除普通股以外分类为权益工具的金融工具的持有者投入资本的金额。该项目应根据金融工具类的相关明细账户的发生额分析填列。

③“股份支付计入所有者权益的金额”项目，反映企业处于等待期中的权益结算的股份支付当期计入资本公积的金额，并对应列在“资本公积”栏。

3）“利润分配”下各项目，反映当期对所有者（或股东）分配的利润（或股利）金额和按照规定提取的盈余公积金额，并对应列在“未分配利润”和“盈余公积”栏。其中，

①“提取盈余公积”项目，反映企业按照规定提取的盈余公积。

②“对所有者（或股东）的分配”项目，反映对所有者（或股东）分配的利润（或股利）金额。

4）“所有者权益内部结转”下各项目，反映不影响当期所有者权益总额的所有者权益各组成部分之间当期的增减变动，包括“资本公积转增资本（或股本）”“盈余公积转增资本（或股本）”“盈余公积弥补亏损”等项目的金额。为了全面反映所有者权益各组成部分的增减变动情况，所有者权益内部结转也是所有者权益变动表的重要组成部分，主要是指不影响所有者权益总额、所有者权益的各组成部分当期的增减变动。其中：

①“资本公积转增资本（或股本）”项目，反映企业以资本公积转增资本或股本的金额。

②“盈余公积转增资本（或股本）”项目，反映企业以盈余公积转增资本或股本的金额。

③“盈余公积弥补亏损”项目，反映企业以盈余公积弥补亏损的金额。

④“设定受益计划变动额结转留存收益”项目，反映从设定受益计划变动额中转入留存收益的金额。

⑤“其他综合收益结转留存收益”项目，主要反映：第一，企业指定为以公允价值计量且其变动计入其他综合收益的非交易性权益工具投资终止确认时，之前计入其他综合收益的累计利得或损失从其他综合收益转入留存收益的金额；第二，企业指定为以公允价值计量且

例题：所有者权益变动表的编制方法

其变动计入当期损益的金融负债终止确认时，之前由企业自身信用风险变动引起而计入其他综合收益的累计利得或损失从其他综合收益转入留存收益的金额等。该项目应根据“其他综合收益”账户的相关明细账户的发生额分析填列。

第六节　附　注

一、附注的含义及披露的基本要求

（一）附注的含义

附注是财务报表不可或缺的组成部分，是对在资产负债表、利润表、现金流量表和所有者权益变动表等报表中列示项目的文字描述或明细资料，以及对未能在这些报表中列示项目的说明等。

财务报表中的数字是经过分类与汇总后的结果，是对企业发生的经济业务的高度简化和浓缩。如果没有关于这些数字所使用的会计政策的说明，以及理解这些数字所必需的披露信息，财务报表就不可能充分发挥效用。因此，附注与资产负债表、利润表、现金流量表、所有者权益变动表等报表具有同等的重要性，是财务报表的重要组成部分。报表使用者要想了解企业的财务状况、经营成果和现金流量，就必须全面阅读附注。

（二）附注披露的基本要求

（1）定量、定性信息相结合。附注披露的信息应是定量、定性信息的结合，从而能从量和质两个角度对企业经济事项进行完整的反映，满足信息使用者的决策需求。

（2）披露信息应有序并合理排列和分类。附注应当按照一定的结构进行系统合理的排列和分类，有顺序地披露信息。由于附注的内容繁多，因此更应按逻辑顺序排列，分类披露，条理清晰，并具有一定的组织结构，以便于使用者理解和掌握，也更好地实现财务报表的可比性。

（3）与四张主表信息相结合。附注相关信息应当与资产负债表、利润表、现金流量表和所有者权益变动表等报表中列示的项目相互参照，以帮助使用者结合相关的信息从整体上更好地理解财务报表。

二、附注披露的内容

企业应当按照《企业会计准则第 30 号——财务报表列报》等的要求，在附注中一般按照下列顺序至少披露以下内容：

（1）企业的基本情况。

1）企业注册地、组织形式和总部地址。

2）企业的业务性质和主要经营活动。

3）母公司以及集团最终母公司的名称。

4）财务报告的批准报出者和财务报告批准报出日。如果企业已在财务报表其他部分披露了财务报告的批准报出者和批准报出日信息，则无须重复披露；或者已有相关人员签字批准报出财务报告，可以其签名及签字日期为准。

5）营业期限有限的企业，还应当披露有关其营业期限的信息。

（2）财务报表的编制基础。企业应当以持续经营为基础，根据实际发生的交易和事项，按照《企业会计准则——基本准则》和其他各项会计准则的规定进行确认和计量，在此基础上编制财务报表。企业不应以附注披露代替确认和计量，不恰当的确认和计量也不能通过充分披露相关会计政策而纠正。

如果按照各项会计准则规定披露的信息不足以让报表使用者了解特定交易或事项对企业财务状况和经营成果的影响，企业还应当披露其他的必要信息。

（3）遵循企业会计准则的声明。企业应当明确说明编制的财务报表符合企业会计准则体系的要求，真实、公允地反映了企业的财务状况、经营成果和现金流量等有关信息。

（4）重要会计政策和会计估计的说明。重要会计政策的说明，包括财务报表项目的计量基础和在运用会计政策过程中所做的重要判断等。重要会计估计的说明，包括可能导致下一个会计期间内资产、负债账面价值重大调整的会计估计的确定依据等。

企业应当披露采用的重要会计政策和会计估计，并结合企业的具体实际披露其重要会计政策的确定依据和财务报表项目的计量基础，及其会计估计所采用的关键假设和不确定因素。

（5）会计政策和会计估计变更以及差错更正的说明。企业应当按照《企业会计准则第 28 号——会计政策、会计估计变更和差错更正》的规定，披露会计政策和会计估计变更以及差错更正的情况。比如，会计政策变更的性质、内容和原因，当期和各个列报前期财务报表中受影响的项目名称和调整金额；会计估计变更的内容和原因，对当期和未来期间的影响金额；前期差错的性质等。

（6）会计报表重要项目的说明。企业应当按照资产负债表、利润表、现金流量表、所有者权益变动表及其项目列示的顺序，采用文字和数字描述相结合的方式披露报表重要项目的说明。报表重要项目的明细金额合计，应当与报表项目金额相衔接。

企业应当在附注中披露费用按照性质分类的利润表补充资料，可将费用分为耗用的原材料、职工薪酬费用、折旧费用、摊销费用等。

（7）或有和承诺事项、资产负债表日后非调整事项、关联方关系及其交易等需要说明的事项。

（8）有助于财务报表使用者评价企业管理资本的目标、政策及程序的信息。

知识链接：附注披露的会计报表重要项目

本章小结

即测即评

思考题

1. 什么是财务报告？房地产开发企业编制财务报告的主要作用是什么？
2. 财务报告由哪些部分构成？
3. 财务报表的主要种类有哪些？
4. 什么是资产负债表？资产负债表的主要内容是什么？如何编制资产负债表？
5. 什么是利润表？利润表的主要内容是什么？如何编制利润表？
6. 什么是现金流量表？现金流量表的主要内容是什么？编制现金流量表的方法是什么？
7. 什么是所有者权益变动表？所有者权益变动表的主要内容是什么？
8. 报表附注应当披露哪些重要的内容？

案例分析题

某房地产开发企业2×22年发生的相关交易和事项如下：

（1）以盈余公积转增资本55 000 000元；

（2）向股东分配股票股利45 000 000元；

（3）接受控股股东的现金捐赠3 500 000元；

（4）外币财务报表折算差额本年度增加700 000元；

（5）因自然灾害发生固定资产净损失12 000 000元；

（6）因会计政策变更调减年初留存收益5 600 000元；

（7）持有的交易性金融资产公允价值上升600 000元；

（8）因处置联营企业股权相应结转原记入“资本公积”账户贷方的金额500 000元；

（9）因其他债权投资公允价值上升在原确认的减值损失范围内的转回减值准备850 000元。

要求：根据上述资料，不考虑其他因素，也不考虑所得税，回答下列问题：

（1）上述交易或事项对该企业2×22年营业利润的影响。

（2）上述交易或事项对该企业2×22年12月31日所有者权益总额的影响。

图书在版编目（CIP）数据

房地产开发企业会计/王玉红编著. -- 北京：中国人民大学出版社，2024. 11. --(新编 21 世纪会计系列教材). -- ISBN 978-7-300-33336-6

Ⅰ. F293. 33

中国国家版本馆 CIP 数据核字第 20243NC840 号

新编 21 世纪会计系列教材

房地产开发企业会计

王玉红　编著

Fangdichan Kaifa Qiye Kuaiji

出版发行	中国人民大学出版社		
社　　址	北京中关村大街 31 号	**邮政编码**	100080
电　　话	010－62511242（总编室）		010－62511770（质管部）
	010－82501766（邮购部）		010－62514148（门市部）
	010－62515195（发行公司）		010－62515275（盗版举报）
网　　址	http://www.crup.com.cn		
经　　销	新华书店		
印　　刷	北京宏伟双华印刷有限公司		
开　　本	787 mm×1092 mm　1/16	**版　　次**	2024 年 11 月第 1 版
印　　张	20.25 插页 1	**印　　次**	2024 年 11 月第 1 次印刷
字　　数	461 000	**定　　价**	54.00 元

中国人民大学出版社　管理分社

教师教学服务说明

中国人民大学出版社管理分社以出版工商管理和公共管理类精品图书为宗旨。为更好地服务一线教师，我们着力建设了一批数字化、立体化的网络教学资源。教师可以通过以下方式获得免费下载教学资源的权限：

- 在中国人民大学出版社网站 www.crup.com.cn 进行注册，注册后进入“会员中心”，在左侧点击“我的教师认证”，填写相关信息，提交后等待审核。我们将在一个工作日内为您开通相关资源的下载权限。
- 如您急需教学资源或需要其他帮助，请加入教师 QQ 群或在工作时间与我们联络。

中国人民大学出版社　管理分社

教师 QQ 群：648333426(工商管理)　114970332(财会)　648117133(公共管理)
教师群仅限教师加入，入群请备注(学校+姓名)

联系电话：010-62515735，62515987，62515782，82501048，62514760

电子邮箱：glcbfs@crup.com.cn

通讯地址：北京市海淀区中关村大街甲 59 号文化大厦 1501 室（100872）

管理书社　人大社财会　公共管理与政治学悦读坊